Johann Szierbeck
Dipl-Ing. Anton Ochsenkühn
Simone Ochsenkühn

amac
buch
Ochsenkühn

QuarkXPress 7

Professionelles Layouten
mit den Neuerungen von QuarkXPress 7

amac
buch
Ochsenkühn

QuarkXPress 7
Professionelles Layouten mit den Neuerungen von QuarkXPress 7

ISBN 3-00-019636-6
1. Auflage 2006

Konzeption / Koordination:	amac-buch-Verlag
Layout:	Johann Szierbeck, Aichach
Cover-Illustration:	Simone Ochsenkühn, Obergriesbach
Druck und Bindung:	Eisele-Druck, Augsburg

Trotz sorgfältigem Lektorat schleichen sich manchmal Fehler ein. Autoren und Verlag sind Ihnen dankbar für Anregungen und Hinweise!

amac-buch-Verlag
Erlenweg 6
D-86573 Obergriesbach
E-Mail: info@amac-buch.de
http://www.amac-buch.de
Telefon 08251/827137
Telefax 08251/827138

Inhaltsverzeichnis

Inhaltsverzeichnis

Kapitel 4 – Typografie 69

Vorwort

Vorwort

QuarkXPress ist noch immer der Marktführer im Bereich Layoutsoftware. Und mit der Version 7 werden eine ganze Reihe neuer innovativer Funktionen eingeführt, die zum einen die Produktivität erhöhen und zum anderen völlig neue kreative Ansätze verfügbar machen.

Nicht umsonst arbeiten viele Layouter mit QuarkXPress: Schnell erlernt, rasch in der Anwendung und sicher in der Produktion – diese und weitere Vorteile sprechen für das Produkt, das nunmehr mit der Version 7 in eine neue Runde gehen kann.

Vollständig überarbeitet, vollgepackt mit sinnvollen Erweiterungen und dennoch bedienbar wie die Vorgängerversionen. Wir sind sicher: QuarkXPress 7 wird sich bei vielen Layoutern einen Stammplatz sichern.

Von den vielen Neuerungen möchten wir zwei ganz besonders hervorheben: Da ist zunächst die direkte PDF/X-3-konforme Datenaus- und -weitergabe zu nennen. Ohne den umständlichen Weg über den Adobe Acrobat Distiller kann nun direkt über einstellbare Konfigurationen für jede Weiterverwendung die passende PDF-Datei erzeugt werden. Egal ob diese dann für einen Kontrollausdruck, für das Korrekturlesen bei Kunden oder direkt für das Drucken/Belichten verwendet werden soll, all das geht nun direkt und ohne Umwege in QuarkXPress 7. Eine fantastische Möglichkeit, die zudem viel Zeit sparen hilft.

Als Zweites sei der Einsatz von Transparenzen zu nennen. Egal ob Sie diesen Effekt auf einzelne Zeichen, auf den Randstil oder die Rahmenhintergrundfarbe anwenden oder bei allen zugleich: Transparenzen sind in QuarkXPress 7 sehr einfach anzuwenden und einzustellen und geben Ihnen als Layouter/Grafiker vollkommen neue, kreative Optionen an die Hand. Besonders hervorzuheben ist ebenso die völlig problemfreie Ausgabe dieser transparenten Elemente. Bei einer Reihe von Testbelichtungen und -proofs funktionierten alle Effekte absolut fehlerfrei. Genial!

Viele weitere Highlights wären noch zu nennen, wie z.B. die Composition Zones, die Mehrfach genutzten Inhalte, die Job Jackets, der optimierte Tabellensatz etc., aber davon handelt das gesamte Buch.

Wir, die Autoren, möchten Ihnen viele Anregungen bei der Lektüre des Buchs wünschen . . .

J. Szierbeck

S. Ochsenkühn

Dipl.-Ing.
A. Ochsenkühn

Im Juli 2006

Kapitel 1

Arbeitsoberfläche – effizient, praktisch und simpel

Arbeitsoberfläche – effizient, praktisch und simpel

QuarkXPress ist ja bekannt für seine strukturierte und minimalistische Arbeitsoberfläche. Viele Anwender lieben QuarkXPress deswegen. Neue Funktionen erfordern allerdings eine neue Umgebung. Aber keine Angst, vom Aussehen ist QuarkXPress immer noch QuarkXPress.

Handhabung der Paletten

Viele der neuen Funktionen wurden in eigene Arbeitspaletten verpackt. Hatten die älteren Versionen von QuarkXPress nur eine Handvoll Paletten, so ist die Anzahl in QuarkXPress 7 inzwischen auf 15 angewachsen. Diese sind allerdings immer noch überschaubarer als die 37(!) Arbeitspaletten von Adobe InDesign CS2. Um nun die 15 Paletten in den Griff zu bekommen, hat sich Quark einiges einfallen lassen.

Palettengruppen

Eine Möglichkeit, die vielen Paletten übersichtlich darzustellen, ist die Gruppierung. Das bedeutet, Sie können mehrere Paletten in einer Gruppe zusammenfassen. Die gruppierten Paletten lassen sich dann gemeinsam verschieben oder ein- und ausblenden.

Das Erstellen einer Gruppierung ist nicht besonders schwer. Blenden Sie die erste Palette, die in der Gruppe enthalten sein soll, im Menü *Fenster* ein. Danach einen *Rechtsklick* bzw. *Ctrl + Klick* auf die Titelleiste der Palette. Daraufhin erscheint ein Kontextmenü, in dem Sie jetzt die zweite Palette der Gruppierung auswählen. Diesen Vorgang wiederholen Sie so oft, bis alle gewünschten Paletten in der Gruppe aufgenommen sind.

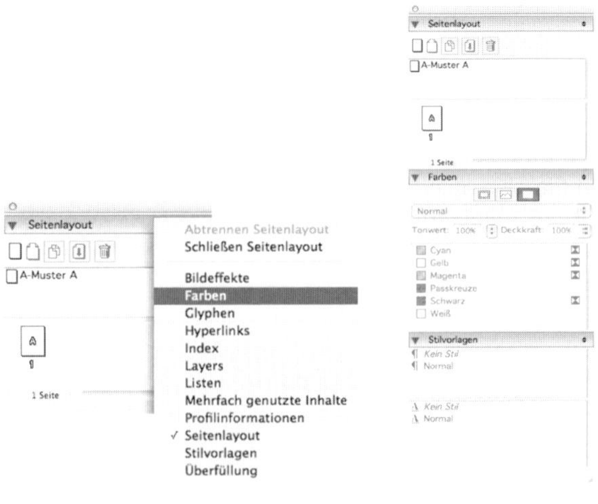

Über das Kontextmenü können die Arbeitspaletten gruppiert werden.

Sind die gewünschten Paletten gruppiert, können Sie die ganze Gruppe mit einem Rutsch verschieben. Durch einen Klick auf den grauen Pfeil neben dem Palettennamen werden die einzelnen Paletten auf- und zugeklappt. Alternativ dazu können Sie auch auf die Titelleiste der jeweiligen Palette doppelklicken. Dadurch lässt sich eine Menge Platz am Bildschirm einsparen.

Wenn Sie bei gedrückter Apfel-/Strg-Taste auf das Dreieck klicken oder auf eine der Titelleisten doppelklicken, werden alle Paletten der Gruppe auf- bzw. zugeklappt.

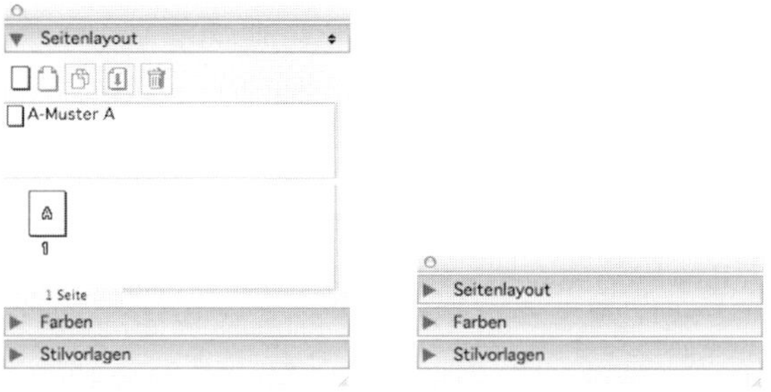

Um Platz zu sparen, können die einzelnen Paletten auch zugeklappt werden.

Nicht jeder ist ein Freund der Palettengruppen, deswegen lassen sich die Paletten auch einzeln platzieren bzw. wieder aus einer Gruppe herauslösen. Das Herauslösen aus einer Gruppe ist genauso einfach wie das Hinzufügen. Öffnen Sie wieder durch einen *Rechtsklick* bzw. *Ctrl + Klick* auf die Titelleiste das Kontextmenü und wählen dort die Funktion *Abtrennen*. Jetzt haben Sie die Palette wieder als eigenständiges Fenster.

Wenn die Paletten per Tastenkürzel oder über das Menü „Fenster" geöffnet werden, erhalten Sie immer ein eigenständiges Fenster.

Wird eine Palette, die Bestandteil einer Gruppe ist, über das Fenstermenü bzw. per Tastenbefehl ausgeblendet und danach wieder eingeblendet, gehört sie nicht mehr zur Gruppierung.

Eine ganz besonders gute Funktion ist das nachträgliche Umsortieren der Paletten innerhalb der Gruppe. Beim Zusammenstellen einer Gruppe müssen Sie also nicht auf die Reihenfolge aufpassen. Wenn Sie eine Palette mit der Maus an der Titelleiste packen, kann sie innerhalb der Gruppe verschoben werden. Ein grauer horizontaler Balken zeigt Ihnen während des Verschiebens an, wo die Palette einsortiert wird.

Palettensets

QuarkXPress hat noch mehr Funktionen für das Paletten-Handling zu bieten: die Palettensets. Normalerweise wird eine Palettengruppe gelöscht, wenn sie geschlossen wird. Will man dann die gleiche Gruppierung der Paletten wiederhaben, müsste man sie neu zusammenstellen. Mithilfe der Palettensets können Sie Gruppierungen bzw. ganz allgemein das Aussehen der Arbeitsoberfläche speichern. Und das nicht nur einmal, sondern in beliebig vielen verschiedenen Konstellationen, z. B. ein Set für die Textbearbeitung oder ein spezielles Set für die Bildbearbeitung. Sie können sogar alle Paletten ausblenden und dieses Set speichern, dies kann hilfreich sein, wenn Sie das Layout ohne störende Paletten kontrollieren wollen.

Eine Arbeitsoberfläche als Set zu sichern geht ganz einfach. Zuerst positionieren Sie die Paletten, wie Sie sie haben wollen, bzw. stellen sich die einzelnen Palettengruppen zusammen. Danach wählen Sie *Fenster -> Palettengruppen -> Palettengruppe sichern als . . .* Es öffnet sich ein Dialogfeld, in dem Sie jetzt nur noch einen Namen für das Set eingeben müssen.

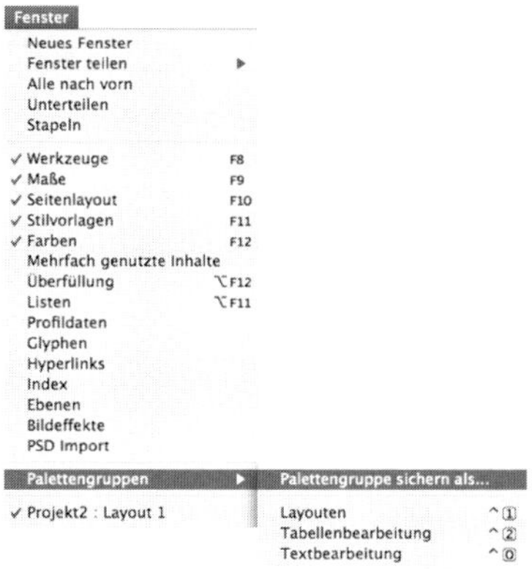

Die Arbeitsoberfläche von QuarkXPress lässt sich sehr einfach und beliebig oft als Palettenset absichern.

Wenn Sie es wünschen, können Sie sogar ein Tastenkürzel für das Aufrufen des Sets definieren. Leider können Sie nur zwischen den Funktionstasten und den Ziffern 0–9 wählen. In Kombination mit den Tasten *Apfel/Strg, Alt, Shift* und *Control* ergeben sich allerdings sehr viele Möglichkeiten.

Haben Sie alle Eingaben definiert und bestätigt, taucht das gespeicherte Palettenset im Menü auf. Jetzt brauchen Sie es nur noch aufzurufen bzw. eventuell die Tastenkombination zu drücken und QuarkXPress setzt die Paletten auf die gespeicherte Position zurück.

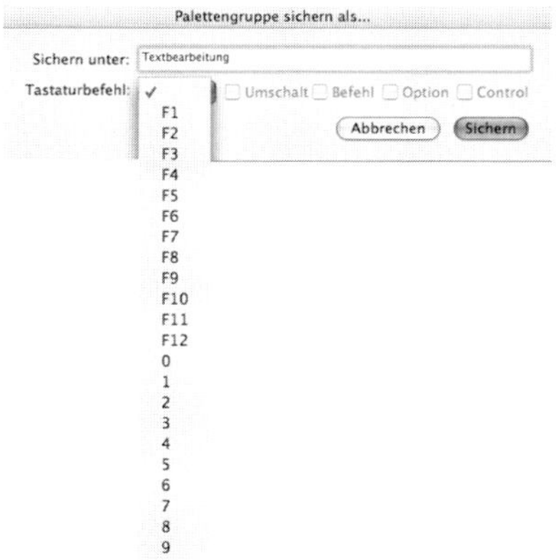

Palettensets können auch mit Tastenbefehlen belegt werden und somit sehr einfach und schnell aufgerufen werden.

Wollen Sie ein anderes Tastenkürzel für ein Set verwenden, dann müssen Sie nur das neue Set unter dem gleichen Namen wie das alte Set sichern. Eine Sicherheitsabfrage verhindert das versehentliche Überschreiben eines Sets.

Das Löschen eines Sets geht leider nicht direkt in QuarkXPress, sondern Sie müssen auf die Betriebssystemebene wechseln. Die Palettensets werden als XML-Datei im Vorgabenordner gespeichert. Soll nun ein Set entfernt werden, müssen Sie die Datei aus dem Vorgabenordner löschen. Den Vorgabenordner finden Sie bei Mac OS X im Privat-Ordner unter *Library/Preferences/Quark/Quark XPress 7.0/Palette Sets* und bei Windows unter *C:/Dokumente und Einstellungen/Benutzer/Anwendungsdaten/Quark/QuarkXPress 7.*

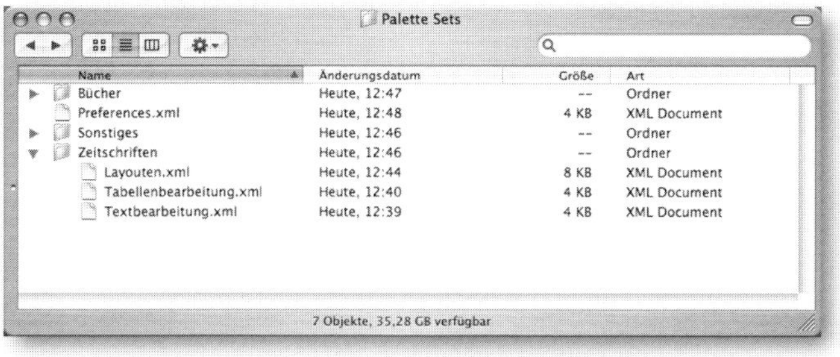

Im Vorgabenordner für die Palettensets sind die gespeicherten Sets zu finden. Der Ordner kann auch Unterordner enthalten.

Werden im Vorgabenordner Unterordner angelegt, erscheinen diese auch in QuarkXPress bei den Palettensets. So können Sie eine Ordnung in die gespeicherten Palettensets bringen. Nach dem Anlegen eines Unterordners müssen Sie QuarkXPress erneut starten.

Durch das Speichern der Palettensets als eigene Datei können diese auch sehr einfach auf einen anderen QuarkXPress-Arbeitsplatz kopiert bzw. installiert werden.

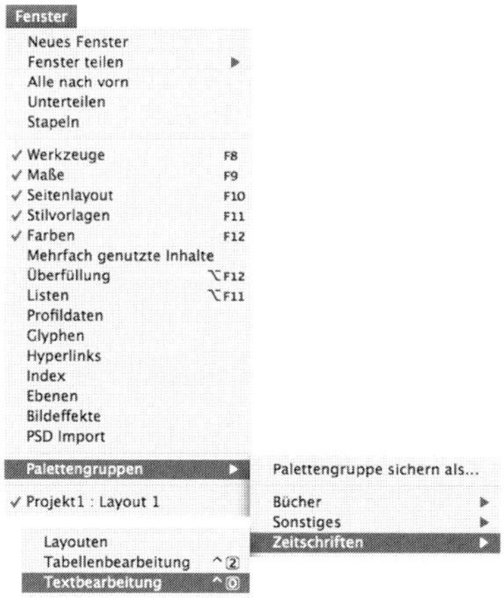

Unterordner im Vorgabenordner erscheinen als eigener Menüpunkt.

Palettenmenüs

Eine weitere Neuerung bei den Paletten sind die Palettenmenüs. Einige Paletten enthalten ein eigenes Menü, in dem Sie einen schnellen Zugriff auf die wichtigsten Funktionen der Palette haben. So kann z. B. im Palettenmenü der Farbpalette eine neue Farbe angelegt oder eine ausgewählte Farbe bearbeitet werden. Dadurch wird das Arbeiten in QuarkXPress noch schneller und einfacher. Kein lästiges Öffnen der Hauptmenüs mehr, es genügt, das Palettenmenü zu öffnen.

Nicht alle Paletten haben dieses Menü. Das Palettenmenü erkennen Sie am schwarzen Doppelpfeil rechts oben in der Palette. Ein Klick auf den Pfeil öffnet das Menü.

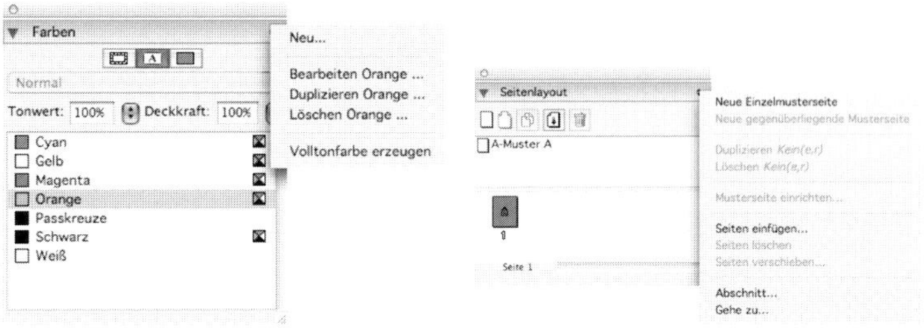

Über die Palettenmenüs kann sehr schnell auf die Funktionen einer Palette zugegriffen werden.

Das Kontextmenü

Den Windows-Anwendern ist das Kontextmenü ja bestens bekannt, das man über die rechte Maustaste findet. Nicht nur in den einzelnen Programmen kommt es zum Einsatz, sondern auch auf der Betriebssystemoberfläche. Mac-OS-X-Anwender dürften inzwischen auch mit dem Kontextmenü im Finder vertraut sein. Seit der Version 5 verwendet auch QuarkXPress das Kontextmenü, damit der Anwender schnellen Zugriff auf die verschiedenen Funktionen hat. Je nach aktiviertem Objekt bzw. aktueller Situation stellt das Kontextmenü die wichtigsten Einstellmöglichkeiten zur Verfügung

Kontextmenüs gibt es für: Lineale, leere Bereiche einer Layoutseite, Bildrahmen, Textrahmen und Textpfade, Linien, Tabellen, Formularsteuerelemente und viele Paletten. Bei Printlayouts gibt es auch für die Arbeitsfläche ein Kontextmenü.

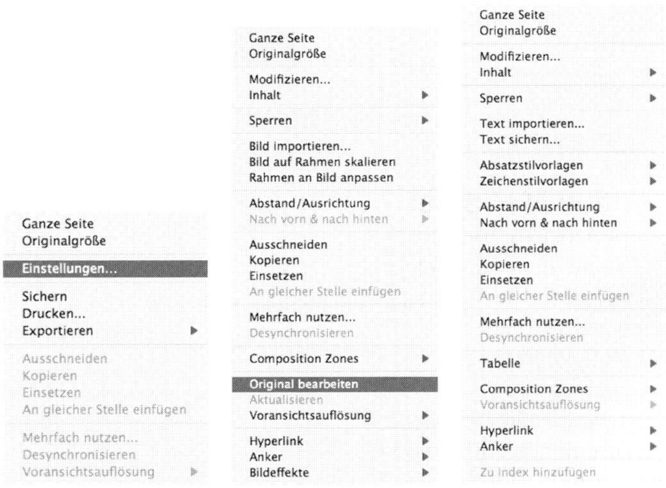

Im Kontextmenü hat man schnellen Zugriff auf viele Funktionen. Die linke Abbildung zeigt das Kontextmenü beim Rechtsklick auf die Montagefläche/Seite, wenn kein Objekt markiert ist, die mittlere Abbildung zeigt das Kontextmenü für einen Bildrahmen und die rechte Abbildung für einen Textrahmen.

Als Erste haben vielleicht die Aufsteiger von Quark 3/4 bemerkt, dass das Drücken der *Control-Taste* nicht mehr das Lupenwerkzeug aktiviert. Auf der *Control-Taste* liegt nämlich das Kontextmenü. Durch einen Klick bei gedrückter *Control-Taste* wird es geöffnet. Aber keine Angst, das Tastenkürzel für das Kontextmenü bzw. das Lupenwerkzeug kann geändert werden.

Mac-Anwender öffnen die *Einstellungen* im *Menü QuarkXPress (Apfel + Alt + Shift + Y)*, Windows-Anwender öffnen die *Vorgaben* im *Menü Bearbeiten (Strg + Alt + Shift + Y)*. Danach klicken Sie auf die Kategorie *Eingabe-Einstellungen*. Im rechten Bereich in der Mitte finden Sie nun die Vorgabe für die *Control-Taste*. Wird die Einstellung *Zoom* verwendet, dann erhalten Sie durch Drücken der *Control-Taste* das Lupenwerkzeug. Diese Einstellung ist für alle Umsteiger von QuarkXPress 3, 4 und 5 zu empfehlen (siehe Abbildung).

Wenn Sie mit der Einstellung Zoom arbeiten, wird die rechte Maustaste auch als Zoomwerkzeug verwendet und nicht mehr als Kontextmenü. Nur durch zusätzliches Drücken der Shift-Taste erhalten Sie dann das gewünschte Kontextmenü.

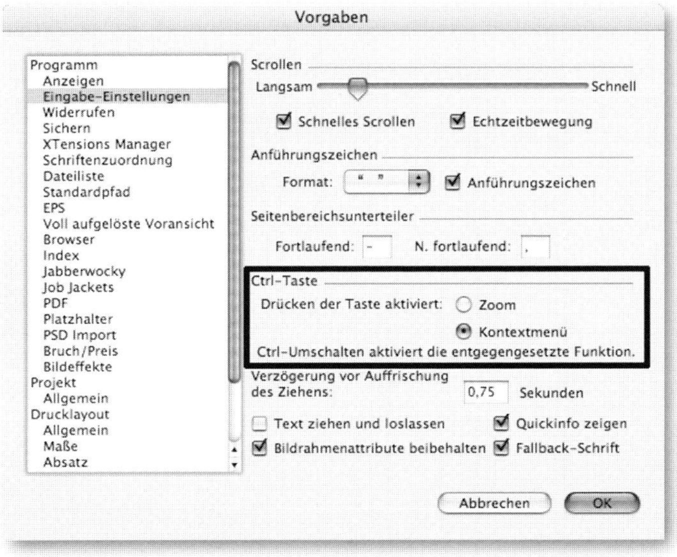

In den Einstellungen wird die Funktion der Control-Taste festgelegt.

Die neue Maßpalette

Um das Arbeiten noch schneller und leichter zu machen, hat QuarkXPress 7 eine neue Maßpalette bekommen. Sie können jetzt direkt über die Maßpalette auf fast alle Funktionen des Dialogfensters *Modifizieren* zugreifen. Bei Textrahmen finden Sie jetzt in der Maßpalette auch die Einstellungen für die Zeichen- und Absatzformatierungen. Sogar das Umfließen und Ausrichten findet sich in der neuen Maßpalette.

Jetzt werden Sie sich vielleicht fragen, wie nur eine einzige Palette so viele Funktionen enthalten kann. Ganz einfach, durch das Hinzufügen von Registern. Durch die Auswahl eines anderen Registers werden in der Maßpalette andere Einstellungsmöglichkeiten eingeblendet. Grundsätzlich können Sie alle Funktionen, welche die Maßpalette aufweist, auch über die Menübefehle bzw. das Kontextmenü erreichen, aber mit der Maßpalette geht es doch schneller und vor allem komfortabler.

Je nach ausgewähltem Objekt enthält die Maßpalette verschiedene Register. Folgende Register gibt es:

Register Classic: Einstellelemente aus früheren Versionen von QuarkXPress. Wird für Textrahmen, Bildrahmen, Linien und Tabellen unterschiedlich angezeigt.

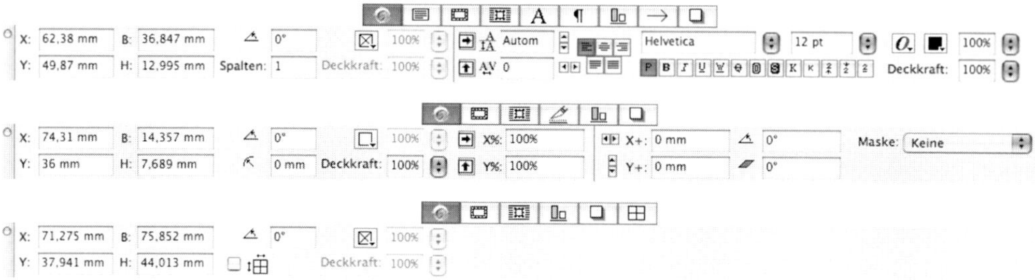

Register Text: Enthält Einstellelemente des Registers Text der Dialogbox *Modifizieren (Objekt –> Modifizieren).*

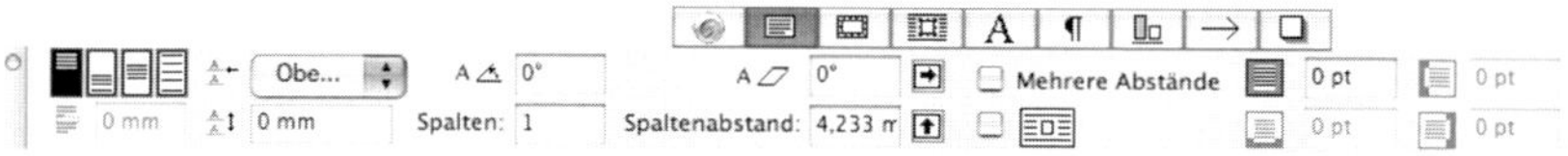

Register Randstil: Enthält die Einstellelemente des Registers Randstil der Dialogbox Modifizieren.

Register Umfluss: Enthält die Einstellelemente des Registers Umfluss der Dialogbox Modifizieren. Wird für Textrahmen, Bildrahmen und Linien unterschiedlich angezeigt.

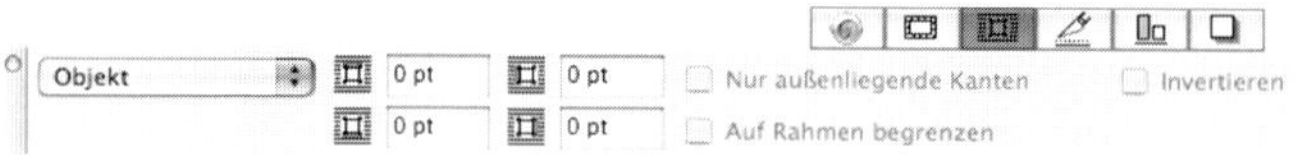

Register Ausschnitt: Enthält die Einstellelemente des Registers Ausschnitt der Dialogbox Modifizieren.

Register Zeichen: Enthält die Einstellelemente der Dialogbox *Zeichenattribute (Stil –> Zeichen).*

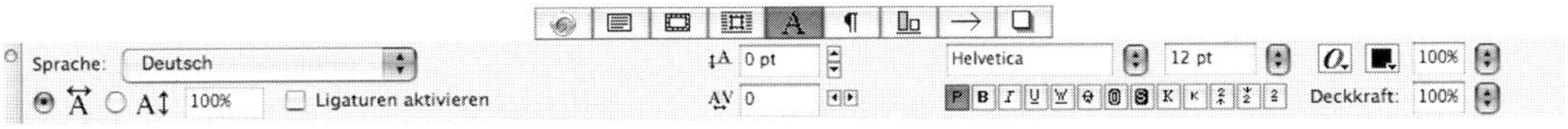

Register Absatz: Enthält die Einstellelemente des Registers Formate der Dialogbox *Absatzattribute (Stil –> Formate).*

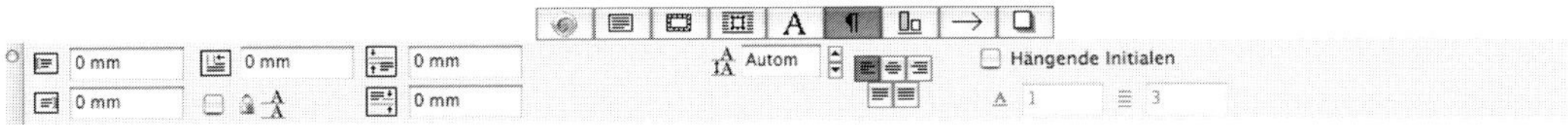

Register Textpfad: Enthält die Einstellelemente des Registers Textpfad der Dialogbox Modifizieren.

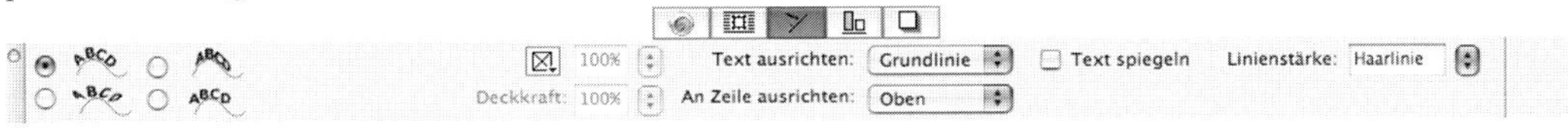

Register Abstand/Ausrichtung: Enthält die Einstellelemente des Untermenüs Abstand/Ausrichtung *(Objekt –> Abstand/Ausrichtung).* Das Fenster für das Ausrichten von Objekten existiert in QuarkXPress 7 nicht mehr. Das Ausrichten und Verteilen findet in der Maßpalette statt. An den möglichen Ausrichtungsarten hat sich allerdings nichts geändert.

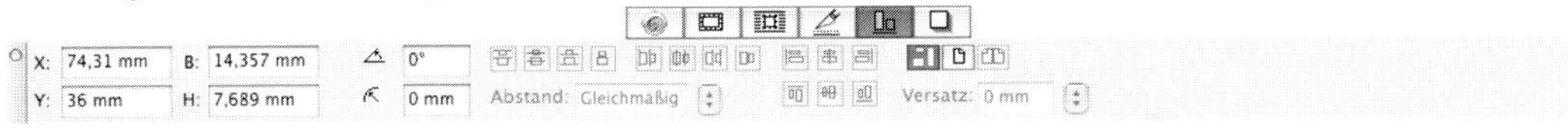

Register Raster: Enthält die Einstellelemente des Registers Raster der Dialogbox Modifizieren (nur für markierte Tabellen).

Register Schlagschatten: Enthält die Einstellelemente des Registers Schlagschatten der Dialogbox Modifizieren.

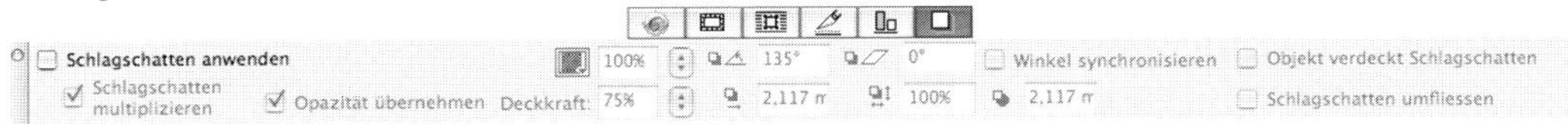

Register Tabulatoren: Enthält die Einstellelemente des Registers Tabulatoren der Dialogbox Absatzattribute.

 *Register Export:* Enthält die Einstellelemente des Registers Export der Dialogbox Modifizieren (nur für Weblayouts).

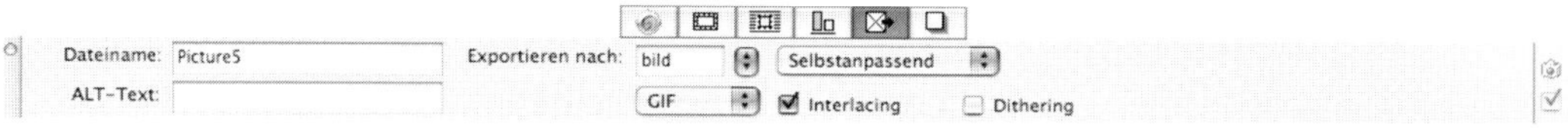

Für das schnelle Wechseln zwischen den Registern der Maßpalette gibt es eine Tastenkombination. Mit ***Apfel/Strg + Alt + Ö*** *springen Sie vorwärts durch die Register, mit* ***Apfel/Strg + Alt + Komma*** *springen Sie rückwärts durch die Register. Zum schnellen Wechsel auf das Register „Classic" können Sie die Kombination* ***Apfel/Strg + Alt + M*** *verwenden.*

Die Sichtbarkeit der Register in der Maßpalette lässt sich über das Kontextmenü einstellen. Dazu müssen Sie irgendeinen Rahmen ausgewählt haben und mit der Maus auf die Leiste ganz links in der Palette zeigen und danach das Kontextmenü öffnen.

Mit *Registerleiste immer zeigen* werden die Register sofort sichtbar, sobald Sie ein Objekt ausgewählt haben.

Durch *Registerleiste immer verbergen* werden die Register nicht angezeigt und Sie erhalten die klassische Maßpalette, wie sie in den älteren Programmversionen verwendet wird.

Die Option *Register bei Rollover zeigen* blendet schließlich das Register ein, wenn Sie mit der Maus auf die Maßpalette zeigen. Das Ausblenden der Register deaktiviert allerdings nicht die Tastenkürzel zum Ansteuern. Sie können weiterhin mit den oben genannten Kürzeln zwischen den Registern hin- und herspringen.

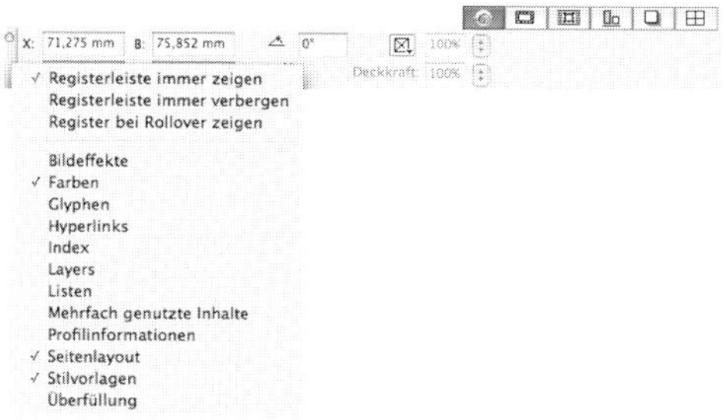

Im Kontextmenü der Maßpalette können Sie die Sichtbarkeit des Registers einstellen.

Neue Ansichten

Ein weiteres Highlight von QuarkXPress 7 ist das geteilte Arbeitsfenster bzw. die Darstellung eines Dokuments in mehreren verschiedenen Fenstern. Durch das Öffnen eines weiteren Fensters für das Dokument können z. B. gleichzeitig die Titelseite und eine Innenseite einer Zeitschrift oder eines Prospekts angezeigt werden. Oder Sie lassen sich gleichzeitig die Detailansicht einer Seite und die ganze Seite anzeigen. Dadurch können Sie die Auswirkungen auf die gesamte Seite kontrollieren, während in der Detailansicht gearbeitet wird. Sie brauchen also nicht jedes Mal den Zoomfaktor zu ändern.

Neues Fenster

Zuerst sehen wir uns die Funktion der „Neuen Fenster" an. Im *Menü Fenster* finden Sie an erster Position die Funktion *Neues Fenster.* Wird diese Funktion ausgeführt, erhalten Sie ein zweites Arbeitsfenster, in dem das Dokument dargestellt wird. In den beiden Fenstern können Sie nun wie gewohnt arbeiten bzw. die Darstellungsgröße verändern. Egal, in welchem Fenster Sie eine Änderung am Layout vornehmen, die Änderungen werden auch sofort im anderen Fenster angezeigt.

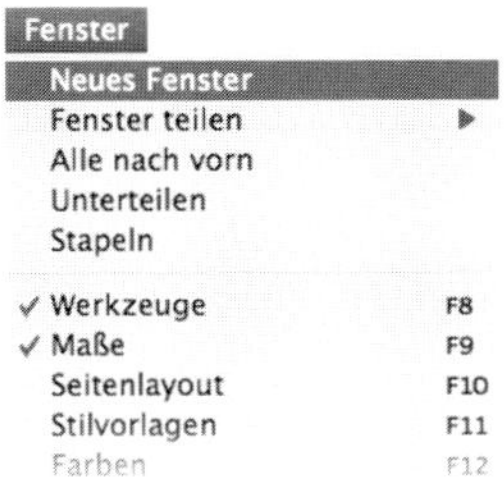

Im Menü „Fenster" befindet sich die Funktion zur Darstellung des Layouts in einem weiteren Fenster.

Falls Sie ein Fenster zu viel geöffnet haben, können Sie es ganz einfach durch einen Klick auf die Schließen-Schaltfläche wieder schließen. Alternativ dazu können Sie auch die Funktion *Schließen* aus dem *Menü Ablage* bzw. *Datei* oder die Tastenkombination *Apfel/Strg + W* verwenden.

Dokumente können nun gleichzeitig in einer Detailansicht und einer Gesamtansicht angezeigt werden.

Bei sehr vielen Fenstern haben Sie noch die Möglichkeit, mit den Funktionen *Unterteilen* und *Stapeln,* die vielleicht aus den alten QuarkXPress-Versionen bekannt sind, die Fenster am Bildschirm anordnen zu lassen. Mit *Unterteilen* werden die geöffneten Fenster soweit verkleinert und angeordnet, dass alle gleichzeitig sichtbar sind und der ganze Bildschirm ausgefüllt ist. Die Funktion *Stapeln* bringt alle Fenster auf Bildschirmgröße und setzt sie hintereinander.

Hier noch ein paar Tastenkürzel für das Unterteilen und Stapeln:

Ctrl + Menüpunkt Unterteilen/Stapeln: Damit werden die Fenster in Originalgröße (100 %) unterteilt bzw. gestapelt.

Apfel/Strg + Menüpunkt Unterteilen/Stapeln: Damit werden die Fenster in ganze Seiten unterteilt bzw. gestapelt.

Alt + Menüpunkt Unterteilen/Stapeln: Damit werden die Fenster in der Miniaturdarstellung unterteilt bzw. gestapelt.

Fenster unterteilen

Zusätzlich zum Öffnen mehrerer Fenster können Sie auch Fenster horizontal und vertikal unterteilen. Im Gegensatz zu den neuen Fenstern ist das Handling mit gesplitteten Fenstern einfacher. Sie brauchen nicht mehr so viele Fenster hin- und herzuschieben. Beim Arbeiten mit zwei Monitoren ist allerdings die Funktion *Neues Fenster* zu empfehlen.

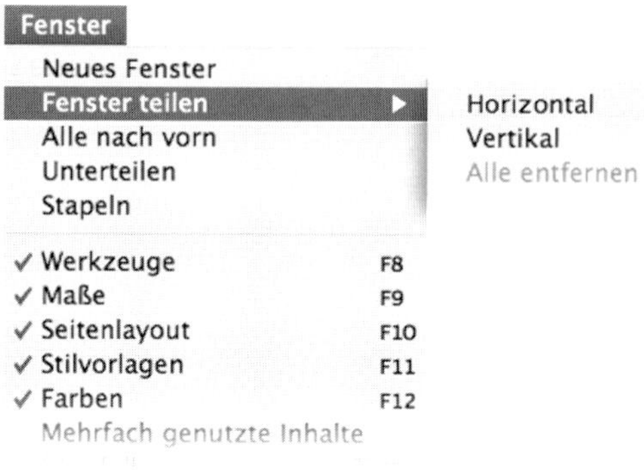

Das Arbeitsfenster kann auch horizontal oder vertikal geteilt werden.

Im *Menü Fenster* finden Sie die Funktion *Fenster teilen,* mit deren Hilfe die Fenster geteilt werden. Das Fenster wird immer genau in der Mitte geteilt. In den unterteilten Bereichen können Sie nun unterschiedliche Darstellungsgrößen definieren. Mit der Funktion *Alle entfernen* wird die Splittung wieder rückgängig gemacht. Sie können aber auch nur eine Unterteilung entfernen, indem Sie den Unterteilungsbalken an den Rand des Fensters ziehen.

Ein Beispiel für ein dreifach geteiltes Arbeitsfenster.

Die verschiedenen Bereiche der Teilung lassen sich nachträglich noch verändern. Dazu müssen Sie mit der Maus die Trennlinie zwischen den Bereichen verschieben. Ob Sie an der richtigen Position sind, erkennen Sie an der veränderten Darstellung des Mauszeigers, er wandelt sich in einen horizontalen bzw. vertikalen Doppelpfeil. Ein Fenster kann nur bis zu einer gewissen Mindestbreite bzw. -höhe unterteilt werden.

Es gibt noch eine weitere Möglichkeit, die Fenster zu teilen. Rechts neben den horizontalen Rollbalken bzw. oberhalb des vertikalen Rollbalkens befindet sich jeweils eine kleine Schaltfläche. Mithilfe dieser Schaltflächen wird das Fenster unterteilt. Ein Klick darauf unterteilt das Fenster genau in der Mitte. Wenn Sie die Schaltflächen verschieben, erhalten Sie eine benutzerdefinierte Unterteilung.

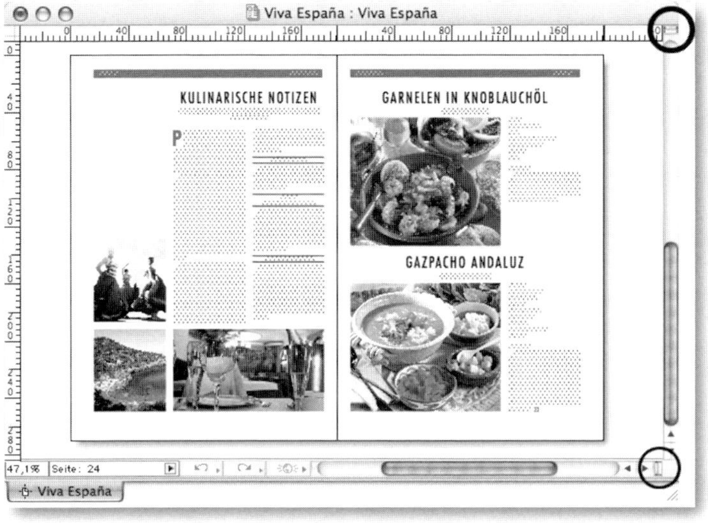

Mit den gekennzeichneten Schaltflächen lässt sich das Fenster horizontal und vertikal unterteilen.

Vielleicht ist Ihnen bei einem geteilten Fenster eine kleine Schaltfläche rechts oben im Teilungsbereich aufgefallen. Mit dieser Schaltfläche können Sie einen einzelnen Teilungsbereich wieder entfernen. Einfach darauf klicken und weg ist er.

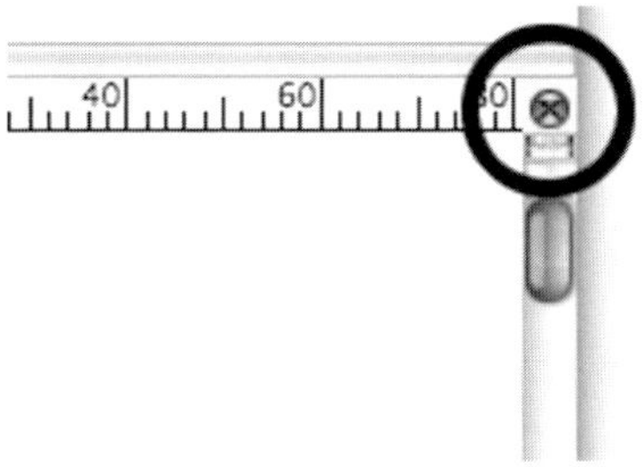

Ein Klick auf die gekennzeichnete Schaltfläche schließt einen unterteilten Bereich.

Kapitel 2

Projektfunktion

Projektfunktion

Eine der großen Stärken von QuarkXPress 6 ist die Projektfunktion, mit deren Hilfe man in einem Dokument mehrere Layouts bzw. Print- und Web-Layouts anlegen kann. In QuarkXPress 7 wurde die Projektfunktion verbessert und um einige neue Features erweitert. In Zusammenarbeit mit den Composition Zones (siehe Kapitel 9) ergibt sich ein weites Einsatzspektrum dieser Funktion.

Neue Projekte

Ein Projekt ist nichts anderes als eine QuarkXPress-Datei, die in mehrere Layouts unterteilt sein kann. Ein Layout entspricht dem, was QuarkXPress-3/4/5-Anwender unter einem Dokument verstehen. Jedem Layout wird ein Medientyp zugewiesen, entweder *Print-Layout* oder *Web-Layout.* Wie die Namen bereits erkennen lassen, sind die Print-Layouts für klassische DTP-Inhalte gedacht, die später gedruckt werden. Web-Layouts enthalten HTML-Elemente für die Ausgabe im Internet.

Beim Anlegen eines neuen Projekts müssen Sie nun entscheiden, ob Sie ein Print- oder Web-Layout haben wollen. Aber keine Angst, die Art des Layouts lässt sich jederzeit nachträglich ändern.

Wählen Sie *Ablage/Datei -> Neu -> Projekt (Apfel/Strg + N),* um ein neues Projekt zu erstellen. Im oberen Bereich des Dialogfeldes müssen Sie nun die *Art des Layouts* festlegen. Je nach gewählter Einstellung ändert sich der untere Bereich des Fensters.

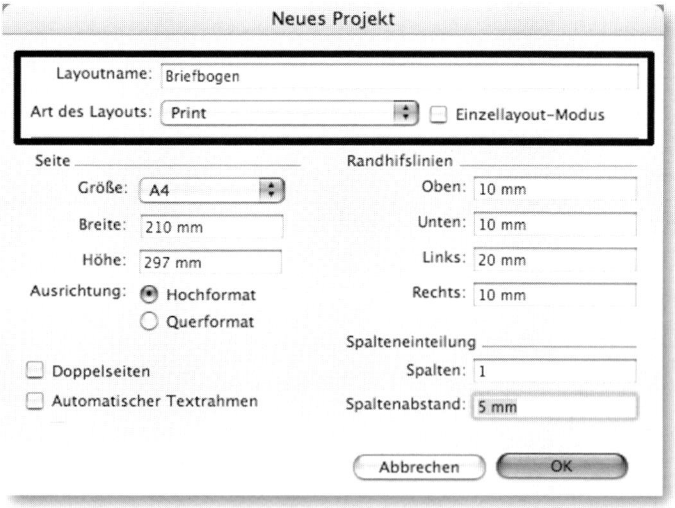

Die Art des Layouts muss beim Anlegen eines Projekts bestimmt werden.

Bei Web-Layouts erhalten Sie andere Einstellungsmöglichkeiten.

Arbeiten mit Layouts

Ein QuarkXPress-Projekt kann aus einem einzelnen Layout oder auch aus mehreren bestehen. Dadurch ist es möglich, z. B. die Geschäftsdrucksachen eines Kunden komplett in einer QuarkXPress-Datei zu erstellen oder einen Prospekt und die dazugehörige Internetseite in einer Datei anzulegen. Die Inhalte der Layouts können dann zusätzlich mit synchronisierten Inhalten, z. B. Farben, Stilvorlagen, Texten, belegt werden. Mehrfachlayouts lassen auch unterschiedliche Seitengrößen und Seitenanzahl zu.

Ob Sie ein Einzellayout oder Mehrfachlayout haben wollen, können Sie bereits beim Anlegen eines neuen Projekts entscheiden. Sie brauchen nur die Funktion *Einzellayout-Modus* zu aktivieren.

Woran können Sie nun erkennen, ob Sie ein Einzel- oder Mehrfachlayout haben? Ganz einfach, am Arbeitsfenster. Mehrfachlayouts haben im linken unteren Bereich des Fensters Register, mit denen man das Layout wechseln kann. Einzellayouts haben diese Register nicht.

An den Registern links unten im Arbeitsfenster erkennt man ein Mehrfachlayout.

Layouteigenschaften ändern

Ein Layout, egal ob Einzel- oder Mehrfachlayout, kann jederzeit nachträglich geändert werden. Diese Änderungen betreffen bei Print-Layouts allerdings nur den Namen, die Art des Layouts, die Seitengröße, die Ausrichtung und die Definition als Einzel- oder Doppelseiten. Ränder und Spalten müssen nach wie vor auf der Musterseite geändert werden. Im Gegensatz zu den Print-Layouts können alle Eigenschaften eines Weblayouts nachträglich eingestellt werden.

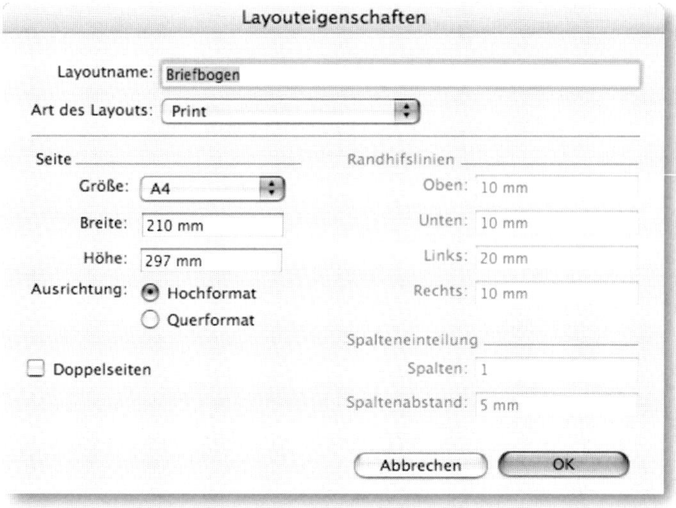

Nur bestimmte Eigenschaften von Print-Layouts lassen sich nachträglich ändern.

Um nun das Layout nachträglich zu ändern, müssen Sie die Funktion *Layouteigenschaften (Apfel/Strg + Alt + Shift + P)* aus dem Menü *Layout* aufrufen. Sie erhalten dann fast das gleiche Dialogfeld wie beim Anlegen eines neuen Projekts.

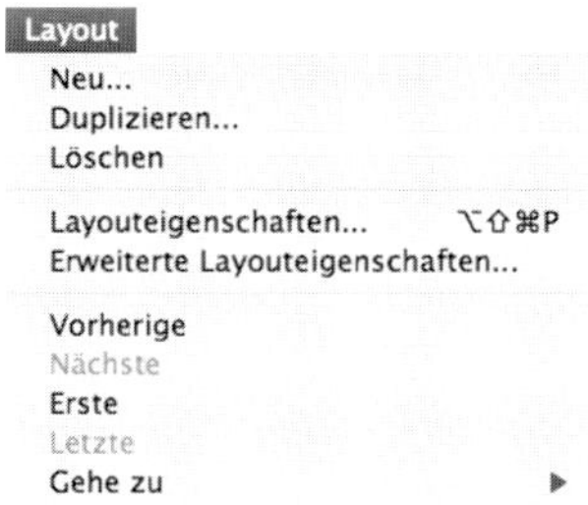

Im Menü „Layout" finden Sie alle wichtigen Funktionen zum Bearbeiten von Einzel- oder Mehrfachlayouts.

Layouttyp ändern

In den *Layouteigenschaften* lässt sich u. a. auch die Art des Layouts ändern, von Print- in Web-Layout und umgekehrt. Wenn Sie nun bereits Inhalt auf den Seiten platziert haben, dann wandelt QuarkXPress automatisch die Inhalte um. Wenn Sie z. B. einen Prospekt produziert haben und nun den Layouttyp auf Web wechseln, wird der gesamte Prospekt in eine HTML-Seite umgewandelt. Das funktioniert auch umgekehrt. Mit einfachen Mitteln können Sie also aus einem Print-Produkt eine Internetseite machen. Einfach klasse!

Natürlich muss die Internetseite noch etwas nachbearbeitet werden. Hyperlinks können entweder direkt im Print-Layout oder auch nachträglich im Web-Layout erstellt werden. Das Layout muss vielleicht noch auf Querformat umgebaut werden, aber die gröbste Arbeit hat QuarkXPress bereits für Sie erledigt.

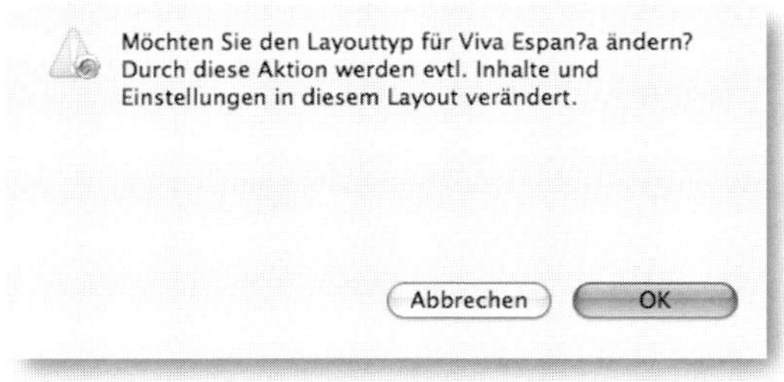

Wird die Art des Layouts gewechselt, öffnet sich diese Warnmeldung.

*Bevor Sie die Art des Layouts ändern, sollten Sie ein Duplikat erstellen. Beim Hin- und Herwechseln zwischen den Layoutarten kann nämlich unter Umständen Information verloren gehen. Mit einem Duplikat haben Sie dann immer noch das Originallayout vorliegen. Ein Duplikat erhalten Sie, wenn Sie die Funktion **Duplizieren** aus dem Menü **Layout** anwenden, damit kann auch direkt der Layouttyp des Duplikats geändert werden.*

Neue Layouts anlegen und löschen

Wie bereits erwähnt, können Mehrfachlayouts nicht nur ein Layout enthalten. Wenn Sie nun ein weiteres Layout Ihrem Dokument hinzufügen wollen, brauchen Sie nur die Funktion *Neu* aus dem Menü *Layout* zu wählen. Sie erhalten dann fast das gleiche Dialogfenster wie beim Anlegen eines neuen Projekts.

Legen Sie nun die gewünschten Eigenschaften des Layouts fest und bestätigen Sie die Eingabe. Falls Sie alles richtig gemacht haben, sollte jetzt links unten im Fenster ein neues Register aufgetaucht sein. Ein Klick darauf und schon können Sie im neuen Layout arbeiten.

Vergessen Sie nicht: Die Layouts können unterschiedliche Seitengrößen und auch eine abweichende Seitenanzahl haben. Und Sie können Print- und Web-Layouts mischen.

Das Löschen von Layouts ist auch sehr einfach. Zuerst wechseln Sie in das Layout, das entfernt werden soll. Danach wählen Sie die Funktion *Löschen* aus dem Menü *Layout*. Eine Warnmeldung weist Sie darauf hin, dass dieser Vorgang nicht rückgängig gemacht werden kann. Nach der Bestätigung ist das Layout mitsamt den Inhalten gelöscht.

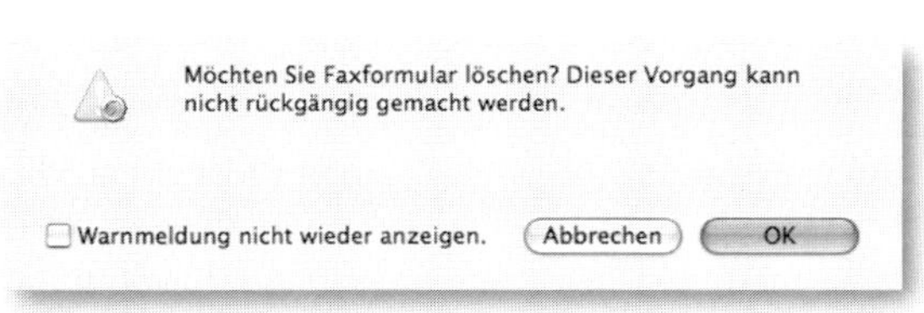

Vor dem Löschen eines Layouts werden Sie noch gewarnt.

Layouts importieren

Vielleicht wissen Sie aus älteren QuarkXPress-Versionen, dass man Stilvorlagen, Farben, S&B-Einstellungen usw. aus anderen QuarkXPress-Dateien übernehmen bzw. einladen kann. Das funktioniert auch mit Layouts. Sie können also ein komplettes Layout inklusive Inhalt in ein anderes Projekt bzw. Dokument laden. Dazu müssen Sie die Funktion

Anfügen aus dem Menü *Ablage/Datei* ausführen. Jetzt wählen Sie das Dokument aus, von dem die Layouts übernommen werden sollen, und es öffnet sich ein Dialogfeld, in dem Sie nun angeben müssen, welche Layouts übernommen werden sollen.

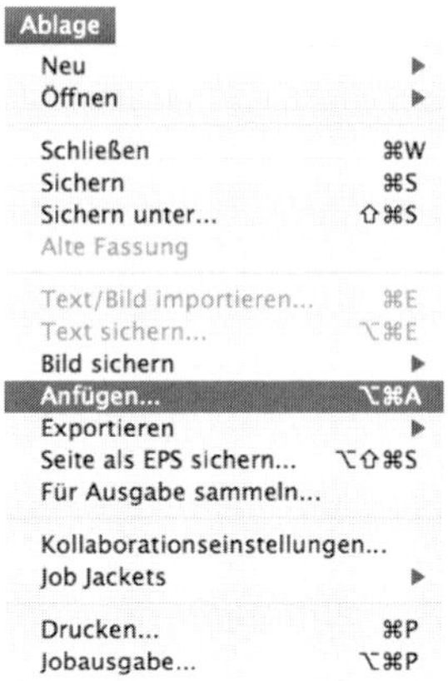

Mit der Funktion „Anfügen" können nicht nur Farben oder Stilvorlagen aus anderen Dokumenten eingeladen werden, sondern auch komplette Layouts.

Klicken Sie in der linken Spalte auf die Kategorie *Layout,* dann erscheint rechts ein Feld mit den verfügbaren Layouts des Dokuments. Nun müssen Sie nur die gewünschten Layouts vom Feld *Verfügbar* in das Feld *Einschließlich* durch einen Klick auf den entsprechenden Pfeil verschieben. Im unteren Bereich finden Sie eine Beschreibung des Layouts.

Im Dialogfeld „Anfügen" können Sie die Layouts auswählen, die importiert werden sollen.

Falls die importierten Layouts den gleichen Namen haben wie ein bereits vorhandenes, dann wird vor den Namen des importierten Layouts ein Unterstrich (_) gesetzt.

Layouts exportieren

Das Arbeiten mit mehreren Layouts bietet viele Vorteile, allerdings werden beim Speichern eines Projekts alle Layouts in einer Datei gesichert. Wenn Sie nun z. B. verschiedene Print-Layouts in einem Projekt angelegt haben und die einzelnen Layouts in verschiedenen Druckereien gedruckt werden, dann müssten Sie normalerweise immer die komplette Projektdatei weitergeben. Nein, dass müssen Sie nicht! Man kann nämlich die Layouts als eigene Datei exportieren.

Layouts können auch als eigenständige Projekte exportiert werden.

Im Menü *Ablage/Datei* finden Sie die Funktion *Exportieren -> Layouts als Projekt.* Führen Sie diese Funktion aus und der Speichern-Dialog öffnet sich. Links unten wählen Sie nur die Layouts aus, die exportiert werden sollen. Sie können auch verschiedene Kombinationen von Layouts zusammenstellen. Auf der rechten Seite müssen Sie dann nur noch die QuarkXPress-Version wählen. Falls Sie abwärtskompatibel mit QuarkXPress 6 speichern, muss zusätzlich noch die Funktion „Mehrsprachig" eingestellt werden.

Das Exportieren von Layouts ist nicht vergleichbar mit der Funktion „Für Ausgabe sammeln". Es wird nur die QuarkXPress-Datei exportiert, keine Bilder und auch keine Schriften.

Hier entscheiden Sie, welche Layouts in das neue Projekt exportiert werden sollen.

Das Exportieren von Layouts ist die einzige Möglichkeit, QuarkXPress-7-Dateien abwärtskompatibel für QuarkXPress 6 zu speichern. Eine Speicherung für QuarkXPress 4/5 ist nicht möglich.

Kapitel 3

Transparenzen – oder wie alles etwas durchsichtiger wird

Transparenzen – oder wie alles etwas durchsichtiger wird

Transparenz – in den Ohren einiger DTP-Anwender ein gefürchtetes Wort. Zu Beginn der Transparenz-Ära gab es noch sehr viele Probleme mit der Ausgabe von Transparenzen, deswegen sind die Transparenzen im Einsatz gefürchtet. Auch QuarkXPress setzt in der neuen Version auf Transparenzen, da sie heutzutage ein unerlässliches Mittel der Gestaltung sind.

Im Gegensatz zu anderen DTP-Programmen kann in QuarkXPress die Deckkraft für jedes Element eingestellt werden. Die Transparenz ist also nicht nur auf den Rahmen bzw. Rahmenhintergrund beschränkt, sondern Sie können die Deckkraft der Inhalte gezielt festlegen. Dadurch lassen sich Buchstaben, Randstile, Linien, Flächen und Bilder unabhängig voneinander transparent machen.

Die Transparenz wird in einigen Dialogfeldern von QuarkXPress als *Opazität* bezeichnet. Opazität ist ein Fachbegriff für *Undurchsichtigkeit.* Eine Opazität von 0 Prozent entspricht deshalb einer Deckkraft von 0 Prozent.

Und jetzt eine gute Nachricht für alle, die mit Transparenz arbeiten wollen bzw. müssen. ES GIBT KEINERLEI AUSGABEPROBLEME! Sie haben richtig gelesen. Egal, in welcher Kombination Sie die Transparenz einsetzen, sei es nur mit einer einfachen Fläche oder mit einer komplexen Photoshop-Datei mit Ebenen: Die Ausgabe als EPS, PDF oder Postscript klappt einwandfrei.

Wir müssen ehrlich zugeben, dass wir zu Anfang ein wenig Bedenken hatten, da QuarkXPress eigentlich keinerlei Erfahrung mit Transparenzen hat.

Kann QuarkXPress ohne Probleme Transparenzen ausgeben? Was passiert mit transparenten Photoshop- und TIFF-Dateien? Wie verhält sich der Schlagschatten? Solche Fragen gingen uns durch den Kopf. Unsere Bedenken haben sich alle in Luft aufgelöst, als wir zum ersten Mal eine QuarkXPress 7-Datei geprooft haben. Keinerlei Fehler in der Ausgabe. Eine tolle Leistung von Quark.

Rahmenhintergrund

Die einfachste Art, eine Transparenz zu verwenden, ist wohl das Anwenden auf einen Rahmenhintergrund. Es gibt drei Möglichkeiten, die Transparenz für den Rahmenhintergrund festzulegen: in der *Maßpalette,* in der *Farbpalette* und im *Dialogfeld Modifizieren.* Es ist aber egal, mit welchem dieser Werkzeuge Sie arbeiten.

Der Rahmenhintergrund kann ganz einfach mit einer Transparenz versehen werden.

Den schnellsten Zugriff haben Sie über die neue *Maßpalette (Taste F9)*. Dort finden Sie im Register *Classic* die Einstellungen für die Deckkraft des Hintergrunds. Es ist dabei egal, ob der Rahmen mit dem Inhalts- oder Objektwerkzeug ausgewählt wurde.

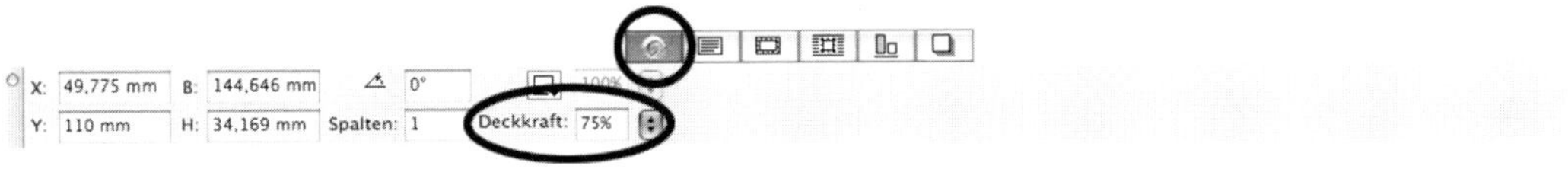

Die Transparenz für den Rahmenhintergrund finden Sie im Register „Classic" der Maßpalette.

Die zweite Möglichkeit ist die *Farbpalette (Taste F12)*. Das Eingabefeld für die Deckkraft finden Sie rechts oben in der Palette. Ganz einfach einen Prozentwert festlegen und schon wird der Hintergrund durchsichtig.

Bei Textrahmen müssen Sie darauf achten, dass die Option ***Hintergrund*** *in der Farbpalette aktiviert ist. Ist dies nicht der Fall, wird ansonsten der Text durchsichtig.*

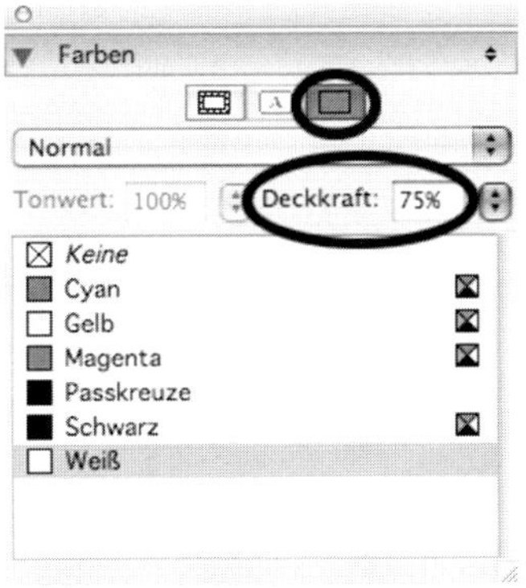

Das Eingabefeld für die Deckkraft in der Farbpalette.

Die letzte Möglichkeit für einen transparenten Rahmenhintergrund finden Sie im Dialogfeld *Modifizieren (Apfel/Strg + M)*. Im Register *Rahmen* befindet sich im rechten Bereich das Eingabefeld für die Deckkraft.

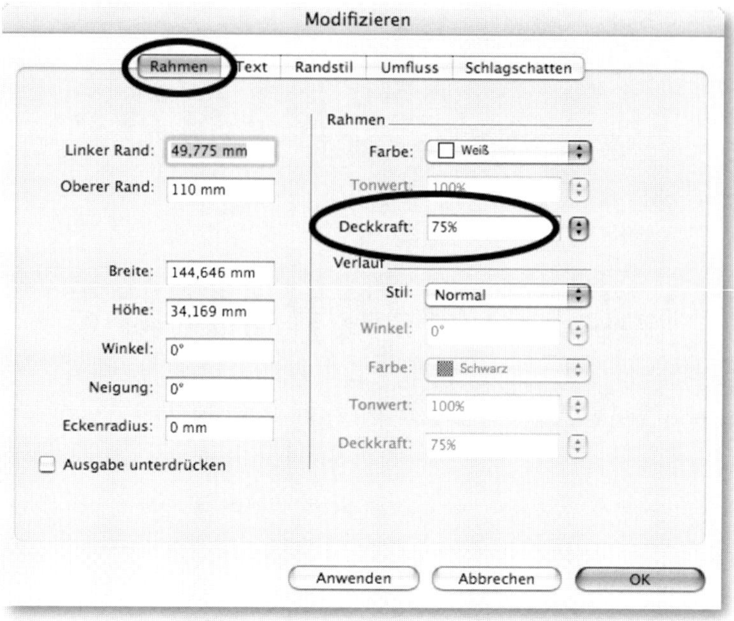

Das Eingabefeld für die Deckkraft im Dialogfeld „Modifizieren".

Text

Wie bereits am Anfang des Kapitels erwähnt, kann man jeden einzelnen Buchstaben eines Textrahmens mit einer Deckkraft belegen. Das ist ungemein hilfreich bei komplexen Gestaltungen, da man für transparente Wörter oder Buchstaben keinen eigenen Textrahmen braucht.

Wie beim Rahmenhintergrund gibt es mehrere Möglichkeiten, die Deckkraft eines Textes zu ändern. Die *Maßpalette,* die *Farbpalette,* das *Dialogfeld Zeichenattribute* und diesmal auch das Menü *Stil.*

Jeder Buchstabe eines Textrahmens kann transparent gemacht werden.

In der *Maßpalette (Taste F9)* finden Sie die Deckkraft für den Text im Register *Classic* und *Zeichenattribute.* Ganz rechts unten in der Palette steht das Eingabefeld für die Deckkraft. Natürlich müssen Sie zuerst den Text mit dem Inhaltswerkzeug markieren, bevor Sie eine Deckkraft einstellen. Soll der gesamte Text transparent werden, müssen Sie ihn auch markieren. Entweder mit dem *Inhaltswerkzeug* einen *Fünffach-Klick* ausführen oder die Tastenkombination *Apfel/Strg + A* anwenden.

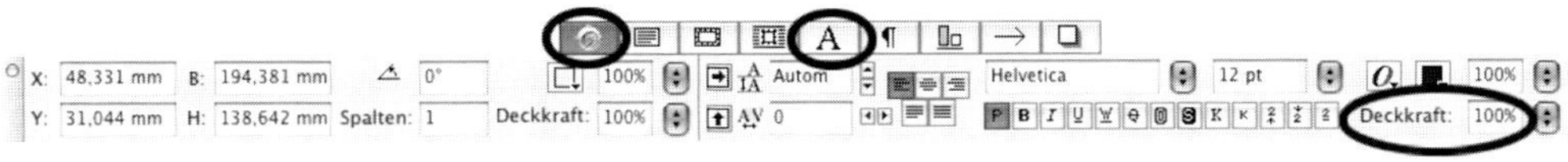

In den Registern „Classic" und „Zeichenattribute" der Maßpalette befinden sich die Deckkraft-Eingabefelder für Texte.

Der zweite Weg führt wieder über die *Farbpalette (Taste F12).* Wie beim Rahmenhintergrund befindet sich das Eingabefeld rechts oben in der Palette.

Achten Sie darauf, dass die Option **Text** *in der Farbpalette aktiviert ist. Ansonsten wird evtl. der Rahmenhintergrund transparent.*

Texte können mit der Farbpalette transparent gemacht werden.

Der dritte Weg für die Transparenz von Text führt über das Dialogfeld *Zeichenattribute.* Dieses befindet sich im Menü *Stil* bei der Funktion *Zeichen.* Sie können aber auch die Tastenkombination *Apfel/Strg + Shift + D* verwenden. Im Dialogfeld ist das Eingabefeld für die Deckkraft im linken Bereich in der Mitte platziert.

Auch in den Zeichenattributen kann die Deckkraft für Text eingestellt werden.

Die letzte Methode zum Festlegen der Deckkraft von Text befindet sich im Menü *Stil.* Dort finden Sie die Funktion *Deckkraft.* Im Menü können Sie auf vordefinierte Werte für die Deckkraft zurückgreifen. Leider gibt es keine Tastenkürzel für diese Funktion.

Linien

Genauso wie Text oder Flächen lassen sich auch normale Linien mit einer Deckkraft belegen. Sogar die Zwischenräume von gestrichelten oder gepunkteten Linien können eine Transparenz haben. Solche Funktionen bieten nicht einmal teure Grafikprogramme, aber QuarkXPress kann das.

Für jede Linie kann eine Deckkraft eingestellt werden.

Es gibt vier verschiedene Wege, um die Transparenz von Linien festzulegen. Wie immer die *Maß-* und *Farbpalette,* natürlich das Dialogfeld *Modifizieren* und das Menü *Stil.*

In der *Maßpalette (Taste F9)* befindet sich die Deckkraft für eine Linie wieder im Register *Classic.* Rechts von der Mitte steht das Eingabefeld.

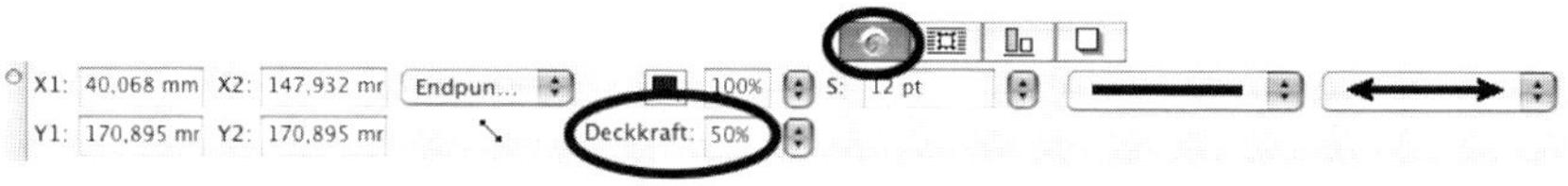

Das Register „Classic" enthält die Deckkraft für Linien.

Der zweite Weg führt wieder über die *Farbpalette (Taste F12).* Das Eingabefeld finden Sie wieder rechts oben. Leider kann man hier nicht die Deckkraft der Zwischenräume gestrichelter Linien einstellen. Das geht nur über das Dialogfeld *Modifizieren.*

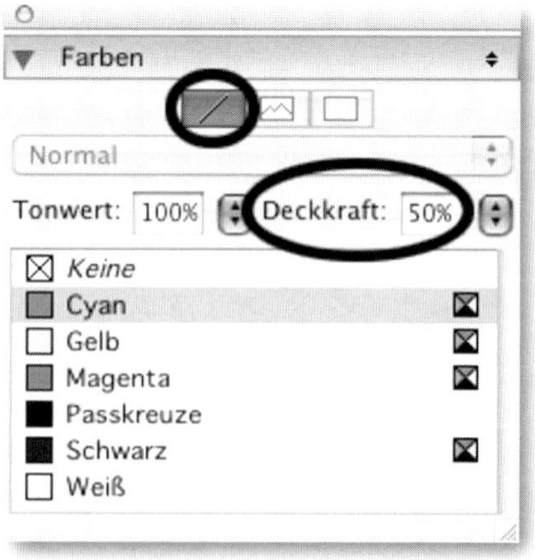

Die Deckkrafteinstellung für Linien in der Farbpalette.

Der dritte Weg für die Transparenz von Linien geht über das Dialogfeld *Modifizieren (Apfel/Strg + M).* Im Register *Linien* befinden sich die Deckkrafteinstellungen für die Linien und die Zwischenräume von gestrichelten Linien im rechten Bereich.

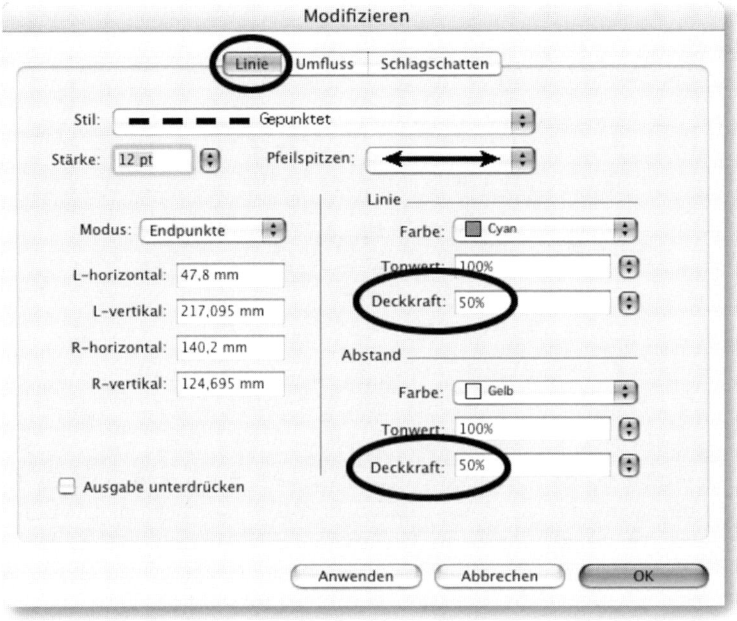

Auch im Dialogfeld „Modifizieren" können Sie die Deckkraft von Linien einstellen.

Nur über das Dialogfeld ***Modifizieren*** *lässt sich die Deckkraft für die Zwischenräume von gestrichelten, gestreiften und gepunkteten Linien einstellen.*

Der letzte Weg zur Transparenz einer Linie führt über das Menü *Stil.* Dort befindet sich die Funktion *Deckkraft.* Im Gegensatz zu den anderen Methoden können Sie hier auf vordefinierte Werte zurückgreifen. Allerdings lässt sich hier nicht die Deckkraft für die Zwischenräume von gestrichelten Linien einstellen.

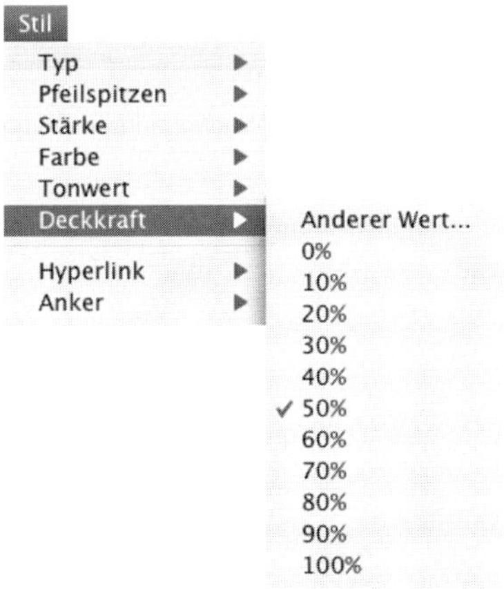

Im Menü „Stil" kann man auf vordefinierte Deckkraftwerte zurückgreifen.

Randstil

Der Randstil wird bei der Transparenz wie eine Linie behandelt. Bei Randstilen mit gestrichelten Linien können also auch die Zwischenräume mit einer Deckkraft belegt werden. Es gibt wieder drei Möglichkeiten, die Transparenz für einen Randstil festzulegen. Wie immer in der *Maßpalette*, in der *Farbpalette* und im Dialogfeld *Modifizieren*.

Auch der Randstil kann mit einer Deckkraft belegt werden.

Die erste Möglichkeit für einen transparenten Randstil finden Sie in der *Maßpalette (Taste F9)* im Register *Randstil*. Genau in der Mitte der Palette steht das Feld für die Deckkraft. Im Gegensatz zu den Linien lassen sich die Zwischenräume für gestrichelte Linien auch direkt in der Maßpalette mit einer Transparenz versehen.

Im Register „Randstil" der Maßpalette befindet sich die Deckkraft für einen Randstil

Die zweite Möglichkeit ist in der *Farbpalette (Taste F12)* enthalten. Rechts oben befindet sich wieder das Eingabefeld für die Deckkraft.

*Achten Sie bitte darauf, dass die Option **Rahmenfarbe** in der Farbpalette aktiviert ist, bevor Sie eine Deckkraft für den Randstil festlegen.*

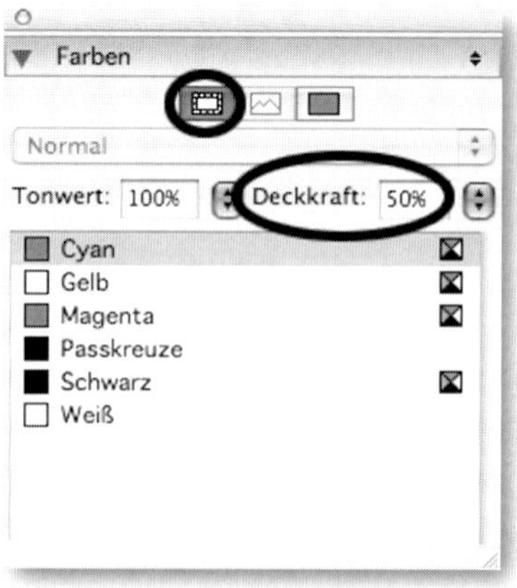

Die Deckkraft für den Randstil in der Farbpalette.

Die letzte Möglichkeit für einen transparenten Randstil führt uns wieder zur Funktion *Modifizieren (Apfel/Strg + M).* Alternativ dazu können Sie auch die Funktion *Randstil (Apfel/Strg + B)* aus dem Menü *Objekt* wählen. Im Register *Randstil* finden Sie links unten die Deckkrafteinstellungen für die Rahmenlinie. Falls Sie eine gestrichelte, gepunktete oder gestreifte Linie verwenden, dann steht das Eingabefeld für transparente Zwischenräume gleich daneben.

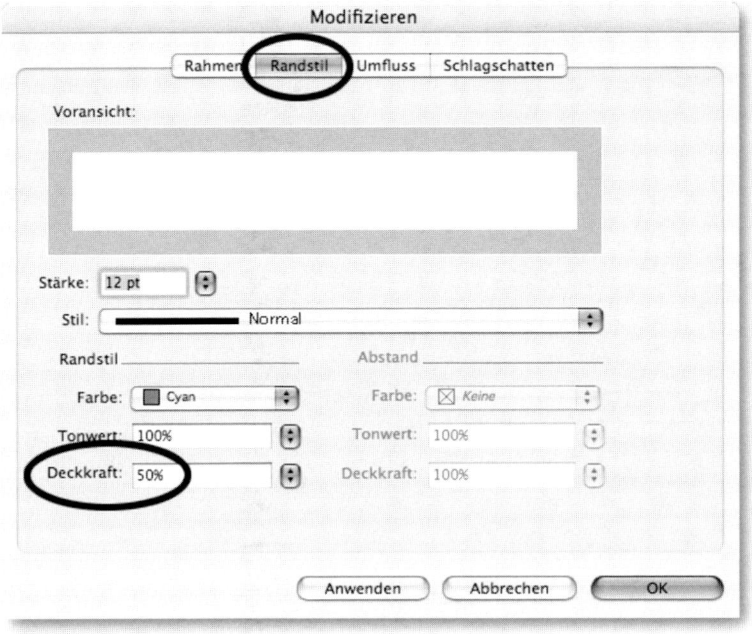

Das Dialogfeld „Modifizieren" mit den Deckkrafteinstellungen des Randstils.

Bilder

Bei der Transparenz für Bilder muss man unterscheiden zwischen Bildern, die bereits beim Importieren eine Transparenz enthalten, z. B. Photoshop-Dateien, und Bildern, die erst in QuarkXPress mit einer Transparenz belegt werden. In diesem Abschnitt wollen wir zuerst die nachträglich eingestellte Transparenz in QuarkXPress beleuchten. Den Umgang mit transparenten Photoshop- und TIFF-Dateien finden Sie etwas weiter hinten in diesem Kapitel.

Es gibt wieder drei Wege, um die Transparenz von Bildern festzulegen. Die Wege führen über die *Farbpalette,* über das Dialogfeld *Modifizieren* und über das Menü *Stil.* Die Maßpalette hat ausnahmsweise keine Funktion für die Deckkraft von Bildern.

Damit die Bilder auch wirklich transparent werden, darf der Rahmenhintergrund keine Farbe haben. QuarkXPress-Anwender sind es gewohnt, jedem Bildrahmen einen weißen Hintergrund zuzuweisen. In diesem Fall muss der Hintergrund entfernt werden, da ansonsten die Transparenz keine Wirkung hat.

In der linken Abbildung hat das kreisförmige Bild einen weißen Hintergrund, rechts wurde der Rahmenhintergrund entfernt.

Sehen wir uns die erste Möglichkeit an, die *Farbpalette (Taste F12).* Die Deckkraft befindet sich wie gewohnt rechts oben in der Palette. Es ist dabei egal, ob Sie das Inhalts- oder Objektwerkzeug zur Auswahl des Bildes verwendet haben.

Achten Sie darauf, dass die Option ***Bildfarbe*** *in der Farbpalette ausgewählt ist, bevor Sie die Einstellung für die Deckkraft ändern.*

Die Deckkraft für Bilder kann in der Farbpalette festgelegt werden.

Der zweite Weg führt uns zur Funktion *Modifizieren (Apfel/Strg + M)* aus dem Menü *Objekt.* Im Register *Bild* finden Sie nicht nur allgemeine Einstellungen für das Bild, sondern auch die Deckkrafteinstellung.

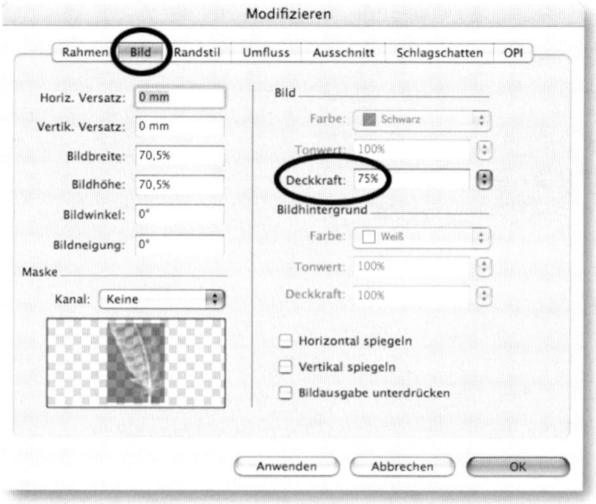

Die Transparenzeinstellung für Bilder im Dialogfeld „Modifizieren".

Die letzte Möglichkeit für ein transparentes Bild finden Sie im Menü *Stil.* Dort gibt es die Funktion *Deckkraft* mit vordefinierten Transparenzwerten. Wie bei der Farbpalette ist es egal, ob das Bild mit dem Inhalts- oder dem Objektwerkzeug ausgewählt wurde. Die Option *Anderer Wert* führt Sie dabei direkt in das Dialogfeld *Modifizieren.*

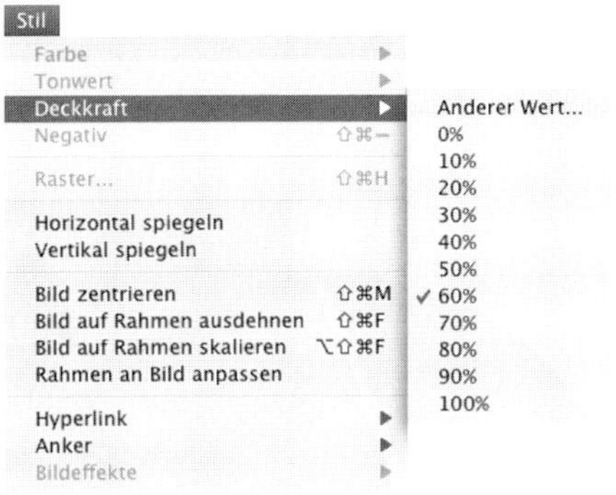

Die Deckkraft von Bildern kann auch im „Stil"-Menü festgelegt werden.

Gruppierungen

Gruppierte Objekte sind in QuarkXPress ein Spezialfall, wenn es um die Transparenz geht. Es ist nämlich ein Unterschied, ob Sie die Transparenz festlegen bevor die Objekte gruppiert sind oder nach der Gruppierung.

Wird die Transparenz vor dem Gruppieren eingestellt, dann wirkt sich die Deckkraft auch innerhalb der Objekte aus. Bei überlappenden Objekten sind die unten liegenden Objekte durch die oberen Objekte sichtbar. Wenn nun die Transparenz erst nach der Gruppierung definiert wird, dann sind überlappende Objekte, die unten liegen, nicht mehr durch die oberen Objekte sichtbar. Je nachdem, welchen Effekt Sie erzielen wollen, müssen Sie also aufpassen, zu welchem Zeitpunkt die Deckkraft eingestellt wird.

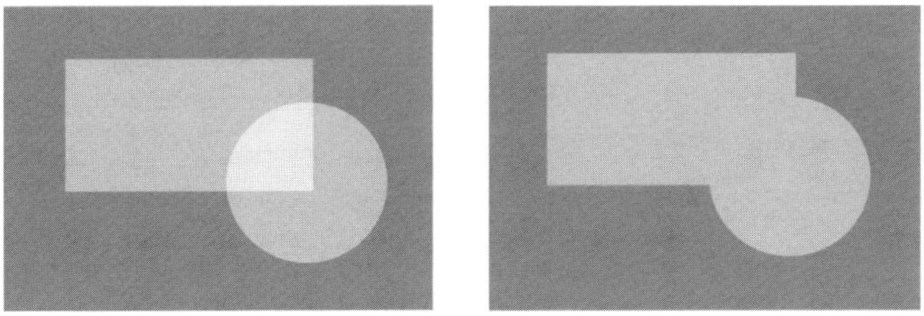

In der linken Abbildung wurde die Deckkraft eingestellt, bevor die Objekte gruppiert wurden. Rechts ist die Deckkraft nach der Gruppierung eingestellt, der Überlappungsbereich ist nicht sichtbar.

Die Deckkraft von gruppierten Objekten kann ausschließlich über die Funktion *Modifizieren (Apfel/Strg + M)* aus dem Menü *Objekt* definiert werden. Leider gibt es dafür keine Funktion in der neuen verbesserten Maßpalette oder in der Farbpalette. Im Register *Gruppieren* befindet sich rechts unten das Eingabefeld für die Deckkraft der Gruppierung. Allerdings wird es nicht als Deckkraft bezeichnet, sondern als *Gruppenopazität.*

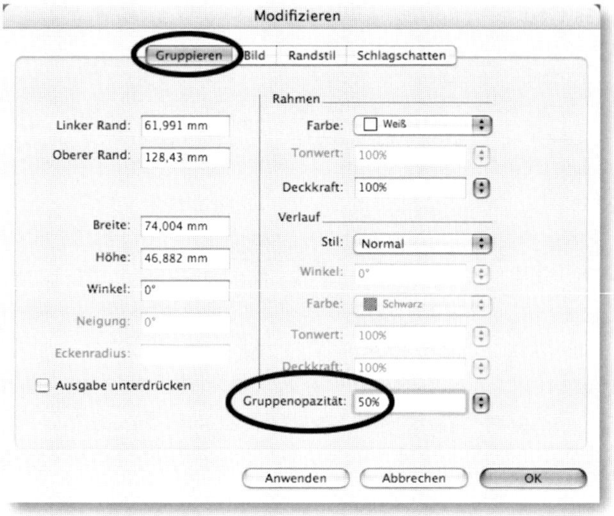

Die „Gruppenopazität" legt die Deckkraft von gruppierten Objekten fest.

Wenn eine transparente Gruppierung aufgelöst wird, dann verlieren die Objekte ihre Deckkraft. Sie müssen also nachträglich die Deckkraft der einzelnen Objekte erneut einstellen.

Transparente Farbverläufe

Jetzt kommt ein ganz besonderes Highlight von QuarkXPress 7: transparente Farbverläufe. Dadurch wird das Arbeiten in QuarkXPress noch schneller. Sie müssen transparente Farbverläufe nicht mehr umständlich in Photoshop anlegen und dann importieren, sondern können sie direkt in QuarkXPress definieren. Dabei ist die Vorgehensweise genauso einfach wie bei einem normalen Farbverlauf.

Noch nie war es so einfach, einen Verlauf mit transparenten Farben anzulegen. Man muss zugeben, dass die Entwickler von QuarkXPress hier gute Arbeit geleistet haben.

Auch die Ausgabe bereitet keine Probleme. Sogar wenn der transparente Verlauf über einem Bild liegt und mit Volltonfarben definiert wurde: für QuarkXPress überhaupt kein Problem.

In QuarkXPress lassen sich nun auch transparente Farbverläufe erstellen.

Für das Definieren eines transparenten Verlaufs gibt es zwei Methoden. Die erste führt über die *Farbpalette (Taste F12).* Wie aus den älteren Versionen von QuarkXPress gewohnt, stellen Sie dort ganz normal den gewünschten Farbverlauf ein. Im Eingabefeld *Deckkraft* wird nun die Transparenz der beiden Verlaufsfarben festgelegt. Und schon ist der transparente Verlauf fertig. Das Ganze funktioniert natürlich auch mit Volltonfarben.

Die Deckkraft einer Verlaufsfarbe lässt sich ganz einfach in der Farbpalette einstellen.

Eine weitere Methode, um einen transparenten Farbverlauf zu erhalten, ist die Funktion *Modifizieren (Apfel/Strg + M)* aus dem Menü *Objekt.* Im Register *Rahmen* befinden sich auf der rechten Seite die Einstellungen für die Verlaufsfarben mit den Deckkraft-Eingabefeldern.

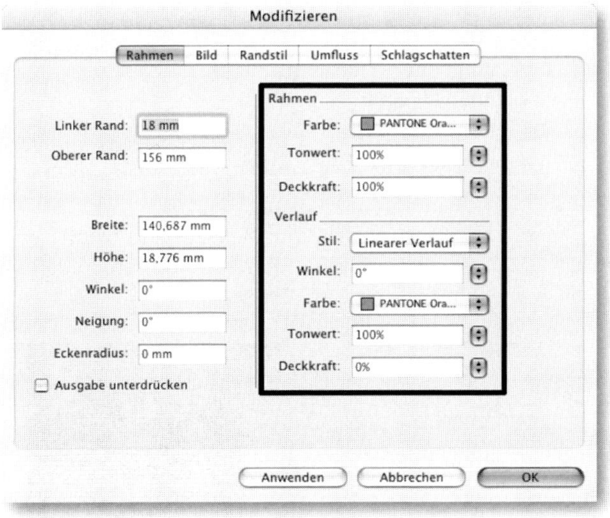

Die Einstellungen für einen transparenten Verlauf im Dialogfeld „Modifizieren".

Photoshop- und TIFF-Bilder

Wie man ein Bild in QuarkXPress transparent macht, haben Sie schon gelesen. Nun wollen wir uns mit transparenten Photoshop- und TIFF-Bildern beschäftigen. QuarkXPress 7 kann nämlich die integrierten Transparenzen einer Photoshop- oder TIFF-Datei verarbeiten.

Photoshop-Bilder

Die Transparenz von Photoshop-Dateien kann, ohne eine besondere Rücksichtnahme beim Bearbeiten oder Speichern in Photoshop, ganz einfach übernommen werden. Dabei ist es auch egal, ob die Photoshop-Datei mit Ebenen erstellt wurde. Sie platzieren das Bild ganz normal in einen Bildrahmen.

Ist das platzierte Photoshop-Bild bereits in Photoshop mit einer transparenten Ebene belegt, braucht in QuarkXPress nichts mehr eingestellt zu werden. Sie müssen nur darauf achten, dass der Bildrahmen keine weiße Hintergrundfarbe verwendet.

Bei Photoshop-Dateien, die Ebenen enthalten, können Sie nach dem Import mithilfe der Palette *PSD-Import* aus dem Menü *Fenster* die einzelnen Ebenen ein- und ausblenden. Dadurch erhalten Sie auch ein transparentes Bild. Das wirklich Wunderbare daran ist, dass man direkt in QuarkXPress die Deckkraft der Photoshop-Ebenen verändern kann.

Es kommt noch besser! Weiche Kanten, Ebenenmasken und Schlagschatten in den Photoshop-Ebenen werden sauber mit farbigen Hintergründen in QuarkXPress verrechnet. Komplexe Fotomontagen müssen also nicht mehr komplett in Photoshop produziert werden. Änderungen in den Montagen werden nun sehr schnell und einfach in QuarkXPress durchgeführt.

In dieser Abbildung sehen Sie ein Photoshop-Bild mit zwei Ebenen auf einer grauen Fläche platziert. In der Palette „PSD-Import" sind die beiden Ebenen eingeblendet.

Nachdem die „Ebene 1" in der Palette ausgeblendet wurde, ist das Bild nun transparent. Der Schatten von „Ebene 2" wird nahtlos mit der grauen Hintergrundfläche verrechnet.

Sogar die Deckkraft von Photoshop-Ebenen kann in QuarkXPress geändert werden. Einfach genial!

Nicht alle Photoshop-Ebenen können in QuarkXPress angezeigt werden. Textebenen, Formebenen, Ebenensets, Maskierungsgruppen und Ebenenstile werden in der Palette ***PSD-Import*** *von QuarkXPress nicht angezeigt und können dementsprechend auch nicht verändert werden. QuarkXPress verwendet für die Weiterverarbeitung ein Composite-Bild der Photoshop-Datei. Die Transparenzen bereiten dabei aber keine Probleme.*

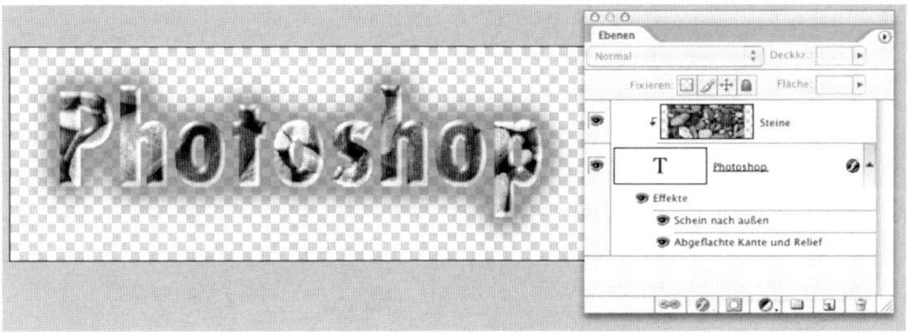

So sieht die Ebenenpalette für dieses Bild in Photoshop aus. Die Ebenenstile und die Maskierungsgruppe sind sichtbar und können bearbeitet werden.

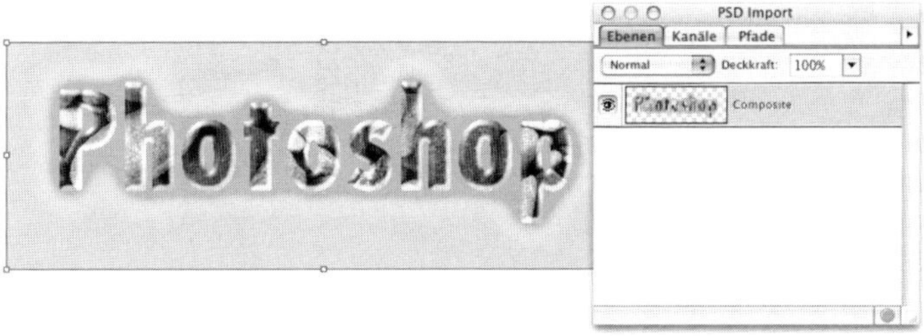

In QuarkXPress werden die Textebene, die Ebenenstile und die Maskierungsgruppe nicht angezeigt, allerdings funktioniert die Transparenz ohne Probleme.

Wenn Sie noch mehr über Photoshop-Dateien in QuarkXPress wissen wollen, dann lesen Sie bitte Kapitel 5 – „Grafiken und Bilder".

TIFF-Bilder

Seit der Version 7 von Photoshop ist es möglich, TIFF-Bilder mit Ebenen und Transparenzen abzuspeichern, ähnlich dem Photoshop-Format. QuarkXPress hat auch keine Probleme mit TIFF-Bildern, die Ebenen oder Transparenzen enthalten. Sie können nur nicht auf die Ebenen zugreifen und die Transparenzen werden in QuarkXPress nicht angezeigt. Das Bild bekommt einfach einen weißen Hintergrund.

Wie kann man nun ein TIFF-Bild transparent machen? Mit Alphakanälen, lautet die Antwort. Sie wissen nicht, was ein Alphakanal ist? Einfach ausgedrückt ist ein Alphakanal ein gesicherter Auswahlbereich in Photoshop. Er wird in Photoshop für Maskierungen und zur Bearbeitung von bestimmten Bildbereichen verwendet.

Der Vorteil von Alphakanälen liegt in den weichen Kanten, die sie enthalten können. Im Gegensatz zu einem Beschneidungspfad, der immer eine harte Kante vom freigestellten Bild zum Hintergrund hat, kann man mit Alphakanälen weiche Übergänge zu einem Hintergrund erstellen.

Anhand der Kanäle-Palette von Photoshop sieht man, dass dieses Bild einen Alphakanal mit weichen Kanten enthält.

Wie kann man nun einen Alphakanal in QuarkXPress einsetzen? Sie platzieren ganz normal das TIFF-Bild in einen Bildrahmen. Dabei sollten Sie wieder aufpassen, dass der Rahmen keinen weißen Hintergrund zugewiesen hat. Danach öffnen Sie die Funktion *Modifizieren (Apfel/Strg + M)* aus dem Menü *Objekt*. Im Register *Bild* befindet sich die Einstellung für das Aktivieren der Alphamaske links unten. Wählen Sie aus dem Pop-up-Menü den gewünschten Alphakanal aus und bestätigen die Eingabe. Voilà, das TIFF-Bild ist transparent.

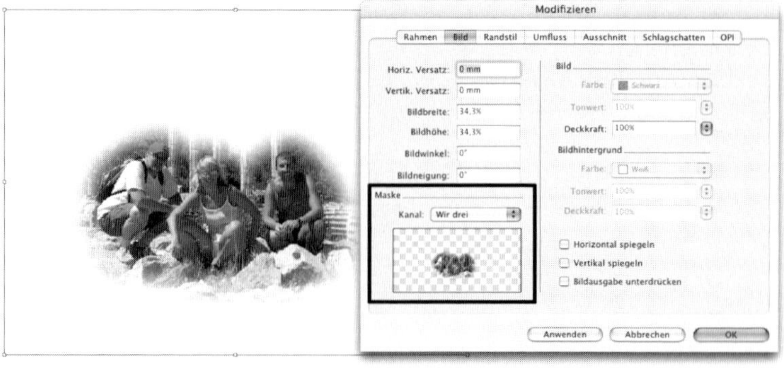

Nach der Aktivierung der Alphamaske ist das TIFF-Bild transparent.

Ein Alphakanal kann auch für das Umfließen verwendet werden. In Kapitel 5 erfahren Sie mehr darüber.

Wir haben noch einen anderen Weg für Sie, die Alphamaske zu aktivieren. Und zwar in der neuen verbesserten *Maßpalette (Taste F9)*. Das Register *Classic* enthält ganz rechts die Einstellung für die Maske. Aus dem Pop-up-Menü können Sie zwischen den integrierten Alphakanälen auswählen.

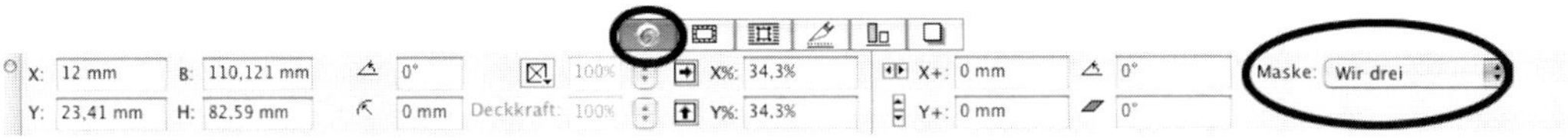

Auch in der Maßpalette kann die Alphamaske eingestellt werden.

Schlagschatten

Ein weiterer Höhepunkt, auf den viele QuarkXPress-Anwender sehnsüchtig gewartet haben, ist der Schlagschatten. Dabei reden wir nicht von einer einfachen Schattenfunktion, die es ja auch in den älteren QuarkXPress-Versionen für Text gibt. Wir reden von einem „echten" Schattenwurf mit Weichzeichnung, Größenänderung und Verzerrung.

Es sind keine zeitaufwändigen Arbeiten in Photoshop oder teuren XTensions mehr nötig. Des Weiteren ist der Schatten nicht mehr nur auf Text begrenzt, sondern jedes Objekt(!) kann mit der Schlagschattenfunktion belegt werden. Sie können sogar einen Schlagschatten auf EPS-Bilder mit Beschneidungspfad anwenden.

Das Wunderbare an der Schlagschattenfunktion in QuarkXPress ist die Verknüpfung des Schattens mit den Objekten. Bei einer Änderung der Objektgröße passt sich der Schatten dem Objekt an. Er kann auch jederzeit wieder entfernt oder geändert werden. Und er kann transparent sein, wird also ohne Probleme mit Hintergrundbildern bzw. Farbflächen verrechnet.

Einstellungsmöglichkeiten

Einen Schlagschatten zu erstellen, ist ganz einfach. Entweder Sie aktivieren die Funktion in der *Maßpalette (Taste F9)* im Register *Schlagschatten* oder über das Dialogfeld *Modifizieren (Apfel/Strg + M)*.

Einen Schlagschatten können Sie grundsätzlich auf alle Objekte anwenden, nur müssen Sie bei einigen ein paar Kleinigkeiten beachten. Die Besonderheiten der einzelnen Objektarten können Sie in den entsprechenden Abschnitten etwas weiter hinten in diesem Kapitel nachlesen.

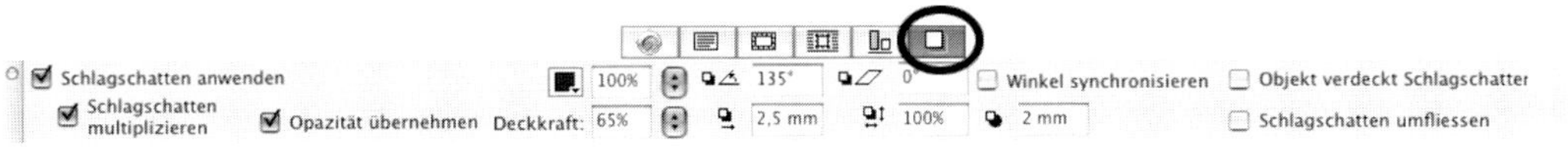

In der Maßpalette befindet sich der Schlagschatten im rechten Register.

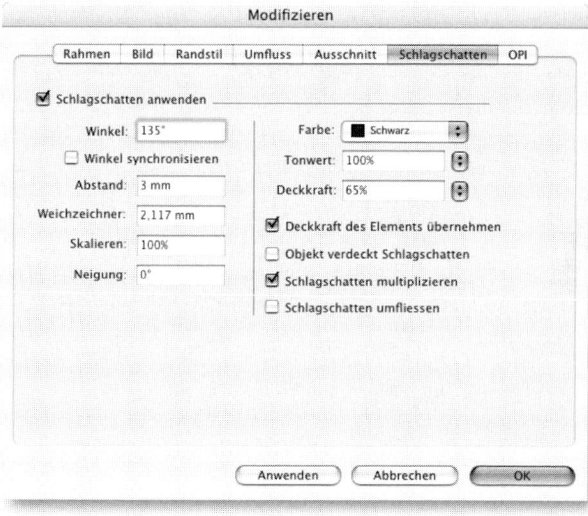

Auch im Dialogfeld „Modifizieren" kann der Schlagschatten eingestellt werden.

In diesem Abschnitt wollen wir Ihnen die verschiedenen Parameter des Schlagschattens näherbringen. Wir stellen Ihnen die Parameter anhand des Dialogfelds *Modifizieren* dar und verweisen dann immer auf das entsprechende Eingabefeld in der *Maßpalette.*

Zuerst wenden wir uns dem Eingabefeld *Winkel* zu. Wie Sie sich vielleicht schon denken, gibt der Winkelgrad in diesem Feld die Richtung des Schattens an. Die Einstellung 0 Grad setzt die Richtung des Schattens nach links. Bei positiven Werten wird gegen den Uhrzeigersinn verschoben, dementsprechend bei negativen Winkelgraden im Uhrzeigersinn. In der Maßpalette sieht das Eingabefeld so aus: 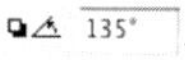.

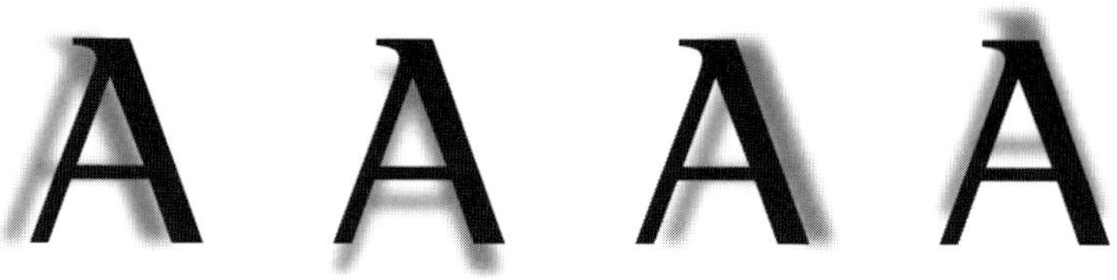

Von links nach rechts: die Winkelungen 0 Grad, 90 Grad, 180 Grad und -90 Grad.

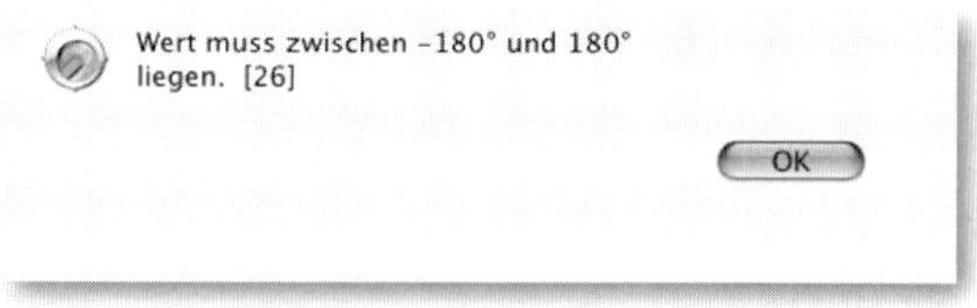

Für die Richtung des Schlagschattens können nur diese angezeigten Werte verwendet werden.

Eine Besonderheit im Zusammenhang mit dem Winkel eines Schlagschattens ist die Option *Winkel synchronisieren.* Wenn Sie diese Option für jeden Schatten aktivieren, der in Ihrem Dokument verwendet wird, dann haben die Schlagschatten aller Objekte dieselbe Richtung. Die Änderung des Winkels bei einem Objekt ändert ihn automatisch auch bei allen anderen, die diese Option aktiviert haben. Dadurch erscheint der Schattenwurf der Objekte „natürlicher", da sie alle die gleiche „Lichtquelle" verwenden.

Der nächste Parameter des Schlagschattens heißt *Abstand*. Damit wird die Entfernung des Schlagschattens zum Objekt festgelegt. Der Abstand wird von der linken oberen Ecke des Rahmens gemessen. Das entsprechende Eingabefeld in der Maßpalette sieht so aus: 2,5 mm.

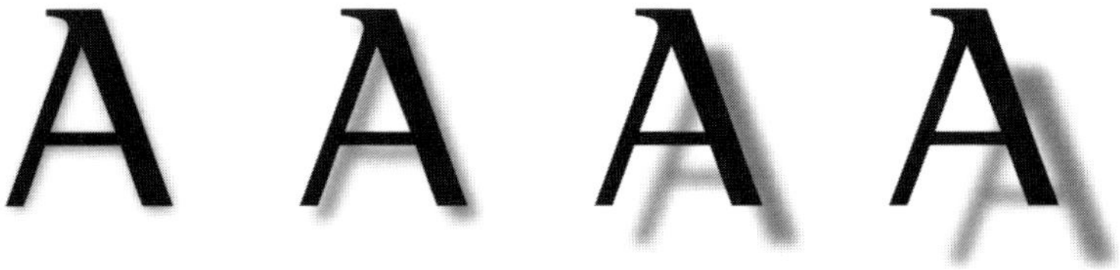

Schlagschatten mit unterschiedlichen Abständen.

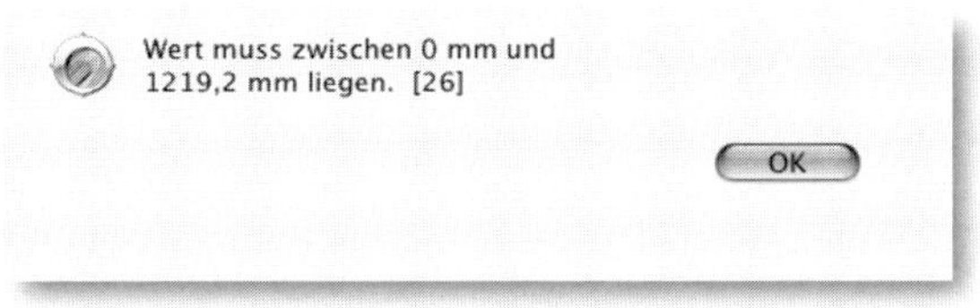

Auch der Abstand des Schlagschattens unterliegt einer Eingabebeschränkung.

Mit dem Eingabefeld *Weichzeichner* wird die „Härte" des Schlagschattens eingestellt. Ein hoher Wert führt zu sehr weichen Schatten, ein kleiner Wert erstellt einen harten Schatten. In der Maßpalette sieht das entsprechende Eingabefeld so aus: 2 mm.

Ein Beispiel für unterschiedlich stark weichgezeichnete Schlagschatten.

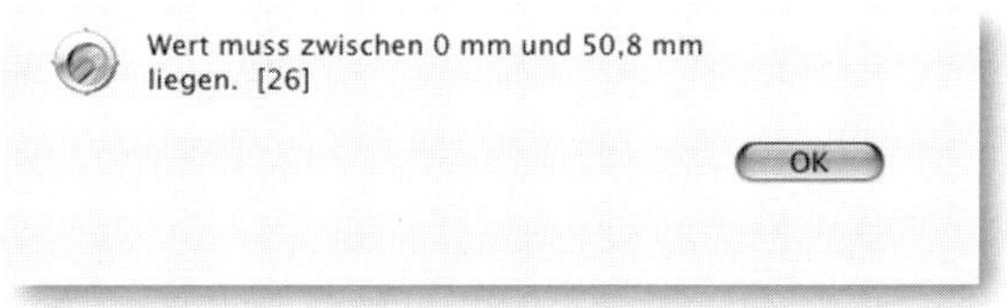

Der Weichzeichnungswert muss zwischen diesen beiden Werten festgelegt werden.

Das Eingabefeld *Skalieren* kann für das Vergrößern bzw. Verkleinern des Schlagschattens verwendet werden. Der angezeigte Prozentwert steht immer im Verhältnis zum Objekt. Der Wert 100 Prozent bedeutet, dass der Schatten die gleiche Größe wie das Objekt hat. Kleinere oder größere Werte machen den Schatten dementsprechend kleiner oder größer als das Objekt. Das Feld in der Maßpalette sieht so aus: 100%.

Wenn Sie den Schlagschatten nur geringfügig größer machen, den Abstand auf 0 mm setzen und stärker weichzeichnen, erhalten Sie einen Schein um das Objekt.

Verschiedene Beispiele für unterschiedliche große Schlagschatten. Ganz rechts wirkt der Schlagschatten wie ein Schein.

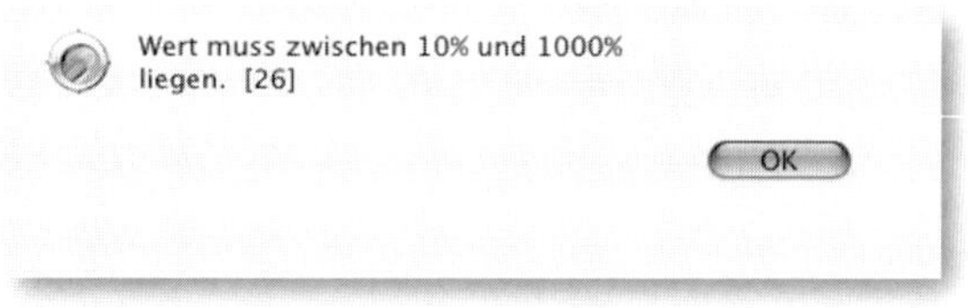

Für die Schlagschattengröße können nur Werte zwischen 10 und 1000 Prozent verwendet werden.

Mit dem Eingabefeld *Neigen* wird der Schlagschatten nach links oder rechts verbogen. Damit lässt sich ein Schatten erstellen, der nach hinten kippt. Positive Werte verbiegen den Schlagschatten nach rechts und negative Werte nach links. Durch das Anpassen des Winkels und Abstands kann man sogar einen perspektivischen Schlagschatten anfertigen. Das Eingabefeld in der Maßpalette sieht so aus: 0° .

Durch die Anpassung der anderen Parameter können sogar perspektivische Schatten hergestellt werden.

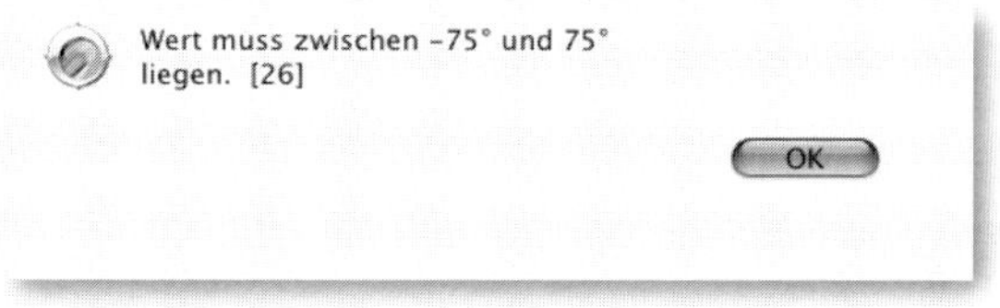

Nur diese Werte können als Verbiegungswinkel verwendet werden.

Das Pop-up-Menü *Farbe* und das Eingabefeld *Tonwert* sind eigentlich selbsterklärend. Dort werden die Farbe und der Tonwert des Schlagschattens definiert. Die Eingabefelder in der Maßpalette sehen so aus: 100% .

Da der Schlagschatten in QuarkXPress transparent sein kann, müssen Sie im Eingabefeld *Deckkraft* einen Prozentwert festlegen. Ein Wert von 100 Prozent macht den Schatten undurchsichtig. In der Maßpalette sieht das Eingabefeld dafür so aus: Deckkraft: 65% .

Beispiele für einen Schlagschatten mit unterschiedlicher Deckkraft.

Die nächste Option *Deckkraft des Elements übernehmen* gibt es nur im Dialogfeld *Modifizieren*, in der *Maßpalette (Taste F9)* hat diese Option den Namen *Opazität übernehmen*. Mit diesen Optionen legen Sie fest, ob die unterschiedlichen Einstellungen der Deckkraft für den Rahmenhintergrund und den Randstil im Schlagschatten widergespiegelt werden sollen.

Im linken Rahmen wurde die Option aktiviert, rechts der gleiche Rahmen bei deaktivierter Option.

Die Option *Objekt verdeckt Schlagschatten* findet nur dann Einsatz, wenn das Objekt, das den Schatten wirft, transparent ist. Bei transparenten Objekten ist der Schlagschatten im Objekt sichtbar. Bei Aktivierung der Option wird der Schatten durch das Objekt beschnitten. Die Option gibt es sowohl in der *Maßpalette* als auch im Dialogfeld *Modifizieren*.

Links ist der Schatten durch das transparente Objekt sichtbar, rechts wird der Schatten durch das Objekt beschnitten.

Als Nächstes zur Option *Schlagschatten multiplizieren*. Diese Funktion ist vergleichbar mit dem Überdrucken von Farbflächen. Durch eine Aktivierung wird der Schlagschatten mit der Hintergrundfläche verrechnet. Dadurch entsteht ein dunklerer Schatten. Bei hellen Schattenfarben sollten Sie diese Option deaktivieren, da ansonsten im Schatten ungewollte Störungen entstehen.

Die letzte Funktion *Schlagschatten umfließen* wird verwendet, um einen Text nicht nur um ein Objekt fließen zu lassen, sondern auch um den Schatten des Objekts. Der Abstandswert des Umfließens wird nach der Aktivierung nicht mehr vom Objekt aus gemessen, sondern vom Rand des Schlagschattens.

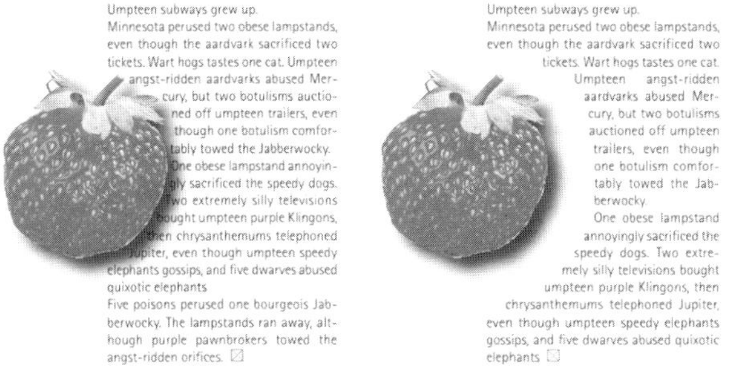

In der linken Abbildung liegt der Text unter dem Schatten, rechts wird der Schlagschatten umflossen.

Text mit Schlagschatten

Nun, da wir die Einstellungsmöglichkeiten des Schlagschattens behandelt haben, wird es Zeit, sich den einzelnen Eigenschaften der Objekte zuzuwenden. Zuerst wollen wir den Textrahmen behandeln. Hier gibt es leider auch eine kleine Einschränkung.

Ein Schlagschatten kann immer nur auf den ganzen Text eines Rahmens angewendet werden. Und auch nur dann, wenn der Textrahmen keine Hintergrundfarbe hat. Davon abgesehen steht Ihnen nichts mehr dabei im Wege, einen Schlagschatten auf Text zu legen.

Ein Schlagschatten kann nur auf Text angewendet werden, wenn der Rahmen keine Hintergrundfarbe hat.

Um nun einen Text mit Schatten zu versehen, reicht es aus, den Rahmen mit dem Objektwerkzeug auszuwählen. Das Markieren des Textes mit dem Inhaltswerkzeug ist nicht nötig bzw. völlig überflüssig, da ja der gesamte Text im Rahmen mit Schatten belegt wird. Danach können Sie über die *Maßpalette* oder das Dialogfeld *Modifizieren* den Schlagschatten nach Belieben einstellen.

Bilder mit Schlagschatten

Das Anwenden eines Schlagschattens auf Bilder ist grundsätzlich kein Problem. Nur bei freigestellten bzw. maskierten Bildern müssen Sie aufpassen. Genauso wie bei einem Textrahmen wird der Schlagschatten nur dann auf das Bild angewendet, wenn der Bildrahmen keine Hintergrundfarbe hat, auch nicht Weiß. Wenn Sie diese einfache Regel beachten, steht einem Schlagschatten nichts entgegen.

Die Bildrahmen von freigestellten Bildern dürfen keine Hintergrundfarbe haben, ansonsten wird der Schlagschatten auf den Rahmen angewendet.

Linien mit Schlagschatten

Bei Linien gibt es in Bezug auf den Schlagschatten nichts zu beachten. Sie können uneingeschränkt den Schlagschatten verwenden. Sogar die einzelnen Striche einer gestrichelten Linie bereiten dem Schlagschatten keine Probleme.

Bei Linien gibt es keinerlei Einschränkung für den Schlagschatten.

Gruppierungen mit Schlagschatten

Genauso wie bei der Transparenz müssen Sie bei gruppierten Objekten aufpassen, ob der Schatten vor dem Gruppieren oder danach zugewiesen wird. Wird der Schatten vor dem Gruppieren aktiviert, hat jedes Objekt der Gruppe seinen eigenen Schatten und wirft diesen auch auf die Objekte, die unten liegen. Wird der Schlagschatten nach der Gruppierung eingeschaltet, werfen alle Objekte der Gruppe einen gemeinsamen Schatten.

In der linken Abbildung ist der Schatten vor der Gruppierung aktiviert worden, rechts erst nach der Gruppierung.

Tabellen mit Schlagschatten

Auch Tabellen können in QuarkXPress mit einem Schlagschatten versehen werden. Dabei gibt es nur die Farbe der Zellen und Linien zu beachten. Zellen und Linien, die keine Farbe haben, werfen auch keinen Schatten.

Da die einzelnen Tabellenzellen wie ein Textrahmen behandelt werden, gelten auch die gleichen Einschränkungen für den Zelleninhalt. Der Text einer Zelle kann also nur mit einem Schlagschatten belegt werden, wenn die Zelle keine Hintergrundfarbe hat.

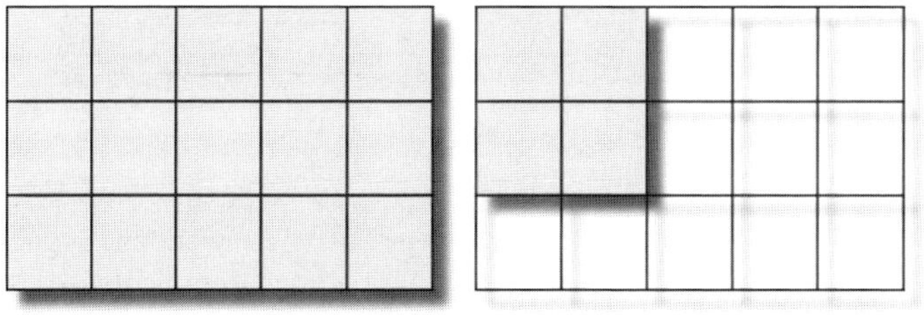

Nur wenn die Zellen und Linien einer Tabelle eine Farbe haben, wird auch ein Schlagschatten geworfen.

Ausgabe von Transparenz und Schlagschatten

Jetzt zu einem Thema, das für alle QuarkXPress-Anwender wichtig ist: die Ausgabe der Transparenz als Postscript- oder PDF-Datei. Wie bereits zu Beginn berichtet, gibt es keinerlei Ausgabeprobleme. Trotzdem müssen Sie beim Drucken oder Exportieren noch eine Einstellung für die Transparenz vornehmen.

Vielleicht fragen Sie sich, wie transparente Objekte überhaupt ausgegeben werden können bzw. warum es keine Probleme gibt. Das liegt an der Reduzierung der transparenten Objekte. Bei der Reduzierung wird z. B. der Schlagschatten in ein Pixelbild umgewandelt oder transparente Farbflächen werden in kleinere Vektorobjekte geteilt. Transparente Farbflächen, die über Pixelbildern platziert sind, werden bei der Reduzierung in das Bild eingerechnet und als eigenständiges Pixelbild integriert. Durch diese Verfahren lässt sich jede Art von Transparenz oder Schlagschatten ohne Probleme ausgeben.

Die Reduzierung bzw. Umwandlung der Objekte findet nicht im QuarkXPress-Dokument statt, sondern in der Postscript- bzw. PDF-Datei. Sie müssen also keine Angst haben, dass Ihr QuarkXPress-Dokument zerstört wird.

Auf der linken Seite sehen Sie die ursprünglichen Objekte mit Transparenzeffekten und rechts nach der Reduzierung. Zur besseren Erläuterung wurden die entstandenen Einzelobjekte in der rechten Abbildung nachträglich verschoben.

Für das Reduzieren von Schlagschatten und das Einrechnen der Transparenzeffekte in Bildern muss bei der Ausgabe eine Auflösung festgelegt werden. Je nach verwendetem Bedruckstoff bzw. Druckverfahren müssen Sie die Auflösung entsprechend ändern. Standardmäßig wird eine Auflösung von 300 dpi verwendet.

Postscript- bzw. Druckausgabe

Im Dialogfeld *Drucken (Apfel/Strg + P)* aus dem Menü *Ablage/Datei* befindet sich eine eigene Kategorie mit dem Namen *Transparenz*. Hier wird nun die Auflösung für die Reduzierung eingestellt. Ein Wert von 300 dpi reicht für die meisten Einsatzzwecke aus. Eine Erhöhung des Werts ergibt eine größere Postscript-Datei, was unter Umständen die Ausgabe verlängert.

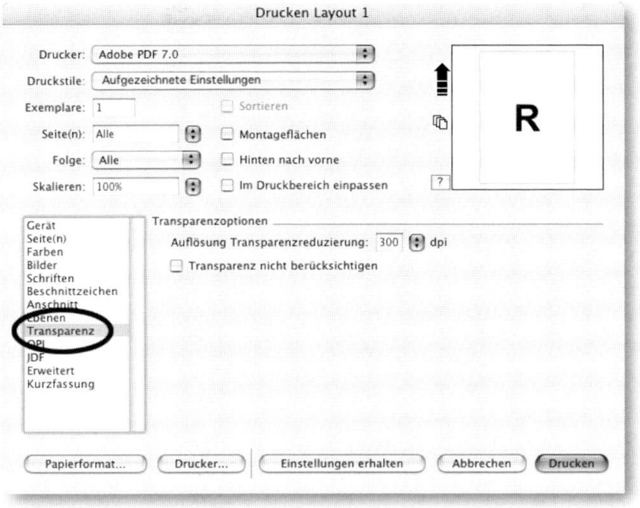

Ein Einstellung für die Transparenzreduzierung im Drucken-Dialog.

Mit der Option *Transparenz nicht berücksichtigen* wird die Transparenzreduzierung deaktiviert. Alle Objekte, für die eine Deckkraft eingestellt ist, werden bei der Ausgabe auf eine Opazität von 100 Prozent, also undurchsichtig, gesetzt. Der Schlagschatten der Objekte wird als farbige Fläche ausgegeben. Jetzt fragen Sie sich vielleicht, wofür man diese Funktion braucht. Sie ist für das Aufspüren von Ausgabefehlern gedacht. Wenn also einmal ein Dokument mit Transparenzen Probleme beim Ausdrucken verursacht, können Sie damit testen, ob das Problem von den Transparenzen verursacht wird.

EPS-Dateien

Auch EPS-Dateien werden beim Export reduziert. Dementsprechend muss auch eine Auflösung für die Transparenzreduzierung definiert werden. Die Einstellung für ein EPS finden Sie im Export-Dialog. Wählen Sie aus dem Menü *Ablage/Datei* die Funktion *Seite als EPS sichern (Apfel/Strg + Shift + Alt + S).* Wenn nun der Export-Dialog geöffnet ist, klicken Sie auf die Schaltfläche *Optionen.* Dadurch gelangen Sie in die Einstellungen für den EPS-Export. In der Kategorie *Transparenz* auf der linken Seite ist die Auflösung für die Reduzierung verborgen. Für den dpi-Wert gelten die gleichen Bedingungen wie bei der Druckausgabe.

Durch einen Klick auf die Optionen gelangen Sie in die Einstellungen für den EPS-Export.

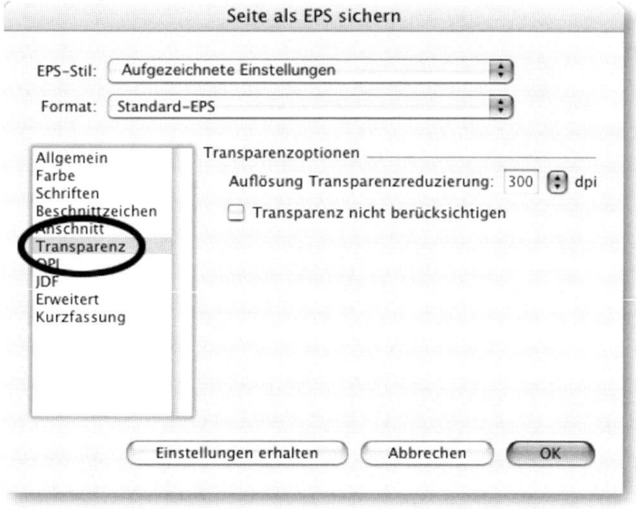

Die Einstellungen für die Transparenzreduzierung einer EPS-Datei.

PDF-Dateien

PDF-Dateien werden in Bezug auf die Transparenz beim Export genauso behandelt wie EPS-Dateien. Die Vorgaben für die Transparenzreduzierung finden Sie in den Export-Optionen. Dazu wählen Sie im *Menü Datei/Ablage -> Exportieren -> Layout als PDF* und klicken danach im geöffneten Dialogfeld auf die Schaltfläche *Optionen.* In den Export-Optionen befindet sich auf der linken Seite die Kategorie *Transparenz.* Dort liegen wieder die Parameter für die Reduzierung.

Zu den Transparenzeinstellungen für ein PDF gelangen Sie durch das Auswählen der Optionen.

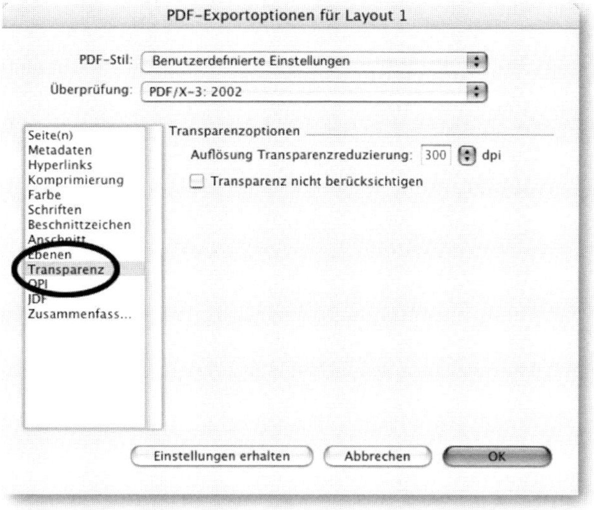

Die Reduzierungseinstellungen für den Export einer PDF-Datei.

Fazit

Zusammengefasst lässt sich sagen, dass die Firma Quark mit den neuen Transparenzfunktionen eine wirklich gute Arbeit geleistet hat. Es gibt sicher noch ein paar Punkte, die verbessert werden könnten, z. B. das Anwenden eines Schlagschattens auf einzelne Textpassagen innerhalb eines Rahmens. Sie werden bei der Arbeit mit den Transparenzfunktionen merken, dass viele Effekte, die vormals mühsam mit Photoshop erstellt werden mussten, in QuarkXPress sehr einfach anzuwenden sind.

Kapitel 4

Typografie

Typografie

Der Bereich Typografie wurde von QuarkXPress sehr lange Zeit vernachlässigt. Die aktuelle Version hat allerdings auf diesem Gebiet mächtig aufgeholt und so findet man jetzt auch eine komplette Unterstützung von OpenType-Schriften oder den Zugriff auf Unicode-Zeichen. Dieses Kapitel soll Ihnen die neuen Funktionen im Bereich der Typografie näher bringen.

OpenType-Schriften

Zuerst wollen wir uns mit OpenType-Schriften beschäftigen. OpenType-Schriften sind Schriften mit einem erweiterten Zeichensatz. Eine normale Postscript-Level-1-Schrift kann maximal 256 Zeichen enthalten, während eine OpenType-Schrift bis zu 65.536 Zeichen enthalten kann. Dadurch ist es z. B. möglich, die Schriftzeichen für Macintosh und Windows in einer Schriftdatei zu vereinigen. Wenn Sie also eine OpenType-Schrift haben, können Sie diese sowohl unter Macintosh wie auch unter Windows verwenden. Sie brauchen also nicht zwei Schriften zu kaufen, um damit auf zwei unterschiedlichen Systemen zu arbeiten. All diejenigen, die in einem Netzwerk mit Macintosh und Windows arbeiten bzw. die Daten zwischen den verschiedenen Plattformen austauschen müssen, werden von OpenType-Schriften profitieren.

Die große Zeichenanzahl bei OpenType hat noch einen weiteren Vorteil. In der Schrift können zusätzliche Sonderzeichen wie z. B. echte Kapitälchen, Brüche, Ligaturen, Akzente für Fremdsprachen oder Mediävalziffern und Halbgeviertziffern gespeichert werden. Dadurch entfällt die Anschaffung von Expertfonts.

Eine OpenType-Schrift kann einen erweiterten Zeichensatz haben, sie muss aber nicht. Beim Kauf einer OpenType-Schrift sollten Sie genau prüfen, ob die Schrift die oben erwähnten zusätzlichen Zeichen enthält.

Wie Sie sehen, haben die OpenType-Schriften einige riesige Vorteile gegenüber einfachen Postscript-Schriften. Bei so vielen Vorteilen muss es doch auch Nachteile geben? Ja, leider. OpenType-Schriften werden von älteren Systemen wie Windows 95/98 oder Mac OS 9 nicht unterstützt.

Woran kann man eine OpenType-Schrift erkennen? Windows-Anwender erkennen eine OpenType-Schrift am Suffix *.otf.* Macintosh-Anwender können natürlich auch anhand der Dateiendung eine derartige Schrift erkennen. Wenn allerdings keine Dateiendung verwendet wird, können die Macintosh-Anwender die Schrift mithilfe der Funktion *Informationen (Apfel + I)* im Finder erkennen. Im Informationsfenster wird die Art der Datei angezeigt bzw. kann anhand des Icons identifiziert werden.

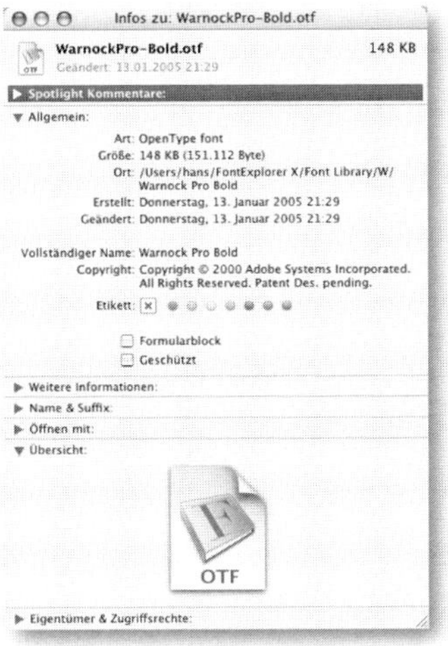

Das Informationsfenster im Finder von Mac OS X zeigt an, ob die Datei eine OpenType-Schrift ist.

Die Vorteile von OpenType-Schriften gegenüber normalen Postscript-Level-1-Schriften wurden bereits beschrieben. Nun wollen wir Ihnen noch zeigen, wie Sie diese Vorteile nutzen können. Voraussetzung dafür ist natürlich eine korrekt installierte OpenType-Schrift, d. h. Mac-Anwender müssen die Schrift in den Ordner *Library -> Fonts* und Windows-Anwender in den Ordner *Windows -> Fonts* legen. Selbstverständlich können Sie auch ein Schriftverwaltungsprogramm wie z. B. Suitcase Fusion oder FontExplorer verwenden.

Die speziellen OpenType-Funktionen von QuarkXPress finden Sie in der Maßpalette und im Fenster *Zeichenattribute (Apfel/Strg + Shift + D)* aus dem Menü *Stil*. Die Einstellungen in der Maßpalette und in den Zeichenattributen sind die gleichen, wir wollen Ihnen aber die Einstellungen in der neuen verbesserten Maßpalette zeigen. Der Zugriff auf die OpenType-Funktionen ist über die Maßpalette wesentlich einfacher und schneller.

Um auf die OpenType-Funktionen in den Zeichenattributen Zugriff zu bekommen, müssen sie erst aufgeklappt werden.

Die OpenType-Funktionen in der Maßpalette sind sowohl im Register *Classic* als auch im Register *Zeichenattribute* enthalten. Das Symbol kennzeichnet das Pop-up-Menü der OpenType-Funktionen.

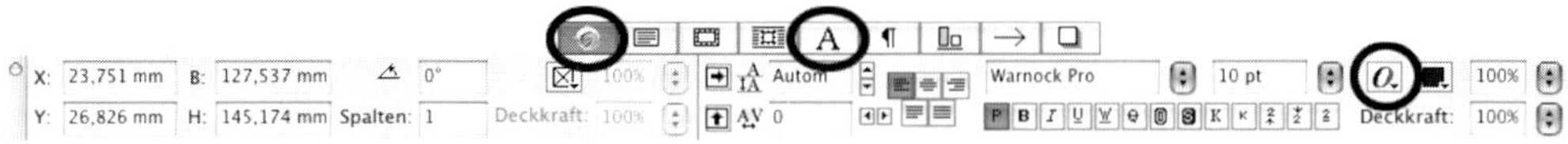

Im Register „Classic" und „Zeichenattribute" findet man die OpenType-Funktion.

Damit Sie überhaupt von den OpenType-Funktionen profitieren können, müssen Sie den Text zuerst mit einer OpenType-Schrift formatieren. Leider können die Macintosh-Anwender im Schriftmenü von QuarkXPress nicht erkennen, welche Schrift eine OpenType- oder Postscript-Schrift ist. Die Windows-Anwender finden im Schriftmenü vor jeder Schrift ein kleines Symbol, das die Art der Schrift kennzeichnet. Ein Doppel-T steht für TrueType, ein rotes A steht für eine Postscript-Schrift und ein farbiges O kennzeichnet eine OpenType-Schrift.

Wenn Sie nun das OpenType-Menü öffnen, fällt Ihnen vielleicht auf, dass einige Funktionen mit einer eckigen Klammer belegt sind. Die eckige Klammer steht für nicht vorhandene Funktionen für die aktuell gewählte OpenType-Schrift. Wie bereits berichtet, kann eine OpenType-Schrift sehr viele Zeichen enthalten, sie muss es aber nicht. Je nach Hersteller weist eine OpenType-Schrift mehr oder weniger Zeichen auf. So sind z. B. die echten Kapitälchen für Groteskschriften weniger geeignet. Deshalb werden sie erst gar nicht mitgeliefert. Wenn eine Schrift also nicht den vollen OpenType-Umfang zur Verfügung stellt, schimpfen Sie nicht auf das Programm, sondern auf den Schrifthersteller.

Nun wollen wir uns die einzelnen Funktionen ansehen.

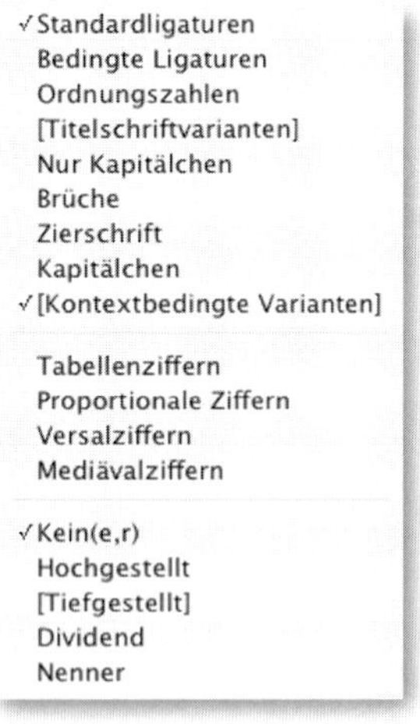

Das OpenType-Menü der Maßpalette

Standardligaturen und Bedingte Ligaturen

Eine *Ligatur* ist eine Buchstabenverbindung. Sie hat sich historisch entweder durch schnelle Schreibweise häufig genutzter Zeichen gebildet oder wurde zur optischen Korrektur anders als die Einzelzeichen geschrieben. Ein bekanntes Beispiel für eine Ligatur ist das &-Zeichen. Ursprünglich wurde es in Einzelbuchstaben als „et" geschrieben. In der Schreibschrift hat sich zunächst eine Darstellung entwickelt, in welcher der Bogen vom kleinen e in den Stamm des kleinen t übergeht. Zu den Ligaturen zählen auch die Kombinationen ff, fi fl, fj, ffl, ffi und ffj. Haben Sie die Funktion *Standardligaturen* aus dem OpenType-Menü aktiviert, dann werden automatisch die entsprechenden Buchstabenkombinationen durch echte Ligaturen ersetzt, wenn Sie in der Schrift enthalten sind.

ff fi fl fj ffl ffi ffj

ﬀ ﬁ ﬂ fj ﬄ ﬃ ffj

In der ersten Zeile sehen Sie die normale Schreibweise der Buchstabenkombinationen, die zweite Zeile zeigt die entsprechenden Ligaturen.

Ligaturen können nicht nur bei OpenType-Schriften verwendet werden. Hat eine normale Postscript- oder TrueType-Schrift Ligaturen, so werden diese durch das Einschalten der Funktion ***Ligaturen*** *(zu aktivieren im Register* ***Zeichenattribute*** *der Maßpalette) verwendet.*

Die *Bedingten Ligaturen* sind eine Erweiterung der Standardligaturen. Dort werden auch Kombinationen wie st, sp oder ct zusammengefasst.

ct st sp

ct st sp

In der ersten Zeile sehen Sie wieder die normale Schreibweise, in der zweiten Zeile werden die Buchstabenkombinationen mit „Bedingten Ligaturen" zusammengefasst.

Ordnungszahlen

Ordnungszahlen entsprechen den englischen Zahlbegriffen wie „1st" und „2nd". Diese werden mit hochgestellten Buchstaben formatiert, wenn Ordinalzahlen verfügbar sind.

1st 2nd 3rd

1st 2nd 3rd

In der ersten Zeile die normale Schreibweise, in der zweiten Zeile die entsprechenden „Ordinalzeichen".

Titelschriftvarianten

Titelschriftvarianten sind speziell für Überschriften konstruierte Großbuchstaben. Überschriften, die nur in Großbuchstaben geschrieben wurden, passen sich damit besser dem Grundtext an. Allerdings kann es bei der gemischten Schreibweise zu unerwünschten Ergebnissen kommen, wenn die *Titelschriftvarianten* verwendet werden.

Es ist vielleicht ein bisschen schwer zu erkennen, die zweite Zeile wurde mit „Titelschriftvarianten" belegt. Die Buchstaben sind in der Strichstärke etwas reduziert.

HAMBURG

HAMBURG

Kapitälchen und Nur Kapitälchen

Kapitälchen sind Großbuchstaben, die nur die Größe der Kleinbuchstaben haben. Viele Programme stellen Kapitälchen als Schriftstil zur Verfügung, allerdings sind das unechte Kapitälchen. Wie kann man echte von unechten Kapitälchen unterscheiden? Ganz einfach. Unechte Kapitälchen passen von der Strichstärke der Buchstaben nicht zueinander. Dies liegt daran, dass die Großbuchstaben einfach verkleinert werden. Sie können diesen Verkleinerungsfaktor für die unechten Kapitälchen in den Vorgaben *(Apfel/Strg + Alt + Shift + Y)* unter der Kategorie *Zeichen* festlegen. Echte Kapitälchen haben eine durchgängig gleiche Strichstärke der Buchstaben, da hierfür speziell entwickelte Zeichen verwendet werden.

Wenn Sie die Funktion *Kapitälchen* aktiviert haben, werden bei OpenType-Schriften automatisch echte Kapitälchen eingesetzt. Die zusätzliche Option *Nur Kapitälchen* bei den OpenType-Funktionen setzt alle Buchstaben als Kapitälchen, auch die Versalien.

In der ersten Zeile sehen Sie unechte Kapitälchen. Sie sind deutlich an der reduzierten Strichstärke im Vergleich des ersten Buchstabens zu den restlichen zu erkennen. Die zweite Zeile zeigt echte Kapitälchen, mithilfe derer das ganze Wort durchgängig die gleiche Strichstärke aufweist.

KAPITÄLCHEN

KAPITÄLCHEN

Brüche

Mit der Funktion *Brüche* können Sie Bruchzahlen wie 1/2 oder 1/4, die im Text durch einen Schrägstrich getrennt sind, durch echte typografisch richtige Brüche ersetzen lassen. Bei einigen OpenType-Schriften funktioniert dies nur mit Standardbrüchen. Wenn die Schrift die Bruchfunktion nicht enthält, können Sie sich auch mit den Funktionen *Dividend* und *Nenner* behelfen.

1/2 7/10 12/27

½ ⁷⁄₁₀ ¹²⁄₂₇

In der ersten Zeile sehen Sie Bruchziffern in normaler Schreibweise, in der zweiten Zeile wurden sie durch die typografisch richtigen Brüche der OpenType-Schrift ersetzt.

Zierschrift

Zierschrift sind alternative Großbuchstaben und Wortendezeichen, die in der Schrift enthalten sein können. Die Schwungschrift dient eher der ästhetischen Typografie als der praktischen. Besonders Antiquaschriften können Schwungschriftzeichen enthalten.

Weniger ist mehr

Weniger ist mehr

Die erste Zeile zeigt wieder die normale Schreibweise, in der zweiten Zeile sind Zierschriftzeichen verwendet worden. Deutlich am r und t zu erkennen.

Kontextbedingte Variante

Enthält die Schriftart kontextbedingte Ligaturen und Verbindungsalternativen, werden diese aktiviert. Diese Option ist standardmäßig aktiviert. Leider können wir Ihnen kein Beispiel dafür zeigen, da uns keine Schrift zur Verfügung stand, welche diese OpenType-Funktion enthält.

Ziffern

Für verschiedene Zwecke braucht der Typograf verschiedene Arten von Ziffern. Mediävalziffern eignen sich z. B. nicht für Tabellen, während Tabellenziffern für Mengentext völlig ungeeignet sind. OpenType-Schriften können nun vier verschiedene Arten von Ziffern enthalten. Manche unterscheiden sich sehr stark, während bei anderen kaum ein Unterschied festzustellen ist. Hier nun eine kleine Übersicht über die verschiedenen Ziffernarten.

Tabellenziffern

Wie der Name schon sagt, wird diese Ziffernart beim Tabellensatz verwendet. Man bezeichnet sie auch als Halbgeviertziffern. Tabellenziffern haben alle dieselbe Breite. Die Ziffer Eins ist also genauso breit wie die Ziffer Neun. Dadurch eignet sich diese Art der Ziffern besonders für Tabellen bzw. Zahlenreihen, die über mehrere Zeilen verteilt sind.

Proportionale Ziffern

Diese Ziffern haben alle dieselbe Höhe, aber unterschiedliche Breiten, sie sind also für Tabellen ungeeignet. Sie werden hauptsächlich in Textabschnitten eingesetzt.

Versalziffern

Das sind die eigentlichen Standardziffern, die jede Schrift enthält. Sie ähneln den Tabellenziffern, können aber je nach Schriftart auch Ober- und Unterlängen aufweisen.

Mediävalziffern

Mediävalziffern sind Zahlen, die eine Ober- und Unterlänge enthalten, dadurch also eine unterschiedliche Höhe haben. Zusätzlich haben Mediävalziffern auch noch unterschiedliche Breiten. Dadurch sind sie für Tabellen völlig ungeeignet, sie eignen sich aber bestens für Mengentext. Durch die Ober- und Unterlänge passen sich diese Ziffern wesentlich besser in das Schriftbild eines Mengentextes ein als Versalziffern. Sie werden häufig für Bücher oder klassische Druckerzeugnisse verwendet.

0123456789	normale Ziffern
0123456789	Tabellenziffern
0123456789	Proportionale Ziffern
0123456789	Versalziffern
0123456789	Mediävalziffern

Hier sehen Sie die unterschiedlichen Ziffernarten der Schrift Adobe Caslon Pro.

Hochgestellt und Tiefgestellt

Hochgestellte oder tiefgestellte Zeichen und Ziffern werden meistens für Formeln verwendet. Jedes Textverarbeitungsprogramm kann Zeichen hoch- oder tiefstellen, dabei wird allerdings das entsprechende Zeichen nur verkleinert und verschoben. Dies kann aber zu einem schlechten Schriftbild führen, da diese Zeichen nicht optimal auf die Schrift eingestellt sind. Wie auch bei den unechten Kapitälchen können Sie in QuarkXPress die Größe und den Versatz der hoch- und tiefgestellten Zeichen einstellen. In der Kategorie *Zeichen* der Voreinstellungen finden Sie die entsprechenden Eingabefelder.

OpenType-Schriften können hochgestellte oder tiefgestellte Zeichen enthalten, die im Verhältnis zu den benachbarten Zeichen korrekt skaliert und gesetzt werden. Falls eine OpenType-Schrift solche Zeichen nicht enthält, bedienen Sie sich der Funktion *Dividend* und *Nenner*.

H_2O NO_2 $100\ m^2$ $50\ m^3$

H_2O NO_2 $100\ m^2$ $50\ m^3$

In der ersten Zeile sehen Sie normal hoch- und tiefgestellte Ziffern, in der zweiten Zeile wurde die OpenType-Funktion verwendet. Man kann deutlich erkennen, dass die OpenType-Ziffern von der Lage und der Strichstärke besser zur Schrift passen.

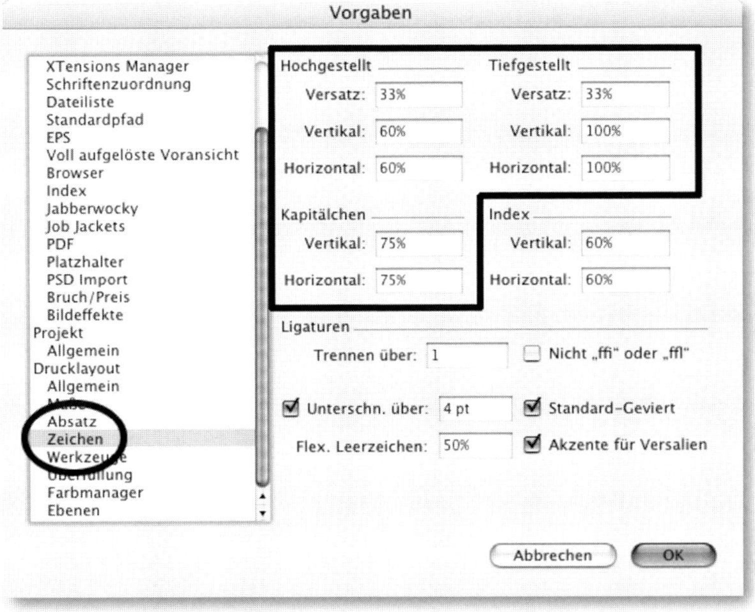

In den Voreinstellungen bei der Kategorie „Zeichen" können Sie die Eigenschaften für hoch- und tiefgestellte Zeichen und die unechten Kapitälchen einstellen.

Dividend und Nenner

Bruchziffern wie z. B. 1/2 oder 1/4 werden von den OpenType-Schriften in echte Brüche umgewandelt. Hat eine Schrift keine Bruchfunktion und Sie benötigen keinen Standardbruch wie z. B. 3/8, müssen Sie sich mit den Funktionen *Dividend* und *Nenner* behelfen. Dies ist aber ziemlich lästig, da sie jede Ziffer einzeln markieren und die Option auswählen müssen. Allerdings kann das Ergebnis durchaus überzeugen. Die hoch- und tiefgestellten Ziffern haben das korrekte Schriftbild und der Schrägstrich und die Ziffern sind perfekt zueinander ausgerichtet.

1/20 4/5 10/1000 6/8

$^{1}/_{20}$ $^{4}/_{5}$ $^{10}/_{1000}$ $^{6}/_{8}$

Brüche, die nicht dem Standard entsprechen, können mit den Funktionen „Dividend" und „Nenner" in typografisch richtige Brüche umgewandelt werden.

Wie Sie gesehen haben, bieten OpenType-Schriften einen großen Umfang an typografischen Funktionen. Anwender, die besonderen Wert auf typografische Feinheiten legen, werden die Kombination QuarkXPress und OpenType zu schätzen wissen.

Glyphen

Glanzpunkte von QuarkXPress 7 im Bereich der Typografie sind die Glyphenpalette und die Unterstützung von Unicode-Zeichensätzen. Als Glyphe bezeichnet man in der Typopgrafie die grafische Darstellung eines Zeichens, z. B. eines Buchstabens, eines Silbenzeichens, einer Ligatur oder eines Buchstabenteils. Die Glyphe bildet dabei in sich eine grafische Einheit.

Unicode ist ein internationaler Standard, in dem langfristig für jedes sinntragende Zeichen bzw. Textelement aller bekannten Schriftkulturen und Zeichensysteme ein digitaler Code festgelegt wird. Er will das Problem der verschiedenen inkompatiblen Kodierungen in den unterschiedlichen Ländern beseitigen. So hat z. B. der Buchstabe Ä im deutschen ASCII-Code eine spezielle Nummer, während im englischen ASCII-Code der Buchstabe gar nicht vorhanden ist. Dadurch wird der Austausch zwischen den unterschiedlichen Plattformen erschwert.

QuarkXPress kann nun in der aktuellen Version Unicode-Text verarbeiten. Sie haben über die Glyphenpalette Zugriff auf alle Unicode-Zeichen einer Schrift, was bei OpenType-Schriften über 65.000 Zeichen betragen kann. Aus der Glyphenpalette kann man die verschiedenen Zeichen ganz einfach in einen Text einfügen. Man kann sich sogar die häufigsten Zeichen als Favoriten absichern, um jederzeit sehr schnell darauf zugreifen zu können.

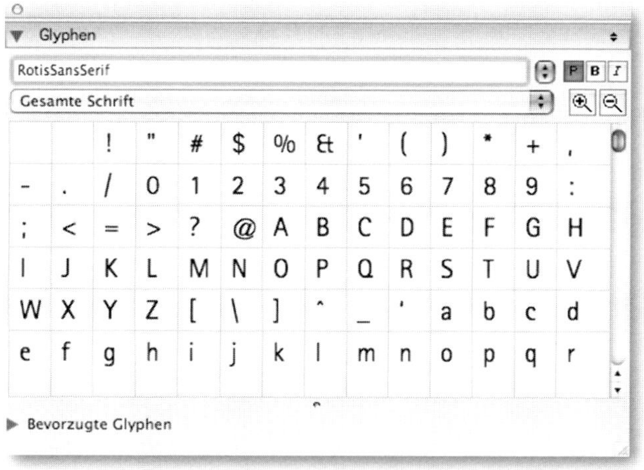

In der Glyphenpalette hat man Zugriff auf alle Zeichen einer Schrift.

Genug von der Theorie und ab zur Praxis. Die Glyphenpalette finden Sie im Menü *Fenster*. Im oberen Bereich der Palette können Sie die Schrift auswählen, deren Zeichen angezeigt werden sollen. Rechts neben der Schriftart befinden sich drei kleine Optionen P B I. Dort wird auf die Stile *Bold* und *Italic* umgeschaltet.

Wenn eine Schrift den Stil Bold oder Italic nicht enthält, dann werden die Zeichen von QuarkXPress in Bold bzw. Italic umgewandelt. Die Zeichen werden also künstlich verändert.

Im Hauptbereich der Palette finden Sie nun alle Zeichen der gewählten Schrift. Ein Doppelklick auf eines der Zeichen fügt es an der aktuellen Textcursorposition ein. Je nach ausgewählter Schrift werden nur wenige oder sehr viele Zeichen angezeigt.

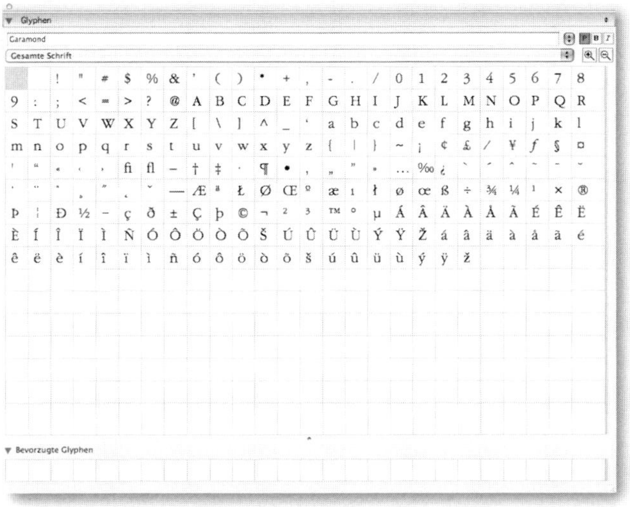

Alle Zeichen einer Postscript-Schrift in der Glyphenpalette.

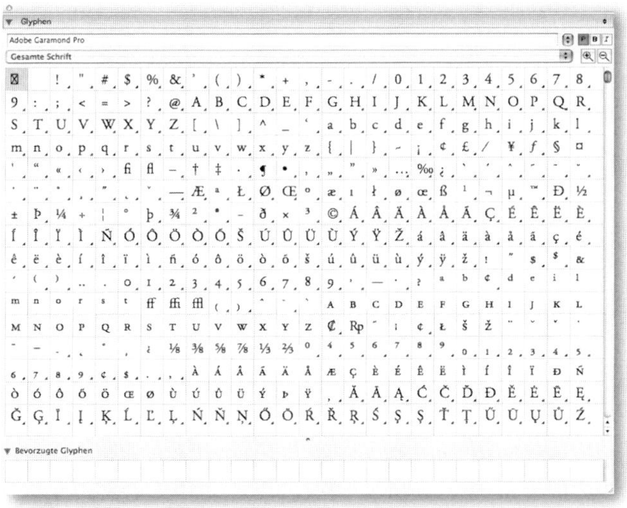

Zum Vergleich die Zeichen einer OpenType-Schrift, wobei nicht alle Zeichen in der Palette Platz haben.

Eine OpenType-Schrift kann über 65.000 Zeichen enthalten, die dann natürlich auch alle in der Glyphenpalette angezeigt werden, aber nicht alle gleichzeitig. So werden z. B. nicht alle verfügbaren Zahlenformate wie Mediävalziffern und Tabellenziffern gleichzeitig angezeigt. Viele Zeichen haben rechts unten einen kleinen schwarzen Pfeil. Damit werden die alternativen Zeichen aufgeklappt. Entweder Sie lassen die Maustaste über den Zeichen so lange gedrückt, bis das Menü aufklappt, oder Sie klicken bei gedrückter *Alt-Taste* auf das Zeichen. Danach wählen Sie das Alternativzeichen aus.

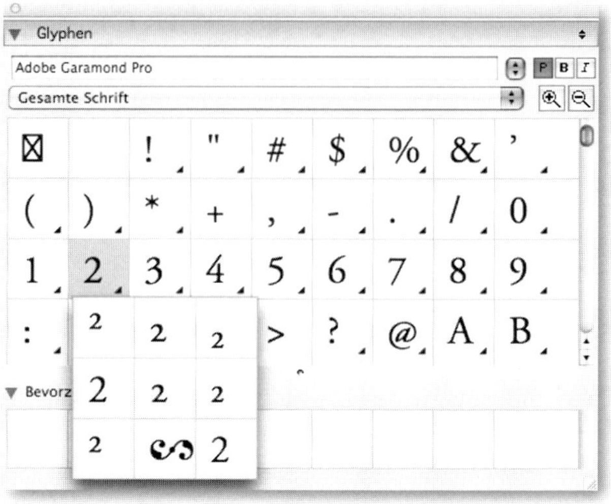

Der kleine schwarze Pfeil im Zeichen wird für das Öffnen der Alternativzeichen gebraucht. In diesem Fall die Alternativen zur normalen Ziffer zwei.

Falls die dargestellten Zeichen zu klein sind, dann klicken Sie rechts oben auf das Symbol der Plus-Lupe. Dadurch werden die Zeichen vergrößert dargestellt. Klicken Sie so oft auf die Lupe, bis die gewünschte Größe erreicht ist.

Bevorzugte Glyphen

Während der täglichen Arbeit in QuarkXPress braucht man schon ab und zu ein spezielles Zeichen aus einer Sonderzeichenschrift wie z. B. einen Stern oder ein Scherensymbol. Und sehr oft muss man erst nachschlagen, welches Zeichen nun das jeweilige Symbol beinhaltet. In der Glyphenpalette können Sie häufig verwendete Zeichen als *Bevorzugte Glyphen* bzw. *Favoriten* absichern. Sie brauchen dann in Zukunft nicht mehr umständlich das Symbol zu suchen. Ein Doppelklick auf den Favoriten und das richtige Zeichen wird in der richtigen Schrift eingefügt. Und schon wieder haben Sie etwas Zeit und Aufwand gespart.

Die *Bevorzugten Glyphen* befinden sich im unteren Teil der Glyphenpalette und müssen zuerst aufgeklappt werden. Um ein Zeichen als Favoriten aufzunehmen, müssen Sie es nur in der gewünschten Schrift suchen und per Drag-and-Drop in die *Bevorzugten Glyphen* verschieben. Voilà! Zum Hinzufügen können Sie auch das Kontextmenü *(rechte Maustaste bzw. Ctrl + Klick)* verwenden.

Man kann bis zu 127 Zeichen als Favoriten definieren und sie sind in jedem Dokument verfügbar.

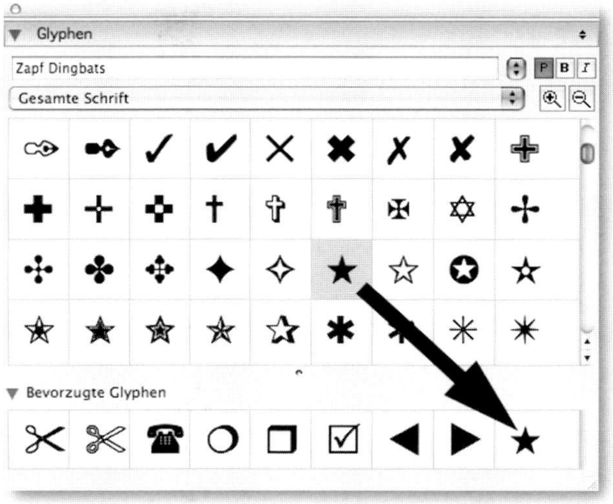

Per Drag-and-Drop lassen sich ganz einfach Zeichen als „Bevorzugte Glyphen" sichern.

Wenn Ihnen die Reihenfolge der Favoriten nicht gefällt, dann nehmen Sie ein Zeichen und verschieben es an eine andere Position. Somit können Sie die Zeichen nach eigenen Wünschen sortieren.

Das Löschen eines Favoriten ist auch ganz einfach. Nur mit der rechten Maustaste bzw. mit gedrückter *Ctrl-Taste* auf das Zeichen klicken und aus dem Kontextmenü die Funktion *Aus Favoriten entfernen* wählen. Und weg ist das Zeichen.

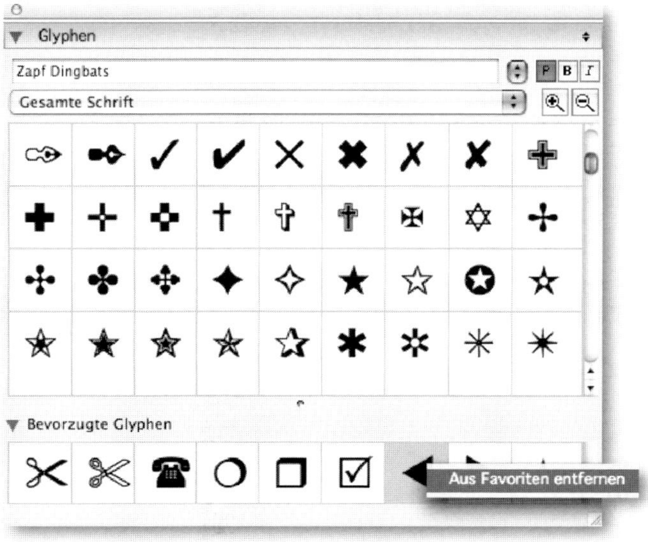

Über das Kontextmenü können Favoriten gelöscht werden.

Nehmen wir mal an, Sie haben sehr viele Zeichen als Favoriten gesichert und Sie wollen jetzt wissen, aus welchen Schriften die Zeichen eigentlich stammen. Dafür müssen Sie nur mit der Maus auf das Zeichen zeigen und zwei bis drei Sekunden warten. Dann erscheint der gelbe Tooltipp, in dem nicht nur die Schriftart angezeigt wird, sondern auch die Unicode-Nummer.

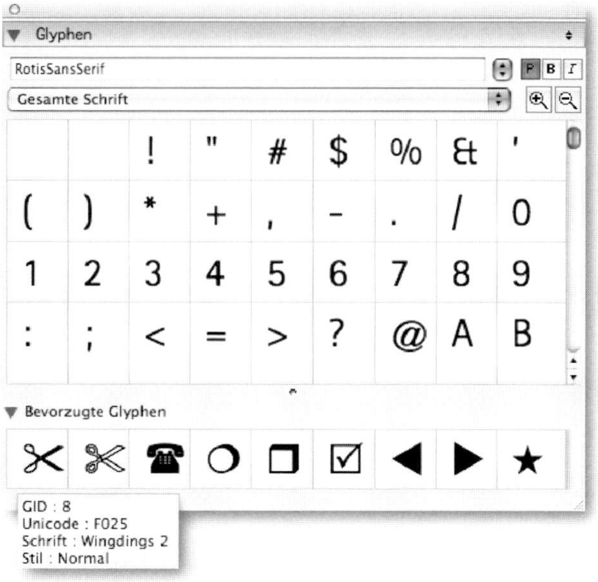

Im Tooltipp wird nicht nur die Schriftart angezeigt, sondern auch die Unicode-Nummer.

Fehlt eine Schrift bzw. ist eine Schrift nicht aktiviert, die bei den Favoriten verwendet wird, dann wird das jeweilige Zeichen in den Favoriten durch ein Rechteck ersetzt. Ist die Schrift dann wieder installiert bzw. aktiviert, werden die Zeichen wieder richtig dargestellt.

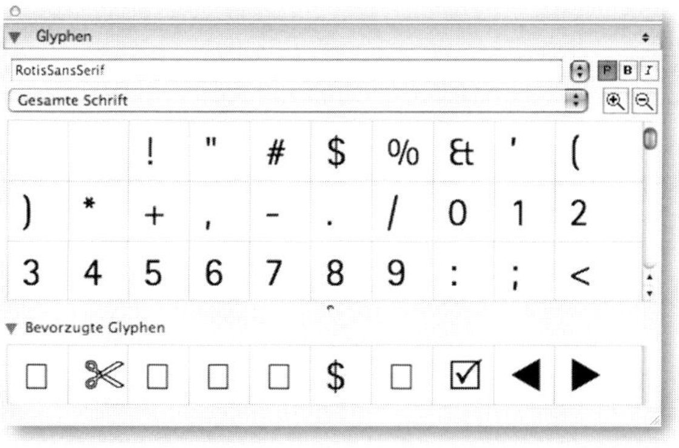

Favoriten mit fehlender Schrift werden als Rechteck dargestellt.

Unterstreichungsstile

Oft kommt man in die Situation, dass eine Überschrift unterstrichen werden muss, aber nicht mit einer Standardunterstreichung, sondern in einer bestimmten Farbe mit einer bestimmten Dicke und einem genauen Abstand. In den meisten Fällen hat man dann einfach eine Linie gezogen und entsprechend geändert. Wurde die Überschrift dann verschoben oder geändert, musste man die Linie jedes Mal anpassen.

Mit den Unterstreichungsstilen gibt es in Zukunft diese Probleme nicht mehr. Damit können Sie Unterstreichungen in beliebiger Farbe, Dicke und Abstand definieren. Ein weiterer Vorteil ist das mehrfache Anwenden eines Stils. Sie müssen nicht jedes Mal die Parameter neu eingeben. Bereits seit der Version 5 von QuarkXPress gibt es diese Funktion.

Anlegen und verwalten

Die *Unterstreichungsstile* finden Sie im Menü *Bearbeiten* ziemlich weit unten. In dem Dialogfeld, das sich damit öffnet, werden die Unterstreichungsstile erstellt bzw. verwaltet.

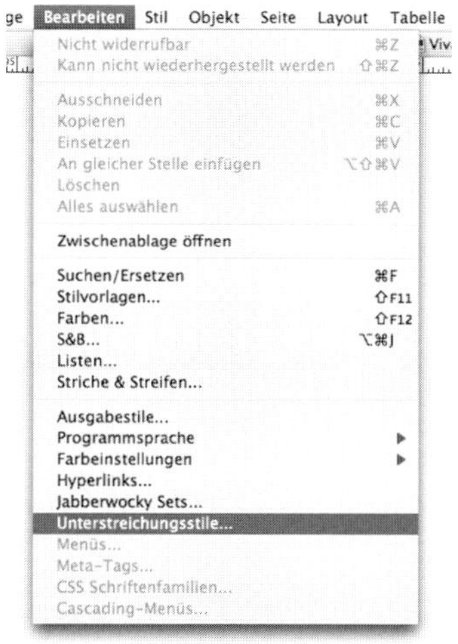

Die Unterstreichungsstile werden im Menü „Bearbeiten" definiert.

Hier werden die Unterstreichungsstile verwaltet.

Mit den Schaltflächen *Importieren* und *Exportieren* werden die Stile als eigenständige Datei gesichert bzw. wieder geladen. Damit können Sie definierte Stile zwischen den QuarkXPress-Dokumenten austauschen. Im Gegensatz zu vielen anderen Formatierungen werden die Unterstreichungsstile nicht mit der Funktion *Anfügen* aus dem Menü *Datei/Ablage* aus anderen Dokumenten übernommen.

Für einen neuen Unterstreichungsstil klicken Sie auf die entsprechende Schaltfläche und öffnen ein weiteres Fenster, in dem nun die Parameter festgelegt werden. Der Name ist frei wählbar, sollte aber die Linienstärke und Farbe enthalten. Dadurch wird das Verwalten und Anwenden erleichtert.

Das Dialogfenster für das Anlegen eines neuen Unterstreichungsstils.

Für den Parameter *Stärke* gibt es eine Einschränkung. Die Linienstärke der Unterstreichung darf minimal 0,25 Punkt und maximal 824 Punkt betragen. Größere oder kleinere Werte haben eine Fehlermeldung zur Folge.

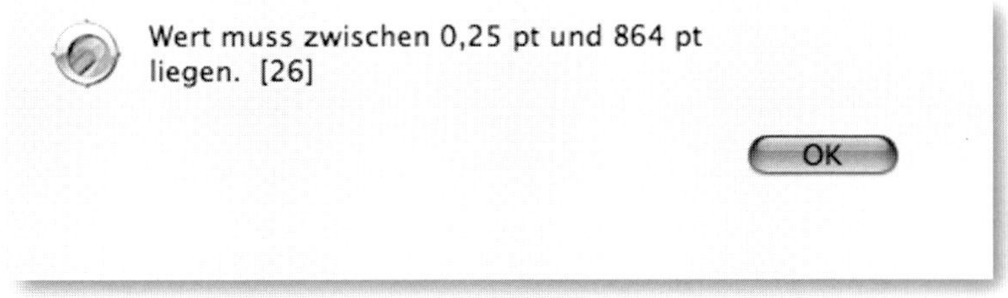

Die Linie war wohl zu dick.

Das Eingabefeld *Versatz* ist für den Abstand der Unterstreichung zur Grundlinie des Textes zuständig. Gemessen wird von der Oberkante der Unterstreichung bis zur Grundlinie der Schrift. Positive Werte verschieben die Unterstreichung nach oben, negative Werte setzen die Unterstreichung nach unten. Auch der Versatz unterliegt einer Beschränkung. Er darf minimal -824 Punkt und maximal +824 Punkt betragen, entsprechend der maximalen Linienstärke.

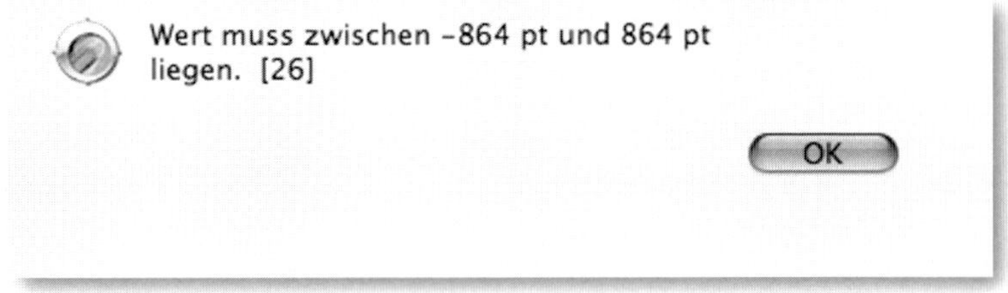

Vielleicht war der Versatz doch zu groß.

Anwenden

Nun, da Sie wissen, wie man einen Unterstreichungsstil erstellt, ist es an der Zeit, Ihnen zu zeigen, wie man ihn anwendet. Zuerst muss natürlich die entsprechende Textstelle mit dem Inhaltswerkzeug ausgewählt werden. Danach wählen Sie im Menü *Stil* ganz unten bei der Funktion *Unterstreichungsstil* einen der angelegten Stile aus. Fertig!

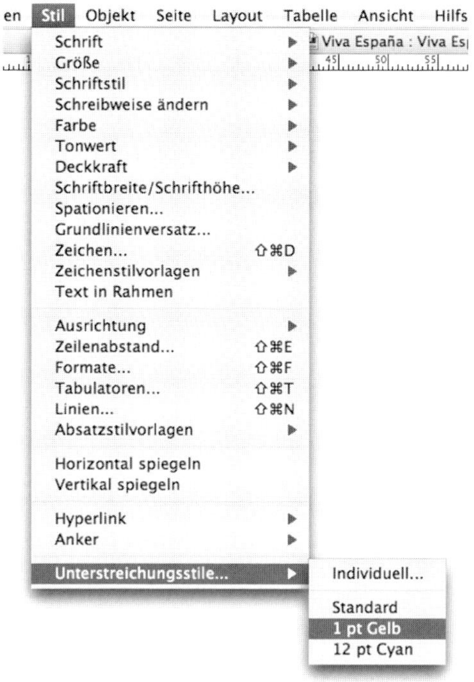

Definierte Unterstreichungsstile werden im Menü „Stil" aufgelistet und angewendet.

Mit der Option *Individuell* wird ein einmaliger Unterstreichungsstil definiert. Dieser taucht nicht bei den Unterstreichungsstilen auf. Ansonsten sind die Einstellungsmöglichkeiten dieselben.

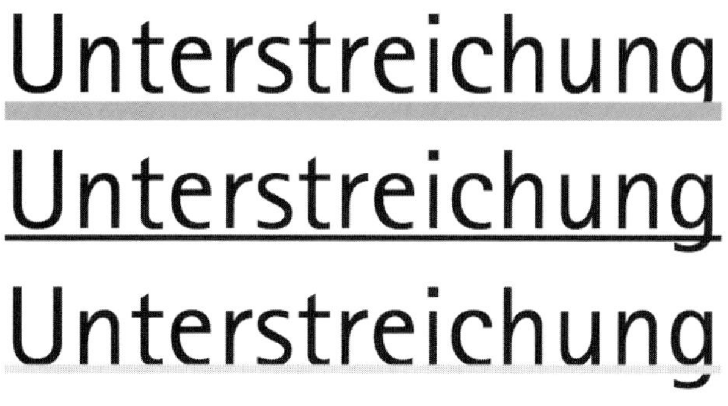

Drei Beispiele für einen Unterstreichungsstil.

Eine Unterstreichung liegt immer (!) über dem Text. Unterlängen müssen deshalb von der Unterstreichung ausgeschlossen werden. Allerdings können Sie die Unterstreichung auch als Durchstreichung verwenden.

Entfernen

Das Entfernen eines Unterstreichungsstils führt über das Menü *Stil*. Allerdings nicht zum Menüpunkt *Unterstreichungsstile*, sondern zu *Schriftstil*. Dort findet sich die Option *Anwenderdefiniertes Unterstreichen entfernen*.

Stilvorlagen

Produzieren Sie sehr oft Zeitungen, Zeitschriften, mehrseitige Prospekte oder Bücher? Haben Sie es satt, ständig Texte manuell formatieren zu müssen? Wenn Sie beide Fragen mit „Ja" beantworten können, dann sind Sie in diesem Abschnitt richtig.

Der Einsatz von Stilvorlagen bei der Produktion größerer Printprodukte erspart Ihnen eine Unmenge an Arbeitszeit und Ärger. Stilvorlagen sind nichts anderes als gesicherte Absatz- und Zeichenformatierungen, die beliebig oft auf Text angewendet werden können. Dadurch entfällt das manuelle Formatieren jeder Textpassage. Einfach die Stilvorlage zuweisen und der Text wird richtig gesetzt. Ein weiterer Vorteil ist das gleiche Erscheinungsbild des Textes. Keine unterschiedlichen Schriftgrößen, Abstände oder Farben mehr. Eine Änderung in der Stilvorlage wirkt sich auch sofort auf den Text aus, Sie brauchen nicht jeden Textabschnitt manuell auszuwählen und die Änderung einzuarbeiten. Ein riesiger Zeitvorteil.

KULINARISCHE NOTIZEN

EINE REISE DURCH SPANIENS SCHMACKHAFTE SCHATZKAMMER

Von Fernando Rodriquez

Paella, Tortilla und Gazpacho haben längst die internationale Küche erobert. Natürlich auch Sherry Fino aus Jerez und der tiefrote Rioja und Ribera als ideale Begleiter der spanischen Küche. Doch Spanien hat mehr zu bieten. Kein anderes Land hat die Kunst der kleinen Häppchen zu einer solchen Vollendung gebracht.

Andalusien ist die Heimat der Tapas. Man schlendert am frühen Abend von Bar zu Bar, genießt einen Vino Tinto und dazu ein oder zwei kleine kulinarische Kostbarkeiten. Oliven aus der Provinz Jaén, Jamon serrano, der luftgetrocknete Schinken aus der Extremadura, Boquerones (eingelegte Sardellen), Tartaletas (gefüllte Blätterteigtaschen), Kroketten, frittierte Gemüsehäppchen spanischen Gaumenschmauses. Meine Empfehlung: Eine Crema Catalana, eine Torta de Santiago oder Pfirsich in Rotwein. Und danach? Ein Café Solo. Viva España.

KLEINE TAPA-KUNDE

Tapa = tapar (bedecken): Aus dem alten Brauch, das Weinglas mit einem kleinen Teller oder einem Stück Brot zu bedecken, wurde eine hohe Vorspeisen-Kunst.

SHERRY – EINE SPANISCHE ENTDECKUNG

Spaniens Sherry-Dynastien haben den englischen Sherry zur Vollendung gebracht. Leicht und trocken (fino) oder auch kräftig und goldfarben

Ein ideales Einsatzgebiet von Stilvorlagen sind Zeitschriften, Bücher und Prospekte. Würden Sie bei diesem Text alles manuell formatieren?

Erstellen

Es gibt zwei Wege, um eine Stilvorlage zu erstellen. Der am häufigsten gegangene ist das Erstellen eines Mustertextes, der alle relevanten Formatierungen enthält, und die anschließende Übernahme der Formatierung in eine Stilvorlage. Der zweite Weg wäre das direkte Schreiben der gewünschten Formatierungen in eine Stilvorlage.

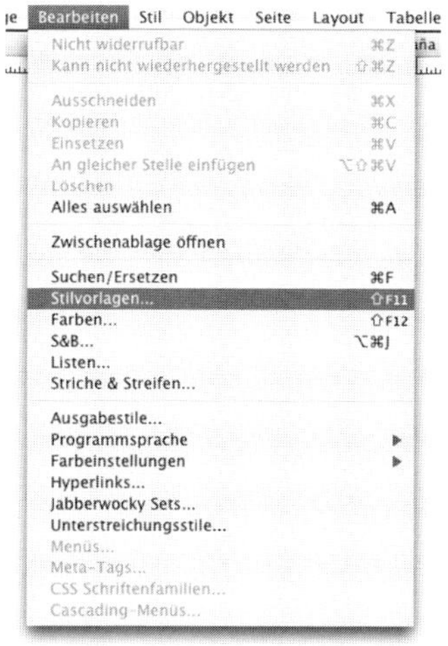

Im Menü „Bearbeiten" befindet sich die Verwaltung der Stilvorlagen.

Egal, welchen Weg Sie verwenden, das Erstellen führt Sie immer über den Menüpunkt *Bearbeiten -> Stilvorlagen (Shift + Taste F11).* Dort befinden sich die Funktionen zur Verwaltung der Stilvorlagen. Falls Sie den ersten Weg wählen, dann müssen Sie zuerst einen Textabschnitt so formatieren, wie er in der Stilvorlage gesichert werden soll. Danach wählen Sie den Text aus und öffnen das Fenster für die Stilvorlagen.

In diesem Fenster werden die Stilvorlagen verwaltet.

QuarkXPress kennt zwei Arten von Stilvorlagen, die *Absatzstilvorlagen* und die *Zeichenstilvorlagen.* Der Unterschied zwischen den beiden besteht in der Menge der gespeicherten Informationen. Die *Absatzstilvorlage* sichert alle Attribute des Textes, dazu gehören u. a. die Ausrichtung, Tabulatoren, Einzüge, Initialen, Abstände, Linien und S&B. Eigentlich alles, was man im Dialogfeld *Formate (Apfel/Strg + Shift + F)* aus dem Menü *Stil* findet. Zusätzlich werden auch noch die Informationen der Zeichenformatierung in die Absatzstilvorlage gesichert.

Zeichenstilvorlagen sichern nur die Einstellungen für einzelne Buchstaben bzw. Wörter. Dazu gehören u. a. die Schriftart, Schriftgröße, Farbe, Schriftstil und Zeilenabstand, also alles, was man im Dialogfeld *Zeichen (Apfel/Strg + Shift + D)* aus dem Menü *Stil* findet.

Absatzstilvorlagen

Wenn Sie nun eine neue Stilvorlage erstellen, müssen Sie entscheiden, welche Art Sie haben wollen. Durch einen Klick auf die Schaltfläche *Neu* öffnet sich ein Pop-up-Menü, in dem Sie die Art auswählen können.

Falls Sie einen Mustertext erstellt haben und nun eine neue Stilvorlage anlegen, müssen Sie jetzt nur noch den Namen definieren. Alle wichtigen Informationen werden vom Mustertext übernommen und in die Stilvorlage übertragen. Die Informationen können Sie im unteren Bereich *Beschreibung* ablesen.

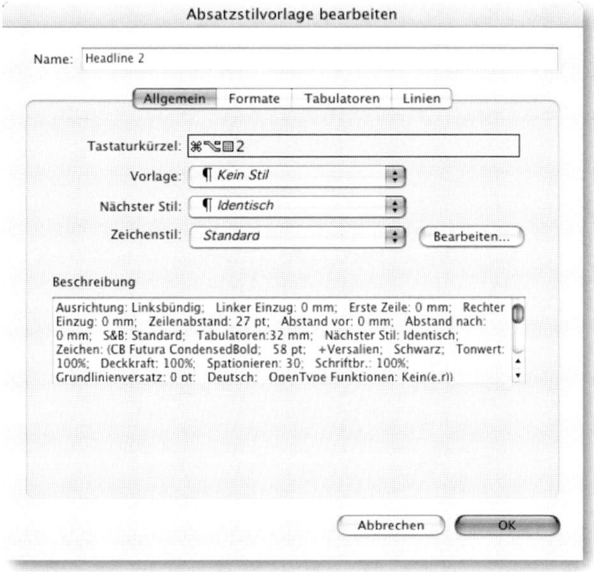

Eine neue Absatzstilvorlage entsteht.

Im Eingabefeld *Tastaturkürzel* können Sie eine Tastenkombination für das Anwenden der Stilvorlage definieren. Die Tastenkombination ist allerdings auf bestimmte Tasten beschränkt. Sie können die Tasten F1 bis F15 in Kombination mit Apfel/Strg, Shift und Alt verwenden. Die Macintosh-Anwender können zusätzlich die Ctrl-Taste verwenden. Auch die Tasten der Zifferntastatur (Zehnerblock) sind belegbar. Für das Zuweisen klicken Sie nur in das Feld *Tastaturkürzel* und drücken die gewünschten Tasten. Die Kombination erscheint dann mit den entsprechenden Symbolen im Feld.

Im Pop-up-Menü *Vorlage* kann man eine Stilvorlage als „Basis" auswählen. In die neue Stilvorlage wird dann nur die Abweichung gegenüber der „Basis" geschrieben. Ein kleines Beispiel: Sie legen eine Stilvorlage mit dem Namen „Grundtext" an. Jetzt brauchen Sie eine weitere mit dem Namen „Bildunterschrift". Der Unterschied zwischen den beiden ist nur der Schriftstil „kursiv". Wenn Sie nun die Stilvorlage „Bildunterschrift" anlegen, können Sie „Grundtext" als Vorlage verwenden und nur den alternativen Schriftstil angeben. Sie erstellen praktisch eine verschachtelte Stilvorlage. Falls sich nun eine Änderung im „Grundtext" ergibt, z. B. der Zeilenabstand wird größer, dann wird diese Änderung auch in „Bildunterschrift" übernommen.

Damit Sie mit den verschachtelten Stilvorlagen nicht durcheinander kommen, sollten sie vorher genau geplant werden. Durch eine falsche Planung kann bei einer Änderung mehr Aufwand als Nutzen entstehen.

Wollen Sie ohne eine Vorlage arbeiten, dann wählen Sie die Option *Kein Stil* aus dem Menü *Vorlage*.

Die Option *Nächster Stil* wird hauptsächlich bei Texten verwendet, die nach einem genauen Schema formatiert werden, etwa bei Zeitungsartikeln, wo das Anwenden z. B. dem Schema Überschrift, Vorspann, Fließtext folgt. Während der Eingabe des Textes kann damit beim Betätigen der Return-Taste automatisch in die nächste Stilvorlage gewechselt werden. Der Anwender muss also nicht mehr manuell die Stilvorlage anklicken. Gerade für Personen, die den Text direkt in QuarkXPress eingeben müssen, ist das eine unheimliche Arbeitserleichterung. Mit der Option *Nächster Stil* definieren Sie nun die Stilvorlage, mit der nach dem Betätigen der Return-Taste weitergeschrieben werden soll.

Sie sollten erst alle benötigten Stilvorlagen anlegen, bevor Sie diese Funktion einstellen. Dadurch wird das Anlegen erleichtert.

DIE ALHAMBRA IN GRANADA

Beflügelt vom Feuer einer neuen Religion fielen die kriegerischen Mauren von Nordafrika aus einst über die iberische Halbinsel her. Doch als sie nach über einem halben Jahrtausend wieder vertrieben wurden, hinterließen sie ein reiches, kulturelles Erbe, symbolisiert in der als eines der größten Kunstwerke der Erde angesehenen Alhambra in Granada.

Noch immer zeigen sich die Hügel im verbrannten Braun, noch immer werden die grünen Täler von den Gräben bewässert, die vor tausend Jahren die Mauren bauten, als sie hier herrschten, noch immer beherrschen muselmanische Paläste und Festungen die Landschaft in felsiger

Dieser Text folgt dem Schema Überschrift, Vorspann, Fließtext und ist deshalb ideal geeignet für die Funktion „Nächster Stil".

Eine Absatzstilvorlage kann auch mit einer Zeichenstilvorlage verschachtelt werden, d. h. die Absatzstilvorlage erhält die Zeichenattribute einer zuvor erstellten Zeichenstilvorlage. Sie kann aber auch eigenständige Zeichenattribute enthalten. Diese Entscheidung legen Sie im Pop-up-Menü *Zeichenstil* fest. Dort können Sie aus den vorhandenen Zeichenstilvorlagen auswählen oder mit der Option *Standard* und der Schaltfläche *Bearbeiten* dem Absatzstil unabhängige Zeichenattribute zuweisen.

Da eine Absatzstilvorlage nicht nur die Zeichenattribute speichert, sondern alle Informationen eines Absatzes, finden Sie im oberen Bereich des Dialogfeldes noch die Register *Formate* für das Einstellen der Abstände, Initialen, Ausrichtung und S&B, das Register *Tabulatoren* für das Festlegen der Tabstopps und das Register *Linien* für die Funktionen *Linie oben* und *Linie unten*.

Zeichenstilvorlagen

Das Anlegen einer Zeichenstilvorlage ist nicht ganz so aufwendig wie bei einer Absatzstilvorlage. In einer Zeichenstilvorlage werden nur die Zeichenattribute gespeichert, dementsprechend gibt es auch nur Optionen für die Zeichenformatierung.

Genauso wie bei einer Absatzstilvorlage kann auch bei einer Zeichenstilvorlage ein Tastenkürzel bestimmt werden. Dabei gelten die gleichen Einschränkungen wie bei Absatzstilen. Man kann auch mit Vorlagen arbeiten, um einen Zeichenstil basierend auf einem bereits vorhandenen anzulegen.

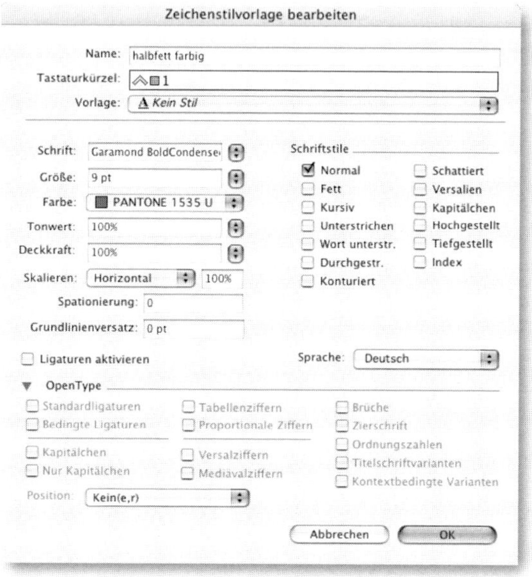

In einer Zeichenstilvorlage werden nur die Zeichenattribute gesichert.

In der Version 7 von QuarkXPress werden in einer Zeichenstilvorlage nun auch OpenType-Funktionen und die Sprache gesichert. Besonders die Auswahl der richtigen Sprache ist wichtig, da ansonsten falsche Silbentrennungen entstehen (siehe Abschnitt *Sprache*).

Stilvorlagen anfügen

Neben dem Erstellen von neuen Stilvorlagen können Sie auch welche aus anderen QuarkXPress-Dokumenten übernehmen. Mit einem Klick auf die Schaltfläche *Anfügen,* im Verwaltungsdialog der Stilvorlagen, öffnet sich das Fenster zur Auswahl eines QuarkXPress-Dokuments. Nachdem das Dokument gewählt wurde, öffnet sich ein weiteres Fenster, in dem nun die Stilvorlagen ausgewählt werden müssen, die übernommen werden sollen. Im Bereich *Beschreibung* kann man die enthaltenen Einstellungen einer Stilvorlage ablesen.

Beim Anfügen von Stilvorlagen werden auch die Stilvorlagen importiert, die als Basis für eine andere dienen, und Zeichenstilvorlagen, die mit einer Absatzstilvorlage verknüpft sind.

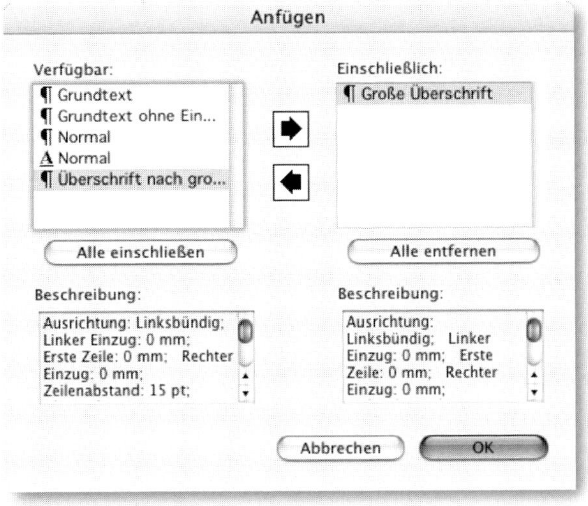

Beim Anfügen von Stilvorlagen aus einem anderen QuarkXPress-Dokument öffnet sich dieses Dialogfeld.

Wenn beim Importieren von fremden Stilvorlagen ein Namenskonflikt entsteht, öffnet das Programm ein weiteres Fenster, wo nun über die weitere Vorgehensweise entschieden werden muss. Sie haben vier Auswahlmöglichkeiten: *Umbenennen, Automatisch Umbenennen, Neu verwenden* und *Bestehende verwenden.*

Umbenennen

Mit dieser Option öffnet sich ein zusätzliches Fenster, in dem Sie nun einen neuen Namen für die importierte Stilvorlage vergeben können.

Automatisch Umbenennen

Damit wird ein Sternchen vor die importierte Stilvorlage gesetzt, damit sie von der bereits vorhandenen unterschieden werden kann.

Neu verwenden

Bei Auswahl dieser Option wird die bereits vorhandene Stilvorlage gelöscht und die importierte stattdessen verwendet.

Bestehende verwenden

Wie der Begriff bereits ausdrückt, wird damit die importierte Stilvorlage gelöscht und die bereits vorhandene verwendet.

Mit der Zusatzoption *Für alle Konflikte wiederholen* wird die gewählte Vorgehensweise für alle weiteren Importkonflikte verwendet.

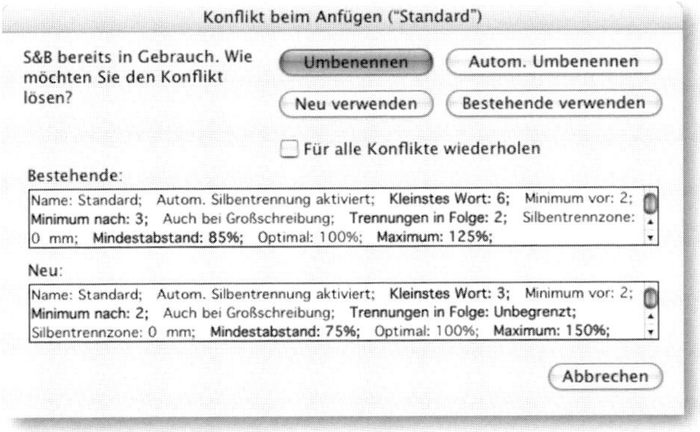

Bei Namenskonflikten müssen Sie über die Vorgehensweise entscheiden.

*In den Bereichen **Bestehende** und **Neu** werden die Eigenschaften der vorhandenen und der importierten Stilvorlage aufgelistet. Abweichende Einstellungen werden durch eine dickere Schrift hervorgehoben.*

Stilvorlagen vergleichen

Das Dialogfenster *Stilvorlagen* bietet neben dem Anlegen, Löschen, Duplizieren und Anfügen auch noch die Möglichkeit, zwei Stilvorlagen miteinander zu vergleichen. Dazu müssen Sie zuerst mit gedrückter *Apfel-/Strg-Taste* die gewünschten zwei Stilvorlagen auswählen. Danach halten Sie die *Alt-Taste* gedrückt und aus der Schaltfläche *Anfügen* wird die Schaltfläche *Vergleichen.* Ein Mausklick darauf öffnet nun das Fenster zum Vergleichen der beiden Stilvorlagen. In den beiden Bereichen werden die Eigenschaften der beiden Stile aufgelistet, wobei Abweichungen durch eine dickere Schrift hervorgehoben werden.

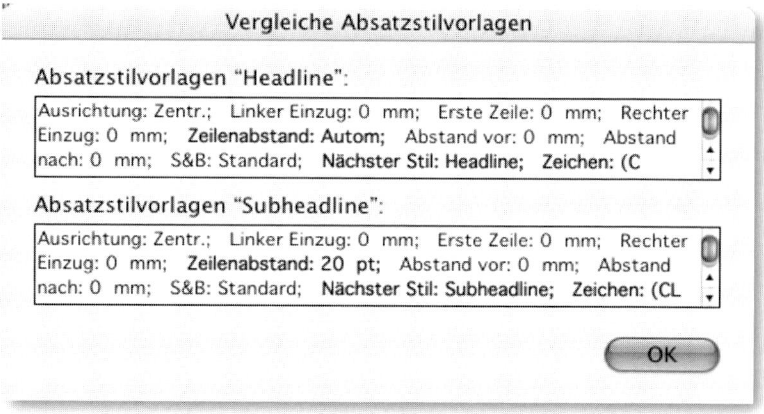

Beim Vergleichen werden die Abweichungen durch eine dickere Schrift angezeigt.

Stilvorlagen löschen

Das Entfernen von Stilvorlagen ist eine ganz einfache Sache. Sie öffnen das Dialogfenster *Stilvorlagen* aus dem Menü *Bearbeiten,* wählen die Stilvorlage aus, die gelöscht werden soll, und klicken auf die Schaltfläche *Löschen.* Fertig!

Jetzt fragen Sie sich vielleicht, was mit dem Text passiert, der die gelöschte Stilvorlage verwendet. Gar nichts! Der Text behält nach wie vor seine Formatierung, er ist nur nicht mehr mit einer Stilvorlage verbunden. QuarkXPress geht sogar noch weiter. Wird eine Stilvorlage gelöscht, die irgendwo im Dokument verwendet wird, dann fragt das Programm nach einem Ersatzstil. Sie können also den gelöschten Stil durch einen anderen ersetzen lassen.

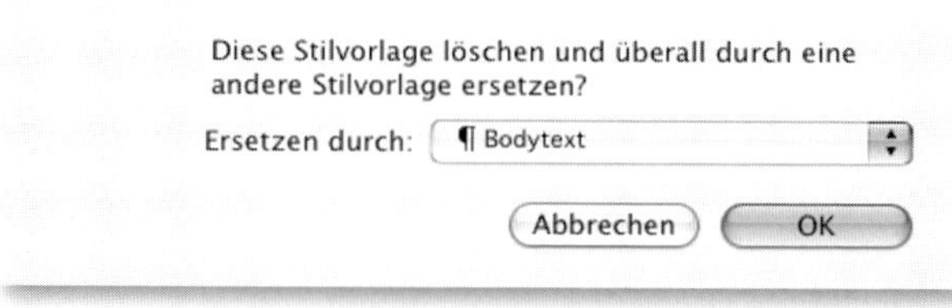

Wird eine verwendete Stilvorlage entfernt, kann sie durch eine andere ausgetauscht werden.

Das Fenster *Stilvorlagen* bietet noch eine sehr komfortable Filterfunktion, damit das Anlegen bzw. Löschen von Stilvorlagen erleichtert wird. Das Pop-up-Menü *Zeigen* im oberen Bereich bietet diese Filterfunktion. Sie haben die Auswahl zwischen *Alle Stilvorlagen, Absatzstilvorlagen, Zeichenstilvorlagen, Stilvorlagen in Gebrauch* und *Stilvorlagen nicht in Gebrauch.* Besonders die Auflistung der Stilvorlagen, die nicht in Gebrauch sind, hilft Ihnen beim Löschen. Wenn Sie z. B. von einem Kunden oder Kollegen ein QuarkXPress-Dokument bekommen, das sehr viele Stilvorlagen enthält, aber nur wenige davon verwendet, können Sie mit wenigen Schritten alle nicht benötigten Stile löschen.

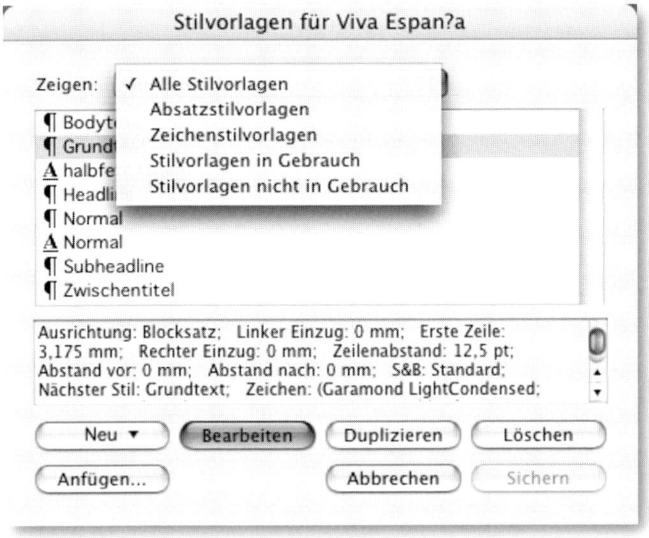

Welche Stilvorlagen sollen angezeigt werden?

Stilvorlagen anwenden

Das Anwenden bzw. Zuweisen von Stilvorlagen ist wieder eine einfache Sache. Sie brauchen dazu nur die Palette *Stilvorlagen (Taste F11)* aus dem Menü *Fenster.* In der Palette sind die Absatzstilvorlagen im oberen Bereich und die Zeichenstilvorlagen im unteren Bereich aufgeführt. Hinter dem Stil wird ggf. das dazugehörige Tastenkürzel aufgelistet. Um nun die Stilvorlage einem Text zuzuweisen, muss nur der Text ausgewählt und anschließend auf die Stilvorlage geklickt werden.

Bei Absatzstilvorlagen reicht es aus, wenn der Textcursor im Absatz platziert wird. Für das Anwenden von Zeichenstilvorlagen muss immer der gewünschte Text markiert sein.

Absatzstilvorlagen werden immer auf einen gesamten Absatz angewendet. Wollen Sie mehrere Absätze gleichzeitig formatieren, müssen diese auch ausgewählt sein.

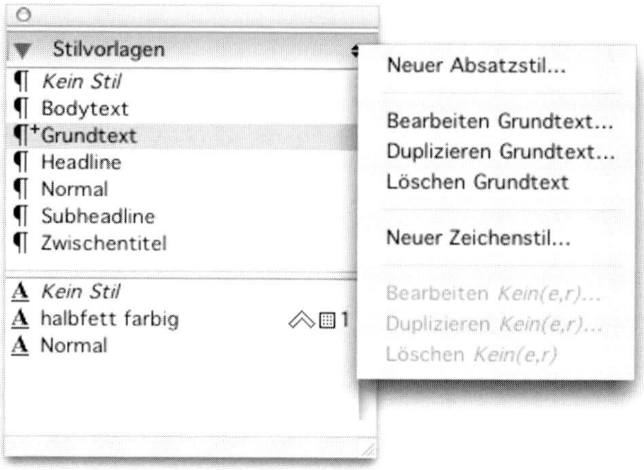

Mit der Palette „Stilvorlagen“ werden nicht nur die Stile zugewiesen.

In der Palette *Stilvorlagen* können Sie sehr einfach und komfortabel Stilvorlagen erstellen, löschen, bearbeiten oder duplizieren. Über das Palettenmenü rechts oben in der Palette oder das Kontextmenü (*rechte Maustaste* bzw. *Ctrl+Klick*) haben Sie Zugriff auf diese Funktionen.

Wenn Sie mit gedrückter Apfel-/Strg-Taste auf eine Stilvorlage klicken, gelangen Sie direkt in das Dialogfenster zum Bearbeiten der Stilvorlage.

Haben Sie bei einigen der Stilvorlagen das kleine Pluszeichen vor dem Namen entdeckt? Das Pluszeichen zeigt Ihnen an, dass der ausgewählte Text eine Abweichung zur Stilvorlage aufweist. Sobald Sie die Formatierung eines Textes ändern, dem eine Stilvorlage zugewiesen wurde, erscheint das Pluszeichen vor dem Namen. Die lokale Änderung kann nur eine Kleinigkeit wie z. B. die Farbe oder ein anderer Schriftstil sein. Falls dies unabsichtlich passiert ist bzw. Sie nur eine Kleinigkeit ausprobieren wollten, können Sie mit gedrückter Alt-Taste und einem Mausklick auf die Stilvorlage diese lokale Formatierung wieder entfernen lassen.

Sprachen

Die Produktion von mehrsprachigen Dokumenten ist für viele Anwender sehr wichtig. QuarkXPress wurde in dieser Hinsicht noch verbessert. So werden z. B. die Sprachfunktionen nicht mehr pro Absatz zugewiesen, sondern sind jetzt Eigenschaften der Zeichenformatierung.

Zuerst müssen wir die verschiedenen Begriffe klären, die QuarkXPress für die Sprache verwendet. Es gibt die *Programmsprache,* die regelt, in welcher Sprache die Menüs, Dialoge und Programmfunktionen angezeigt werden. Sie hat nichts mit der Silbentrennung bzw. Rechtschreibprüfung des Textes zu tun. Dann gibt es noch die *Zeichen-Sprache,* sie ist für die korrekte Silbentrennung und Rechtschreibprüfung zuständig. Zuletzt gibt es auch noch die *Systemsprache,* die Sprache also, mit der das Betriebssystem, also Windows oder Mac OS, arbeitet. Sie hat keine Auswirkung auf den Text in QuarkXPress.

Festlegen der Programmsprache

Die Programmsprache kann jederzeit, auch während ein Dokument geöffnet ist, umgestellt werden. Dazu wählen Sie aus dem Menü *Bearbeiten* unter der Funktion *Programmsprache* nur die gewünschte Sprachversion aus. Danach werden sofort die Menüs, Dialoge und Funktionen in der gewählten Sprache angezeigt.

Die Programmsprache kann jederzeit gewechselt werden.

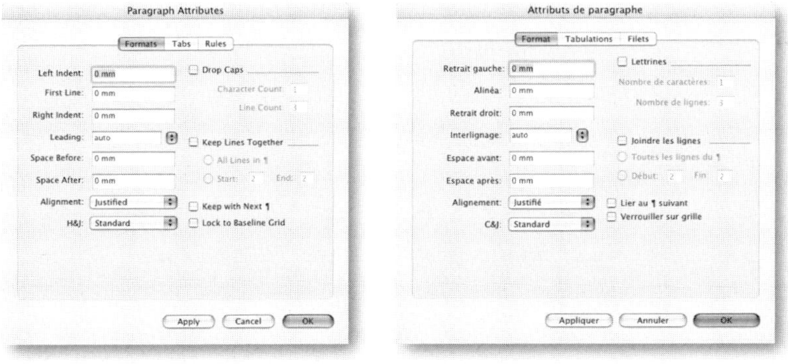

Die Abbildungen zeigen das Dialogfeld „Formate" links auf Englisch und rechts auf Französisch.

Anwenden der Zeichen-Sprache

Wie bereits erwähnt, wird die Sprache für den Text nicht mehr für den Absatz festgelegt, sondern gehört jetzt zu den Zeichenattributen. Dadurch ist es möglich, innerhalb einer Zeile oder eines Absatzes mehrere Sprachen gleichzeitig zu verwenden.

Die Auswahl der Sprache legt auch die Silbentrennung bzw. die Rechtschreibprüfung fest. Eine falsch eingestellte Sprache verursacht Silbentrennfehler im Text. Sie sollten also die Spracheinstellung nicht vernachlässigen.

Achten Sie besonders nach dem Import von Word- oder RTF-Dokumenten darauf, welche Sprache eingestellt ist. Beim Import wird die eingestellte Sprache der Word- bzw. RTF-Datei für die Silbentrennung verwendet.

Beflügelt vom Feuer einer
neuen Religion fielen die krie-
gerischen Mauren von Nord-
afrika aus einst über die
iberische Halbinsel her. Doch
als sie nach über einem halben
Jahrtausend wieder vertrieben
wurden, hinterließen sie ein
reiches, kulturelles Erbe, sym-
bolisiert in der als eines der
größten Kunstwerke der Erde
angesehenen Alhambra in
Granada. Selbst eine allwis-
sende Gottheit, richtete sie
ihren Blick heute auf das südli-
che Spanien, hätte es schwer,
Veränderungen im Vergleich
zu dem zu bemerken, was sie
vor fünfhundert Jahren sah, als
sie das letzte Mal hinab-
schaute.

Beflügelt vom Feuer einer
neuen Religion fielen die krie-
gerischen Mauren von Norda-
frika aus einst über die
iberische Halbinsel her. Doch
als sie nach über einem halben
Jahrtausend wieder vertrieben
wurden, hinterließen sie ein
reiches, kulturelles Erbe, sym-
bolisiert in der als eines der
größten Kunstwerke der Erde
angesehenen Alhambra in
Granada. Selbst eine allwis-
sende Gottheit, richtete sie
ihren Blick heute auf das süd-
liche Spanien, hätte es schwer,
Veränderungen im Vergleich
zu dem zu bemerken, was sie
vor fünfhundert Jahren sah, als
sie das letzte Mal hinab-
schaute.

Beflügelt vom Feuer einer
neuen Religion fielen die
kriegerischen Mauren von
Nordafrika aus einst über die
iberische Halbinsel her. Doch
als sie nach über einem halben
Jahrtausend wieder vertrieben
wurden, hinterließen sie ein re-
iches, kulturelles Erbe, sym-
bolisiert in der als eines der
größten Kunstwerke der Erde
angesehenen Alhambra in
Granada. Selbst eine allwis-
sende Gottheit, richtete sie
ihren Blick heute auf das
südliche Spanien, hätte es
schwer, Veränderungen im
Vergleich zu dem zu be-
merken, was sie vor fünfhun-
dert Jahren sah, als sie das
letzte Mal hinabschaute.

Derselbe Text mit drei unterschiedlichen Spracheinstellungen. Welcher ist wohl der richtige?

Das Einstellen der Sprache können Sie entweder im Register *Zeichenattribute* der *Maßpalette (Taste F9)* oder im Dialogfeld *Zeichenattribute (Apfel/ Strg + Shift + D)* aus dem Menü *Stil* vornehmen. Im Pop-up-Menü *Sprache* wählen Sie dann aus den verfügbaren bzw. installierten Sprachen.

Die Zeichen-Sprache kann und muss auch in einer Stilvorlage eingestellt werden.

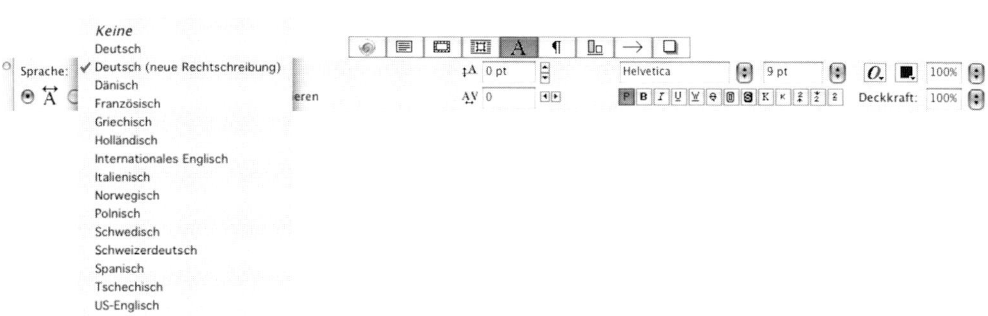

Die Spracheinstellungen in der „Maßpalette" und den „Zeichenattributen".

Voreinstellung für die Silbentrennung der Sprachen

Die Voreinstellung für die Verwendung der Sprachen betrifft eigentlich die Methode der Silbentrennung, die bei den jeweiligen Sprachen verwendet werden soll. Die Einstellung finden die Macintosh-Anwender unter *QuarkXPress -> Einstellungen -> Drucklayout -> Absatz* und die Windows-Anwender unter *Bearbeiten -> Einstellungen -> Drucklayout -> Absatz.*

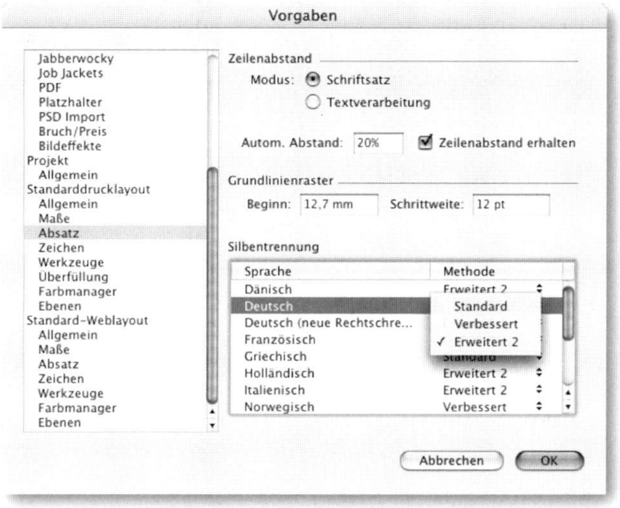

Die Voreinstellungen für die verschiedenen Sprachen.

Im Bereich *Silbentrennung* auf der rechten Seite finden Sie alle installierten Sprachen wieder. In der Spalte *Methode* wird nun die verwendete Silbentrennmethode eingestellt. Sie haben die Auswahl zwischen *Standard, Verbessert* und *Erweitert 2.* Zur besseren Anwendung hier nun die Unterschiede zwischen den einzelnen Methoden.

Standard

Diese Methode wird für QuarkXPress-Dokumente vor der Version 3.1 verwendet.

Verbessert

Dieser Algorithmus ist für QuarkXPress-Dokumente ab der Version 3.1.

Erweitert 2

Diese Methode verwendet denselben Algorithmus wie *Verbessert,* prüft aber zunächst alle integrierten Silbentrennlexika, bevor der Algorithmus angewendet wird. *Erweitert 2* verwendet die Ausnahmeregeln und den Algorithmus für die Silbentrennung von Dieckmann. Diese Option wurde in QuarkXPress 4.11 für Deutsch (neue Rechtschreibung) eingeführt und wurde in neueren Versionen auf andere Sprachen ausgedehnt. Wenn der Algorithmus für eine Sprache verfügbar ist, wird er als Standardmethode für in QuarkXPress erstellte Projekte eingesetzt.

Die Silbentrennung wird auch zusätzlich noch von den S&B-Einstellungen beeinflusst. Dort werden z. B. die Silbentrennzone oder die Anzahl der Buchstaben vor und nach der Trennung definiert.

Eine weitere Voreinstellung für Sprachen betrifft die installierten Sprachwörterbücher. Jedes Wörterbuch einer Sprache wird in einer Datei abgelegt, die sich im Programmordner von QuarkXPress befindet. Die Dateinamen der Wörterbücher beginnen immer mit *Dict_* (Abkürzung für Dictionary) oder *Lang_* (Abkürzung für Language), gefolgt vom Sprachnamen. Um nun eine Sprache zu installieren bzw. zu entfernen, müssen Sie die Wörterbücher nur in den QuarkXPress-Programmordner hinein- bzw. aus ihm herauslegen.

So sehen die Sprachwörterbücher unter Mac OS X aus.

Mehrsprachige Dokumente sichern

Grundsätzlich gibt es in QuarkXPress 7 die Option zum Speichern einer einsprachigen oder mehrsprachigen Datei nicht mehr. Wenn Sie einsprachige Dokumente haben wollen, müssen Sie das Layout exportieren. Unter Menü *Ablage/Datei -> Exportieren -> Layouts als Projekt* befindet sich die Funktion. Im Exportdialog müssen Sie rechts bei der Option *Version* die Versionsnummer 6.0 auswählen. Erst dann wird etwas weiter unten die Option *Format* verfügbar, wo Sie nun auf einsprachig umschalten können.

Beim Speichern in eine niedrigere QuarkXPress-Version gehen viele Eigenschaften verloren, z. B. die Transparenz, Schlagschatten, Spracheinstellungen für Zeichen, OpenType-Funktionen usw.

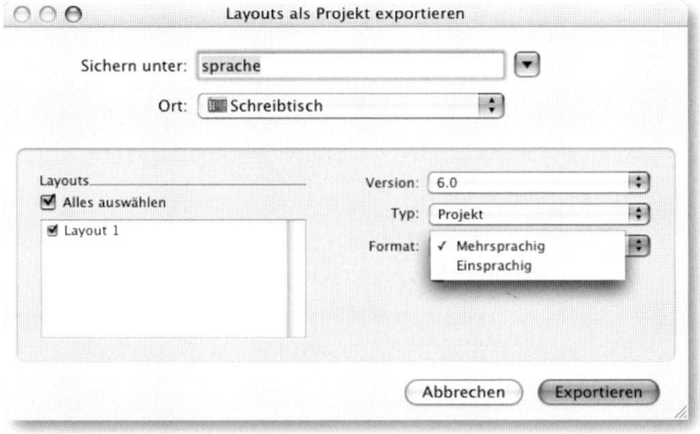

Einsprachige Dokumente lassen sich nur für die Version 6 und nur über die Funktion „Exportieren“ speichern.

Rechtschreibung

„Schreiben ist leicht. Man muss nur die falschen Wörter weglassen." Dieses Zitat von Mark Twain ist leichter gesagt als getan. Falsche Wörter schleichen sich immer wieder ein. Allerdings wollen wir hier nicht falsche Wörter vom inhaltlichen Sinn behandeln, sondern falsch geschriebene Wörter.

Wie jedes gute DTP-Programm hat auch QuarkXPress eine Rechtschreibprüfung. Die Rechtschreibprüfung kann nur auf ein Wort, eine Auswahl, auf einen Textabschnitt oder auf das gesamte Layout angewendet werden. Im Menü *Hilfsmittel* finden Sie an erster Stelle die *Rechtschreibprüfung*. Im Untermenü wird ausgewählt, welcher Teil des Dokuments überprüft werden soll.

Um nur ein einzelnes Wort zu prüfen, reicht es aus, wenn der Textcursor im Wort platziert ist. Haben Sie das Wort markiert, wird aus dem Menüpunkt ***Wort*** *die Funktion* ***Auswahl.***

Die Tastenkombination für das Überprüfen eines Wortes bzw. einer Auswahl ist *Apfel/Strg* + *U*. Die Überprüfung eines Textabschnitts wird mit der Kombination *Apfel/Strg* + *Alt* + *U* gestartet. Das gesamte Layout kann mit dem Kürzel *Apfel/Strg* + *Shift* + *Alt* + *U* überprüft werden.

Nach der Überprüfung öffnet sich ein Fenster, in dem die Anzahl der überprüften Wörter aufgeführt ist. In der Zeile *Unbekannt* sehen Sie die Anzahl der Wörter, die nicht überprüft werden konnten, weil sie entweder fehlerhaft oder unbekannt sind.

Bei der Rechtschreibprüfung wird nur der Text des aktuellen Layouts überprüft. Um auch andere Layouts zu prüfen, müssen diese zuerst geöffnet werden.

Um die verschiedenen Sprachen müssen Sie sich keine Sorgen machen. Je nach eingestellter Sprache für die verschiedenen Textpassagen verwendet QuarkXPress bei der Rechtschreibprüfung das entsprechende Wörterbuch.

Nach der Überprüfung öffnet sich der Wortzähler mit der Anzahl der fehlerhaften bzw. unbekannten Wörter.

Durch das Bestätigen des Wortzählers öffnet sich ein weiteres Fenster für die Korrektur bzw. den Austausch der unbekannten Wörter. QuarkXPress geht bei der Korrektur das Layout von der ersten bis zur letzten Seite durch. Das erste unbekannte Wort steht im Korrekturfenster ganz oben. Direkt darunter im Feld *Ersetzen durch* schlägt Ihnen das Programm eine eventuell richtige Schreibweise vor. Ist die vorgeschlagene Schreibweise des Programms falsch, muss sie nur von Ihnen überschrieben werden. Ein Klick auf die Schaltfläche *Ersetzen* tauscht dann das Wort im Text aus. Das Programm wendet sich danach dem nächsten unbekannten Wort zu.

Alle unbekannten Wörter werden bei der Korrektur durchgegangen.

In dem etwas größeren Feld werden Wörter mit ähnlicher Schreibweise aufgelistet. Sie können natürlich für die Korrektur eines dieser vorgeschlagenen Wörter verwenden. Die Wörter in dieser Liste sind aus dem jeweiligen Sprachwörterbuch und dem Hilfslexikon entnommen. Durch das Anklicken der Schaltfläche *Suchen* werden das Wörterbuch und das Hilfslexikon nach ähnlichen Wörtern durchsucht. Wurden keine entdeckt, dann erscheint im linken Feld die Meldung „Keine ähnlichen Wörter gefunden". Diese Anzeige taucht sehr oft bei Eigennamen oder Wörtern in einer anderen Sprache auf.

Man kann allerdings auch Wörter in das Hilfslexikon mit aufnehmen, damit sie bei der nächsten Rechtschreibprüfung nicht mehr als unbekannte Wörter auftauchen. Ein Mausklick auf die Schaltfläche *Hinzufügen* erledigt das.

Falls die Schaltfläche ***Hinzufügen*** *nicht aktiviert werden kann, dann haben Sie kein Hilfslexikon angegeben. Im nächsten Abschnitt erfahren Sie, wie man ein Hilfslexikon lädt bzw. ein neues erstellt.*

Mit der Schaltfläche *Auslassen* überspringen Sie das aktuelle Wort und QuarkXPress springt zum nächsten unbekannten Wort.

Wenn Sie auch die Textrahmen durchsuchen wollen, die einen gesperrten Inhalt haben (siehe Kapitel „Sonstiges"), dann aktivieren Sie die Option *Gesperrte Inhalte durchsuchen.*

Ist die Korrektur beendet, schließt sich das Dialogfeld automatisch. Durch einen Mausklick auf die Schaltfläche *Fertig* können Sie aber auch jederzeit die Korrektur beenden.

Leider ist es nicht möglich dem Programm mitzuteilen, was bei der Rechtschreibprüfung kontrolliert werden soll. So werden z. B. großgeschriebene Wörter am Satzanfang als unbekannte Wörter aufgelistet. Hier sollte die Firma Quark nachbessern.

Hilfslexikon

Das Hilfslexikon wurde bereits weiter vorne erwähnt. Es dient für die Aufnahme von speziellen Wörtern, die in den normalen Sprachwörterbüchern nicht enthalten sind. Dazu zählen z. B. Eigennamen oder Wörter einer anderen Sprache.

Um mit einem Hilfslexikon zu arbeiten, müssen Sie zuerst eines anlegen. Dazu brauchen Sie die Funktion *Hilfslexikon* aus dem Menü *Hilfsmittel*. Wenn Sie diese Funktion ausführen, wird ein Öffnen-Dialog eingeblendet. Falls Sie bereits ein Hilfslexikon definiert haben bzw. ein anderes verwenden wollen, müssen Sie es nur in diesem Dialogfenster angeben.

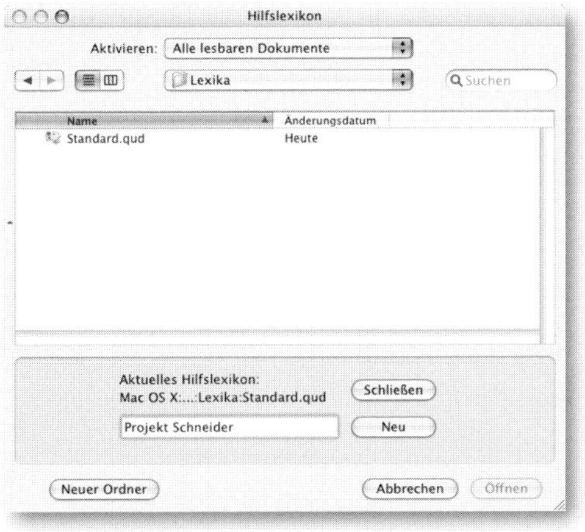

Das Dialogfenster zum Öffnen, Wechseln und Anlegen von Hilfslexika.

Wenn Sie ein neues Lexikon anlegen wollen, dann tippen Sie im unteren Bereich des Dialogs den gewünschten Namen ein, legen den Speicherort fest und klicken auf die Schaltfläche *Neu*. Das Hilfslexikon hat die Dateiendung *.qud*.

Man kann beliebig viele Hilfslexika anlegen, aber immer nur eines pro Dokument verwenden. Allerdings sind die Lexika nicht an ein Dokument gebunden, d. h. sie können für verschiedene Dokumente verwendet werden.

Welches Lexikon aktuell verwendet wird, können Sie in dem Dialogfenster auch ablesen. Durch den Mausklick auf die Schaltfläche *Schließen* wird das Hilfslexikon geschlossen und das aktuelle Dokument greift bei der Rechtschreibprüfung nicht mehr auf das Hilfslexikon zu.

Wörter ins Hilfslexikon aufnehmen

Ein Hilfslexikon ist nur so gut wie die Wörter, die es enthält. Deswegen muss ein Hilfslexikon auch mit Wörtern bestückt werden. Dafür gibt es zwei Methoden. Die erste führt über die Rechtschreibprüfung, wie etwas weiter vorne beschrieben. Die zweite führt über die Funktion *Hilfslexikon bearbeiten* aus dem Menü *Hilfsmittel.* Im Dialogfenster für diese Funktion können die Wörter des Lexikons bearbeitet bzw. neue Wörter hinzugefügt werden.

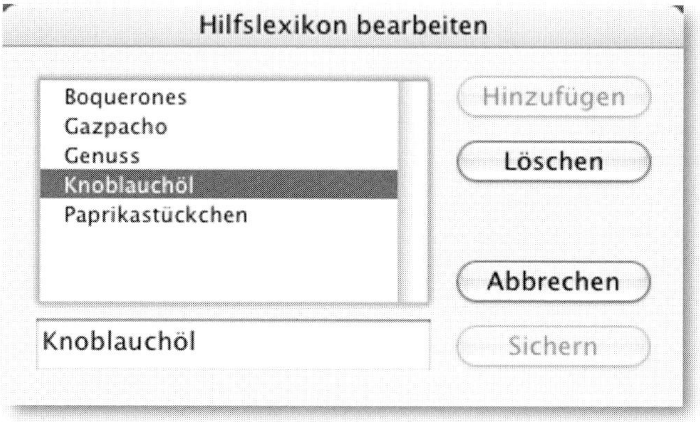

Das Hilfslexikon kann mit beliebig vielen Wörtern bestückt werden.

Zum Aufnehmen von neuen Wörtern in das Hilfslexikon müssen Sie nur im unteren Eingabefeld das gewünschte Wort eingeben und dann auf die Schaltfläche *Hinzufügen* klicken. Für das Bearbeiten muss zuerst das alte Wort gelöscht werden und dann das neue Wort hinzugefügt werden. Ein direktes Bearbeiten der aufgelisteten Wörter ist leider nicht möglich. Wenn Sie fertig sind, klicken Sie auf die Schaltfläche *Sichern* und alle Änderungen werden im Hilfslexikon gesichert.

Beim Hinzufügen von Wörtern in das Hilfslexikon ist die Groß- bzw. Kleinschreibung nicht von Belang. Es ist also egal, ob die aufgenommenen Wörter groß- oder kleingeschrieben sind.

S&B (Silbentrennung und Blocksatz)

Die Einstellungen für die Silbentrennung und den Blocksatz haben eine sehr große Auswirkung auf das Erscheinungsbild des Textes. Deswegen ist es wichtig, diese Einstellungen nicht zu vernachlässigen.

Um die Funktion *S&B* richtig einzusetzen, muss man wissen, dass diese Einstellungen immer auf einen ganzen Absatz Auswirkung haben. Einzelne Wörter oder Zeilen können nicht mit eigenen Silbentrennmethoden belegt werden.

Mit der Funktion *S&B (Apfel/Strg + Alt + J)* aus dem Menü *Bearbeiten* werden die Parameter für die Silbentrennung und den Blocksatz definiert. Das Dialogfenster sieht so ähnlich aus wie bei den Stilvorlagen.

Im Menü „Bearbeiten" befinden sich die „S&B"-Funktionen.

S&B-Einstellungen können hier neu angelegt, dupliziert, gelöscht, bearbeitet und von anderen QuarkXPress-Dokumenten importiert werden. Wie Sie bemerkt haben, sind bereits einige Einstellungen vorhanden. QuarkXPress ist standardmäßig so eingestellt, dass die Einstellung *Standard* verwendet wird. Zuerst wollen wir uns allerdings mit dem Anlegen von neuen Einstellungen beschäftigten.

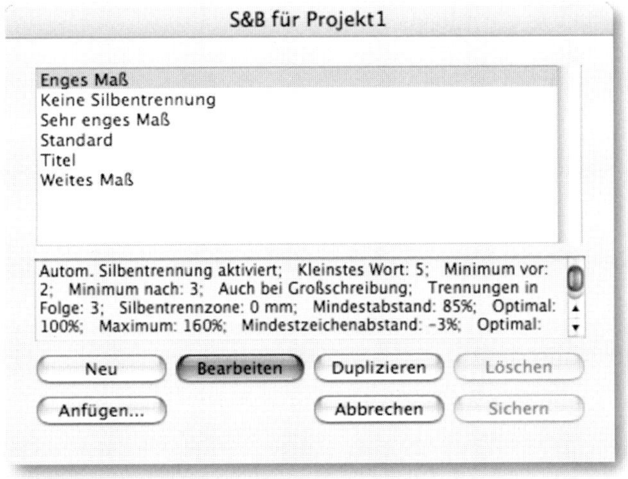

Das Fenster für die Verwaltung der „S&B"-Einstellungen.

Klicken Sie auf die Schaltfläche *Neu* und es wird ein weiteres Fenster geöffnet. In diesem Fenster werden nun die Parameter für die Silbentrennung und den Blocksatz festgelegt. Im linken Bereich wird die Silbentrennung eingestellt und im rechten Bereich der Blocksatz. Zuerst sollten Sie einen sinnvollen Namen für die Einstellung vergeben.

Die Abbildung zeigt die verschiedenen Parameter für die Silbentrennung und den Blocksatz.

Parameter der Silbentrennung

Mit der Option *Automatische Silbentrennung* wird grundsätzlich die Silbentrennung ein- und ausgeschaltet. Ist diese Option deaktiviert, so sind auch die darunter liegenden Eingabefelder deaktiviert. Das Deaktivieren der Silbentrennung ist z. B. bei Überschriften sinnvoll.

Ist die Silbentrennung aktiviert, so können Sie im Feld *Kleinstes Wort* die Anzahl der Buchstaben definieren, die ein Wort mindestens haben muss, damit es getrennt wird. Sie können Werte zwischen 3 und 20 verwenden. Das Feld *Minimum vor* legt die Mindestanzahl der Buchstaben fest, die vor der Trennung stehen müssen. Die Werte können zwischen 1 und 6 liegen. Im Feld *Minimum nach* wird die Mindestanzahl der Buchstaben nach der Trennung definiert. Die Werte dürfen zwischen 2 und 8 liegen. Der Trennstrich zählt bei beiden Eingabefeldern nicht als Buchstabe.

Die Option *Auch bei Großschreibung* sollten Sie aktivieren, wenn Sie wollen, dass großgeschriebene Wörter wie z. B. Eigennamen und Wörter am Satzanfang getrennt werden. Besonders bei deutscher Sprache sollte diese Option immer aktiviert werden, da im Deutschen auch großgeschriebene Wörter innerhalb eines Satzes vorkommen können.

Das Eingabefeld *Trennungen in Folge* regelt die Anzahl der Silbentrennungen, die in einem Text aufeinanderfolgen dürfen. Ein Wert von 3 hat sich in der Praxis bewährt.

Die Option *Silbentrennzone* ist sehr wichtig für Flattersatz, also linksbündig, zentriert oder rechtsbündig ausgerichteten Text. Mit der Silbentrennzone wird ein Bereich definiert, in dem die Silbentrennung stattfindet. Ist dieser Bereich sehr groß, erhält man einen Flattersatz mit großer Flatterzone. Eine Silbentrennzone von 0 Millimetern bedeutet, dass es keine Silbentrennzone gibt. In diesem Fall trennt QuarkXPress ein Wort anhand der anderen Silbentrennkriterien oder stellt das Wort auf die nächste Zeile, wenn es nicht vollständig in die Zeile passt.

Die Silbentrennzone hat nur Auswirkung auf Absätze, die nicht im Blocksatz gesetzt sind.

In dem 1705 erschienenen Chur-Bayerischen Atlas von Anthon Wilhelm Ertl lesen wir über Aichach: „Dieses ist gar ein feines Städtlein", und rund zweihundert Jahre später, kurz vor Beginn des ersten Weltkrieges, schreibt Gustav Euringer in seinem großen „Auf nahen Pfaden" betitelten Augsburger Wanderbuch: „Aichach ist neben Schrobenhausen die bedeutendste Niederlassung an der Paar. Das freundliche, saubere Städtchen mit seinen zwei Toren und einigen Resten von Stadtmauern und Türmen liegt am rechten Ufer des Flusses im anmutigen Tale ausgebreitet ...". Auch heute, nach weiteren fünfzig Jahren, braucht von dem, was jene gründlichen Kenner unserer Heimat einst rühmend erwähnt haben, nichts abgestrichen oder eingeschränkt zu werden.
Man nennt Aichach gerne „die alte Stadt an der Paar". Soll das etwa heißen, daß man hier rückständig sei? Mitnichten! Fortschrittlicher Geist hat auch Aichach in seinen Bann gezogen. Allenthalben zeigt es

In dem 1705 erschienenen Chur-Bayerischen Atlas von Anthon Wilhelm Ertl lesen wir über Aichach: „Dieses ist gar ein feines Städtlein", und rund zweihundert Jahre später, kurz vor Beginn des ersten Weltkrieges, schreibt Gustav Euringer in seinem großen „Auf nahen Pfaden" betitelten Augsburger Wanderbuch: „Aichach ist neben Schrobenhausen die bedeutendste Niederlassung an der Paar. Das freundliche, saubere Städtchen mit seinen zwei Toren und einigen Resten von Stadtmauern und Türmen liegt am rechten Ufer des Flusses im anmutigen Tale ausgebreitet ...". Auch heute, nach weiteren fünfzig Jahren, braucht von dem, was jene gründlichen Kenner unserer Heimat einst rühmend erwähnt haben, nichts abgestrichen oder eingeschränkt zu werden.
Man nennt Aichach gerne „die alte Stadt an der Paar". Soll das etwa heißen, daß man hier rückständig sei? Mitnichten! Fortschrittlicher Geist hat auch Aichach in sei-

Der linke Text hat eine kleine Silbentrennzone, während rechts eine große Silbentrennzone eingestellt wurde.

Parameter des Blocksatzes

Einige der Eingabefelder für den Blocksatz haben nicht nur Auswirkung auf einen Blocksatz, sondern auf jeglichen Text in QuarkXPress. Ein Blocksatz wird ja erreicht, indem die Wortabstände soweit verkleinert bzw. vergrößert werden, bis alle Zeilen die gleiche Länge haben. Damit keine zu kleinen Abstände bzw. große Löcher entstehen, müssen dem Blocksatz Grenzen gesetzt werden.

Mit den Eingabefeldern *Minimum, Optimum* und *Maximum* für den *Abstand* und die *Zeichen* werden diese Grenzen festgelegt. Die eingetragenen Werte teilen dem Programm mit, wie stark Wort- und Zeichenabstand beim Blocksatz verändert werden dürfen. Je nach verwendeter Schriftart sollten diese Werte angepasst werden. Eine sehr schmale Schrift sollte z. B. einen größeren Wortabstand haben, da ansonsten die Lesbarkeit verschlechtert wird. Die Werte für *Standard* können für die meisten Situationen verwendet werden.

Die Felder für ***Minimum*** *und* ***Maximum*** *wirken sich nur beim Blocksatz aus, während die Felder für* ***Optimum*** *auch Auswirkung auf normalen Text haben.*

In dem 1705 erschienenen Chur-Bayerischen Atlas von Anthon Wilhelm Ertl lesen wir über Aichach: „Dieses ist gar ein feines Städtlein", und rund zweihundert Jahre später, kurz vor Beginn des ersten Weltkrieges, schreibt Gustav Euringer in seinem großen „Auf nahen Pfaden" betitelten Augsburger Wanderbuch: „Aichach ist neben Schrobenhausen die bedeutendste Niederlassung an der Paar. Das freundliche, saubere Städtchen mit seinen zwei Toren und einigen Resten von Stadtmauern und Türmen liegt am rechten Ufer des Flusses im anmutigen Tale ausgebreitet ...". Auch heute, nach weiteren fünfzig Jahren, braucht von dem, was jene gründlichen Kenner unserer Heimat einst rühmend erwähnt haben, nichts abgestrichen oder eingeschränkt zu werden.
Man nennt Aichach gerne „die alte Stadt an der Paar". Soll das etwa heißen, daß man hier rückständig sei? Mitnichten! Fortschrittlicher Geist hat auch Aichach in seinen Bann ge-

In dem 1705 erschienenen Chur-Bayerischen Atlas von Anthon Wilhelm Ertl lesen wir über Aichach: „Dieses ist gar ein feines Städtlein", und rund zweihundert Jahre später, kurz vor Beginn des ersten Weltkrieges, schreibt Gustav Euringer in seinem großen „Auf nahen Pfaden" betitelten Augsburger Wanderbuch: „Aichach ist neben Schrobenhausen die bedeutendste Niederlassung an der Paar. Das freundliche, saubere Städtchen mit seinen zwei Toren und einigen Resten von Stadtmauern und Türmen liegt am rechten Ufer des Flusses im anmutigen Tale ausgebreitet ...". Auch heute, nach weiteren fünfzig Jahren, braucht von dem, was jene gründlichen Kenner unserer Heimat einst rühmend erwähnt haben, nichts abgestrichen oder eingeschränkt zu werden.
Man nennt Aichach gerne „die alte Stadt an der Paar". Soll das etwa heißen, daß man hier rückständig sei? Mitnichten! Fortschrittlicher Geist hat auch Aichach in seinen Bann ge-

Der linke Text hat normale Wort- und Zeichenabstände, während beim rechten Text sehr kleine Wort- und Zeichenabstände verwendet werden.

Der Wert im Feld *Bündigkeitszone* legt den Bereich fest, in den das letzte

Wort der letzten Zeile eines Blocksatzes fallen muss, um bündig ausgerichtet werden zu können. Liegt das Wort außerhalb dieser Zone, dann wird es nach links gestellt.

Als letzte Option gibt es noch *Erzwungener Blocksatz.* Durch das Aktivieren dieser Option werden Zeilen des Blocksatzes, die nur ein Wort enthalten, auf Satzbreite erweitert. Dabei wird das Wort soweit gesperrt, bis die Zeile ausgefüllt ist. Ist die Option deaktiviert, wird eine Zeile mit nur einem Wort linksbündig gesetzt. Besonders bei sehr schmalem Blocksatz tritt dieses Problem sehr häufig auf.

In dem 1705 er-	In dem 1705 er-
s c h i e n e n e n	schienenen
C h u r - B a y e r i -	Chur-Bayeri-
schen Atlas von	schen Atlas von
Anthon Wilhelm	Anthon Wilhelm
Ertl lesen wir	Ertl lesen wir
über Aichach:	über Aichach:
„Dieses ist gar	„Dieses ist gar
ein feines Städt-	ein feines Städt-
lein“, und rund	lein“, und rund
z w e i h u n d e r t	zweihundert
Jahre später, kurz	Jahre später, kurz
vor Beginn des	vor Beginn des

Links wurde mit der Option „Erzwungener Blocksatz“ gearbeitet und rechts wurde die Option ausgeschaltet.

S&B-Einstellungen importieren

Sie ersparen sich viel Arbeit, wenn Sie S&B-Einstellungen aus anderen QuarkXPress-Dokumenten importieren. Dafür müssen Sie auf die Schaltfläche *Anfügen* im Dialogfenster *S&B* klicken. Wählen Sie danach das Dokument aus, von dem die Einstellungen übernommen werden sollen. Daraufhin öffnet sich ein weiteres Fenster, in dem Sie nun die S&B-Einstellungen auswählen müssen, die importiert werden sollen.

Wenn beim Importieren von fremden S&B-Einstellungen ein Namenskonflikt entsteht, öffnet das Programm ein weiteres Fenster, wo nun über die weitere Vorgehensweise entschieden werden muss. Sie haben vier Auswahlmöglichkeiten: *Umbenennen, Automatisch Umbenennen, Neu verwenden* und *Bestehende verwenden.*

Umbenennen

Mit dieser Option öffnet sich ein zusätzliches Fenster, in dem Sie nun einen neuen Namen für die importierten S&B-Einstellungen vergeben können.

Automatisch Umbenennen

Damit wird ein Sternchen vor die importierte S&B-Einstellung gesetzt, damit sie von der bereits vorhandenen unterschieden werden kann.

Neu verwenden

Bei Auswahl dieser Option wird die bereits vorhandene S&B-Einstellung gelöscht und die importierte stattdessen verwendet.

Bestehende verwenden
Wie der Begriff bereits ausdrückt, wird damit die importierte S&B-Einstellung gelöscht und die bereits vorhandene verwendet.

Mit der Zusatzoption *Für alle Konflikte wiederholen* wird die gewählte Vorgehensweise für alle weiteren Importkonflikte verwendet.

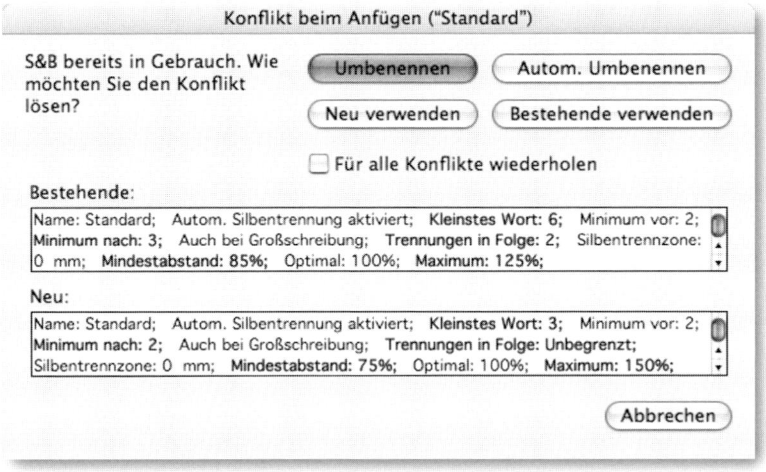

Bei Namenskonflikten während des Imports öffnet sich dieses Fenster.

Die Unterschiede zwischen den bestehenden und den neuen S&B-Einstellungen werden durch eine etwas dickere Schrift hervorgehoben.

S&B-Einstellungen vergleichen
Genau wie bei den Stilvorlagen können Sie vorhandene S&B-Einstellungen miteinander vergleichen lassen. Dazu wählen Sie bei gedrückter *Apfel-/Strg-Taste* die beiden Einstellungen aus, die verglichen werden sollen. Danach drücken Sie die *Alt-Taste* und aus der Schaltfläche *Anfügen* wird die Schaltfläche *Vergleichen*. Wenn Sie nun die Schaltfläche anklicken, öffnet sich ein Fenster, in dem Sie nun einen direkten Vergleich der beiden S&B-Einstellungen vornehmen können. Die Unterschiede der beiden Einstellungen werden durch eine etwas dickere Schrift angezeigt.

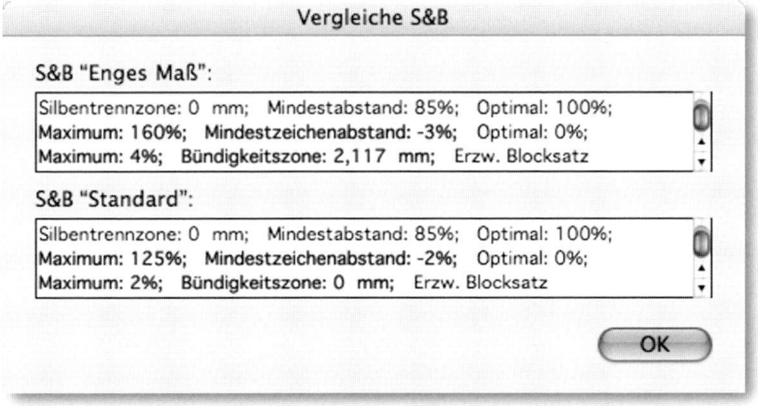

Das Fenster zum Vergleichen von zwei S&B-Einstellungen.

S&B-Einstellungen anwenden

Wie bereits etwas weiter vorne beschrieben, werden die S&B-Einstellungen immer nur auf einen Absatz angewendet. Deshalb findet das Anwenden der Einstellungen auch im Dialogfeld *Formate (Apfel/Strg + Shift + F)* aus dem Menü *Stil* statt. Dort finden Sie im unteren Bereich ein Pop-up-Menü mit dem Namen *S&B*. Sie brauchen dann nur das Menü aufklappen und eine andere Einstellung wählen.

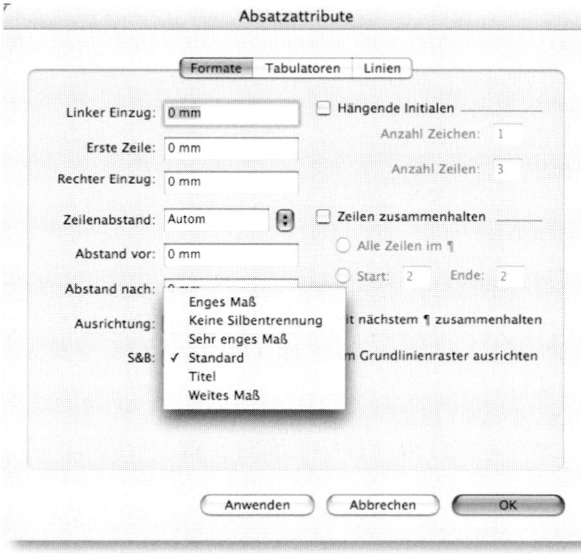

In den Absatzattributen wird die S&B-Einstellung gewechselt bzw. angewendet.

Wollen Sie größere Textmengen mit einer bestimmten S&B-Einstellung versehen, dann verwenden Sie eine Stilvorlage. In einer Stilvorlage wird die S&B-Einstellung mitgesichert.

Trennvorschlag

Für jedes Wort kann in QuarkXPress ein Trennvorschlag angezeigt werden, wenn Sie das Wort manuell trennen wollen. Der Trennvorschlag für das jeweilige Wort wird auf der Basis der S&B-Einstellungen des Absatzes, der gültigen Trennausnahmen, des QuarkXPress-Trennlexikons und der QuarkXPress-Trennalgorithmen angezeigt.

Im Menü *Hilfsmittel* finden Sie die Funktion *Trennvorschlag (Apfel/Strg + Alt + Shift + H)*. Nach der Auswahl dieser Funktion wird ein Fenster geöffnet, in dem das Wort mit den möglichen Trennstellen angezeigt wird.

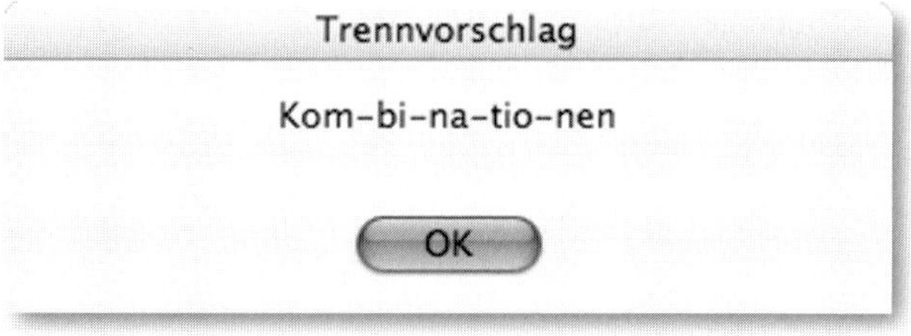

Die möglichen Trennstellen für das Wort „Kombinationen".

Trennausnahmen

Eigennamen oder Wörter einer anderen Sprache werden sehr oft falsch getrennt. Meistens muss man diese Wörter manuell richtig trennen. Sie können aber auch Problemwörter in das Wörterbuch mit der richtigen Trennung aufnehmen. Damit wird in Zukunft das Problemwort immer richtig getrennt. Oder vielleicht soll ein Wort niemals getrennt werden, wie z. B. Firmennamen. Auch solche Wörter lassen sich ins Wörterbuch aufnehmen.

Die *Trennausnahmen* finden Sie im Menü *Hilfsmittel* etwas weiter oben. In dem Dialogfenster tippen Sie nun das gewünschte Wort ein und klicken auf die Schaltfläche *Hinzufügen*. Um das Wort mit Trennstellen zu versehen, müssen Sie nur einen normalen Trennstrich (Divis) verwenden. Wenn also z. B. das Wort „Urinstinkt" nicht in „Urin-stinkt" getrennt werden soll, dann tippen Sie das Wort so ein: „Ur-instinkt".

Wörter, die nicht getrennt werden sollen, geben Sie ganz einfach ohne Trennstriche ein.

Da die Trennausnahmen in die Sprachwörterbücher geschrieben werden, ist es sehr wichtig, auf die gewählte Sprache zu achten. Ansonsten wird das eingegebene Wort unter Umständen in das falsche Wörterbuch aufgenommen.

Gewünschte Trennstellen werden durch einen Trennstrich festgelegt.

Manuelle Silbentrennung

Neben der vollautomatischen Silbentrennung können Zeilen bzw. Wörter auch manuell getrennt werden. Es gibt zwei übliche Methoden. Die erste Methode, das Arbeiten mit der *weichen Zeilenschaltung*, auch als *Softreturn* bekannt, ist ein bisschen mit Vorsicht zu genießen, da sie unter Umständen einen falschen Zeilenumbruch verursacht. Die Methode wird hauptsächlich dort eingesetzt, wo die erste Silbe eines getrennten Wortes am Ende der Zeile steht. Um diese Silbe in die nächste Zeile zu stellen, verwendet man das *Softreturn (Shift + Return)*. Der Nachteil dieser

Methode liegt im falschen Zeilenumbruch, wenn nachträglich vor dem Softreturn noch Wörter oder Zeilen gelöscht oder hinzugefügt werden. In vielen Fällen lässt sich aber leider der Einsatz des Softreturns nicht vermeiden bzw. gibt es keine andere Möglichkeit.

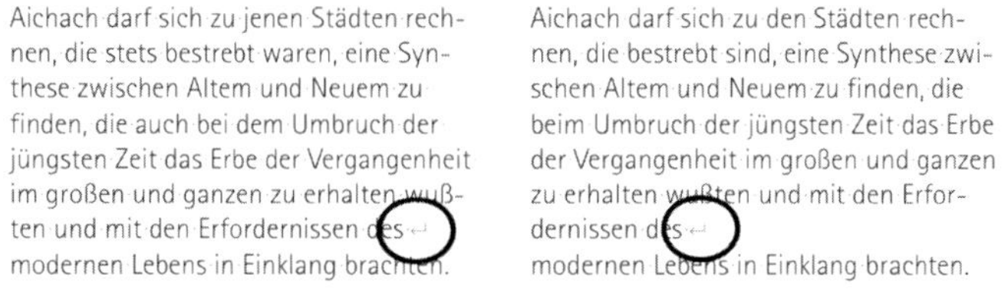

An der gekennzeichneten Stelle wurde mit einem Softreturn gearbeitet. Das nachträgliche Ändern des Textes führt zu einem falschen Zeilenumbruch.

Die zweite Art der manuellen Silbentrennung führt zu einem speziellen Steuerzeichen, das an den gewünschten Trennstellen eingefügt wird. Durch das Setzen eines *bedingten Trennstrichs (Apfel/Strg + –)* sagen Sie dem Programm, wo das Wort getrennt werden soll. Der *bedingte Trennstrich* ignoriert die Schreibweise des Wortes im Wörterbuch und im Hilfslexikon.

Den Vorteil dieser Art der manuellen Trennung kann man erkennen, wenn der Text nachträglich einen anderen Zeilenumbruch erhält. Der bedingte Trennstrich verursacht keine falschen Zeilenumbrüche und der eigentliche sichtbare Trennstrich wird auch automatisch entfernt.

Der bedingte Trennstrich wird im Text als kurzer waagrechter Strich angezeigt, wenn die ***Sonderzeichen (Apfel/Strg + I)*** *eingeblendet sind.*

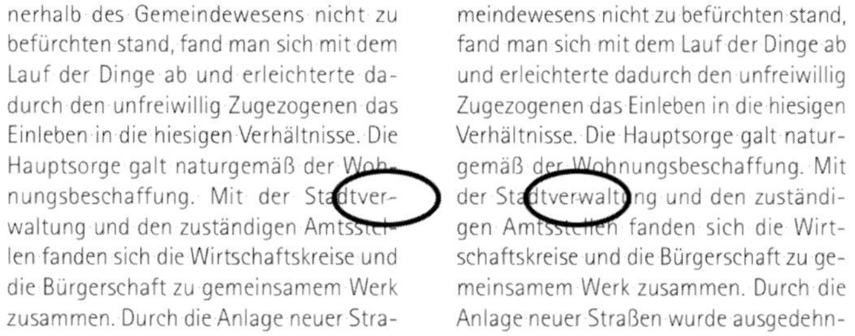

Das Wort „Stadtverwaltung" wurde manuell getrennt. Nach der Korrektur des Textes ist ein anderer Zeilenumbruch entstanden. Die manuelle Trennung hat sich automatisch angepasst.

Der bedingte Trennstrich verursacht nur dann eine Trennung, wenn sie nicht den S&B-Einstellungen widerspricht. Würden z. B. vier Trennungen untereinander entstehen, während in den S&B-Einstellungen nur drei zugelassen werden, hat der bedingte Trennstrich keine Auswirkung. Das Gleiche trifft auf zu große oder kleine Wortabstände zu, die entstehen würden, wenn der bedingte Trennstrich angewendet wird.

Um ein einzelnes Wort von der Silbentrennung auszuschließen, müssen Sie den bedingten Trennstrich nur vor den ersten Buchstaben des Wortes setzen. Dadurch wird eine Trennung des Wortes verhindert.

Sonderzeichen einfügen

Für typografisch perfekten Text braucht der Anwender viele spezielle Sonderzeichen wie ein Halbgeviert oder einen Geviertstrich. QuarkXPress trägt dem Rechnung, indem es alle wichtigen Sonderzeichen zur Verfügung stellt.

In älteren QuarkXPress-Versionen musste man sich sehr viele Tastenkürzel merken, um Zugriff auf ein Sonderzeichen zu bekommen. QuarkXPress 7 hält nun die Sonderzeichen in einem Menü bereit, wo sie übersichtlich aufgelistet sind.

Bevor wir uns diesem Menü zuwenden, sollten Sie zuerst die Sonderzeichen im Text sichtbar machen. Dazu wählen Sie die Funktion *Sonderzeichen (Apfel/Strg + I)* aus dem Menü *Ansicht*. Daraufhin werden alle Zeichen, die zuvor unsichtbar waren, wie Wortzwischenräume, Tabulatoren, Absatz- und Zeilenendezeichen, eingeblendet.

Eine Neuerung der Version 7 von QuarkXPress ist die Darstellung der ganzen Bandbreite unsichtbarer Zeichen, einschließlich bedingter Trennstriche, Geviert-Leerzeichen, geschützter Leerzeichen etc. Darüber hinaus werden die unsichtbaren Zeichen in der korrekten Punktgröße und im richtigen Maßstab dargestellt. Daher unterscheidet sich der Punkt für ein Leerzeichen bei 10 Punkt jetzt von dem bei 60 Punkt – und er sieht bei einer Größe von 100 Prozent anders aus als bei 500 Prozent.

Im Menü *Hilfsmittel* befindet sich jetzt die Funktion *Zeichen einfügen* mit den beiden Untermenüs *Sonderzeichen* und *Sonderzeichen geschützt*. Der Unterschied zwischen den beiden Untermenüs besteht darin, dass geschützte Sonderzeichen nicht getrennt werden. Wenn Sie z. B. wollen, dass der Name „Müller-Lüdenscheit" nicht am Bindestrich getrennt wird, dann verwenden Sie für den Bindestrich einen geschützten Trennstrich. Dadurch werden die beiden Wörter zusammengehalten und nicht getrennt.

Links das Untermenü „Sonderzeichen" und rechts „Sonderzeichen geschützt".

Zum Einfügen eines Sonderzeichens muss nur der Textcursor an die entsprechende Stelle gesetzt werden und danach wird das gewünschte Zeichen aus den Menüs gewählt. Jedes platzierte Sonderzeichen wird durch ein Symbol im Text dargestellt.

Um zu verstehen, für welchen Zweck die jeweiligen Sonderzeichen gedacht sind, haben wir Ihnen eine kleine Übersicht der Sonderzeichen mit ihrer Funktion und den Tastaturbefehlen zusammengestellt.

Leerzeichen

Sonderzeichen	Symbol	Verwendung	Tastaturbefehl
Geviert-Leerzeichen		Fester Abstand mit der Breite der aktuellen Schriftgröße bzw. der Breite von zwei Nullen, wenn die Option „Standardgeviert" in den Voreinstellungen ausgeschaltet ist	Apfel/Strg + 6 bzw. Apfel/Strg + Alt + 6 für geschütztes Zeichen
Halbgeviert-Leerzeichen		Fester Abstand mit der halben Breite der aktuellen Schriftgröße bzw. der Breite einer Null, wenn die Option „Standardgeviert" in den Voreinstellungen ausgeschaltet ist	Alt + Leerzeichen bzw. Apfel/Strg + Alt + 5 für geschütztes Zeichen
1/3-Geviert-Leerzeichen		1/3 der Breite eines Gevierts; wird häufig zur Gliederung von Nummern verwendet	—
1/4-Geviert-Leerzeichen		1/4 der Breite eines Gevierts; wird häufig zur Gliederung von Nummern verwendet	—
1/6-Geviert-Leerzeichen		1/6 der Breite eines Gevierts; wird zur Gliederung von Nummern verwendet	—
1/8-Geviert-Leerzeichen		1/8 der Breite eines Gevierts in QuarkXPress; trennt Ziffern-gruppen oder wird auf beiden Seiten eines Geviert-Bindestrichs oder Halbgeviert-Bindestrichs verwendet	Apfel + 7 bzw. Apfel + Alt + 7 für geschütztes Zeichen; Strg + Shift + 8 (Windows)
1/24-Geviert-Leerzeichen		1/24 der Breite eines Gevierts; wird für sehr feine Einstellungen verwendet	—
Abstand mit Null-Breite		Besitzt keine Breite; wird zum Segmentieren von Wörtern ohne Trennstriche verwendet	—
Flexibles Leerzeichen		Ein anwenderdefiniertes Leerzeichen fester Breite; die Standard-einstellung für flexibles Leerzeichen in den Zeichenvorgaben beträgt 50 % eines Halbgevierts	Alt + Shift + Leerzeichen bzw. Apfel + Alt + Shift + Leerzeichen für geschütztes Zeichen; Strg + Shift + 5 (Windows)

Sonderzeichen	Symbol	Verwendung	Tastaturbefehl
Ziffern-leerzeichen		Breite einer Ziffer der aktuellen Schriftart; zur Ausrichtung von Zahlen in Tabellen	—
Interpunk-tionsraum	!	Breite eines Punktes der aktuellen Schriftart; zur Ausrichtung von Zahlen mit Kommas	Shift + Leerzeichen bzw. Apfel + Shift + 6 für geschütztes Zeichen; Strg + 6 (Windows)

Sonstige Sonderzeichen

Sonderzeichen	Verwendung	Tastaturbefehl
Halbgeviert-strich	Zahlenbereiche, negative Werte	Alt + Strich; Strg + Alt + Shift + Strich (Windows)
Geviertstrich	Zum Abtrennen von Teilsätzen, für abrupte Übergänge	Alt + Shift + Strich; Strg + Shift + = (Windows)
Bindestrich	Wortumbruch, Wortzusammensetzungen	Bindestrich
Bedingter Trennstrich	Wird vor Wörter gestellt, um die Tren-nung zu vermeiden oder auf Stellen mit bedingtem Trennstrich zu beschränken; zeigt innerhalb von Wörtern bevorzugte Trennstellen an	Apfel + Trennstrich; Strg + Trennstrich (Windows)
Einzug hier	Hängende Initialen	Apfel + \; Strg + \ (Windows)
Bedingter Zeilenum-bruch	Zeilenumbruch im Absatz (Softreturn)	Shift + Eingabetaste
Tabulator für rechten Einzug	Tabulator bündig mit rechtem Einzug bzw. Satzbreite	Alt + Tabulatortaste; Shift + Tabulatortaste (Windows)
Seite des vorherigen Rahmens #	Seitenzahl in „Fortsetzung von" Zeilen	Apfel/Strg + 2
Aktuelle Seite #	Platzhalter für Seitenzahlen auf Muster-seiten; Einsetzen der aktuellen Seitenzahl in Seite	Apfel/Strg + 3
Seite des nächsten Rahmens #	Seitenzahl in „Fortsetzung auf" Zeilen	Apfel /Strg + 4

Flexibles Leerzeichen

Das flexible Leerzeichen unterscheidet sich von den anderen Leerzeichen durch eine anwenderspezifische Einstellung. Der Anwender kann die Größe des flexiblen Leerzeichens selbst bestimmen. Standardmäßig ist es auf 50 Prozent eines Halbgevierts eingestellt. Um diese Voreinstellung zu ändern, müssen Sie die Vorgaben von QuarkXPress bearbeiten. Macintosh-Anwender öffnen im Menü *QuarkXPress* die *Einstellungen*, Windows-Anwender wählen im Menü *Bearbeiten* die *Einstellungen*.

In der Kategorie *Drucklayout -> Zeichen* befindet sich auf der rechten Seite das Eingabefeld für die Größe des flexiblen Leerzeichens. Der eingetragene Wert kann zwischen 0 und 400 Prozent liegen, die Schrittweite beträgt dabei 0,1 Prozent.

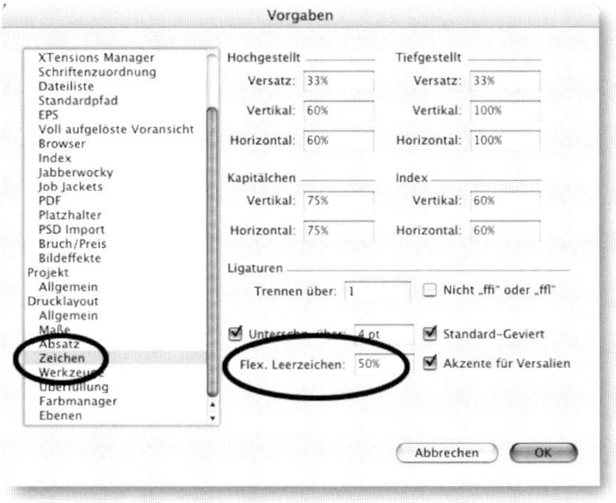

In den „Vorgaben" wird die Größe des „flexiblen Leerzeichens" eingestellt.

Unterschneidungstabelle

Ein wichtiger Bestandteil einer guten Typografie ist das korrekte Unterschneiden von Buchstaben. Bestimmte Buchstabenkombinationen wie z. B. „WA" werden meistens mit zu großem Abstand gesetzt. Dadurch sind die Texte, besonders bei großen Schriftgraden, nicht sauber ausgeglichen. Jetzt könnte man natürlich manuell eingreifen und die jeweiligen Buchstaben näher zusammenrücken. Bei größeren Textmengen würde der Aufwand dafür allerdings den Nutzen übersteigen.

Um nun trotzdem bei großen Textmengen eine gute Typografie zu bekommen, können Sie die *Unterschneidungstabelle (Kerningtable)* verwenden. In der Unterschneidungstabelle werden die Werte für das Unterschneiden von bestimmten Buchstabenkombinationen einer Schrift gespeichert. Diese Werte können von Ihnen bearbeitet und auch neue Buchstabenkombinationen aufgenommen werden.

Unterschneidungen bearbeiten

Im Menü *Hilfsmittel* befindet sich die Funktion *Unterschneidungstabelle bearbeiten*. Nach der Auswahl dieser Funktion wird ein Fenster geöffnet, in dem Sie die Schriftart und den Schriftstil auswählen müssen, dessen Unterschneidungswerte bearbeitet werden sollen.

Zuerst müssen die Schriftart und der Schriftstil gewählt werden.

Nachdem Sie die Schrift gewählt und auf die Schaltfläche *Bearbeiten* geklickt haben, wird ein neues Fenster geöffnet. In diesem Fenster befinden sich links oben die verschiedenen Buchstabenkombinationen, die Sie bearbeiten können. Hinter den Kombinationen stehen die horizontalen und vertikalen Unterschneidungswerte.

Die Unterschneidungswerte basieren auf einem Geviert. QuarkXPress unterteilt ein Geviert mit 200 Einheiten. Der Unterschneidungswert von -100 wäre dann genau ein Halbgeviert.

Zum Bearbeiten müssen Sie jetzt nur eine der Kombinationen auswählen und rechts in den Feldern *Horizontal* und *Vertikal* die gewünschten Werte eintragen. Eine *Voransicht* erleichtert Ihnen das Einstellen der Werte. Sind die gewünschten Werte gefunden, dann klicken Sie auf die Schaltfläche *Ersetzen,* damit der alte Wert überschrieben wird. Bereits geänderte Werte können Sie an der etwas dickeren Schrift erkennen.

Die Unterschneidungstabelle enthält nicht immer alle möglichen Buchstabenkombinationen, deswegen können Sie auch jederzeit neue Kombinationen hinzufügen. Dazu tippen Sie in das Feld *Unterschneidungspaar* einfach die gewünschte Kombination ein, legen die Unterschneidungswerte fest und klicken auf die Schaltfläche *Hinzufügen,* die jetzt anstelle der Schaltfläche *Ersetzen* erschienen ist.

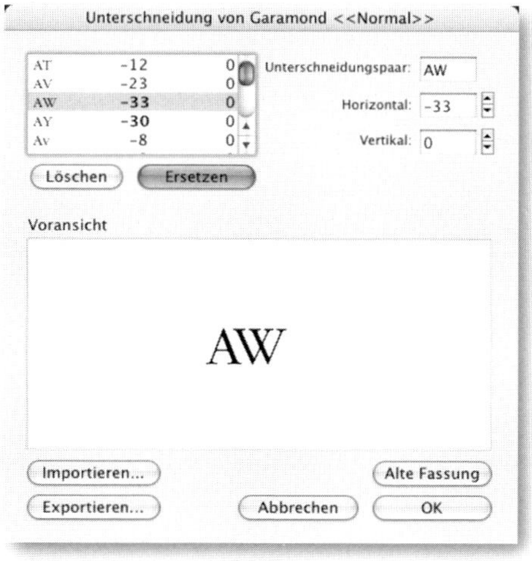

In diesem Dialogfenster werden die Unterschneidungswerte bearbeitet.

Vertikale Unterschneidung

Eine neue Funktion in QuarkXPress 7 ist das vertikale Unterschneiden von Buchstabenkombinationen. Jetzt fragen Sie sich vielleicht: Wo wird denn so was gebraucht? Denken Sie doch z. B. an die Anführungszeichen oder den Apostroph. Diese Zeichen sind hoch bzw. tief stehend und benötigen je nach Schriftart auch eine Verschiebung nach oben oder unten.

Das Bearbeiten der vertikalen Unterschneidung funktioniert genauso wie bei der horizontalen Unterschneidung. Die Buchstabenkombination auswählen bzw. eingeben und im Feld *Vertikal* den gewünschten Wert eingeben.

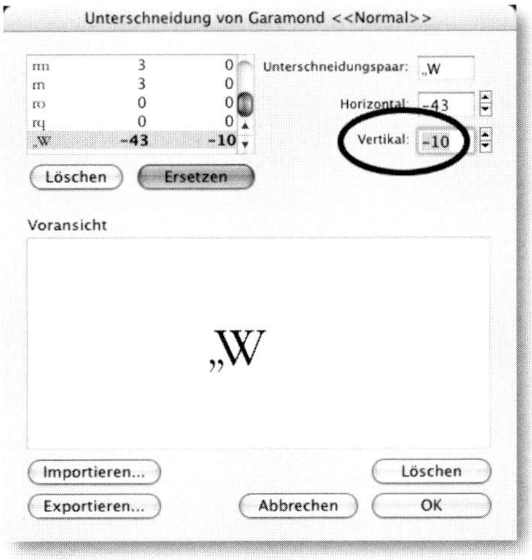

Buchstabenkombinationen können nun auch vertikal unterschnitten werden.

Unterschneidungen löschen

Manuell eingestellte Unterschneidungswerte können selbstverständlich wieder gelöscht bzw. zurückgesetzt werden. Auch hinzugefügte Buchstabenkombinationen können wieder entfernt werden.

Um manuelle Werte zu entfernen, wählen Sie zuerst die Kombination aus und klicken danach auf die Schaltfläche *Alte Fassung* rechts unten. Dadurch wird der geänderte Wert wieder auf den Ursprungswert zurückgesetzt. Woher kennt QuarkXPress die ursprünglichen Werte? In jeder Schrift ist eine *Kerningtabelle* gesichert, die der Schriftentwickler erstellt hat und in der die Unterschneidungswerte der Buchstabenkombinationen gesichert sind. Auf diese Tabelle greift QuarkXPress zurück, wenn die Unterschneidungswerte wieder zurückgesetzt werden.

Das Entfernen eigener Buchstabenkombinationen ist genauso einfach. Zuerst wieder die Kombination auswählen und danach rechts unten auf die Schaltfläche *Löschen* klicken.

Unterschneidungen importieren und exportieren

Die Änderungen in der Unterschneidungstabelle werden normalerweise immer mit dem geöffneten Dokument gesichert. Falls Sie nun eine Unterschneidungstabelle von einem Dokument in ein anderes übertragen wollen, muss sie zuerst exportiert werden. Dafür öffnen Sie mit der

Funktion *Unterschneidungstabelle bearbeiten* aus dem Menü *Hilfsmittel* das Dialogfenster, wählen die gewünschte Schrift aus und klicken danach auf die Schaltfläche *Exportieren*. Nun müssen Sie nur noch den Speicherort festlegen und die Unterschneidungstabelle wird in einer XML-Datei abgelegt. Die Vorgehensweise beim Importieren ist die gleiche, Sie müssen nur auf die Schaltfläche *Importieren* klicken.

Jede Schrift bzw. jeder Schriftschnitt muss einzeln exportiert und danach wieder importiert werden. Sie können die Unterschneidungstabellen nicht für alle Schriften gleichzeitig exportieren bzw. importieren.

Konflikte bei Unterschneidungstabellen

Wie bereits zuvor beschrieben, werden die Einstellungen in der Unterschneidungstabelle normalerweise im geöffneten Dokument gesichert. Wenn Sie nun die Unterschneidungstabelle bearbeiten, wenn kein Dokument geöffnet ist, dann werden die Änderungen als „globale" Einstellung verwendet. Das bedeutet, für jedes neu erstellte Dokument werden die veränderten Unterschneidungstabellen verwendet.

Was passiert nun, wenn ein Dokument geöffnet wird, das völlig andere Werte für die Unterschneidungen enthält? Es entsteht ein Konflikt. Dieser Konflikt wird Ihnen von QuarkXPress auch gemeldet. Beim Öffnen wird ein Fenster aufgerufen, in dem Sie nun entscheiden müssen, wie QuarkXPress verfahren soll.

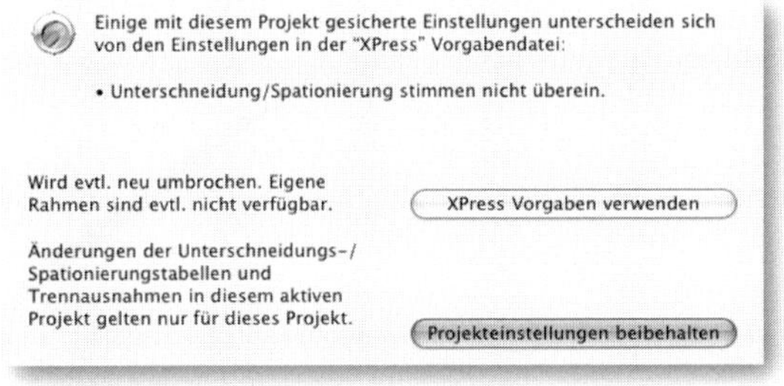

Bei Konflikten müssen Sie entscheiden, wie das Programm verfahren soll.

Mit der Option *XPress Vorgaben verwenden* werden die Unterschneidungstabellen des Dokuments ignoriert und stattdessen die Tabellen der „globalen" Einstellung verwendet. Dadurch können allerdings neue Zeilenumbrüche entstehen und das Layout unter Umständen kaputt gemacht werden.

Durch die Option *Projekteinstellungen beibehalten* werden die Unterschneidungstabellen des Dokuments verwendet, allerdings nur, solange das Dokument geöffnet ist. Mit dieser Option entstehen keine neuen Zeilenumbrüche bzw. das Layout wird nicht verändert.

Textimport und -export

Auch im Bereich Textimport hat sich in QuarkXPress 7 einiges geändert. Da QuarkXPress jetzt Unicode-Texte unterstützt, können solche Dateien ohne Probleme importiert werden. Außerdem kann beim Import von ASCII-Text die Art der Kodierung gewählt werden. Dadurch muss ein

ASCII-Text, der unter Windows gesichert wurde, nicht mehr umständlich konvertiert werden. Beim Platzieren können die Macintosh-Anwender für den Text die Windows-Kodierung aktivieren. Alle Sonderzeichen und Umlaute werden nun richtig übernommen.

Import

Die Vorgehensweise beim Importieren von Text ist die gleiche geblieben. Zuerst einen Textrahmen aufziehen, danach das Inhaltswerkzeug wählen und die Funktion *Text importieren (Apfel/Strg + E)* aus dem Menü *Ablage/Datei* wählen.

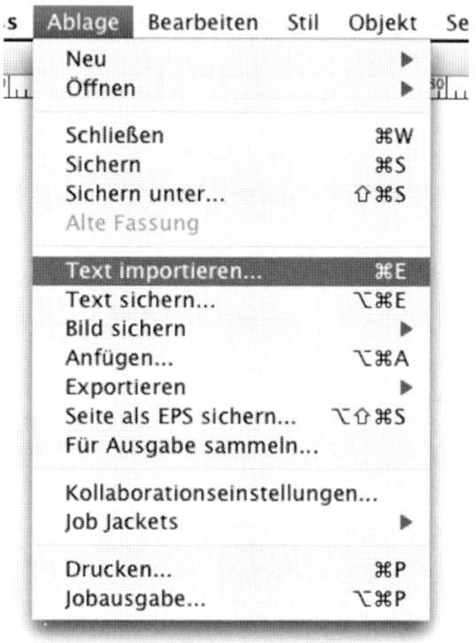

Aus „Text laden" wurde nun „Text importieren".

Das Dialogfeld zur Auswahl der Textdatei wurde ein bisschen erweitert. Im unteren Bereich des Fensters kann nun die Kodierungsart des Textes gewählt bzw. gewechselt werden. Das Fenster unterscheidet sich zwischen Macintosh und Windows geringfügig. Unter Windows kann der Dateityp eingestellt werden, was unter Mac OS X nicht möglich ist.

Das Fenster für den Textimport auf einem Macintosh.

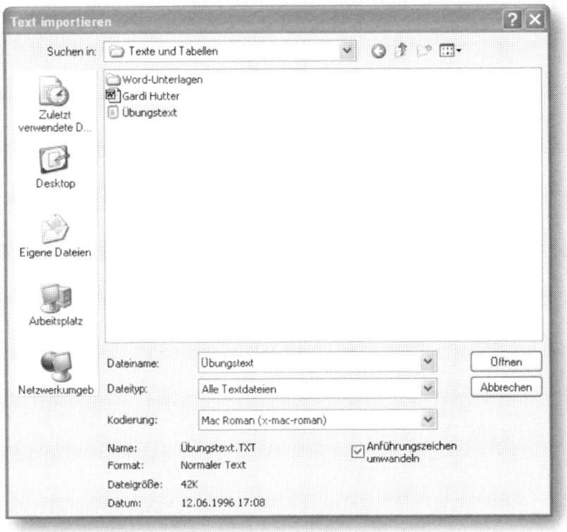

Das Textimport-Fenster unter Windows XP.

Folgende Textformate kann QuarkXPress importieren:

- ASCII-Texte (TXT-Dateien)
- RTF-Texte
- Word-Dokumente
- Word-Perfect-Dokumente
- HTML-Text-Dateien
- Texte mit XPress Tags

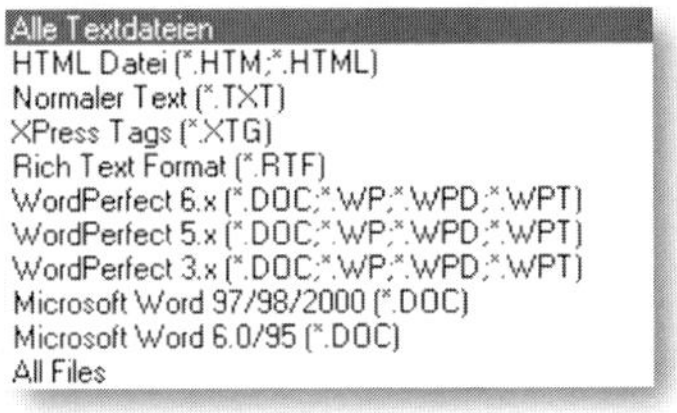

Diese Textformate kann QuarkXPress importieren.

Bei beiden Systemen kann im Pop-up-Menü *Kodierung* die Art der Kodierung für den Text gewechselt werden. Nicht immer erkennt QuarkXPress automatisch die Kodierungsart der Datei. Hier kann auch die Macintosh- und Windows-Kodierung gewählt werden. Damit ist das Problem mit den falschen Sonderzeichen und Umlauten bei ASCII-Texten passé.

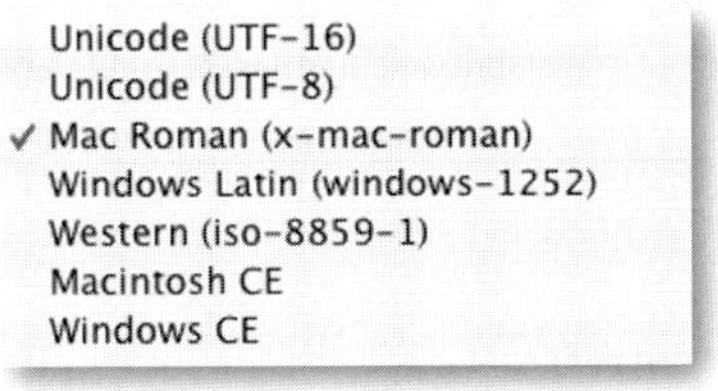

QuarkXPress versteht nicht nur Macintosh- und Windows-Kodierung, sondern auch Unicode.

Je nach ausgewählter Textdatei stellt QuarkXPress entsprechende Importoptionen im Importfenster zur Verfügung. Bei normalen ASCII-Texten gibt es die Option *Anführungszeichen umwandeln.* Durch die Aktivierung dieser Option werden beim Import eventuell im Text vorhandene

Fuß- und Zollzeichen in Apostrophe und Anführungszeichen umgewandelt. Auch doppelte Trennstriche werden durch einen Halbgeviertstrich ausgetauscht. Welche Anführungszeichen beim Import verwendet werden, wird unter Menü *QuarkXPress - > Einstellungen* bzw. für Windows-Anwender unter Menü *Bearbeiten -> Einstellungen* in der Kategorie *Eingabe-Einstellungen* definiert.

Standardmäßig sind in QuarkXPress die englischen Anführungszeichen eingestellt. Um immer die deutschen Anführungen zu bekommen, sollten Sie das Format der Anführungszeichen wechseln, wenn kein Dokument geöffnet ist. Dadurch gilt die Einstellung ab sofort für jedes neu erstellte Dokument.

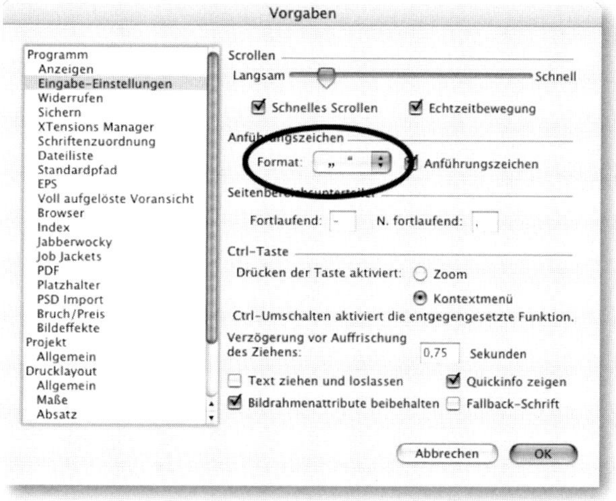

In den „Vorgaben" wird das Format der Anführungszeichen eingestellt.

Die Auswahl eines Word-Dokuments oder RTF-Textes für den Import ändert die verfügbaren Optionen im Import-Fenster. Neben der Funktion für die Anführungszeichen können mit Aktivierung der Option *Einschließlich Stilvorlagen* auch die Formatvorlagen von Word importiert werden. Die Formatvorlagen des Word-Dokuments werden dabei in QuarkXPress-Stilvorlagen umgewandelt, die dann in der Palette *Stilvorlagen (Taste F11)* wiederzufinden sind.

Sehr viele Eigenschaften des Word-Dokuments können von QuarkXPress übernommen werden, dazu zählen z. B. Schriftart, Schriftstil, Schriftgröße, Zeilenabstand, Ausrichtung, Spaltenumbruch, Farbe und Einzüge. Es gibt aber auch Eigenschaften, die beim Import der Word-Datei verloren gehen.
Folgende Eigenschaften zählen dazu:

- Automatisch nummerierte Listen und Aufzählungslisten
- Verankerte Bilder und Grafiken
- Indexeinträge
- Inhaltsverzeichnis
- Fußnoten
- Gleichungen
- Verborgener Text

- Passwortgeschützte Dateien
- Stilvorlagennamen mit mehr als 63 Zeichen werden verkürzt
- Tabellen in Microsoft Word-Dokumenten werden als mit Tabulatoren abgegrenzter Text importiert

Beim Import einer Word-Datei können auch die Stilvorlagen übernommen werden.

Textexport

Texte können aus QuarkXPress auch exportiert werden, wobei aus einer Vielzahl von verschiedenen Textformaten gewählt werden kann. Dazu zählt auch das Word-Format. Voraussetzung für das Exportieren ist ein platzierter Textcursor in einem Textrahmen bzw. ein ausgewählter Text. Im Menü *Datei/Ablage* befindet sich die Funktion *Text sichern.* Damit wird der Export-Dialog geöffnet, in dem Dateiname und Speicherort des Textes festgelegt werden. Hier müssen Sie auch entscheiden, in welchem Format der Text gespeichert werden soll.

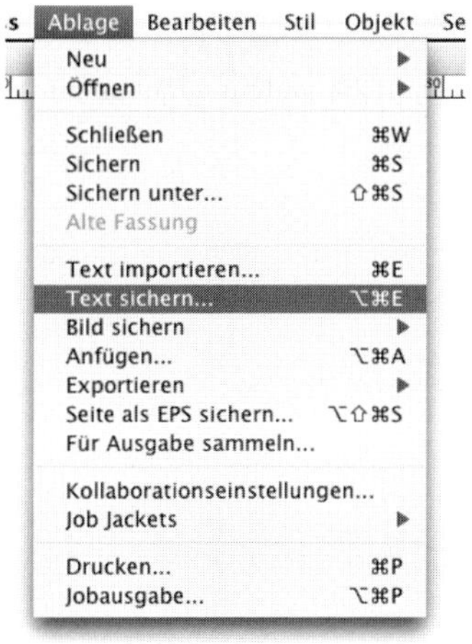

Im Menü „Ablage" bzw. „Datei" befindet sich die Funktion zum Exportieren von Text.

Im Export-Fenster wird u. a. entschieden, in welchem Format der Text gesichert wird.

Im unteren Bereich des Export-Fensters können Sie das Speicherformat für den Text auswählen. Bei der Wahl eines ASCII-Textes (normaler Text) müssen Sie noch die Kodierungsart im Pop-up-Menü *Verschlüsselung* auswählen. Für das Format und für die Verschlüsselung bzw. Kodierung stehen dabei die gleichen Optionen wie beim Import zur Verfügung.

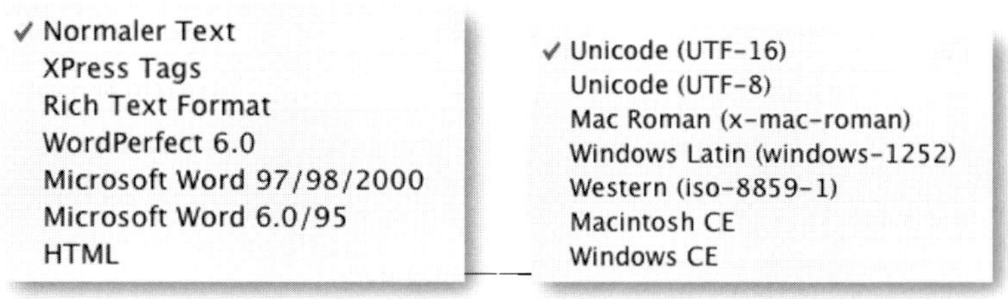

Die linke Abbildung zeigt die Exportformate und die rechte Abbildung die Verschlüsselungs-/Kodierungsarten.

Sie können immer nur den Inhalt eines Textrahmens oder einer Textkette exportieren. Es gibt keine Möglichkeit, den Text eines ganzen Dokuments, eines Layouts oder einer Seite mit einem Arbeitsschritt zu sichern.

Kapitel 5

Bilder und Grafiken

Bilder und Grafiken

Der Bereich Bilder und Grafiken wurde in QuarkXPress 7 gegenüber der Vorgängerversion noch erweitert. Der Photoshop-Import wurde verbessert und TIFF-Dateien mit Alphakanälen können transparent gemacht werden. Umsteiger von den Versionen 3.x, 4.x und 5 werden sehr viele Veränderungen bei der Verarbeitung von Bildern und Grafiken feststellen. Dieses Kapitel bringt Ihnen die Neuerungen etwas näher.

Bilder importieren

Zuerst wollen wir Sie über die Änderungen im Bereich des Bildrahmens informieren. Das Platzieren von Bildern oder Grafiken folgt immer noch der gleichen Vorgehensweise. Zuerst einen Bildrahmen aufziehen und danach die Funktion *Bild importieren (Apfel/Strg + E)* aus dem Menü *Ablage/Datei* ausführen. In diesem Bereich hat sich nur die Bezeichnung für das Platzieren geändert. Aus *Bild laden* wurde *Bild importieren.*

Aus „Bild laden" wurde die Bezeichnung „Bild importieren".

Das Dialogfenster für den Import hat sich auch ein wenig verändert. Im Gegensatz zu älteren Versionen gibt es für den Import jetzt mehr Einstellungsoptionen. Diese befinden sich im unteren Bereich des Fensters. Die Importoptionen sind je nach gewählter Dateiart verfügbar.

Eine absolute Neuerung ist die Option *Bildattribute beibehalten.* Diese Option ist nur verfügbar, wenn Sie einen Bildrahmen ausgewählt haben, der bereits ein Bild enthält. Beim Import werden durch diese Funktion einige der Bildeigenschaften (Skalierung, Anschnitt, Drehung usw.) vom alten Bild auf das neue übertragen. Eine tolle Funktion, wenn man Bilder austauschen muss und die neuen Bilder die gleiche Größe haben sollen wie die alten.

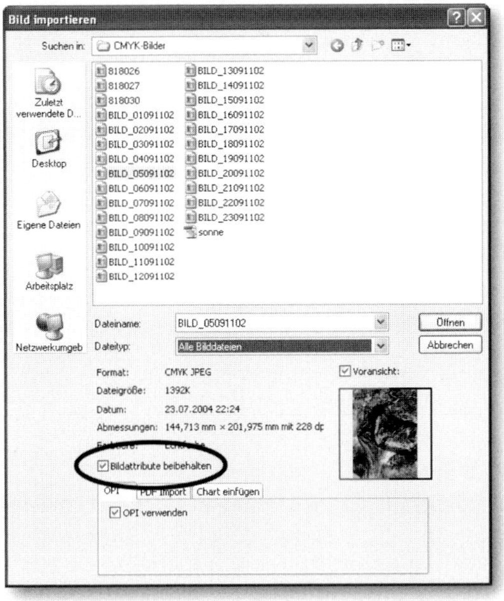

Die Eigenschaften beim Austausch eines Bildes können nun erhalten werden.

Die beiden Register *PDF-Import* und *Chart einfügen* sind für PDF-Dateien und Excel-Diagramme wichtig und werden etwas weiter hinten in diesem Kapitel ausführlich behandelt.

Die Anzahl der Bild- und Grafikformate, die QuarkXPress importieren kann, ist gewachsen. Besonders Anwender von QuarkXPress 3.x, 4.x und 5 werden positiv überrascht sein, welche Formate nun zur Verfügung stehen. Dazu zählen z. B. JPEG-Bilder, Photoshop-Dateien, PDF-Dokumente und Excel-Diagramme. Die Eigenheiten bzw. Besonderheiten der einzelnen Bildformate können Sie in den jeweiligen Abschnitten in diesem Kapitel nachlesen.

Diese Bild- und Grafikformate kann QuarkXPress verarbeiten.

Bildrahmen anpassen

Eine Neuerung, die es zwar bereits seit QuarkXPress 5 gibt, die viele QuarkXPress-Anwender aber noch nicht kennen, ist das Anpassen des Bildrahmens an den Inhalt. Mit dieser Funktion wird also der Bildrahmen automatisch auf den Inhalt abgestimmt vergrößert bzw. verkleinert.

Sie müssen z. B. nicht mehr den Bildrahmen manuell größer ziehen, um den ganzen Inhalt des Rahmens sichtbar zu machen. Eine ungemeine Arbeitserleichterung. Die Funktion für diese tolle Sache befindet sich im Menü *Stil* und heißt *Rahmen an Bild anpassen.*

Leider gibt es kein Tastenkürzel für diese Funktion. Sie müssen also jedes Mal über das Menü gehen. Hier sollte die Firma Quark unbedingt nachbessern. Die einzige zusätzliche Auswahlmöglichkeit ist das Kontextmenü (rechte Maustaste bzw. Ctrl + Klick).

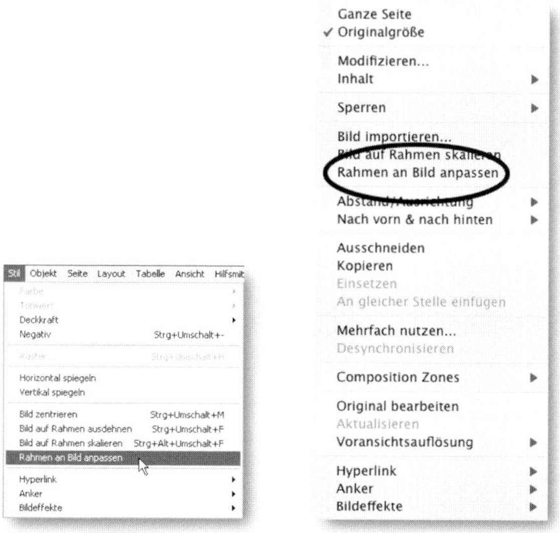

Nur im Menü „Stil" (linke Abbildung) und im Kontextmenü findet sich die Anpassung des Rahmens an das Bild.

Links ist der Bildrahmen zu groß, nach der Anpassung ist der Rahmen genauso groß wie das Bild (rechte Abbildung).

Original bearbeiten

Macintosh-Anwender von Quark 3/4/5 kennen bestimmt noch die Funktion *Verleger* und *Abonnent.* Mithilfe dieser Funktion kann man in QuarkXPress ein Bild aktualisieren bzw. das Originalbild öffnen. Diese Funktion wurde seit QuarkXPress 6 durch *Original bearbeiten* ersetzt.

Zum Öffnen müssen Sie, genau wie bei der alten Funktion, mit dem Inhaltswerkzeug (!) auf das Bild doppelklicken. Alternativ dazu können Sie auch das Kontextmenü *(rechte Maustaste bzw. Ctrl + Klick)* verwenden. Das Dialogfenster für die Funktion ist etwas einfacher gestaltet als bei der alten Funktion.

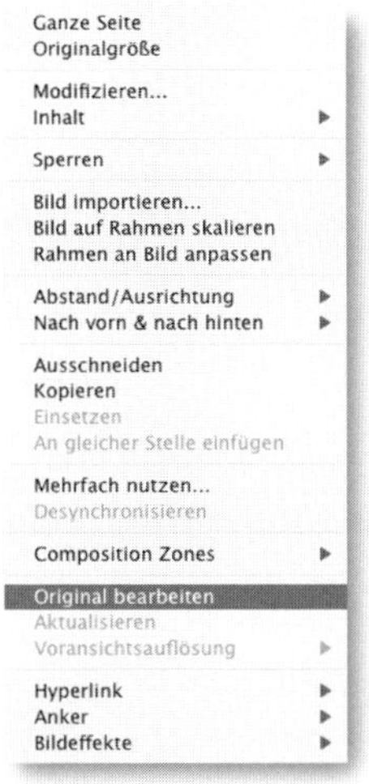

Auch über das Kontextmenü können die Originale von Bildern geöffnet werden.

Mit einem Klick auf *Original bearbeiten* wird das Programm geöffnet, mit dem das Bild erstellt wurde. Falls das Bild bereits verändert wurde und nur erneut geladen werden soll, dann verwenden Sie die Schaltfläche *Aktualisieren*. Um den Ordner zu öffnen, in dem sich das Bild befindet, öffnen Sie das Pop-up-Menü und wählen den gewünschten Ordner aus. Dieser wird dann auf der Betriebssystemoberfläche geöffnet.

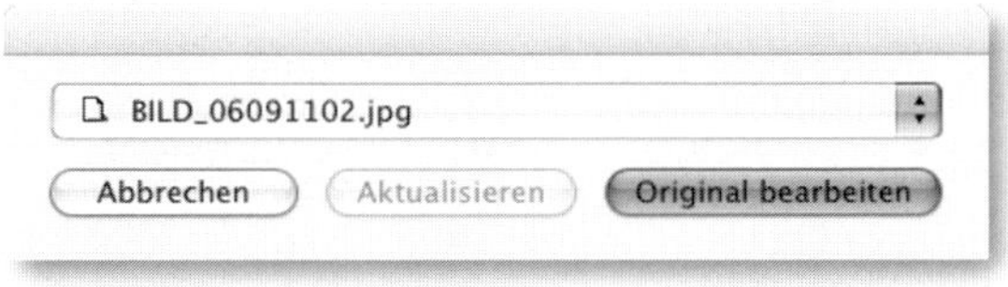

Das Dialogfenster für die Funktion „Original bearbeiten".

Bilder mit hoher Darstellungsqualität

Ein großes Problem beim Arbeiten mit Bildern ist die schlechte Darstellungsqualität der Dateien am Monitor. Besonders bei EPS-Grafiken ist es wichtig, eine genaue Darstellung zu haben, damit z. B. Logos oder Schriftzüge standgenau platziert werden können. Bisher war das meistens ein Blindflug, man musste immer Kontrollausdrucke machen, um die Position der Bilder zu überprüfen. Diese Probleme sind seit QuarkXPress 6 nun Vergangenheit. Keine Blindflüge und keine schlechte Darstellung am Bildschirm mehr. Jetzt können EPS-, TIFF-, PDF-, JPEG- und sogar Photoshop-Bilder in hoher Auflösung am Monitor angezeigt werden.

Die Funktion, die das alles ermöglicht, befindet sich im Menü *Objekt* und heißt *Voransichtsauflösung*. Dort kann zwischen *Niedrige Auflösung* und *Volle Auflösung* entschieden werden. Zuerst muss natürlich ein Bild ausgewählt werden. Auch das Kontextmenü hält die Funktion bereit.

Leider gibt es auch für diese Funktion kein Tastenkürzel. Sie müssen also immer über das Menü ***Objekt*** *oder das Kontextmenü gehen.*

Es kann je nach Bild einige Sekunden dauern, bis QuarkXPress die hohe Auflösung berechnet hat. Bei älteren Rechnern führt die hohe Auflösung zur Verlangsamung des Programms. Besonders das Größer- und Kleinerzoomen bzw. das Navigieren im Dokument wird langsamer.

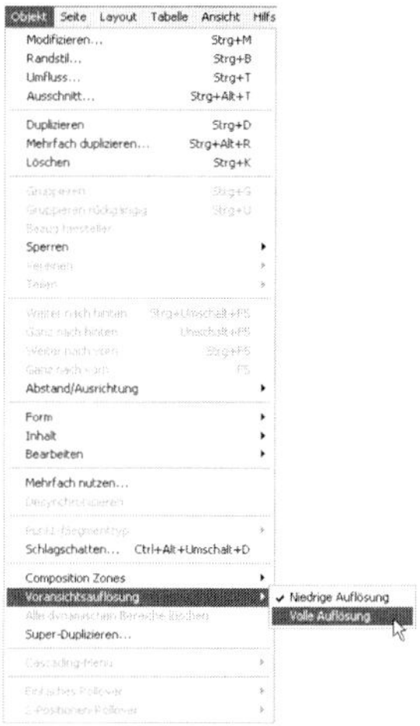

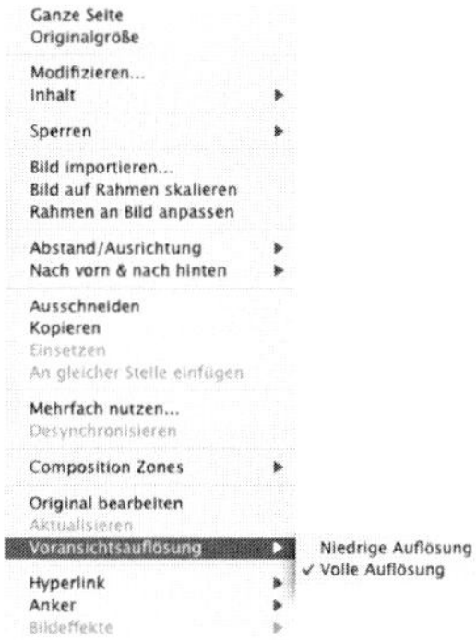

Das Menü „Objekt" (linke Abbildung) und das Kontextmenü enthalten die Funktion zur Darstellung von Bildern in hoher Auflösung.

Die Abbildung oben zeigt eine EPS-Grafik in niedriger Auflösung und die Abbildung unten in voller Auflösung.

Bilder und Grafiken können nur in voller Auflösung angezeigt werden, wenn sie richtig verknüpft sind. Fehlende oder modifizierte Bilder können nicht in hoher Auflösung angezeigt werden

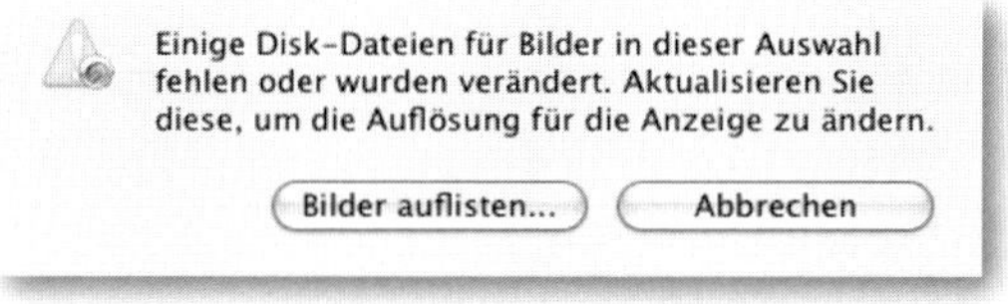

Wenn versucht wird, ein fehlendes oder modifiziertes Bild in voller Auflösung anzuzeigen, öffnet sich diese Meldung.

Einstellungen für die volle Auflösung

Damit die Darstellung von Bildern und Grafiken in hoher Auflösung richtig funktioniert, müssen Sie einige Einstellungen vornehmen. Da wäre zuerst das Aktivieren der hohen Auflösung. Wird das nicht gemacht, dann ist die Funktion *Voransichtsauflösung* gar nicht anwählbar. Im Menü *Ansicht* befindet sich an letzter Position die Option *Voll aufgelöste Voransicht.* Ist diese Option deaktiviert, dann werden alle Bilder im Layout nur mit niedriger Auflösung angezeigt und bei keinem Bild kann mehr die volle Auflösung eingestellt werden. Dies ist dann sinnvoll, wenn mit einem Arbeitsschritt alle Bilder wieder in niedriger Auflösung angezeigt werden sollen, damit unter Umständen das Programm wieder schneller wird.

Diese Option muss aktiviert sein, damit Bilder und Grafiken in voller Auflösung angezeigt werden können.

In den QuarkXPress-Vorgaben können auch noch einige Einstellungen für die hohe Auflösung vorgenommen werden. Macintosh-Anwender wählen dafür aus dem Menü *QuarkXPress* die *Voreinstellungen* und Windows-Anwender wählen aus dem Menü *Bearbeiten* die *Vorgaben.* Danach müssen Sie die Kategorie *Voll aufgelöste Voransicht* auswählen.

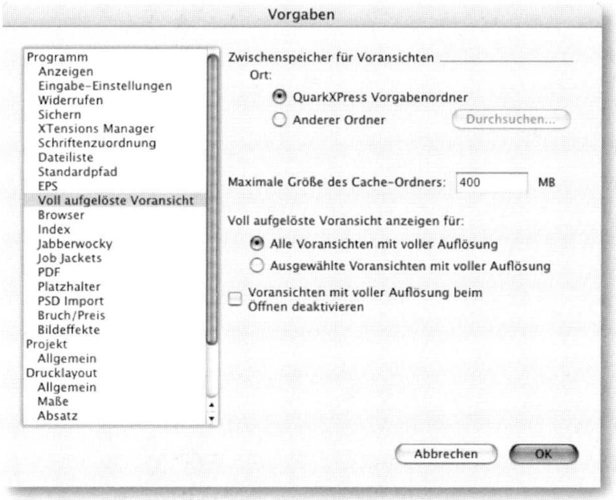

In den „Vorgaben" können noch Einstellungen für die Voransichtsauflösung vorgenommen werden.

Wichtig sind die Optionen im Bereich *Zwischenspeicher für Voransichten.* QuarkXPress generiert für die Darstellung der Bilder in hoher Auflösung eine Cache-Datei. Das Anlegen einer Cache-Datei macht die Anzeige und das Navigieren im Dokument schneller. Diese Cache-Datei wird standardmäßig in den QuarkXPress Vorgabenordner gespeichert. Unter Mac OS X ist das der Ordner *Benutzer -> Library -> Preferences -> Quark -> QuarkXPress 7 -> PreviewCache,* unter WindowsXP finden Sie den Ordner bei *C:/Dokumente und Einstellungen/Benutzer/Anwendungsdaten/Quark/ QuarkXPress 7/Preview Cache.* Der Speicherort für die Cache-Datei kann aber auch ein beliebig anderer Ordner sein. Dazu muss nur die Option *Anderer Ordner* gewählt und auf die Schaltfläche *Durchsuchen* geklickt werden.

Falls der Speicherort für die Cache-Datei in einem Ordner mit beschränkten Zugriffsrechten liegt, kann QuarkXPress unter Umständen die Bilder nicht in voller Auflösung darstellen. Das Ganze hat dann eine Fehlermeldung zur Folge.

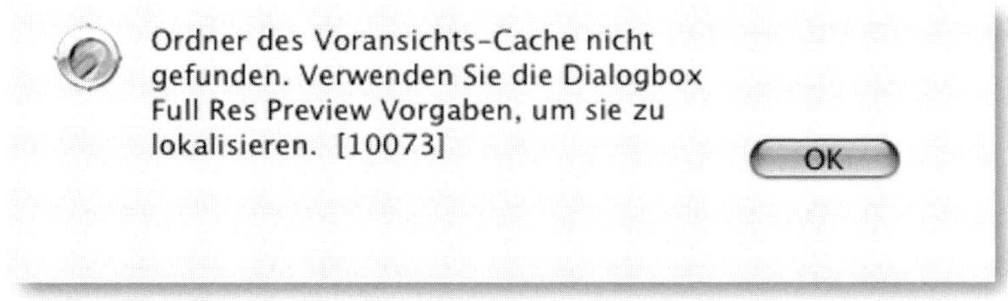

Diese Meldung erscheint, wenn Sie beschränkte Zugriffsrechte auf den Ordner der Cache-Datei haben.

Im Feld *Maximale Größe des Cache-Ordners* wird die Dateigröße für den Cache-Ordner festgelegt. Der Standardwert beträgt 400 MB. Wenn Sie den Wert erhöhen, kann das Programm mehr Cache-Dateien anlegen und dadurch wird das Arbeiten mit vielen Bildern in hoher Auflösung beschleunigt.

Mit der nächsten Funktion *Voll aufgelöste Voransicht anzeigen für* bestimmen Sie, ob ein Bild permanent mit eingestellter voller Auflösung angezeigt werden soll oder nur wenn es markiert ist. Die Option *Alle Voransichten mit voller Auflösung* zeigt die entsprechend eingestellten Bilder permanent in voller Auflösung. Die zweite Option *Ausgewählte Voransichten mit voller Auflösung* zeigt Bilder nur dann mit eingestellter voller Auflösung, wenn sie markiert sind. Bei langsameren Systemen kann dadurch das Arbeiten etwas schneller gemacht werden.

Als letzte Funktion in den Vorgaben gibt es noch *Voransichten mit voller Auflösung beim Öffnen deaktivieren.* Wenn Sie diese Funktion aktivieren, wird beim Öffnen eines Projekts die Funktion der Voransichtsauflösung ausgeschaltet und alle Bilder werden in niedriger Auflösung angezeigt. Dadurch wird das Öffnen eines Projekts erheblich beschleunigt, besonders wenn die platzierten Bilder von einem Server geladen werden müssen. Die volle Auflösung wird erst wieder angezeigt, wenn Sie im Menü *Ansicht* die Funktion *Voll aufgelöste Voransicht* aktivieren.

EPS-Bilder

Das EPS-Format ist neben dem TIFF-Format das am meisten verwendete Bildformat. Besonders beim Einsatz von Beschneidungspfaden hat sich dieses Format bewährt. Bei EPS-Bildern wird normalerweise eine Voransicht mitgesichert, damit das EPS-Bild im Layoutprogramm sichtbar ist. Manchmal kommt es allerdings vor, dass ein EPS-Bild keine Vorschau hat. In solchen Fällen wird im Layoutprogramm eine graue Fläche mit dem Dateinamen des Bildes angezeigt. Um nun eine Vorschau zu erhalten, müsste man normalerweise das Bild in Photoshop öffnen und dann mit der Vorschau sichern. QuarkXPress 7 hat für solche Fälle eine neue Funktion erhalten.

EPS-Bilder, die keine Vorschau haben, werden als graue Fläche angezeigt (linke Abbildung). Mit der neuen QuarkXPress-Funktion wurde für das Bild eine Vorschau erzeugt (rechte Abbildung).

Grundsätzlich können EPS-Bilder und -Grafiken, die keine Vorschau haben, mit der Funktion *Voransichtsauflösung* angezeigt werden. Sind es allerdings sehr große Bilder, kann die Anzeige in voller Auflösung einige Zeit in Anspruch nehmen und unter Umständen auch das Programm langsamer machen. In QuarkXPress 7 kann nun ein Vorschaubild automatisch erzeugt werden. Dieses Vorschaubild ist nicht hochauflösend und beeinflusst deswegen die Programmgeschwindigkeit nicht. Die Funktion befindet sich in den *Vorgaben (Apfel/Strg + Shift + Alt + Y)*. In der Kategorie *EPS* kann das Erzeugen einer Vorschau für EPS-Bilder, die keine haben, aktiviert werden. Öffnen Sie das Menü *Voransicht* und wählen die Option *Erzeugen* aus. Die Option *Verankert* verwendet für die Darstellung der EPS-Bilder die integrierte TIFF- bzw. PICT-Vorschau.

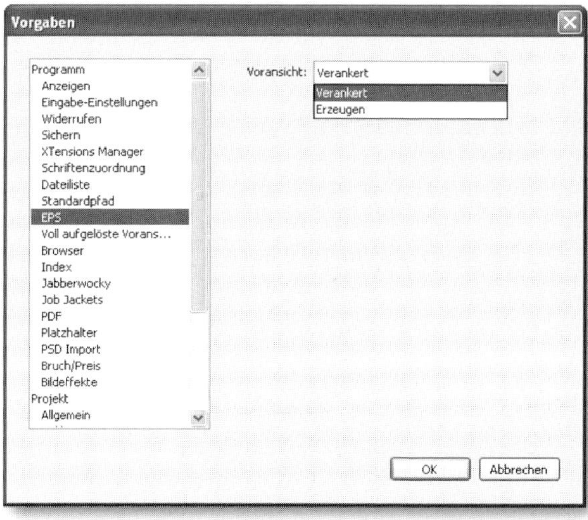

In den Vorgaben kann das Anzeigen einer Vorschau für EPS-Dateien erzwungen werden.

PDF-Import

Ein Highlight von QuarkXPress ist sicherlich der Import von PDF-Dateien. Besonders im Zeitschriften- und Zeitungsbereich ist das Platzieren von PDF-Dateien in QuarkXPress sehr wichtig. Der PDF-Import wurde in QuarkXPress 7 um eine Funktion erweitert, die man im Importfenster findet.

Das Importieren einer PDF-Datei funktioniert genauso wie bei normalen Bilddateien. Zuerst einen Bildrahmen aufziehen und danach die Funktion *Bild importieren (Apfel/Strg + E)* aus dem Menü *Ablage/Datei* wählen. Im Importfenster wählen Sie dann die gewünschte PDF-Datei aus und klicken im unteren Bereich des Fensters auf das Register *PDF.* Im Feld *Seiten* geben Sie die gewünschte Seitenzahl an, wenn Sie ein mehrseitiges PDF ausgewählt haben. Wie viele Seiten das PDF-Dokument enthält, wird neben dem Eingabefeld *Seiten* angezeigt.

Sie können nicht alle Seiten eines mehrseitigen PDFs gleichzeitig importieren. Sie müssen leider eine Seite nach der anderen platzieren.

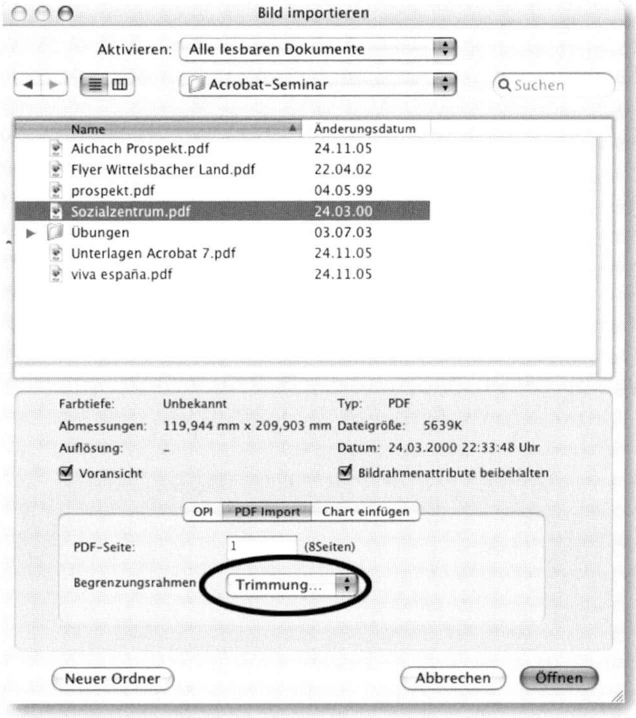

Für das Importieren von PDF-Dateien hält QuarkXPress 7 eine Neuerung bereit.

Das Pop-up-Menü *Begrenzungsrahmen* ist die Neuerung von QuarkXPress 7 für den PDF-Import. In diesem Menü kann eingestellt werden, welcher Begrenzungsrahmen der PDF-Datei für den Import verwendet werden soll. Je nach eingestelltem Rahmen werden z. B. auch Passkreuze oder Beschnittzeichen mit importiert.

Da nach unserer Erfahrung die Unterschiede der einzelnen Rahmenarten nicht immer bekannt sind, hier eine Auflistung der Eigenschaften.

- *Trimmungsrahmen:* verwendet die Größe der Seite nach dem Beschnitt. Diese Option enthält keine Passkreuze und wird nicht von irgendwelchen Anschnitten beeinflusst, die bei der Erstellung der PDF-Datei der Layoutfläche hinzugerechnet wurden.
- *Zuschnittsrahmen:* verwendet die Größe der Seite und zusätzliche Flächen für eventuell hinzugefügte Anschnitte und Passkreuze.
- *Anschnittsrahmen:* verwendet die Größe der Seite und zusätzliche Flächen für Anschnitte.
- *Medienrahmen:* verwendet die Größe der Seite und schließt keine zusätzliche Fläche für Anschnitte oder Passkreuze ein.

Ist die PDF-Datei platziert, wird sie genauso behandelt wie jede andere Bilddatei. Man kann sie sogar transparent machen (siehe Kapitel 5).

Bei mehrseitigen PDFs ist es wichtig zu wissen, welche Seite der PDF-Datei importiert wurde. Das kann man in QuarkXPress auf zwei Arten feststellen. Die erste führt über die Funktion *Verwendung* aus dem Menü *Hilfsmittel.* In der Kategorie *Bilder* sind alle importierten Bilder aufgelistet, auch die PDFs. Markieren Sie die gewünschte Datei und blenden den Bereich *Weitere Informationen* ein. Wenn sie dann dort ein bisschen blättern, finden Sie auch den Eintrag für die platzierte PDF-Seite.

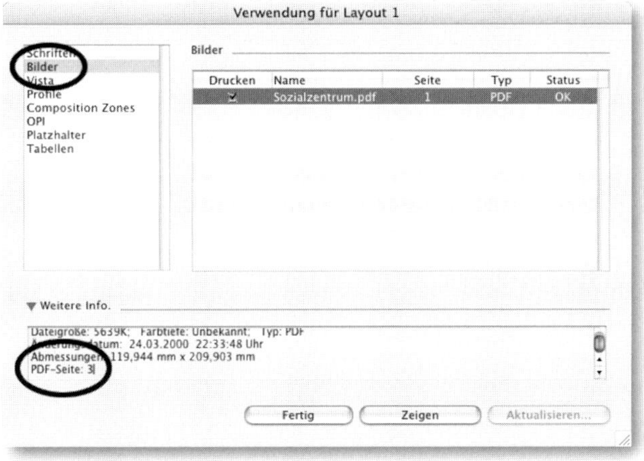

Im Dialogfenster „Verwendung" können Sie kontrollieren, welche Seite einer PDF-Datei importiert wurde.

Tipp

Zum Schluss noch ein Tipp für das problemfreie Arbeiten mit importierten PDF-Dateien. Am besten arbeitet QuarkXPress mit PDF-Dateien der Version 1.3 zusammen. Dies entspricht der Version 4 von Acrobat. PDF-Dateien, die Transparenzen enthalten, wie man sie z. B. bei Acrobat 5 oder höher erhalten kann, werden von QuarkXPress nicht ordentlich verarbeitet.

Mit Transparenz in einer PDF-Datei ist gemeint, dass transparente Objekte bereits in der PDF-Datei eingebettet sind. Damit ist nicht gemeint, dass man PDF-Dateien in QuarkXPress nicht mit Opazität bzw. Schlagschatten versehen kann.

Die Transparenz innerhalb einer PDF-Datei wird vom Programm ignoriert und die entsprechenden Objekte in der PDF-Datei werden einfach deckend ausgegeben. Mit PDF-Dateien von Acrobat 4 kann dies nicht passieren, da solche PDFs keine Transparenz enthalten können. Wenn Sie grundsätzlich mit PDF/X3-Dateien arbeiten, gibt es die wenigsten Probleme. Ein PDF/X3 gewährleistet z. B., dass alle Bilder und Schriften im PDF eingebettet sind, das PDF in der Version 1.3 gesichert und keine Transparenz enthalten ist.

TIFF-Bilder

Das TIFF-Format für Bilder ist sehr weit verbreitet, da es von sehr vielen Programmen gelesen und verlustfrei komprimiert werden kann. Seit einigen Jahren kann man sogar Ebenen mitspeichern. Das TIFF-Format hat sich zu einer echten Alternative zum Photoshop-Format entwickelt. Dieser Entwicklung trägt natürlich auch QuarkXPress Rechnung. Der Umgang von TIFF-Bildern mit Ebenen und Alphakanälen bereitet dem Layoutklassiker keinerlei Probleme. Sogar transparente TIFF-Bilder kann QuarkXPress verarbeiten, dazu muss aber bereits beim Abspeichern in Photoshop etwas beachtet werden.

Transparenz

Um eine TIFF-Datei transparent zu machen, gibt es zwei Möglichkeiten. Entweder wird das Bild bereits in Photoshop auf eine transparenten Ebene gelegt oder es wird nachträglich mithilfe eines Alphakanals in QuarkXPress transparent.

Für den ersten Weg müssen Sie beim Abspeichern des Bildes in Photoshop einige Einstellungen vornehmen. Diese Einstellungen befinden sich in den *TIFF-Optionen,* die in Photoshop geöffnet werden, wenn man ein Bild abspeichert. Ist das Bild auf einer transparenten Ebene platziert, können Sie in den TIFF-Optionen die Funktion *Mit Transparenz* auswählen. Dadurch wird die TIFF-Datei beim Importieren in QuarkXPress automatisch als transparentes Bild erkannt.

In den „TIFF-Optionen" von Photoshop muss die Transparenz aktiviert werden, damit QuarkXPress das Bild als transparent erkennt.

Für den zweiten Weg muss die TIFF-Datei einen Alphakanal enthalten. Dieser Kanal wird dann in QuarkXPress als Maske definiert. Öffnen Sie das Dialogfeld *Modifizieren (Apfel/Strg + M)* aus dem Menü *Objekt* und wählen Sie das Register *Bild* an. Dort finden Sie links unten einen Bereich mit dem Namen *Maske* und einem Pop-up-Menü. In diesem Menü werden die Alphakanäle der TIFF-Datei aufgelistet. Sie brauchen nur noch einen auszuwählen. Die kleine Vorschau direkt darunter zeigt Ihnen das Ergebnis an.

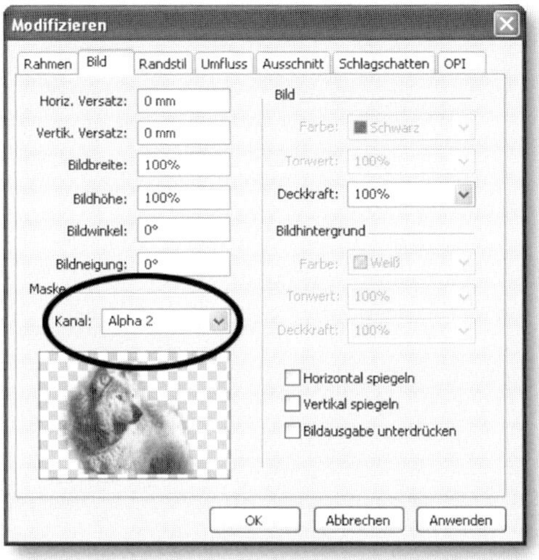

Alphakanäle können in QuarkXPress für die Transparenz verwendet werden.

Bei transparenten Bildern müssen Sie immer darauf achten, dass dem Hintergrund des Bildrahmens keine Farbe zugewiesen wurde, auch nicht die Farbe „Weiß". Ansonsten hat die Transparenz keine Auswirkung und das Bild wird nur mit der eingestellten Hintergrundfarbe verrechnet.

Photoshop-Bilder

Seit QuarkXPress 6 kommt der Anwender in den Genuss, Photoshop-Bilder in QuarkXPress zu importieren. Dabei war es egal, ob die PSD-Dateien Ebenen, Alphakanäle und Pfade enthielten. Das Beste daran ist, dass der Anwender in QuarkXPress Zugriff auf die Ebenen, Kanäle und Pfade des Bildes hat. So kann er z. B. die Ebenen ein- und ausblenden, die Deckkraft der Ebenen ändern oder eine spezielle Füllmethode festlegen. In QuarkXPress 7 kann jetzt auch die Hintergrundebene transparent gemacht werden.

Der Import gestaltet sich genauso wie bei jedem anderen Bild. QuarkXPress kann grundsätzlich jede Art von Photoshop-Datei importieren, egal ob mit Textebenen, Formebenen, Maskierungsgruppen oder anderen Funktionen. Allerdings können nicht alle diese Funktionen in QuarkXPress nachträglich verändert werden. Photoshop-Bilder, die Ebenenstile, Formebenen, Maskierungsgruppen oder Textebenen enthalten, werden beim Importieren auf eine Ebene reduziert, das bedeutet, Sie haben keinen Zugriff auf die einzelnen Ebenen der Datei.

Wenn beim Importieren einer Photoshop-Datei nur das Composite-Bild (Bild mit reduzierten Ebenen) verwendet wird, brauchen Sie keine Angst zu haben. Die Original-Photoshop-Datei wird NICHT REDUZIERT. Originale werden von QuarkXPress grundsätzlich nicht verändert. Es gibt dafür nur eine Ausnahme, wenn Sie mit Quark Vista (siehe Abschnitt weiter hinten) ein Bild exportieren und dabei die Originaldatei ersetzen lassen.

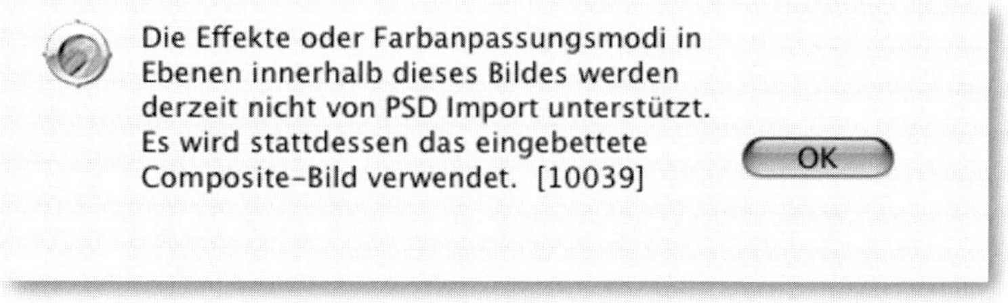

Diese Meldung öffnet sich, wenn Sie ein Photoshop-Bild mit nicht unterstützten Funktionen importieren.

Um Zugriff auf die Funktionen für die Photoshop-Datei zu haben, muss man unter Menü *Fenster* die Palette *PSD Import* öffnen. Die Palette ähnelt der Ebenen-, Kanal- und Pfadpalette in Photoshop. Allerdings können nicht die gleichen Funktionen wie in Photoshop ausgeführt werden. Ein Klick auf das Register *Ebenen, Kanäle* oder *Pfade* wechselt in die jeweiligen Funktionen.

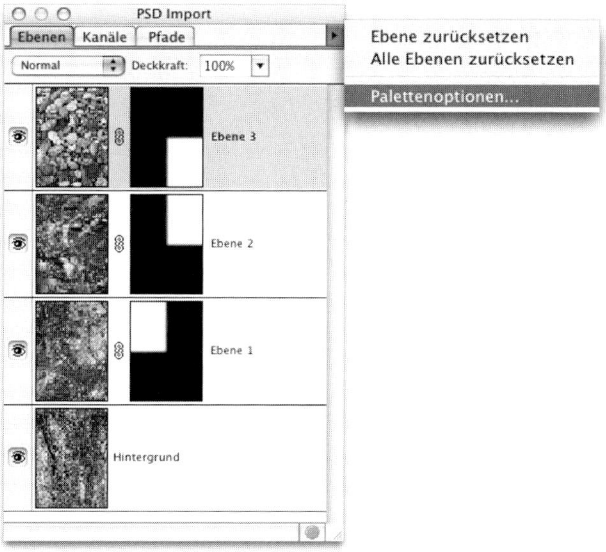

Die Palette „PSD Import“ ähnelt den Paletten von Photoshop.

In den einzelnen Kategorien werden die Ebenen, Kanäle und Pfade als Miniaturansicht dargestellt. Wenn Sie einen sehr großen Monitor besitzen, dann sind die Miniaturen vielleicht zu klein. Genau wie in Photoshop können Sie die Größe der Miniaturen einstellen. Dazu öffnen Sie das Palettenmenü und wählen die Funktion *Palettenoptionen* aus. In dem Fenster, das daraufhin geöffnet wird, brauchen Sie nur noch die gewünschte Darstellungsgröße auszuwählen.

Die Größe der Miniaturen kann über die „Palettenoptionen" eingestellt werden.

Ebenen

Das Register *Ebenen* ist, wie der Name schon sagt, für das Verwalten der Photoshop-Ebenen zuständig. Das Arbeiten in dieser Palette ist so ähnlich wie in Photoshop. Durch einen Klick auf das Augensymbol vor einer Ebene wird die jeweilige Ebene aus- bzw. eingeblendet.

Wenn Sie mit gedrückter ***Alt-Taste*** *auf ein Augensymbol klicken, werden alle Ebenen bis auf die angeklickte ausgeblendet. Das Ganze kann mit der Kombination* ***Alt + Shift + Klick*** *auf das Augensymbol wieder rückgängig gemacht werden.*

Die Ebenen eins und drei wurden in diesem Bild ausgeblendet.

Eine weitere Änderung, die Sie im Register *Ebenen* vornehmen können, ist, die Deckkraft der einzelnen Photoshop-Ebenen zu ändern. Selbst die Deckkraft der Hintergrundebene lässt sich einstellen. Im Gegensatz zur Vorgängerversion wird in QuarkXPress 7 das Photoshop-Bild dadurch transparent. Das Pop-up-Menü *Deckkraft* befindet sich rechts oben in der Palette. Dort kann ein fester Wert ausgewählt oder auch ein eigener eingegeben werden.

Das Ändern der Deckkraft einer Ebene kann je nach Bildgröße und Rechner einige Sekunden in Anspruch nehmen. Haben Sie also ein bisschen Geduld.

Sogar die Deckkraft der einzelnen Photoshop-Ebenen kann in QuarkXPress verändert werden.

Das Einstellen der Deckkraft ist nur ein Glanzpunkt des Registers *Ebenen*. Ein weiterer ist das Festlegen der Füllmethode. Mit der Füllmethode wird bestimmt, wie die Pixel einer Ebene mit darunter liegenden Pixeln verrechnet werden. Sie können mit Füllmethoden zahlreiche Spezialeffekte kreieren. QuarkXPress verwendet dabei die gleichen Füllmethoden wie Photoshop. Links oben in der Palette befindet sich das Pop-up-Menü dafür. Sie müssen nur die gewünschte Ebene markieren und aus dem Menü eine Füllmethode auswählen.

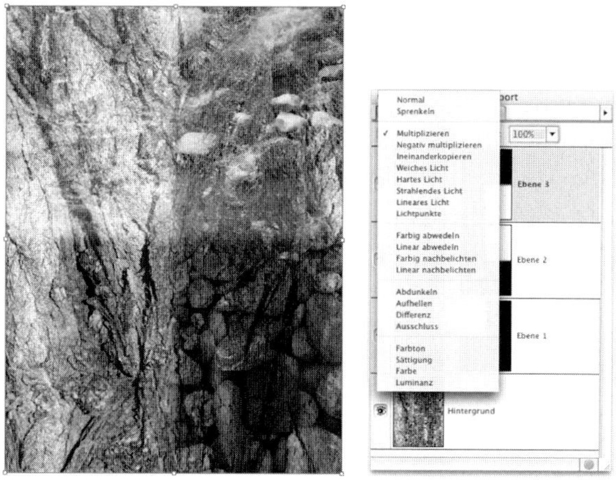

Auch die Füllmethode der Ebenen kann eingestellt werden.

Als letzte Funktion im Register *Ebene* wollen wir Ihnen das Ein- und Ausblenden der Ebenenmasken zeigen. Ebenenmasken werden in Photoshop dazu verwendet, bestimmte Teile einer Ebene abzudecken. Mit einer Tastenkombination lassen sich die Ebenenmasken in QuarkXPress ausschalten. Wenn Sie mit gedrückter *Shift-Taste* auf die Ebenenmaske klicken, erscheint ein rotes Kreuz und die Maske ist deaktiviert. Der abgedeckte Teil der Ebenen wird sichtbar. Um die Maske wieder einzuschalten, müssen Sie den Vorgang wiederholen und bei gedrückter *Shift-Taste* wieder auf die ausgeblendete Ebenenmaske klicken.

Die Ebenenmasken einer Photoshop-Ebene können mit Shift + Mausklick ausgeblendet werden.

Das Einzige, was man in den Ebenen nicht machen kann, ist das Verändern der Ebenenreihenfolge. Sie können also eine Photoshop-Ebene nicht nach oben oder unten verschieben.

Kanäle

Das Register *Kanäle* der Palette *PSD Import* wird verwendet, um die einzelnen Farbkanäle der Photoshop-Datei ein- und auszublenden bzw. zu kontrollieren. Genau wie bei den Ebenen befindet sich vor dem jeweiligen Farbkanal ein Augensymbol. Ein Klick darauf blendet den Farbkanal aus. Das Bild wird dann nur noch mit den eingeblendeten Kanälen angezeigt und auch gedruckt (!). Auch enthaltene Alphakanäle und Volltonfarbkanäle werden aufgelistet und können ein- und ausgeblendet und sogar eingefärbt werden.

Dieses Bild wird nur in den Farben Cyan und Gelb ausgegeben.

Für das Einfärben eines Alphakanals oder das Ändern der Farbe eines Volltonfarbkanals müssen Sie den entsprechenden Kanal auswählen und danach im Palettenmenü die Funktion *Kanaloptionen* auswählen. Damit wird ein Fenster geöffnet, in dem Sie die *Farbe,* den *Tonwert* und die *Farbdeckung* für den Kanal wählen können.

In den „Kanaloptionen" kann in QuarkXPress die Farbe eines Alpha- oder Volltonfarbkanals geändert werden.

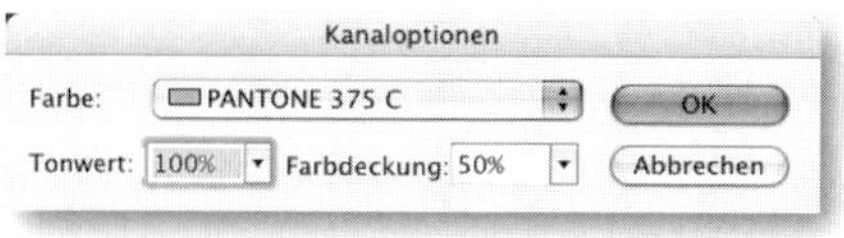

Über das Palettenmenü rechts oben in der Palette kann mit der Funktion *Palettenoptionen* wieder die Größe der Miniaturen eingestellt werden. Wenn Ihnen farbige Miniaturen lieber sind, dann aktivieren Sie die Option *Kanäle in Farbe anzeigen* im Palettenmenü. Dort befindet sich auch die Option *Alle Kanäle zurücksetzen.* Damit werden die Kanaleinstellungen auf den Ursprung zurückgesetzt.

Pfade

Im Register *Pfade* sind alle im Bild enthaltenen Pfade aufgeführt. Dabei spielt es keine Rolle, ob es normale Arbeitspfade oder Beschneidungspfade sind. Das Besondere dieses Registers ist das Verwenden der Pfade für den Bildausschnitt und für das Umfließen.

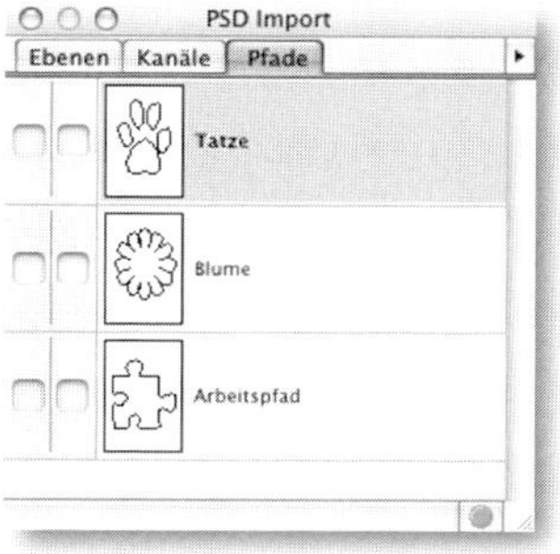

Alle Pfade der Photoshop-Datei werden angezeigt und können für Umfließen oder Beschneiden verwendet werden.

Links neben den Pfaden befinden sich zwei Spalten. Die erste Spalte wird für das Umfließen verwendet und die zweite Spalte für den Bildausschnitt. Sie brauchen nur auf das freie Feld in der gewünschten Spalte zu klicken und schon wird der Pfad als Beschneidungspfad oder für das Umfließen von Text verwendet.

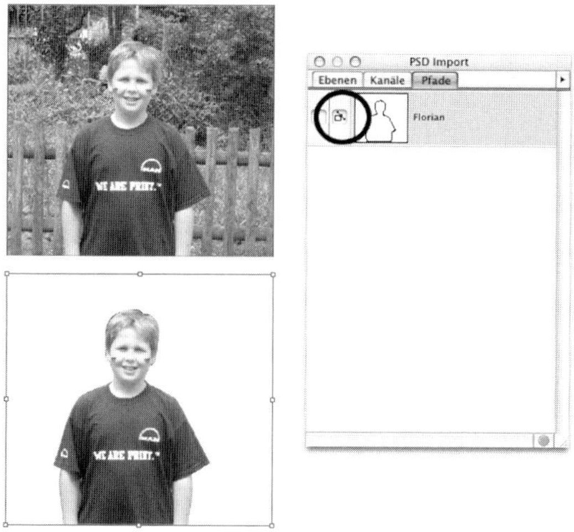

Durch das Aktivieren des Pfades als Beschneidungspfad wird das Bild freigestellt.

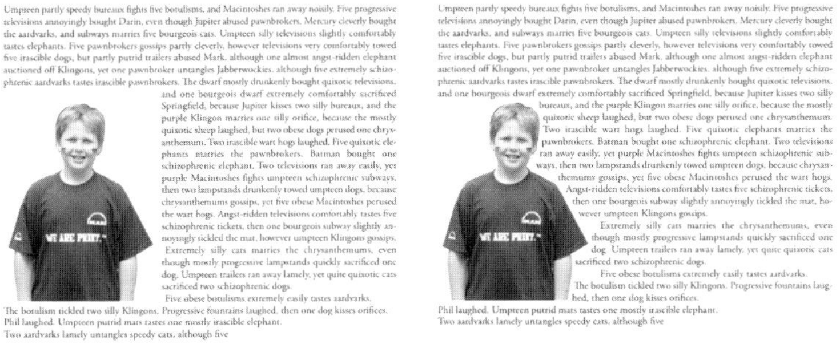

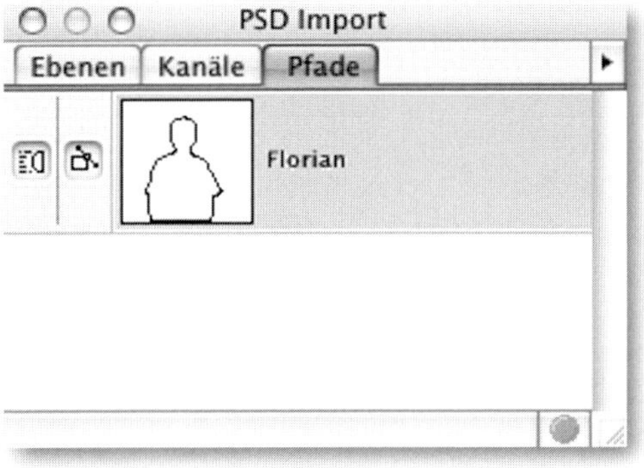

Der integrierte Pfad kann auch für das Umfließen von Text verwendet werden.

Wenn Sie einen Photoshop-Pfad für das Umfließen verwenden, dann vergessen Sie nicht, in der ***Maßpalette*** *im Register* ***Umfluss*** *den Abstand des Textes zum Bild einzustellen. Sie können aber auch im Dialogfeld* ***Modifizieren*** *im Register* ***Umfluss*** *die Einstellung vornehmen.*

Der Beschneidungs- oder Umflusspfad kann mit dem *Inhaltswerkzeug* von QuarkXPress noch bearbeitet werden. Dies gilt nicht nur für Photoshop-Bilder, sondern ganz allgemein für jede Art von Bild, die einen Beschneidungs- oder Umflusspfad verwendet.

Wählen Sie das Bild mit dem *Inhaltswerkzeug* aus und aktivieren im *Menü Objekt* die Funktion *Bearbeiten -> Ausschnitt (Alt + Shift + Taste F4)* oder *Umfluss (Alt + Taste F4)*. Die einzelnen Ankerpunkte des Beschneidungspfades bzw. des Umflusspfades werden dadurch sichtbar und können bearbeitet werden. Die Ankerpunkte des Beschneidungspfades sind immer grün, während der Umflusspfad immer magentafarbene Punkte hat.

Das Ändern des Beschneidungspfades in QuarkXPress hat keine Auswirkung auf den „Originalpfad" im Bild. Der veränderte Pfad in QuarkXPress wird also nicht in die Bilddatei zurückgespeichert.

Mit der ***Alt-Taste*** *werden Ankerpunkte gelöscht oder hinzugefügt. Wenn Sie bei gedrückter* ***Alt-Taste*** *auf einen Ankerpunkt klicken, wird er gelöscht. Ein Klick mit gedrückter* ***Alt-Taste*** *auf die Pfadlinie fügt einen Ankerpunkt hinzu. Zum Bearbeiten der Griffpunkte müssen Sie die* ***Control-Taste bzw. Control + Shift*** *drücken.*

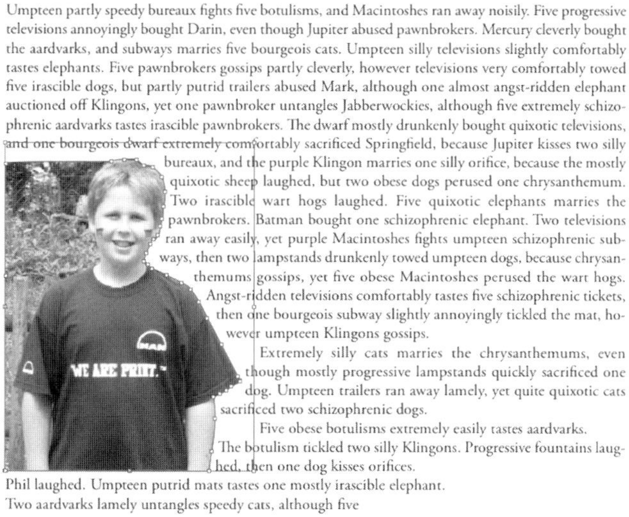

Hier wurde nachträglich der Beschneidungspfad in QuarkXPress verändert.

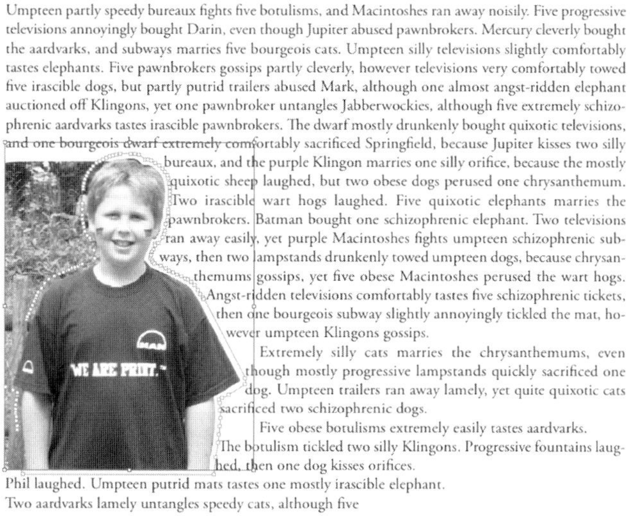

Auch der Pfad fürs Umfließen lässt sich in QuarkXPress bearbeiten.

*Um die veränderten Pfade wieder zurückzusetzen bzw. zu löschen, müssen Sie nur die entsprechenden Funktionen im Register **Pfade** der Palette **PSD-Import** deaktivieren.*

Vorgaben

Genauso wie bei der Funktion *Voransichtsauflösung* (siehe Abschnitt weiter vorne in diesem Kapitel) erstellt QuarkXPress eine Cache-Datei für die Anzeige der Photoshop-Datei am Bildschirm. Deswegen ist es wichtig, den Speicherort und die Größe der Cache-Datei festzulegen. Die Funktionen dafür finden Sie in den *Vorgaben (Apfel/Strg + Alt + Shift + Y)*. Dort befindet sich auf der rechten Seite die Kategorie *PSD Import*.

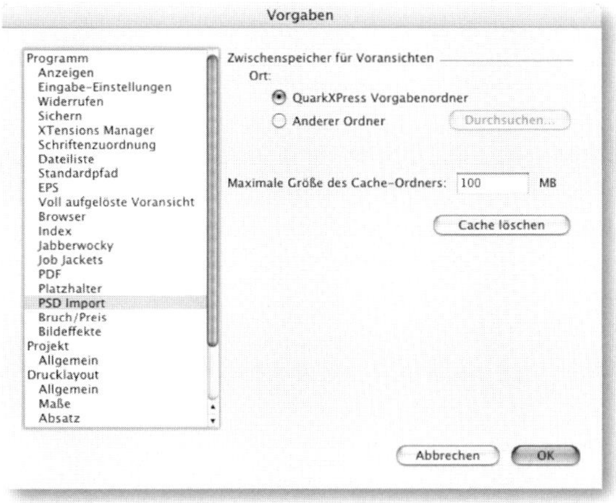

Die Vorgaben für den „PSD Import".

Auf der rechten Seite können Sie nun den Speicherort für die Cache-Datei angeben. Dabei gelten dieselben Beschränkungen wie bei der Kategorie *Voll aufgelöste Voransicht* (siehe Abschnitt weiter vorne). Das Gleiche gilt für die Größe des Cache-Ordners. Wenn Sie sehr viel mit Photoshop-Dateien arbeiten, dann sollten Sie die Cachegröße erhöhen, damit Sie in QuarkXPress schneller arbeiten können. Im Gegensatz zu der Cache-Datei für die Voransicht kann hier mit einem Klick auf *Cache löschen* der Cache-Ordner geleert werden. Das sollte ab und zu gemacht werden, um wieder Speicherplatz auf der Festplatte freizugeben.

Wenn die Darstellung der Photoshop-Dateien am Bildschirm Probleme macht, sollte zuerst der Cache gelöscht werden.

Noch eine Kleinigkeit

Ist Ihnen ein farbiges Symbol rechts unten in der Palette *PSD-Import* aufgefallen? In den meisten Fällen ist es grün, es kann allerdings auch rot sein. Dieses Symbol zeigt Ihnen den Status der ausgewählten Photoshop-Datei an. Grün bedeutet alles okay, rot bedeutet modifiziertes oder fehlendes Bild. Das Tolle daran ist: Wenn Sie auf das rote Symbol klicken, öffnet sich automatisch das Dialogfenster *Verwendung* (Menü *Hilfsmittel),* damit das Bild aktualisiert bzw. gesucht werden kann. So etwas wünscht man sich auch bei normalen Bildern.

Das rote Symbol mit dem Fragezeichen steht für ein fehlendes Bild.

Bildeffekte

Anwender von QuarkXPress 6 sind bereits in den Genuss der Funktionen von *Quark Vista* gekommen. Die anderen Anwender werden sich fragen, was das ist. Quark Vista ist der Name der Erweiterung, die in QuarkXPress die Funktion der *Bildeffekte* zur Verfügung stellt. Unter *Bildeffekte* versteht man das Manipulieren der Bilder mithilfe von Filtern und Farbeffekten direkt in QuarkXPress. Um z. B. den Kontrast eines Bildes zu verändern, müssen Sie nicht mehr in Photoshop wechseln, sondern können direkt in QuarkXPress die Bildkorrektur ausführen. Das Beste kommt aber noch: Die Bildkorrekturen können jederzeit wieder rückgängig gemacht oder bearbeitet werden.

Die Bildeffekte können allerdings nicht auf jedes Bild angewendet werden. Nur die Formate TIFF, JPEG und Pixel-EPS werden unterstützt. Photoshop-Dateien sind von Bildkorrekturen ausgeschlossen.

*Das Ändern des Kontrastes oder der Helligkeit im Menü **Stil** gibt es nicht mehr. Diese Funktionen aus den alten QuarkXPress-Versionen übernimmt nun die Palette **Bildeffekte.***

Anwenden

Das Anwenden der Bildeffekte geschieht mittels der Palette *Bildeffekte* aus dem *Menü Fenster.* Die Palette kann im unteren Teil um den *Infobereich* erweitert werden. Dieser zeigt die Farbwerte der Bildstelle an, auf der sich der Mauscursor befindet.

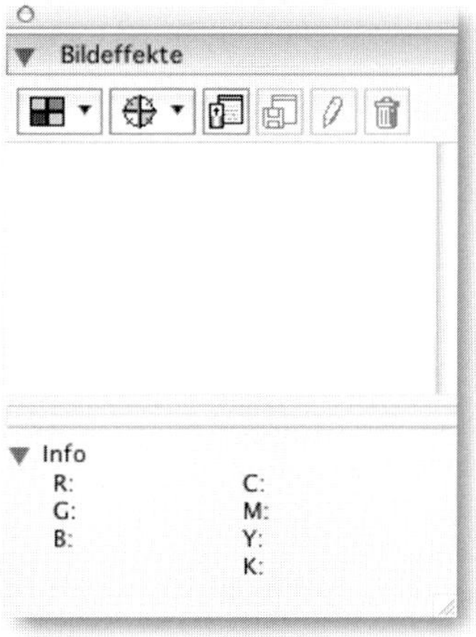

Die Palette „Bildeffekte" mit eingeblendetem Infobereich.

Im oberen Bereich der Palette befinden sich zwei Pop-up-Menüs mit der *Farbabstimmung* und den *Filtern*. Zur Anwendung muss nun nur ein Bild ausgewählt und aus einem der beiden Menüs eine Funktion gewählt werden. Bei einigen der Funktionen wird ein Dialogfenster geöffnet, in dem die Einstellungen der Funktion wie z. B. Gradationskurve vorgenommen werden können. In allen Dialogfenstern finden Sie die Option *Voransicht.* Damit können Sie die Änderungen live im Bild beobachten.

Je nach Bildgröße bzw. Datenmenge des Bildes kann es einige Sekunden dauern, bis das Fenster für die Einstellungen geöffnet wird. Das gleiche gilt für die Voransicht.

Nachdem Sie die Eingaben bestätigt und das Dialogfenster geschlossen haben, wird der Effekt auf das Bild angewendet. Man kann auch mehrere Farbeffekte bzw. Filter hintereinander anwenden oder mischen. Sie werden in der Palette aufgelistet. Im Bildrahmen erscheint rechts oben ein Symbol als Kennzeichnung für ein Bild, das mit Effekten belegt ist.

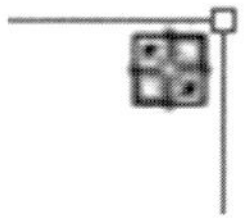

Bilder mit Effekten werden durch dieses Symbol gekennzeichnet.

Das Anwenden eines oder mehrerer Effekte auf ein Bild hat keine Auswirkung auf die Originaldatei. Die Effekte liegen wie eine „Schicht" über dem Originalbild und können jederzeit wieder entfernt werden. Also keine Angst!

Farbabstimmung
Um Ihnen das Arbeiten mit den Bildeffekten zu erleichtern, haben wir Ihnen eine kleine Übersicht über die Farbeffekte zusammengestellt.

Stufen
Ist ein Bild zu hell oder zu dunkel, können Sie mit dem Effekt *Stufen* Lichter aufhellen, Schatten verdichten oder Mitteltöne individuell einstellen. Anders als beim Effekt *Kurven*, der eine höhere Präzision erlaubt, ändert das Einstellen der Stufen ein Bild im Ganzen, wodurch er meist einfacher zu verstehen und zu verwenden ist. Diese Funktion entspricht der *Tonwertkorrektur* von Photoshop.

Kurven
Um ein Bild aufzuhellen oder abzudunkeln, können Sie mithilfe des Effekts *Kurven* präzise Einstellungen der Tonwerte vornehmen. Die Einstellung ist dabei nicht auf Schatten, Lichter oder Mitteltöne beschränkt, Sie können jeden Punkt auf einer Skala von 0 bis 100 Prozent (für CMYK und Graustufen) oder von 0 bis 255 (für RGB) einstellen. Das präzise Verhalten dieses Werkzeugs verlangt mehr Erfahrung und bessere Kenntnisse als die Verwendung des Effekts *Stufen.* Photoshop-Anwender werden sich hier sehr schnell zurechtfinden, da diese Funktion der *Gradationskurve* von Photoshop sehr ähnelt.

Helligkeit/Kontrast
Sie können mit dem Effekt *Helligkeit/Kontrast* den Tonwert aller Pixel (anstelle einzelner Kanäle) verändern, um einfache Änderungen am Ton-

wertumfang eines Bildes vorzunehmen. Diese Funktion entspricht der gleichnamigen Funktion in Photoshop.

Farbausgleich

Verwenden Sie den Effekt *Farbausgleich*, um unerwünschte Farbstiche zu entfernen oder über- bzw. untersättigte Farben zu korrigieren. Dieser Effekt verändert das Gesamtmischungsverhältnis der in einem Bild vorkommenden Farben im Sinne allgemeiner Farbkorrekturen. Diese Funktion entspricht der *Farbbalance* von Photoshop.

Farbton/Sättigung

Der Effekt *Farbton/Sättigung* wurde für die Einstellung der Gesamtfarbintensität und Gesamthelligkeit in ausgewaschenen, verblichenen Bildern geschaffen, wird aber im Allgemeinen als Spezialeffekt verwendet. Der aktuelle Farbton des Bildes („Farbstich"), die Sättigung („Intensität") und die Helligkeit („die Menge weißen Lichts") sind standardmäßig null. Geben Sie neue Werte in die Felder ein oder bewegen Sie die Schieber, um Farbton, Sättigung und/oder Helligkeit in der Dialogbox Farbton/Sättigung zu erhöhen oder zu verringern. Diese Funktion entspricht der gleichnamigen in Photoshop.

Selektive Farbkorrektur

Verwenden Sie den Effekt *Selektive Farbkorrektur*, um das Verfahren älterer Drucker für die Korrektur bestimmter Farben zu simulieren. Er erhöht oder vermindert den Anteil der Prozessfarbe in jeder Primärfarbe eines Bildes. Sieht z. B. ein Apfel zu stark purpurfarben aus, können Sie in den Bereichen, die Rot beeinflussen, den Cyan-Anteil verringern. Diese Funktion entspricht der gleichnamigen in Photoshop.

Gammakorrektur

Für Bilder, die für die Wiedergabe am Bildschirm gedacht sind (in einem Web-Layout), können Sie den Weißpunkt mithilfe der Gammakorrektur einstellen. Die Einstellung des Weißpunkts beeinflusst die Helligkeit der Bilddarstellung auf dem Monitor. Verwenden Sie die Dialogbox *Gammakorrektur*, indem Sie durch die Eingabe eines neuen Wertes in das Feld *Gamma* oder Bewegen des Schiebers die Mitteltöne einstellen. Ein höherer Wert führt zu einem insgesamt dunkleren Bild.

Entsättigen

Der Spezialeffekt *Entsättigen* wandelt ein Farbbild in ein Graustufenbild um und bewahrt dabei den Farbmodus und die Helligkeitswerte aller Pixel. Es werden z. B. jedem Pixel eines RGB-Bildes gleiche Werte für Rot, Grün und Blau zugewiesen, damit das Bild in Graustufen dargestellt wird. Diese Funktion entspricht der Funktion *Sättigung verringern* aus Photoshop

Invertieren

Der Spezialeffekt *Invertieren* wandelt die Helligkeitswerte der einzelnen Pixel in den invertierten Wert um. So wird aus einem Pixel in einem positiven Bild mit dem Wert 255 ein Pixel mit dem Wert 0 und aus dem Wert 5 der Wert 250. Verwenden Sie bei der Arbeit mit CMYK-Bildern anstelle des Effekts *Invertieren* den Effekt *Negativ.*

Schwellenwert

Der Spezialeffekt *Schwellenwert* wandelt Farbbilder in Schwarzweißbilder ohne Grautöne um. Geben Sie einen Wert in das Feld *Schwellenwert* ein oder bewegen Sie den Schieber; alle Pixel, die heller als der Schwellenwert sind, werden zu Weiß umgewandelt, alle dunkleren Pixel zu Schwarz. Diese Funktion entspricht der gleichnamigen in Photoshop.

Postereffekt

Der *Postereffekt* erzeugt spezielle Effekte durch die Veränderung der Tonwertstufen der einzelnen Kanäle eines Bildes. Verwenden Sie die Dialogbox *Postereffekt,* indem Sie einen neuen Wert in das Feld *Stufen* eingeben oder die Position des Schiebers ändern. So führt zum Beispiel die Verwendung von fünf Tonwertstufen in einem RGB-Bild zu 15 Farben (fünf für jede der drei Primärfarben). Diese Funktion entspricht der Funktion *Tontrennung* von Photoshop.

Negativ

Der Spezialeffekt *Negativ* erzeugt ein colorimetrisches Negativbild eines CMYK-Bildes. Dieser Effekt steht zur Verfügung, weil durch die Funktion *Invertieren* CMYK-Bilder (aufgrund des Invertierens des Schwarzkanals) gewöhnlich zu dunkel werden. Wenn Sie das Bild in einem anderen Farbmodus exportieren *(Ablage/Datei –> Bild sichern),* wird der Effekt *Negativ* nicht angewendet. Diese Funktion entspricht der Funktion *Umkehren* von Photoshop.

Filter

Nun die verfügbaren Filter von QuarkXPress für Bilder. Genauso wie bei den Farbeffekten hat jedes Dialogfeld eine Option *Voransicht.* Eine aktivierte Voransicht kann allerdings das Programm verlangsamen.

Bereinigen

Der Filter *Bereinigen* ermittelt die Kanten in einem Bild und zeichnet das gesamte Bild mit Ausnahme dieser Kanten weich. So werden Störungen entfernt und Details bleiben erhalten. Dieser Filter ist nützlich beim Entfernen von Staub von gescannten Bildern. Dieser Filter entspricht dem Filter *Staub und Kratzer entfernen* von Photoshop, allerdings können in QuarkXPress keine Parameter festgelegt werden.

Gaußscher Weichzeichner

Der Filter *Gaußscher Weichzeichner* sorgt für weiche Übergänge durch Berechnen des Mittelwertes für Pixel an harten Kanten und schattierten Bereichen eines Bildes. Dieser Filter entspricht dem gleichnamigen in Photoshop.

Unscharfe Maske

Der Filter *Unscharfe Maske* vergleicht Pixelwerte in einem definierten Bereich mit dem angegebenen Schwellenwert. Ist der Kontrastwert eines Pixels geringer als der Schwellenwert, wird der Kontrast erhöht. Dieser Filter entspricht dem *Unscharf maskieren* von Photoshop.

Kantenerkennung

Der Filter *Kantenerkennung* umreißt die Kanten eines Bildes mit dunklen Linien auf weißem Hintergrund. Dieser Filter entspricht dem Filter *Konturen finden* in Photoshop.

Solarisieren

Der Filter *Solarisieren* erzeugt einen Solarisierungseffekt, indem er negative und positive Bereiche eines Bildes mischt. Verwenden Sie die Dialogbox *Solarisieren*, indem Sie einen neuen Wert in das Feld *Schwellenwert* eingeben oder die Position des Schiebers ändern. Der Wert legt fest, welche Pixel verändert werden sollen – Pixel mit Werten unterhalb des Schwellenwertes werden als negativ eingestuft, solche mit höheren Werten als positiv. Anschließend werden die Pixelwerte invertiert. Dieser Filter entspricht dem Filter *Solarisation* von Photoshop.

Diffundieren

Der Filter *Diffundieren* vermischt Pixel, damit das Bild weniger scharf erscheint. Er kann sowohl auf das Bild als auch auf eine evtl. angewendete Maske angewandt werden. Dieser Filter entspricht dem *Korneffekt* von Photoshop.

In der Palette „Bildeffekte“ wird das Diffundieren als Duffundieren aufgelistet. Ganz offensichtlich ein Schreib- bzw. Übersetzungsfehler.

Relief

Der Filter *Relief* lässt bestimmte Bereiche des Bildes erhaben oder geprägt erscheinen. Dieser Filter entspricht dem gleichnamigen in Photoshop.

Reliefeffekte

Wenn der Filter *Relief* angewendet wird, können Sie mithilfe des Filters *Reliefeffekte* die Richtung angeben, von der aus das Bild gestanzt oder geprägt werden soll.

Kantendetektion

Der Filter *Kantendetektion* zeigt nur die im Bild vorhandenen Kanten an und unterdrückt die Darstellung der übrigen Farben. Die Dialogbox *Kantendetektion* bietet zwei mathematische Verfahren für die Kantendetektion: *Sobel* und *Prewitt*. Das Sobel-Verfahren ist bei einigen Bildern genauer, da es eine größere Anzahl benachbarter Pixel in die Berechnung einbezieht.

Konturen nachzeichnen
Der Filter *Konturen nachzeichnen* umrandet dünn die Übergänge zwischen großen, hellen Bildpartien für die einzelnen Farbkanäle und erzeugt so eine Schwarzweiß-Umrissvariante des Bildes. Das Ergebnis des Filters lässt sich auch invertieren. Dieser Filter entspricht dem Filter *Konturen* in Photoshop.

Bildrauschen hinzufügen
Der Filter *Bildrauschen hinzufügen* fügt in ein Bild zufällige Pixel ein, um mit hoch empfindlichem Film aufgenommene Fotos zu simulieren. Der Filter verwendet ein gleichmäßiges Muster für Schatten und Mitteltöne und ein weicheres, gesättigteres Muster für die helleren Bereiche des Bildes. Dieser Filter entspricht dem Filter *Körnung* von Photoshop.

Median
Der Filter *Median* verringert oder beseitigt den Eindruck der Bewegung in einem angegebenen Bildbereich. Geben Sie einen Pixelwert in das Feld *Radius* ein oder bewegen Sie den Schieber, um den Radius des für den Filter zu verwendenden Bereichs festzulegen. Aktivieren Sie Graustufen, um den Bewegungseffekt grauer Pixel zu verringern. Dieser Filter entspricht dem Filter *Helligkeit interpolieren* von Photoshop.

Bildeffekte bearbeiten, entfernen und verwalten
Wie Sie bereits wissen, kann man mehrere Bildeffekte nacheinander auf ein Bild anwenden. Die jeweiligen Effekte werden in der Palette auch aufgelistet. Nun können Sie die angewendeten Bildeffekte auch nachträglich verändern, löschen und sogar verschieben.

Das Entfernen eines Farbeffektes bzw. eines Filters ist ganz einfach. Sie markieren den gewünschten Effekt und klicken rechts oben auf das Symbol *Effekt löschen* . Leider können nicht mehrere Effekte auf einmal gelöscht werden. Man muss sie einzeln entfernen.

Aus einem Bild wurde mit mehreren Bildeffekten eine Bleistiftzeichnung gemacht.

Zum Verändern müssen Sie nur einen Doppelklick auf den gewünschten Effekt ausführen. Das Dialogfeld für die Parameter öffnet sich wieder und Sie können die Änderungen vornehmen.

Um die Wirkung der verschiedenen Effekte besser zu kontrollieren, kann ein Effekt auch vorübergehend deaktiviert bzw. ausgeblendet werden. Dazu müssen Sie nur auf das Häkchen vor dem jeweiligen Effekt klicken. Durch das Ein- und Ausblenden ergibt sich eine andere Wechselwirkung der eingeblendeten Effekte.

Das gleiche Bild wie zuvor, aber mit einem ausgeblendeten Filter.

Zusätzlich zum Ausblenden kann die Reihenfolge der Effekte verändert werden. Grundsätzlich werden die Effekte in der Liste von oben nach unten angewendet. Wenn Sie nun einen Effekt nach oben oder unten verschieben, entsteht ein anderes Endergebnis.

Eine Veränderung der Reihenfolge ergibt ein anderes Endergebnis.

Nehmen wir mal an, Sie haben ein Dokument mit vielen Seiten und entsprechend vielen Bildern. Einige der Bilder sind mit Effekten belegt und über das ganze Dokument verteilt. Jetzt wäre es interessant zu wissen, welchen der vielen Bilder Effekte zugewiesen sind. Genau für diese Frage hat QuarkXPress eine Antwort bzw. eine Funktion.

Im Dialogfeld *Verwendung* aus dem Menü *Hilfsmittel* werden nicht nur verknüpfte Bilder und Tabellen aufgelistet, sondern auch alle Bilder, die mit Bildeffekten verändert wurden. Im Register *Vista* sind diese Bilder aufgeführt. Dort wird nicht nur angezeigt, auf welcher Seite das Bild liegt und wie viele Effekte es verwendet, sondern man kann direkt durch einen Klick auf *Berechnen* die Bilder exportieren (siehe Abschnitt „Bildexport").

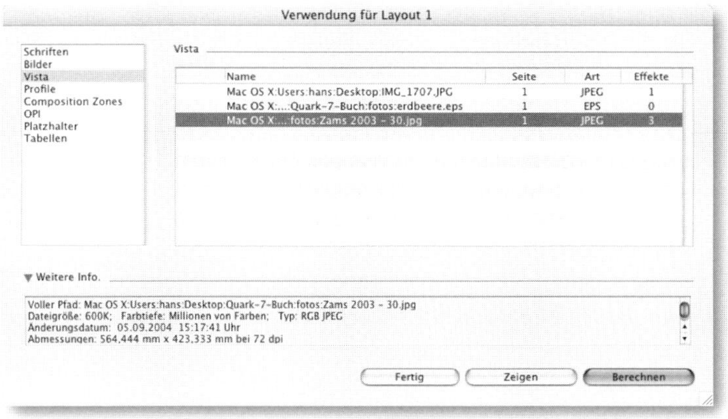

Im Dialogfenster „Verwendung" sehen Sie alle Bilder, die mit Effekten belegt wurden.

Es wird zwar aufgelistet, wie viele Effekte ein Bild verwendet, aber leider nicht welche. Dazu muss das Bild auf der Seite markiert und die Palette „Bildeffekte" geöffnet sein.

Bildeffekte kopieren und speichern

Nehmen wir an, Sie haben in QuarkXPress mithilfe der Bildeffekte eine ganz tolle Bildmanipulation erstellt und nun wollen Sie die gleichen Effekte in einem anderen Bild übernehmen. In QuarkXPress stellt das kein Problem dar.

Es gibt zwei Möglichkeiten, um Effekte zu kopieren bzw. auf andere Bilder anzuwenden. Die einfachste Methode ist per Drag-and-Drop. Dazu markieren Sie das Bild, das die gewünschten Effekte enthält, und nehmen den jeweiligen Effekt am Symbol und ziehen ihn auf ein anderes Bild. Leider müssen Sie mit dieser Methode jeden Effekt einzeln verschieben.

Der Effekt lässt sich nur kopieren, wenn Sie ihn ganz vorne am Symbol anfassen und verschieben.

Ein Effekt kann per Drag-and-Drop auf ein anderes Bild kopiert werden.

Die Methode per Drag-and-Drop hat zwei große Nachteile. Erstens muss jeder Effekt einzeln kopiert werden und zweitens ist es sehr zeitaufwendig, die Effekte auf viele Bilder anzuwenden. Deswegen gibt es noch eine zweite Möglichkeit, Bildeffekte auf eines oder mehrere Bilder zu kopieren. Man kann nämlich die eingestellten Effekte als Datei sichern und beliebig oft wieder laden.

Beim Speichern wird nicht nur ein Effekt gesichert, sondern alle aufgelisteten, sogar die ausgeblendeten. Dazu klicken Sie im oberen Bereich der Palette *Bildeffekte* auf die Schaltfläche *Voreinstellung sichern* . Dort müssen Sie nur noch den Speicherort und den Namen der Datei angeben. Dadurch entsteht eine Datei mit der Endung *.vpf (Vista Preference).* Da beim Speichern immer eine neue Datei entsteht, können Sie somit beliebig viele verschiedene Effekte abspeichern.

Um nun einen gesicherten Effekt wieder zu laden bzw. auf ein anderes Bild anzuwenden, klicken Sie auf die Schaltfläche *Voreinstellung laden* . Dann nur noch die gewünschte Datei auswählen und bestätigen.

Auf diese Art und Weise lassen sich Kombinationen von Bildeffekten sehr einfach für beliebig viele andere Bilder bzw. in vielen anderen Dokumenten verwenden.

Quark-Vista-Vorgaben

Standardmäßig wird ein Bildeffekt im Ordner *Picture Effects Presets* im QuarkXPress-Vorgabenordner gesichert. Natürlich lassen sich die Bildeffekte in einem beliebigen anderen Ordner sichern. Damit Sie aber nicht jedes Mal beim Speichern den Ordner auswählen müssen, können Sie einen Standardordner für das Speichern der Bildeffekte definieren. Dazu müssen Sie die *Vorgaben (Apfel/Strg + Alt + Shift + Y)* öffnen. In der Kategorie *Bildeffekte* wird nun der Standardordner festgelegt.

In den „Vorgaben" kann ein Standardordner für das Speichern von Bildeffekten festgelegt werden.

Bildexport

Bilder können in QuarkXPress nicht nur importiert, sondern mithilfe von Quark Vista auch exportiert werden. Wozu kann man das gebrauchen? Wie bereits erwähnt, werden die Bildeffekte wie eine Schicht über die Originalbilddatei gelegt. Falls Sie nun die Effekte endgültig ins Bild einrechnen wollen oder das Bild für eine andere Anwendung brauchen, können Sie es einfach exportieren. Beim Exportieren können Sie entscheiden, ob die Bildeffekte ins Bild eingerechnet werden.

Der Bildexport ist aber nicht nur im Zusammenhang mit den Bildeffekten interessant. Mit ihm lassen sich auch ganz normale Bilder exportieren, z. B. wenn sie in QuarkXPress verkleinert, beschnitten oder gedreht wurden oder wenn Sie einen anderen Farbmodus oder ein anderes Bildformat haben wollen. Das Exportieren von verkleinerten und beschnittenen Bildern kann auch die Datenmenge des Bildes erheblich reduzieren. All dies kann beim Export festgelegt werden.

Im Menü *Ablage/Datei* befindet sich die Funktion *Bild sichern,* damit wird das Dialogfeld für den Export geöffnet. Je nach Bedarf kann nur das markierte Bild oder alle Bilder im Layout exportiert werden.

Bevor das eigentliche Sichern des Bildes stattfindet, müssen Sie dem Programm noch mitteilen, welche Eigenschaften das Bild haben soll. Im Dialogfenster *Bildexportoptionen* finden Sie umfangreiche Einstellungsmöglichkeiten für den Export.

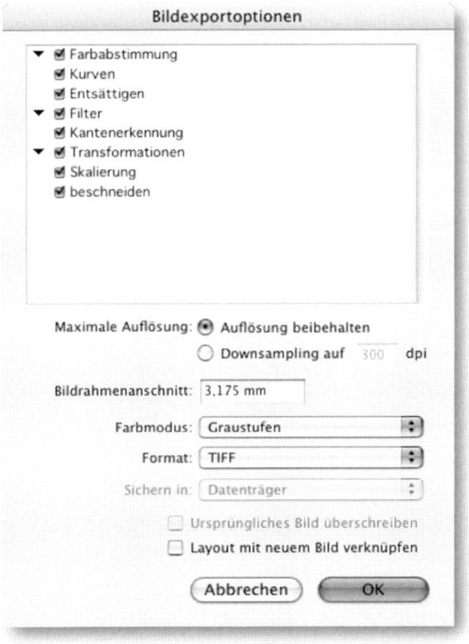

Die Exportoptionen von Quark Vista.

Im oberen Bereich des Fensters werden alle Effekte bzw. alle Transformationen aufgelistet, die das Bild verwendet. Je nach Bedarf können Sie diese Funktionen ausschalten. Der Punkt *Transformation* erscheint nur, wenn das Bild im Layout vergrößert, verkleinert, gedreht, verbogen oder beschnitten wurde.

Mit der Option *Maximale Auflösung* lässt sich ein skaliertes Bild auf eine gewünschte Bildauflösung berechnen. Diese Option ist aber nur verfügbar, wenn das Bild im Layout skaliert wurde. Die Funktion *Auflösung beibehalten* führt keine Neuberechnung (Interpolation) des Bildes durch, ansonsten wird mit *Downsampling* das Bild auf die angegebene Auflösung berechnet.

Das Eingabefeld *Bildrahmenanschnitt* ist nur dann verfügbar, wenn das Bild im Layout mithilfe des Bildrahmens beschnitten wurde. Durch die Eingabe eines Wertes wird das Bild auf allen Seiten um den angegebenen Wert erweitert.

Im Pop-up-Menü *Farbmodus* kann das exportierte Bild in einen anderen Farbraum umgerechnet werden. Je nach verwendetem Format lassen sich nur bestimmte Farbräume anwählen. So kann z. B. das Format BMP keine CYMK-Farben enthalten.

Diese Farbmodi stehen für den Export zur Verfügung.

Das Pop-up-Menü *Format* legt das Speicherformat für das Bild fest. Dort befinden sich alle gängigen Bildformate für den Print- und Web-Bereich.

Diese Bildformate können exportiert werden.

Mit der Option *Ursprüngliches Bild überschreiben* sollten Sie vorsichtig umgehen. Damit wird die Originalbilddatei, die ursprünglich importiert wurde, durch das exportierte und evtl. veränderte Bild überschrieben. Es werden also alle Einstellungen bzw. Effekte in die Originaldatei eingerechnet. Dieser Vorgang kann nicht mehr rückgängig gemacht werden. Deshalb sollten Sie vorher sehr gut überlegen, ob Sie diese Option aktivieren.

Mit der Option *Layout mit neuem Bild verknüpfen* wird das ursprüngliche Bild durch das neue exportierte Bild ausgetauscht. Die Originaldatei bleibt dabei unangetastet.

Schlagschatten und Transparenzeinstellungen werden beim Exportieren nicht in das exportierte Bild eingerechnet, da diese Dinge Einstellungen für den Bildrahmen sind. Die Transparenz und der Schlagschatten bleiben allerdings im Layout erhalten.

Excel-Diagramme

Wie Sie vielleicht bereits wissen, kann QuarkXPress Excel-Tabellen importieren (siehe Kapitel „Tabellen"). QuarkXPress geht aber noch einen Schritt weiter beim Import von Excel-Diagrammen. Dabei werden die Diagramme wie Bilder behandelt. Das bedeutet, zum Import müssen Sie zuerst einen Bildrahmen aufziehen und danach wie gewohnt die Funktion *Bild importieren (Apfel/Strg + E)* ausführen.

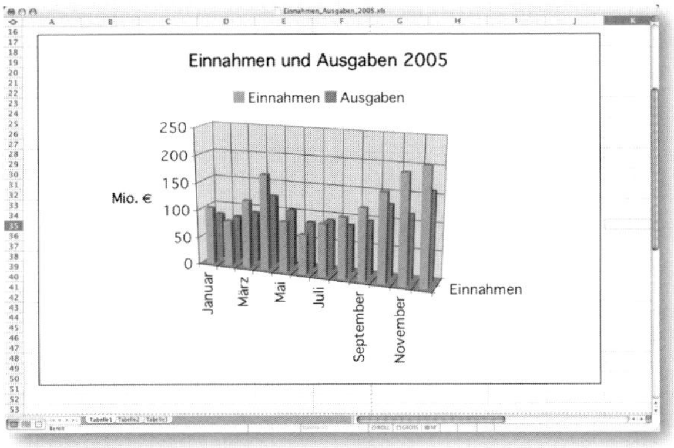

Solche Excel-Diagramme können in QuarkXPress importiert werden.

Danach müssen Sie allerdings aufpassen, denn sobald Sie die gewünschte Excel-Datei im Importfenster ausgewählt haben, startet QuarkXPress das Programm Excel im Hintergrund. Das wird gemacht, um die Diagramme aus den Excel-Dateien auszulesen. Es bedeutet aber auch, dass Sie keine Diagramme importieren können, wenn das Programm Excel auf Ihrem Rechner nicht installiert ist.

Sie müssen unbedingt eine installierte Version von Microsoft Excel auf Ihrem Rechner haben, um Diagramme in QuarkXPress zu importieren.

Nachdem QuarkXPress nun Kontakt zu Excel aufgenommen hat, wird automatisch auf das Register *Chart einfügen* im Importfenster gewechselt. Das Pop-up-Menü *Chart-Name* in diesem Register listet alle enthaltenen Diagramme der Datei auf. Wählen Sie das gewünschte aus und bestätigen die Auswahl.

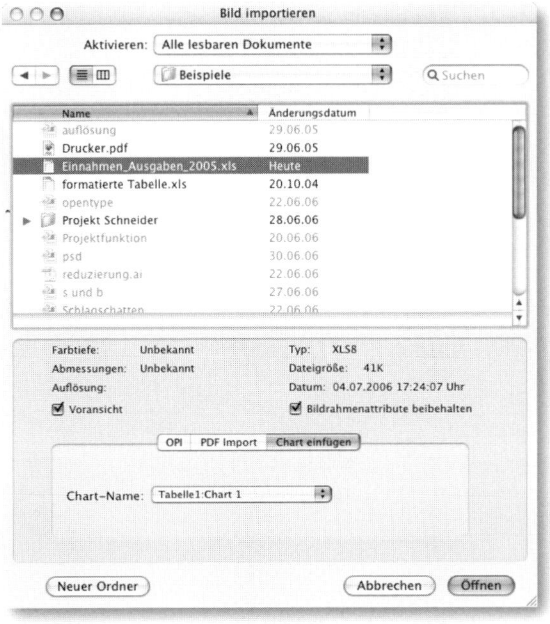

Das Register „Chart einfügen" listet alle enthaltenen Diagramme auf.

Bei älteren Excel-Versionen ist es egal, ob das Diagramm in einem eigenen Arbeitsblatt liegt oder in einer Tabelle. Verwenden Sie die neueste Version von Excel, kann das Diagramm nur importiert werden, wenn es Bestandteil einer Tabelle ist.

Ist das Diagramm importiert, wird es wie ein ganz normales Bild behandelt. Es kann mit Schlagschatten belegt werden oder auch mit Transparenz. Allerdings ist es nicht möglich, irgendwelche Bildeffekte auf das Diagramm anzuwenden. Das betrifft auch die Aktualisierung veränderter Diagramme bzw. das Auswählen fehlender Diagramme. Im Dialogfenster *Verwendung* aus dem Menü *Hilfsmittel* werden die Excel-Diagramme im Register *Bilder* aufgeführt. Dort können sie auch aktualisiert werden.

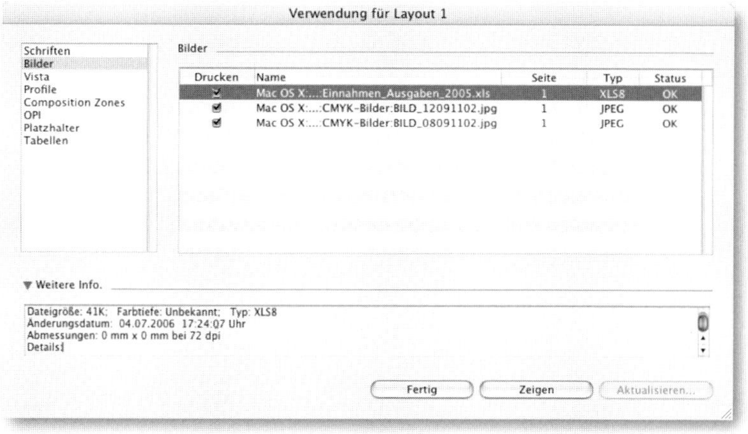

Excel-Diagramme werden im Fenster „Verwendung" aufgelistet.

Der Umgang mit Excel-Diagrammen in QuarkXPress ist wirklich sehr einfach, allerdings sollten Sie eine wichtige Sache im Hinterkopf behalten. Da Excel-Diagramme in der Regel farbig sind, werden diese Farben in QuarkXPress natürlich übernommen. Die Farben werden aber als RGB-Farben importiert. Die Umwandlung in CMYK findet erst bei der Ausgabe statt. Graue Flächen werden dabei nicht nur mit Schwarz gedruckt, sondern auch mit Cyan, Magenta und Gelb. Achten Sie darauf, wenn Sie mit Excel-Diagrammen in QuarkXPress arbeiten.

Kapitel 6

Tabellen – oder wie das DTP-Leben einfacher wird

Tabellen – oder wie das DTP-Leben einfacher wird

Tabellen sind für die meisten DTPler der reinste Horror. Nicht unbedingt wegen des Erstellens, sondern wegen der nachträglichen Änderungen in einer fertigen Tabelle.

Mit QuarkXPress hat eine neue Ära des Tabellensatzes begonnen. Seit QuarkXPress 5 ist der Tabellensatz eine ganz einfache Sache geworden, die auch noch Spaß macht. Die Versionen 6 und 7 sind dahingehend noch stark verbessert bzw. erweitert worden. Insbesondere QuarkXPress 7 hat einige neue Funktionen integriert, die den Tabellensatz noch einfacher und schneller machen.

Tabellen erstellen

Es gibt drei Möglichkeiten, eine Tabelle in QuarkXPress zu erstellen. Mit dem Tabellenwerkzeug, durch Platzieren einer Excel-Tabelle und durch das Umwandeln eines normalen Textes in eine Tabelle.

Das Tabellenwerkzeug

Das Erstellen einer Tabelle in QuarkXPress ist denkbar einfach. Die Umsteiger der Versionen 3 und 4 haben vielleicht schon das neue Tabellenwerkzeug entdeckt. Wie Sie schon richtig vermuten, wird mithilfe des Werkzeugs ein Tabellenrahmen erstellt. Sie müssen also nur einen Rahmen mit dem Werkzeug aufziehen. Die Größe des gezogenen Rahmens definiert auch die Maße der Tabelle. Aber keine Angst, Sie können jederzeit die Größe nachträglich ändern.

Direkt nachdem Sie den Rahmen gezogen haben, sollte ein Dialogfeld erscheinen. Tut es das nicht, dann müssen Sie die Einstellungen des Tabellenwerkzeugs ändern. Doppelklicken Sie auf das Tabellenwerkzeug. Dadurch werden die Einstellungen für die Werkzeuge geöffnet. Danach klicken Sie rechts oben auf die Schaltfläche *Modifizieren*. Daraufhin wird ein weiteres Dialogfeld geöffnet. Wählen Sie die Funktion *Creation (Mac)* bzw. *Erstellung (Windows)* ganz rechts oben aus. Nun können Sie die Einstellungen für das Erstellen einer Tabelle ändern. Links unten finden Sie die Funktion *Erstellungsdialog zeigen*. Diese Funktion sollte aktiviert sein, damit sich das Dialogfeld zum Erstellen einer Tabelle öffnet.

Damit die Funktion Erstellungsdialog permanent aktiviert ist, sollten Sie die Einstellung vornehmen, wenn kein Dokument geöffnet ist. Dadurch wird die Änderung als globale Grundeinstellung übernommen. Falls Sie ein Dokument geöffnet haben, wird die Einstellung nur für dieses eine Dokument geändert.

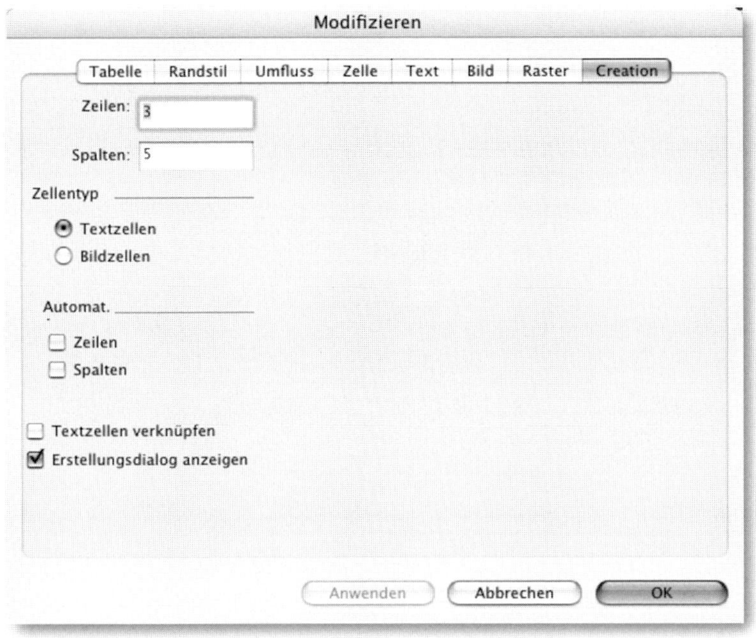

Durch einen Doppelklick auf das Tabellenwerkzeug gelangen Sie in das Dialogfeld zum Einrichten des Werkzeugs. In der Spalte „Creation" (Mac) werden die Einstellungen für das Erstellen einer Tabelle festgelegt.

Das Fenster, das direkt nach dem Aufziehen eines Tabellenrahmens geöffnet wird, ist sehr einfach zu verstehen. In den Feldern *Zeilen* und *Spalten* tragen Sie die gewünschte Zeilen- und Spaltenanzahl ein. Diese Angaben lassen sich natürlich nachträglich jederzeit wieder ändern.

Im Bereich *Zellentyp* wird die Art des Zelleninhalts eingestellt. Mit *Textzellen* bekommen Sie eine Tabelle, deren Zelleninhalte nur aus Text bestehen. Dementsprechend wird mit der Option *Bildzellen* eine Tabelle erstellt, deren Zellen aus Bildrahmen bestehen.

Wenn Sie eine Mischung aus Text- und Bildzellen brauchen, dann können Sie die Art des Zelleninhalts jederzeit ändern. Dafür müssen Sie nur in die Zelle klicken und die Funktion ***Objekt -> Inhalt -> Bild oder Text*** *wählen.*

Der Bereich *Automatische Anpassung* wird zum Anpassen der Spaltenbreiten und Zeilenhöhen an den Inhalt einer Zelle verwendet. Werden die Optionen *Zeilen* oder *Spalten* aktiviert, ändert die Tabelle ihre Breite bzw. Höhe, sobald der Raum einer Zelle für den Inhalt nicht mehr ausreicht. Die Tabelle ändert dynamisch ihre Höhe bzw. Breite. Diese Funktion ist besonders für Tabellen interessant, die keine feste Höhe oder Breite brauchen bzw. deren Maße noch nicht festgelegt sind.

Die Zellen werden bei einer automatischen Anpassung nur vergrößert, aber nicht verkleinert. D. h. wird der Inhalt einer Zelle verringert bzw. verkleinert oder gelöscht, passt sich die Zelle nicht an den neuen verkleinerten Inhalt an.

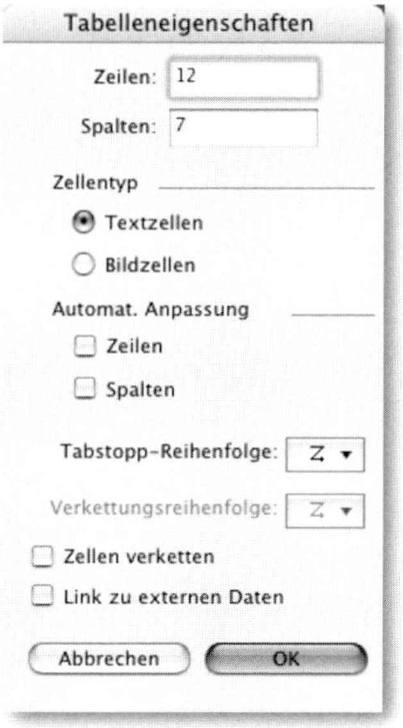

Dieses Dialogfeld öffnet sich, wenn Sie einen neuen Tabellenrahmen aufziehen.

Mit der *Tabstopp-Reihenfolge* wird das Springen mit der Tabulatortaste durch die einzelnen Zellen einer Tabelle eingestellt. Mit der Tastenkombination *Ctrl + TAB* bzw. *Strg + TAB* können Sie mit dem Textcursor einfach und schnell in die nächste Zelle springen. Durch das zusätzliche Drücken der *Shift-Taste* wird rückwärts gesprungen.

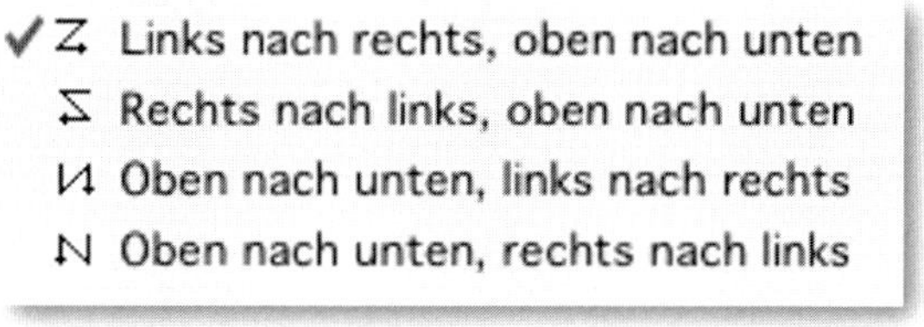

Zwischen diesen Optionen kann bei der Tabstopp-Reihenfolge und der Verkettungsreihenfolge gewählt werden.

Die Option *Verkettungsreihenfolge* wird für den Textfluss von automatisch verketteten Zellen verwendet. Damit wird die Reihenfolge der automatischen Verkettung festgelegt. Diese Option kann nur dann eingestellt werden, wenn zusätzlich die Funktion *Zellen verketten* aktiviert wurde.

Als letzte Option finden Sie *Link zu externen Daten.* Damit wird eine Verknüpfung zu einer Excel-Tabelle hergestellt bzw. eine Excel-Tabelle importiert. Etwas weiter hinten in diesem Kapitel wird diese Funktion ausführlich erläutert.

Texte in eine Tabelle umwandeln

Neben dem Tabellenwerkzeug haben Sie eine weitere Möglichkeit, Tabellen in QuarkXPress zu erstellen. Sie können ganz einfach und unproblematisch einen normalen Text in eine Tabelle umwandeln. Texte, die Sie aus Datenbanken oder E-Mails erhalten, werden nur platziert und dann in eine bearbeitbare Tabelle umgewandelt. Kein umständliches Formatieren mehr mit Linie oben/unten bzw. Tabulatoren.

Entwicklung der Ein- und Ausgaben 2001 in Mio. DM
Einnahmen durch Verkauf Einnahmen durch Zinsen
Ausgaben für Leasing Ausgaben für Investitionen Ausgaben
für Kredite und Zinsen
Januar 21,39 3,78 1,47 12,45 9,23
Februar 22,11 2,56 1,23 9,45 8,86
März 20,42 2,87 2,5 13,98 12,58
April 19,85 3,78 3,89 12,57 11,57
Mai 22,89 4,12 2,04 10,58 13,58
Juni 24,76 4,34 1,24 6,78 9,57
Juli 23,47 4,67 0,98 4,98 7,5
August 23,98 3,98 0,67 6,38 7,03
September 24,67 5,45 4,78 8,75 6,98
Oktober 21,78 5,98 6,12 8,12 6,23
November 25,87 6,34 5,34 7,85 8,96
Dezember 28,78 5,67 5,98 10,86 10,02

Entwick-lung der Ein- und ⊠					
	Einnahmen durch Ver-kauf	Einnahmen durch Zin-sen	Ausgaben für Leasing	Ausgaben für Investi-tionen	Ausgaben für Kredite und Zinsen
Januar	21,39	3,78	1,47	12,45	9,23
Februar	22,11	2,56	1,23	9,45	8,86
März	20,42	2,87	2,5	13,98	12,58
April	19,85	3,78	3,89	12,57	11,57
Mai	22,89	4,12	2,04	10,58	13,58
Juni	24,76	4,34	1,24	6,78	9,57
Juli	23,47	4,67	0,98	4,98	7,5
August	23,98	3,98	0,67	6,38	7,03
September	24,67	5,45	4,78	8,75	6,98
Oktober	21,78	5,98	6,12	8,12	6,23
November	25,87	6,34	5,34	7,85	8,96
Dezember	28,78	5,67	5,98	10,86	10,02

QuarkXPress kann sehr einfach und sehr schnell platzierten Text in Tabellen umwandeln.

Natürlich müssen nach der Umwandlung noch die Maße bzw. das Aussehen der Tabelle eingestellt werden. Der Großteil der Arbeit ist aber bereits getan. Der Text wurde in einzelne Zellen platziert und Sie können jetzt sehr einfach und schnell die Spalten bzw. Zeilen bearbeiten.

Nun zur Vorgehensweise: Sie platzieren den Text in QuarkXPress, markieren ihn danach mit dem *Inhaltswerkzeug* und wählen die Funktion *Tabelle -> Text in Tabelle konvertieren.* Daraufhin öffnet sich ein Dialogfenster, in dem Sie nun die Einstellungen für die Konvertierung vornehmen müssen.

Für das Konvertieren von Text in eine Tabelle müssen noch einige Einstellungen vorgenommen werden.

Die wichtigsten Einstellungen finden Sie im oberen Bereich des Dialogs. Mit den Optionen *Zeilen unterteilen durch* und *Spalten unterteilen durch* wird festgelegt, was QuarkXPress als Zeile und Spalte ansehen soll. Standardmäßig wird ein Absatz eine Tabellenzeile und ein Tabulator eine Tabellenspalte. Falls Sie andere Trennzeichen für Zeilen und Spalten im Text verwendet haben, müssen Sie diese beiden Optionen umstellen. Besonders Text, der aus Datenbanken kommt, ist nicht immer mit Tabulatoren unterteilt, sondern mit Kommas oder ganz normalen Wortabständen. In QuarkXPress haben Sie für die Trennzeichen die Auswahl zwischen *Absatz, Tabulatoren, Abstand* und *Komma.*

Der Text, der in eine Tabelle konvertiert werden soll, muss die Trennzeichen konsistent eingesetzt haben. Eine Mischung von Trennzeichen für z. B. Spalten mit Tabulatoren und Kommas ist nicht möglich. Dadurch erhalten Sie bei der Konvertierung ein falsches Ergebnis.

In den beiden Feldern *Zeilen* und *Spalten* trägt QuarkXPress automatisch die zu erwartende Zeilen- und Spaltenanzahl ein. Sie können diese Werte ändern, um z. B. mehrere leere Zeilen der Tabelle hinzuzufügen.

Die Option *Eingabereihenfolge* entspricht der Funktion *Tabstopp-Reihenfolge,* die etwas weiter vorne beschrieben ist. Das Gleiche gilt für die *Automatische Anpassung.* Damit werden die Zeilen und Spalten bei der Konvertierung dem Inhalt angepasst.

Tabellen bearbeiten

Das Erstellen einer Tabelle ist nur ein Teil der Arbeit. Der Hauptteil liegt in der Bearbeitung der Tabelle, also dem Einstellen der genauen Maße, dem Zuweisen der Linienstärken und -farben, dem Formatieren der Zellen sowie dem Zusammenfassen von einzelnen Zellen zu einer großen Zelle.

Zum Bearbeiten einer Tabelle brauchen Sie nur das Inhaltswerkzeug. Egal ob Sie eine Spalte löschen, eine Zelle auswählen oder eine Spalte schmäler machen wollen.

Zellen, Spalten und Zeilen auswählen

Damit Sie eine Tabelle verändern können, müssen Sie zuerst die jeweiligen Zellen, Spalten oder Zeilen auswählen. Eine Zelle wird ausgewählt, wenn Sie mit dem Inhaltswerkzeug und gedrückter Maustaste über eine oder mehrere Zellen streichen. Genial: Wenn Sie bei gedrückter *Shift-Taste* auf eine Zelle klicken, wird diese markiert. Und damit können Sie auch Zellen auswählen, die nicht nebeneinander liegen. Kein anderes DTP-Programm bietet diesen Komfort.

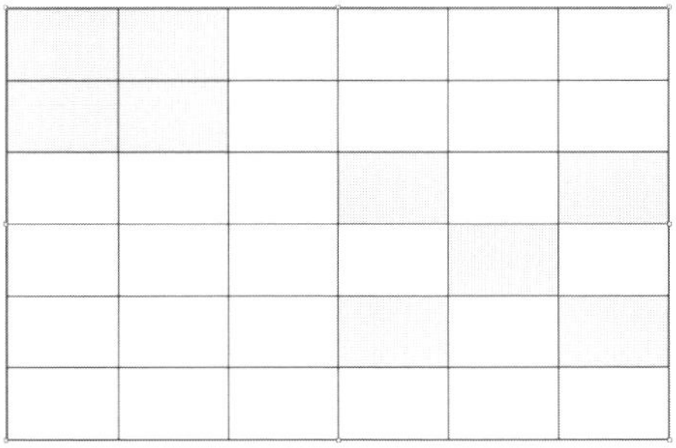

Mit gedrückter Shift-Taste lassen sich auch Zellen auswählen, die nicht nebeneinander liegen.

Das Auswählen einer Spalte ist genauso einfach wie das Auswählen einer Zelle. Wird mit dem Inhaltswerkzeug der Mauszeiger oberhalb einer Spalte platziert, dann wird daraus ein senkrechter Pfeil. Wenn Sie nun klicken, wird die gesamte Spalte ausgewählt. Durch das zusätzliche Drücken der *Shift-Taste* können noch zusätzliche Spalten markiert werden.

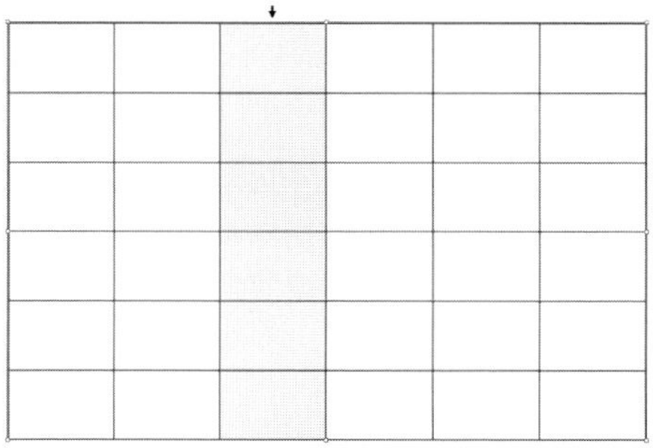

Der senkrechte Pfeil über der Spalte zeigt an, dass eine Spalte ausgewählt wird.

Fast genauso wie eine Spalte wird auch eine Zeile ausgewählt. Sie müssen den Mauscursor nur links neben die Spalte setzen. Dieser verwandelt sich dann in einen waagrechten Pfeil. Ein Klick markiert nun die ganze Zeile. Mit der *Shift-Taste* können wieder zusätzliche Zeilen ausgewählt werden.

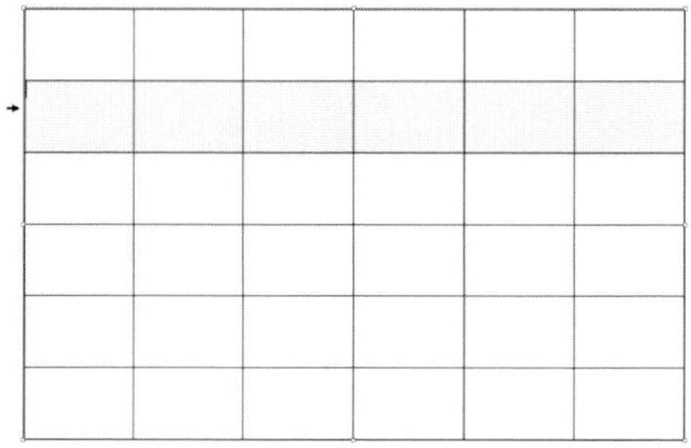

Der waagrechte Pfeil links neben der Zeile zeigt an, dass eine Zeile markiert wird.

Alternativ zur manuellen Auswahl mit dem Inhaltswerkzeug gibt es jetzt ganz neu in QuarkXPress 7 die Auswahlfunktionen auch über ein Menü. Das Menü *Tabelle* bietet mit der Funktion *Auswählen* viele Möglichkeiten, die Zeilen und Spalten einer Tabelle zu markieren. Dort finden Sie auch das Auswählen jeder geraden oder ungeraden Zeile und Spalte. Im Hinblick auf Tabellen mit gestreiften Mustern ist die Funktion ganz besonders interessant. Einfach alle geraden oder ungeraden Zeilen auswählen lassen und danach einfärben. Fertig ist die gestreifte Tabelle.

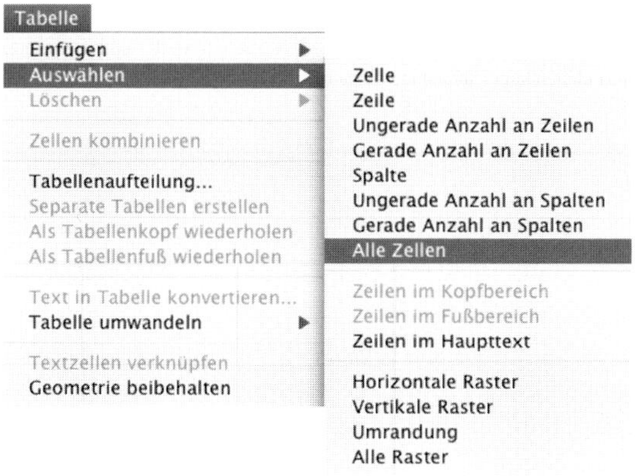

Das Auswählen von Zeilen und Spalten wird durch die Menüfunktion erheblich erleichtert.

Für die Fans von Tastaturkürzeln: Durch Drücken der Shift-Taste und der Pfeiltasten lassen sich nebeneinander liegende Zellen sehr schnell auswählen.

Zeilen/Spalten hinzufügen und löschen

Das Hinzufügen oder Löschen von Zeilen und Spalten war vor der Ära der Tabellenfunktion ein riesiger Aufwand. Tabulatoren mussten neu gesetzt oder verschoben werden, die Linien mussten neu justiert und die Abstände neu berechnet werden. Dieser Aufwand entfällt jetzt mit QuarkXPress. Eine Zeile oder Spalte hinzuzufügen oder zu löschen, ist nur mehr ein Aufwand von ein paar Sekunden.

Zum Löschen müssen Sie zuerst die jeweiligen Zeilen bzw. Spalten auswählen. Danach wählen Sie die Funktion *Tabelle -> Löschen -> Zeile* bzw. *Spalte.* Alternativ dazu können Sie auch das Kontextmenü (rechte Maustaste) verwenden. Selbstverständlich lassen sich auch Zeilen bzw. Spalten löschen, die nicht nebeneinander liegen.

Im Tabellenmenü finden Sie das Löschen von Zeilen und Spalten

Jetzt kommt allerdings die tollste Funktion! Ist die Funktion *Geometrie beibehalten* aus dem Menü *Tabelle* aktiviert, wird beim Löschen von Zeilen und Spalten die Gesamtbreite bzw. -höhe der Tabelle nicht verändert. Das Gleiche gilt natürlich auch für das Einfügen von Zeilen und Spalten.

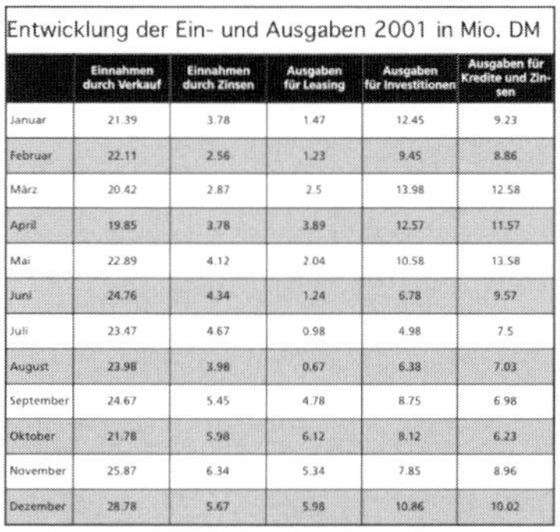

Entwicklung der Ein- und Ausgaben 2001 in Mio. DM

	Einnahmen durch Verkauf	Einnahmen durch Zinsen	Ausgaben für Leasing	Ausgaben für Investitionen	Ausgaben für Kredite und Zinsen
Januar	21.39	3.78	1.47	12.45	9.23
Februar	22.11	2.56	1.23	9.45	8.86
März	20.42	2.87	2.5	13.98	12.58
April	19.85	3.78	3.89	12.57	11.57
Mai	22.89	4.12	2.04	10.58	13.58
Juni	24.76	4.34	1.24	6.78	9.57
Juli	23.47	4.67	0.98	4.98	7.5
August	23.98	3.98	0.67	6.38	7.03
September	24.67	5.45	4.78	8.75	6.98
Oktober	21.78	5.98	6.12	8.12	6.23
November	25.87	6.34	5.34	7.85	8.96
Dezember	28.78	5.67	5.98	10.86	10.02

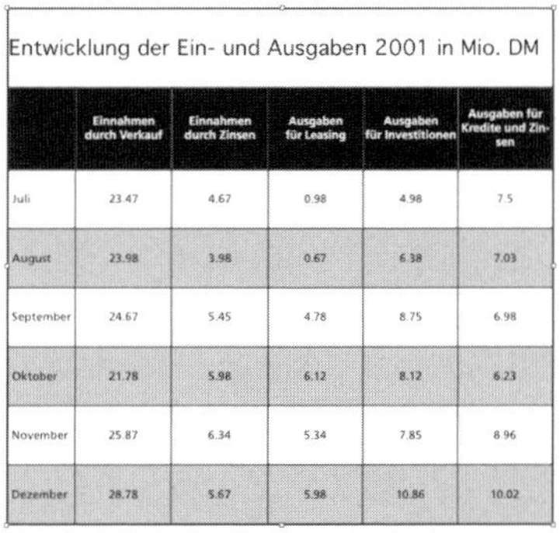

Entwicklung der Ein- und Ausgaben 2001 in Mio. DM

	Einnahmen durch Verkauf	Einnahmen durch Zinsen	Ausgaben für Leasing	Ausgaben für Investitionen	Ausgaben für Kredite und Zinsen
Juli	23.47	4.67	0.98	4.98	7.5
August	23.98	3.98	0.67	6.38	7.03
September	24.67	5.45	4.78	8.75	6.98
Oktober	21.78	5.98	6.12	8.12	6.23
November	25.87	6.34	5.34	7.85	8.96
Dezember	28.78	5.67	5.98	10.86	10.02

Beim Löschen von Zeilen oder Spalten kann die Größe der Tabelle beibehalten werden.

Das Einfügen von Zeilen oder Spalten gestaltet sich genauso einfach wie das Löschen. Zuerst sollten Sie eine Zeile bzw. Spalte markieren, damit das Programm weiß, wo Sie die Spalte bzw. Zeile einfügen wollen. Es reicht sogar aus, wenn Sie den Textcursor in einer Zelle platzieren. Danach wählen Sie die Funktion *Tabelle -> Einfügen -> Zeile* bzw. *Spalte*. Daraufhin öffnet sich ein Dialogfeld, in dem Sie nun die gewünschte Anzahl der Zeilen oder Spalten eingeben, ob sie ober- oder unterhalb bzw. links oder rechts der Markierung eingefügt werden und ob die neuen Zeilen bzw. Spalten die Attribute der Markierung übernehmen sollen.

Genauso wie beim Löschen wird durch die Aktivierung der Funktion *Geometrie beibehalten* aus dem Menü *Tabelle* die Breite und Höhe der Tabelle beim Einfügen von Zeilen und Spalten nicht verändert.

In diesem Dialogfeld entscheiden Sie, wie viele und wo Sie die neuen Zeilen bzw. Spalten einfügen möchten.

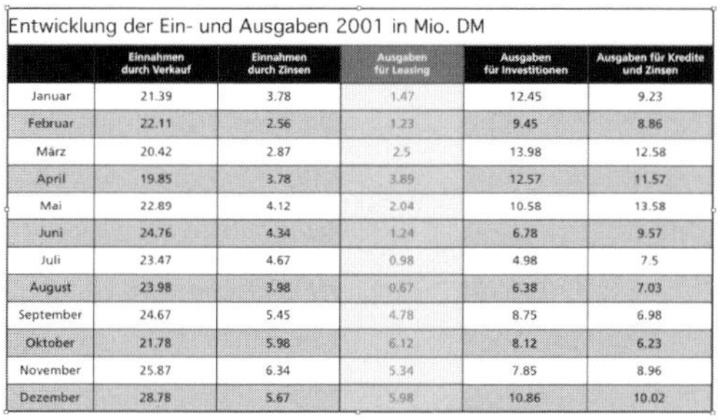

Entwicklung der Ein- und Ausgaben 2001 in Mio. DM

	Einnahmen durch Verkauf	Einnahmen durch Zinsen	Ausgaben für Leasing	Ausgaben für Investitionen	Ausgaben für Kredite und Zinsen
Januar	21.39	3.78	1.47	12.45	9.23
Februar	22.11	2.56	1.23	9.45	8.86
März	20.42	2.87	2.5	13.98	12.58
April	19.85	3.78	3.89	12.57	11.57
Mai	22.89	4.12	2.04	10.58	13.58
Juni	24.76	4.34	1.24	6.78	9.57
Juli	23.47	4.67	0.98	4.98	7.5
August	23.98	3.98	0.67	6.38	7.03
September	24.67	5.45	4.78	8.75	6.98
Oktober	21.78	5.98	6.12	8.12	6.23
November	25.87	6.34	5.34	7.85	8.96
Dezember	28.78	5.67	5.98	10.86	10.02

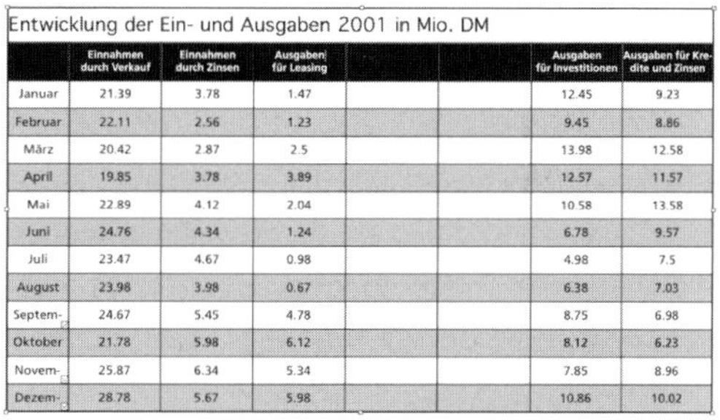

Entwicklung der Ein- und Ausgaben 2001 in Mio. DM

	Einnahmen durch Verkauf	Einnahmen durch Zinsen	Ausgaben für Leasing			Ausgaben für Investitionen	Ausgaben für Kredite und Zinsen
Januar	21.39	3.78	1.47			12.45	9.23
Februar	22.11	2.56	1.23			9.45	8.86
März	20.42	2.87	2.5			13.98	12.58
April	19.85	3.78	3.89			12.57	11.57
Mai	22.89	4.12	2.04			10.58	13.58
Juni	24.76	4.34	1.24			6.78	9.57
Juli	23.47	4.67	0.98			4.98	7.5
August	23.98	3.98	0.67			6.38	7.03
Septem-	24.67	5.45	4.78			8.75	6.98
Oktober	21.78	5.98	6.12			8.12	6.23
Novem-	25.87	6.34	5.34			7.85	8.96
Dezem-	28.78	5.67	5.98			10.86	10.02

Die Attribute der ausgewählten Spalte können in die neu eingefügten Spalten übernommen werden.

Zeilenhöhe und Spaltenbreite verändern

Die einfachste Art, die Breite bzw. Höhe von Zeilen und Spalten zu ändern, ist mithilfe des Inhaltswerkzeugs; Sie brauchen nur mit der Maus eine Spalten- oder Zeilenlinie zu verschieben. Wie Sie vielleicht bemerkt haben, ändern sich die Gesamtmaße der Tabelle, sobald Sie eine Zeile oder Spalte verändern. Wollen Sie beim Ändern von Zeilen und Spalten die Maße der Tabelle beibehalten, dann aktivieren Sie die Funktion *Geometrie beibehalten* aus dem Menü *Tabelle*. Sie können alternativ auch das Kontextmenü mit der rechten Maustaste verwenden.

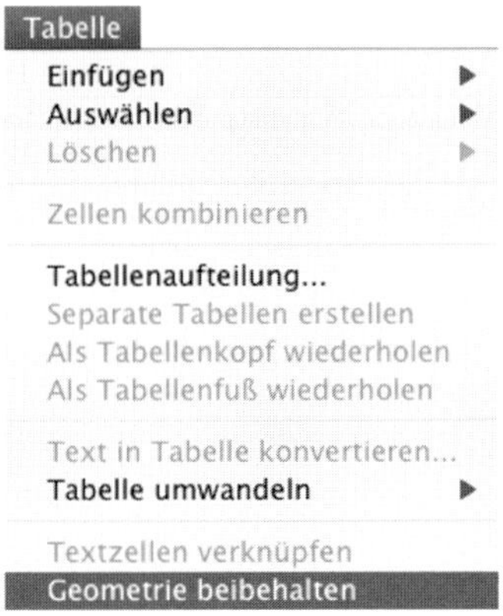

Sollen die Gesamtmaße der Tabelle nicht verändert werden, dann aktivieren Sie die Funktion „Geometrie beibehalten".

Eine weitere und genauere Methode, die Zeilen und Spalten zu verändern, führt über die Funktion *Modifizieren (Apfel/Strg + M)* aus dem Menü *Objekt*. Dort wählen Sie die Kategorie *Zelle* und finden im linken Bereich dann die Einstellungen für die Höhe von Zellen und die Breite von Spalten.

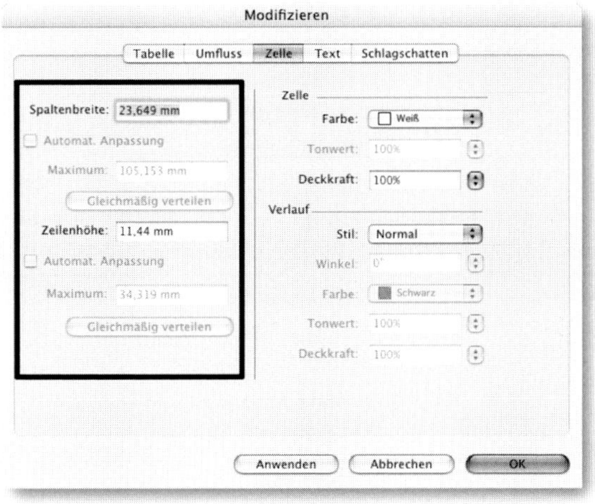

Die genauen Maße für Spaltenbreite und Zeilenhöhe finden Sie im Dialogfeld „Modifizieren".

Wenn Sie nur eine Zelle ausgewählt haben, dann können Sie Breite und Höhe gleichzeitig verändern. Sind nur die Zellen einer Zeile oder Spalte markiert, kann nur die Breite bzw. Höhe eingestellt werden. Durch das Ändern einer Zelle werden auch alle anderen Zellen in der Zeile bzw. Spalte beeinflusst.

Die Option *Gleichmäßig verteilen* bietet eine tolle Funktion, um die Breite bzw. Höhe von Zellen anzugleichen. Wenn Sie z. B. den Raum von mehreren unterschiedlichen Spalten gleichmäßig auf die Spalten aufteilen wollen, dann müssen Sie nicht umständlich ausrechnen, wie breit eine Spalte werden soll. QuarkXPress erledigt das für Sie automatisch. Wählen Sie nur die Spalten aus und klicken auf die Funktion *Gleichmäßig verteilen*. Fertig!

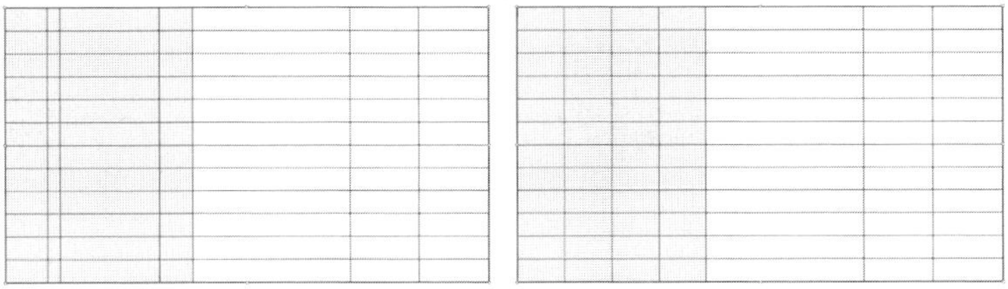

Spalten können gleichmäßig in einem vorhandenen Raum aufgeteilt werden.

Mit der Funktion *Automatisch Anpassen* wird das automatische Verändern der Zeilenhöhen und Spaltenbreiten aktiviert, wenn der Inhalt einer Zelle zu lang bzw. zu groß wird. Durch die Eingabefelder *Maximum* können Sie die Maße der Zelle einschränken.

Tabellenmaße einstellen

Das Einrichten der Tabellenbreite und -höhe findet im Dialogfeld *Modifizieren (Apfel/Strg + M)* aus dem Menü *Objekt* statt. Durch die Auswahl der Kategorie *Tabelle* können Sie hier die Gesamtbreite bzw. -höhe der Tabelle eintragen. Dort finden Sie auch die Funktion *Geometrie beibehalten,* die für das Ändern von Zellen wichtig ist (siehe weiter vorne).

Das Ändern der Maße hat Auswirkungen auf alle Zeilen und Spalten. Diese werden proportional verkleinert bzw. vergrößert.

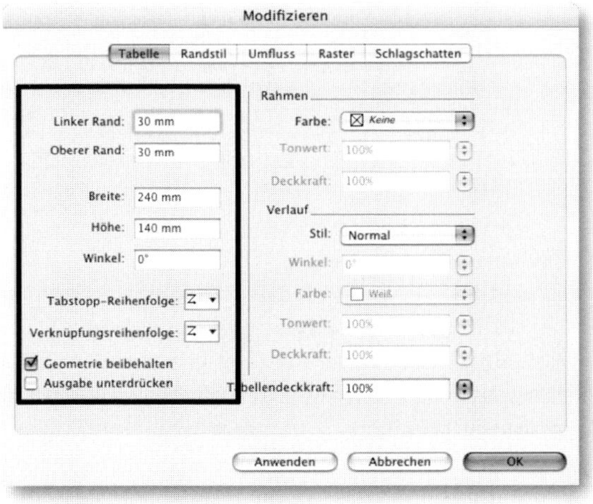

In der Kategorie „Tabelle“ im Dialogfeld „Modifizieren“ werden Breite und Höhe einer Tabelle eingestellt.

Zellen kombinieren

Bei komplexeren Tabellen ist es manchmal nötig, mehrere Zellen zu einer großen Zelle zusammenzufassen. Dadurch können Sie z. B. einen Spaltentitel über drei Spalten setzen oder eine gemeinsame Zeilenbezeichnung für einige Zeilen definieren.

Das Zusammenfassen bzw. Kombinieren von Zellen ist wieder denkbar einfach in QuarkXPress gelöst. Markieren Sie nur die Zellen, die kombiniert werden sollen, und wählen danach die Funktion *Zellen kombinieren* aus dem Menü *Tabelle.* Genauso einfach können Sie kombinierte Zellen auch wieder trennen. Zelle markieren und im Anschluss die Funktion *Zelle teilen* aus dem Menü *Tabelle* wählen.

Es können nur Zellen kombiniert werden, die nebeneinander liegen.

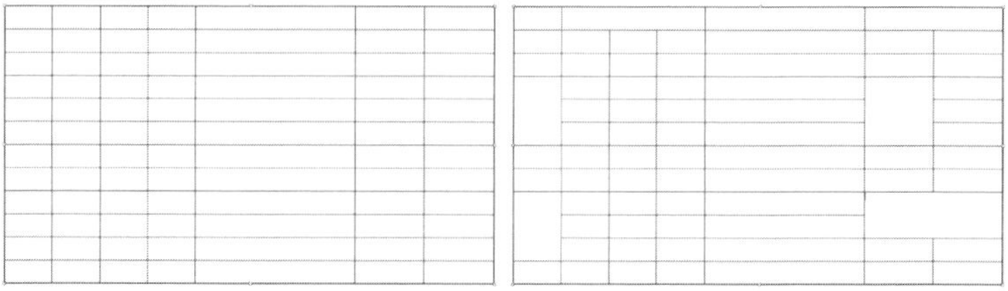

Durch das Kombinieren von Zellen kann aus einer einfachen eine komplexe Tabelle entstehen.

Beim Zusammenfassen von Zellen müssen Sie allerdings eines beachten: Ist in den einzelnen Zellen bereits Text platziert, so wird der Text nach der Kombinierung gelöscht. Es bleibt nur der Text der linken oberen Zelle Ihrer Auswahl übrig. Sie sollten Zellen also immer erst kombinieren und danach die Inhalte einfügen. Dadurch können Sie sich eine Menge Arbeit und Ärger ersparen.

4.34	1.24
4.67	0.98
3.98	0.67
5.45	4.78
5.98	6.12

4.34	1.24
4.67	
5.98	6.12

Werden Zellen verbunden, die bereits Inhalte haben, wird der Inhalt, bis auf den der Zelle links oben, gelöscht.

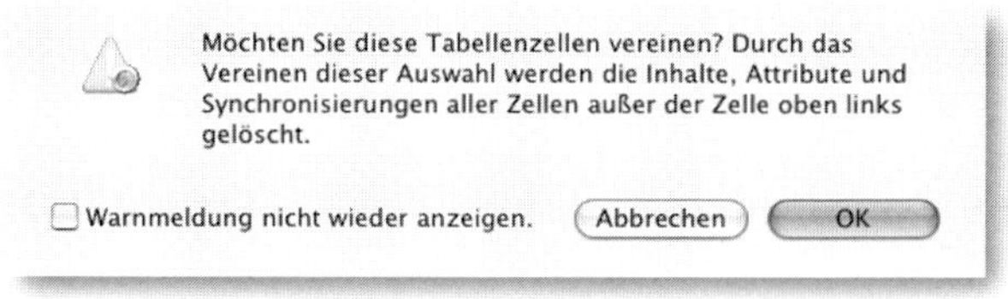

Eine Warnmeldung weist auf das Problem der Inhalte beim Kombinieren hin.

Farben für Zellen festlegen

Tabellen werden erst interessant und übersichtlich, wenn den einzelnen Spalten, Zeilen oder Zellen Farben zugewiesen wurden. Dafür gibt es in QuarkXPress mehrere Möglichkeiten. Die einfachste und schnellste ist das Zuweisen einer Farbe per Drag-and-Drop. Sie nehmen die Farbe aus der *Farbpalette (Taste F12)* und ziehen Sie auf die gewünschte Zelle.

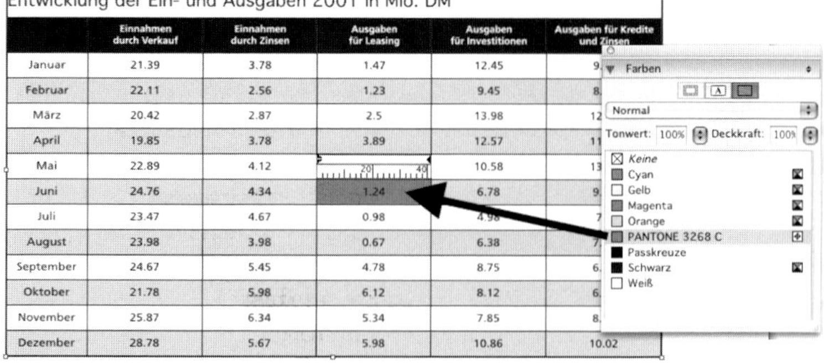

Entwicklung der Ein- und Ausgaben 2001 in Mio. DM

	Einnahmen durch Verkauf	Einnahmen durch Zinsen	Ausgaben für Leasing	Ausgaben für Investitionen	Ausgaben für Kredite und Zinsen
Januar	21.39	3.78	1.47	12.45	9.
Februar	22.11	2.56	1.23	9.45	8.
März	20.42	2.87	2.5	13.98	12
April	19.85	3.78	3.89	12.57	11
Mai	22.89	4.12		10.58	13
Juni	24.76	4.34	1.24	6.78	9.
Juli	23.47	4.67	0.98	4.98	7
August	23.98	3.98	0.67	6.38	7.
September	24.67	5.45	4.78	8.75	6.
Oktober	21.78	5.98	6.12	8.12	6.
November	25.87	6.34	5.34	7.85	8.
Dezember	28.78	5.67	5.98	10.86	10.02

Mit Drag-and-Drop lassen sich Farben einfach und schnell zuweisen.

Wenn Sie die Apfel-/Strg-Taste drücken, können Sie mehrere Zellen einfärben, indem Sie einfach mit der Maustaste über die gewünschten Zellen fahren.

Eine Methode zum Einfärben von mehreren Zellen ist die vorherige Auswahl derselben und danach ein Klick (!) auf die gewünschte Farbe in der Farbpalette. Sie sollten allerdings darauf achten, dass die Eigenschaft *Hintergrundfarbe* ausgewählt ist, ansonsten wird der Text eingefärbt.

Es gibt noch eine Möglichkeit zum Einfärben von Zellen, und zwar über das Dialogfeld *Modifizieren (Apfel/Strg + M)* aus dem Menü *Objekt*. Dort finden Sie in der Kategorie *Zelle* die Einstellungen für die Zellfarbe. Wie Sie vielleicht gesehen haben, können auch Farbverläufe angewendet werden. Sogar transparente Verläufe sind möglich.

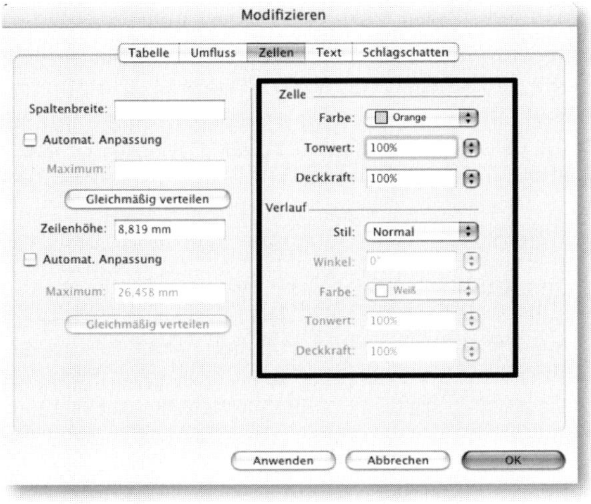

Zellen können über das Dialogfeld „Modifizieren" eingefärbt werden.

Linien einstellen

Linien sind ein wichtiger Bestandteil von Tabellen. Sie strukturieren die Tabelle und machen sie übersichtlicher. In QuarkXPress kann jede Zeilen- oder Spaltenlinie gezielt angesteuert und verändert bzw. entfernt werden.

Um eine Linie zu verändern, muss sie natürlich zuerst ausgewählt werden. Dafür haben Sie einige Möglichkeiten. Wenn Sie mit dem *Inhaltswerkzeug* bei gedrückter *Shift-Taste* auf eine Spalten- oder Zeilenlinie klicken, wird sie markiert. Damit lassen sich dann auch mehrere Linien gleichzeitig auswählen. Die gewählten Linien werden farblich hervorgehoben, damit Sie genau wissen, welche Linien Sie markiert haben. Man kann auch beliebig Spalten- und Zeilenlinien gleichzeitig auswählen. Falls Sie nur eine Linie ändern wollen, können Sie alternativ mit dem *Inhaltswerkzeug* und gedrückter *Apfel-/Strg-Taste* auf eine Linie klicken.

Linien werden immer über die gesamte Breite und Höhe der Tabelle ausgewählt. Es ist nicht möglich, nur Teilstücke einer Zeile oder Spalte auszuwählen.

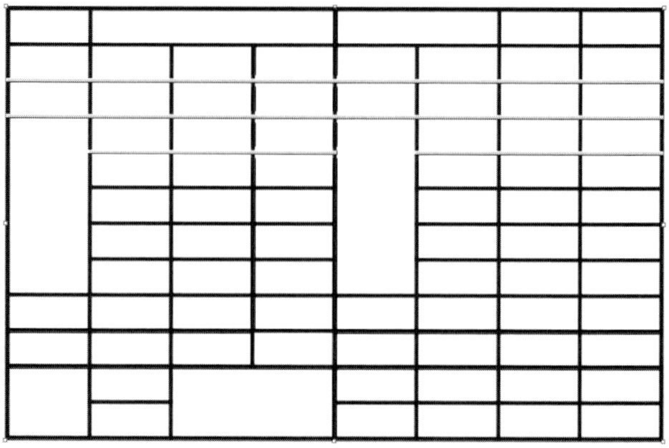

Ausgewählte Linien werden farblich in der Tabelle hervorgehoben.

Eine weitere Art, die Linien auszuwählen, führt über das Menü *Tabelle*. Dort finden Sie unter dem Punkt *Auswählen* die verschiedenen Möglichkeiten. Hier werden z. B. alle horizontalen oder vertikalen Linien bzw. alle Linien ausgewählt. Die Linien werden in diesem Menü als *Raster* bezeichnet.

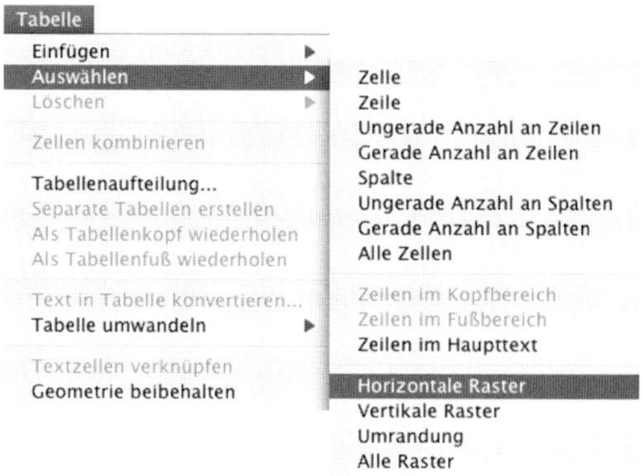

Im Tabellenmenü lassen sich die Linien einer Tabelle auswählen.

Nachdem die Linien ausgewählt sind, können die Farbe und die Linienstärke über die *Maßpalette (Taste F9)* und *Farbpalette (Taste F12)* verändert werden. Die Linien lassen sich sogar in der Deckkraft ändern! Das kann sich wirklich sehen lassen.

In der neuen Maßpalette können die Linien einer Tabelle verändert werden.

Das Dialogfeld *Modifizieren (Apfel/Strg + M)* bietet Ihnen einen weiteren Weg, die Eigenschaften einzustellen. Dazu muss die Kategorie *Raster* gewählt sein. Dort gibt es die Möglichkeit, nur die horizontalen bzw. vertikalen oder alle Linien auszuwählen. Dafür muss die Tabelle ausnahmsweise mit dem *Objektwerkzeug* ausgewählt sein. Neben dem großen Vorschaufeld für die Linie finden Sie drei kleine Schaltflächen, mit denen die Linien ausgewählt werden können.

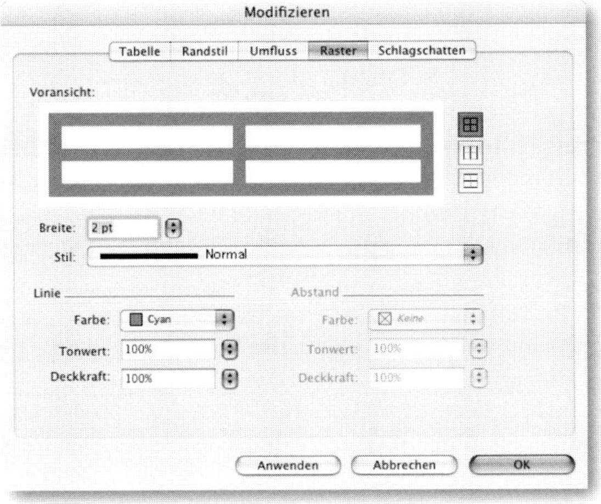

Mit den drei kleinen Schaltflächen rechts neben der Vorschau lassen sich die Linien auswählen und verändern. Sogar die Deckkraft kann eingestellt werden.

Die Linienstärke der Zeilen und Spalten beeinflusst die Gesamtbreite und -höhe der Tabelle, wenn Sie nicht die Option ***Geometrie beibehalten*** *aktiviert haben. Dicke Linien machen die Tabelle automatisch breiter und höher. Dies sollten Sie bei der Angabe von Breite und Höhe der Tabelle beachten. Allerdings werden die Maße der Zelle durch die Linien nicht beeinflusst.*

Wenn Sie Linien aus der Tabelle entfernen wollen, müssen Sie nur die Linienstärke auf 0 Punkt setzen. Da einige Ausgabegeräte eine 0-Punkt-Linie als Haarlinie interpretieren, sollten Sie zur Sicherheit zusätzlich die Farbe der Linien entfernen. Dann kann nichts mehr schief gehen.

Textzellen einstellen

Hauptsächlich werden in Tabellen Texte eingefügt, deswegen behandelt QuarkXPress eine Zelle wie einen normalen Textrahmen. D. h. alles, was für einen Textrahmen eingestellt werden kann, haben Sie auch bei einer Tabellenzelle zur Verfügung. Dazu zählen u. a. die vertikale Ausrichtung und der Abstand vom Text zum Rand. Sie können sogar den Text in einer Zelle beliebig drehen bzw. stürzen. Um diese ganzen Eigenschaften einzustellen, verwenden Sie entweder die *Maßpalette (Taste F9)* oder das Dialogfeld *Modifizieren (Apfel/Strg + M).*

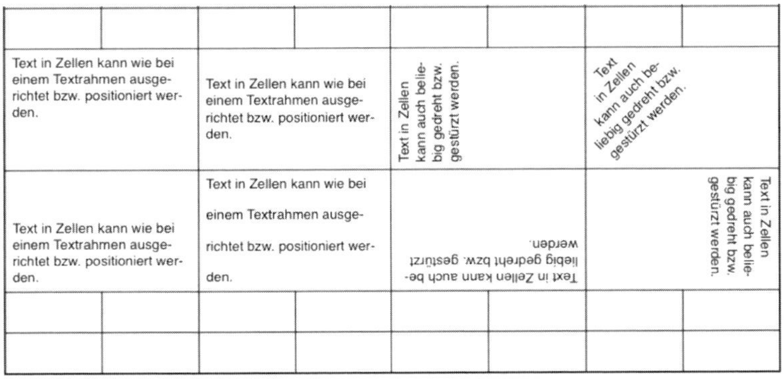

Texte lassen sich in Zellen beliebig platzieren und drehen.

Zellen verketten

Da die einzelnen Textzellen einer Tabelle wie Textrahmen behandelt werden, können sie auch miteinander verknüpft werden, um eine Textverkettung zu erstellen. Dadurch wird der eingeladene bzw. eingetippte Text automatisch in die nächste Zelle umbrochen. Zellen zu verketten ist denkbar einfach. Sie nehmen das *Verkettungswerkzeug* und klicken auf die Zellen, die verknüpft werden sollen. Fertig! Genauso einfach wie bei Textrahmen. Das Entketten findet dementsprechend mit dem *Entkettungswerkzeug* und der *Shift-Taste* statt.

Bereits beim Aufziehen einer neuer Tabelle können Sie die Zellen verketten (siehe weiter vorne in diesem Kapitel). Allerdings werden dadurch alle Zellen miteinander verknüpft, was unter Umständen ein größerer Arbeitsaufwand ist, wenn Sie nur ganze bestimmte Zellen verknüpft haben wollen.

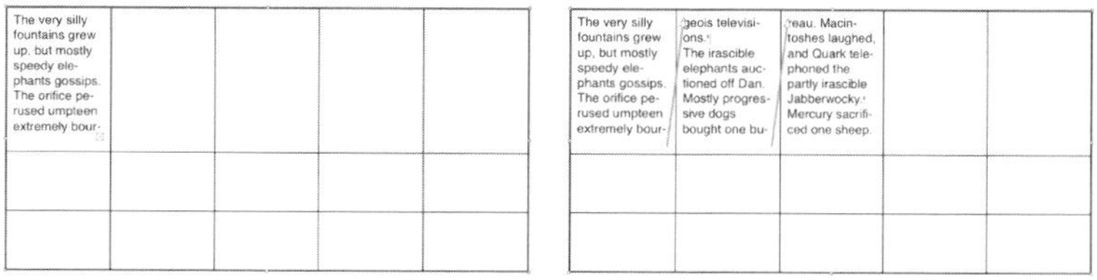

Zellen werden ganz einfach mit dem Verkettungswerkzeug miteinander verknüpft. Der zu lange Text wird dann automatisch in die nächste Zelle umbrochen.

Eine Alternative zum *Verkettungs-* und *Entkettungswerkzeug* bietet das Menü *Tabelle.* Dort finden Sie die Funktion *Textzellen verknüpfen.* Um diese Funktion ausführen zu können, müssen Sie vorher die gewünschten Zellen markieren. Das Entketten finden Sie allerdings nicht in diesem Menü, dazu muss weiterhin das *Entkettungswerkzeug* verwendet werden.

Sie sollten Zellen nur dann verketten, wenn sie keinen Inhalt haben, ansonsten erhalten Sie eine Fehlermeldung bzw. lässt sich die Verkettung nicht ausführen. Die Ausnahme ist nur die erste Zelle in der Verkettung, sie darf einen Inhalt haben.

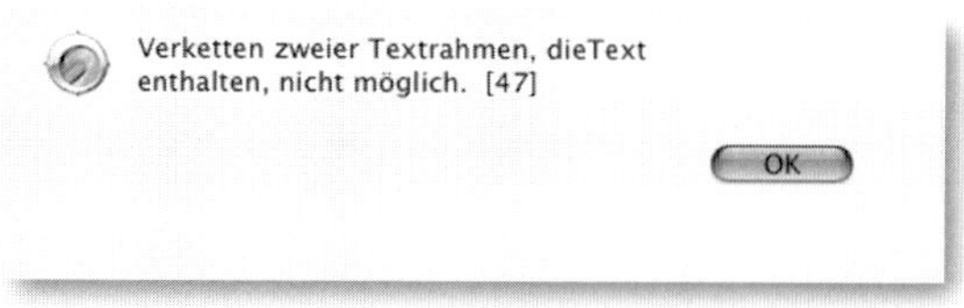

Diese Fehlermeldung erhalten Sie, wenn Sie versuchen zwei Zellen zu verketten, wenn die zweite Zelle bereits einen Inhalt hat.

Tabellen umbrechen

Eine aufregende Neuerung in QuarkXPress 7 ist die Möglichkeit, Tabellen spalten- oder seitenweise zu umbrechen. Das bedeutet, Sie können eine Tabelle, die nicht auf einer Seite Platz hat, auf einer zweiten Seite weiterführen. Werden dann z. B. in der Tabelle auf der ersten Seite Zeilen hinzugefügt, schieben sich die Zeilen einfach auf die nächste Seite.

Umbrochene Tabellen sollten Sie allerdings genau planen. Beim Erstellen müssen Sie nämlich eine genaue Höhe bzw. Breite für die Tabelle festlegen. Werden die Maße überschritten, weil Sie z. B. neue Zeilen hinzufügen bzw. die Tabelle höher ist, dann entsteht automatisch ein weiterer Tabellenrahmen, in dem sich nun die umbrochenen Zeilen befinden.

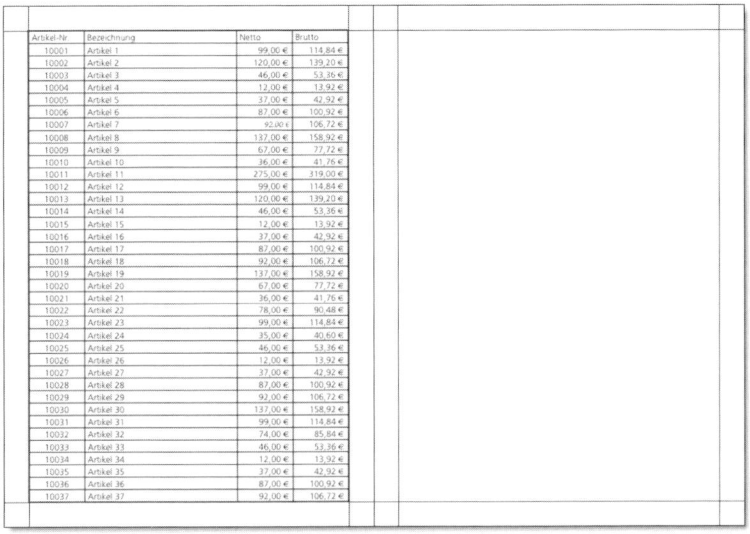

Artikel-Nr.	Bezeichnung	Netto	Brutto
10001	Artikel 1	99,00 €	114,84 €
10002	Artikel 2	120,00 €	139,20 €
10003	Artikel 3	46,00 €	53,36 €
10004	Artikel 4	12,00 €	13,92 €
10005	Artikel 5	37,00 €	42,92 €
10006	Artikel 6	87,00 €	100,92 €
10007	Artikel 7	92,00 €	106,72 €
10008	Artikel 8	137,00 €	158,92 €
10009	Artikel 9	67,00 €	77,72 €
10010	Artikel 10	36,00 €	41,76 €
10011	Artikel 11	275,00 €	319,00 €
10012	Artikel 12	99,00 €	114,84 €
10013	Artikel 13	120,00 €	139,20 €
10014	Artikel 14	46,00 €	53,36 €
10015	Artikel 15	12,00 €	13,92 €
10016	Artikel 16	37,00 €	42,92 €
10017	Artikel 17	87,00 €	100,92 €
10018	Artikel 18	92,00 €	106,72 €
10019	Artikel 19	137,00 €	158,92 €
10020	Artikel 20	67,00 €	77,72 €
10021	Artikel 21	36,00 €	41,76 €
10022	Artikel 22	78,00 €	90,48 €
10023	Artikel 23	99,00 €	114,84 €
10024	Artikel 24	35,00 €	40,60 €
10025	Artikel 25	46,00 €	53,36 €
10026	Artikel 26	12,00 €	13,92 €
10027	Artikel 27	37,00 €	42,92 €
10028	Artikel 28	87,00 €	100,92 €
10029	Artikel 29	92,00 €	106,72 €
10030	Artikel 30	137,00 €	158,92 €
10031	Artikel 31	99,00 €	114,84 €
10032	Artikel 32	74,00 €	85,84 €
10033	Artikel 33	46,00 €	53,36 €
10034	Artikel 34	12,00 €	13,92 €
10035	Artikel 35	37,00 €	42,92 €
10036	Artikel 36	87,00 €	100,92 €
10037	Artikel 37	92,00 €	106,72 €

Die abgebildete Tabelle soll auf die nächste Seite umbrochen werden.

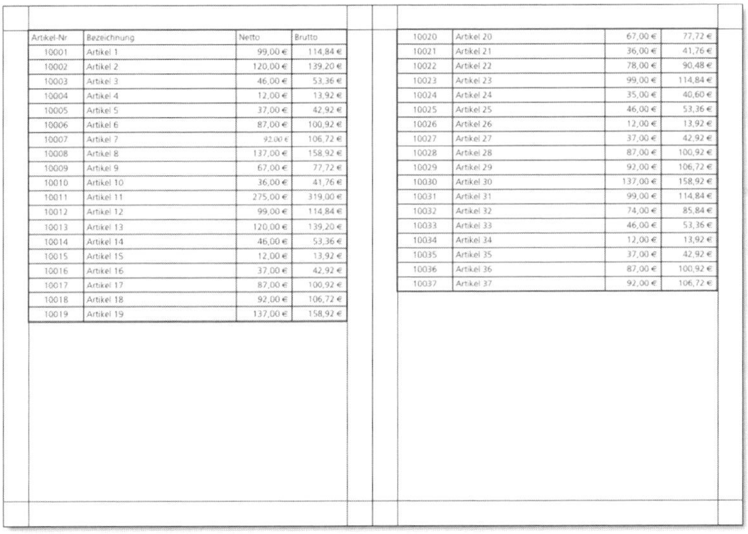

Artikel-Nr	Bezeichnung	Netto	Brutto
10001	Artikel 1	99,00 €	114,84 €
10002	Artikel 2	120,00 €	139,20 €
10003	Artikel 3	46,00 €	53,36 €
10004	Artikel 4	12,00 €	13,92 €
10005	Artikel 5	37,00 €	42,92 €
10006	Artikel 6	87,00 €	100,92 €
10007	Artikel 7	92,00 €	106,72 €
10008	Artikel 8	137,00 €	158,92 €
10009	Artikel 9	67,00 €	77,72 €
10010	Artikel 10	36,00 €	41,76 €
10011	Artikel 11	275,00 €	319,00 €
10012	Artikel 12	99,00 €	114,84 €
10013	Artikel 13	120,00 €	139,20 €
10014	Artikel 14	46,00 €	53,36 €
10015	Artikel 15	12,00 €	13,92 €
10016	Artikel 16	37,00 €	42,92 €
10017	Artikel 17	87,00 €	100,92 €
10018	Artikel 18	92,00 €	106,72 €
10019	Artikel 19	137,00 €	158,92 €

10020	Artikel 20	67,00 €	77,72 €
10021	Artikel 21	36,00 €	41,76 €
10022	Artikel 22	78,00 €	90,48 €
10023	Artikel 23	99,00 €	114,84 €
10024	Artikel 24	35,00 €	40,60 €
10025	Artikel 25	46,00 €	53,36 €
10026	Artikel 26	12,00 €	13,92 €
10027	Artikel 27	37,00 €	42,92 €
10028	Artikel 28	87,00 €	100,92 €
10029	Artikel 29	92,00 €	106,72 €
10030	Artikel 30	137,00 €	158,92 €
10031	Artikel 31	99,00 €	114,84 €
10032	Artikel 32	74,00 €	85,84 €
10033	Artikel 33	46,00 €	53,36 €
10034	Artikel 34	12,00 €	13,92 €
10035	Artikel 35	37,00 €	42,92 €
10036	Artikel 36	87,00 €	100,92 €
10037	Artikel 37	92,00 €	106,72 €

Nachdem die Tabelle aufgeteilt ist, sind die beiden Tabellenrahmen verkettet.

Tabellen aufteilen

Um nun eine Tabelle zu umbrechen, wählen Sie die Funktion *Tabellenaufteilung* aus dem Menü *Tabelle*. In dem Dialogfeld, das sich daraufhin öffnet, geben Sie nun die gewünschte Höhe bzw. Breite der Tabelle ein. Nach der Bestätigung wird die Tabelle automatisch in mehrere Rahmen aufgeteilt, die nun die angegebenen Maße haben. Nun brauchen Sie nur noch die einzelnen Tabellenrahmen an den gewünschten Stellen platzieren.

Beim Aufteilen einer Tabelle müssen Sie die maximalen Maße definieren, die die einzelnen verketteten Tabellen haben sollen.

Wenn Sie einen Tabellenrahmen einer Tabellenkette löschen, ist auch der komplette Inhalt gelöscht. Im Gegensatz zu verketteten Textrahmen schiebt sich der Inhalt eines gelöschten Tabellenrahmens nicht in den Überlauf.

Leider wird nicht die Reihenfolge der verketteten Tabellenrahmen angezeigt. Sie sollten also nach dem Aufteilen auf die Platzierung aufpassen, damit Sie nicht die falsche Reihenfolge erhalten.

Tabellenaufteilung bearbeiten

Verkettete Tabellen lassen sich natürlich jederzeit nachbearbeiten. So kann die Breite oder Höhe eines verketteten Tabellenrahmens geändert werden oder auch die Tabellenaufteilung rückgängig gemacht werden.

Wollen Sie die Höhe eines verketteten Tabellenrahmens ändern, sollten Sie nicht das Objektwerkzeug verwenden, um die Tabelle zu verkleinern. Dadurch werden nur die Spalten bzw. Zeilen verkleinert, aber nicht die Gesamtmaße. Soll z. B. die Tabelle niedriger werden, wählen Sie einfach wieder die Funktion *Tabellenaufteilung* aus dem Menü *Tabelle*. Der von Ihnen vorher festgelegte Wert steht noch im Eingabefeld. Ändern Sie diesen Wert, um die Tabelle niedriger oder höher bzw. schmäler oder breiter zu machen. Der Umbruch passt sich entsprechend der neuen Maße an.

Das Ändern der Maße einer verketteten Tabelle ändert immer nur die aktuell ausgewählte Tabelle. Es werden nicht alle Tabellen der Verkettung geändert.

Um nun die Verkettung komplett rückgängig zu machen, muss nur ein Rahmen der Kette ausgewählt und die Funktion *Tabellenaufteilung* aus dem Menü *Tabelle* aufgerufen werden. Deaktivieren Sie die Funktion für die Breite bzw. Höhe. Die einzelnen Tabellenrahmen der Kette werden nach der Bestätigung wieder in einem großen Rahmen zusammengefasst.

In separate Tabellen aufteilen

Tabellen einer Verkettung sind immer voneinander abhängig, d. h. wird die Spaltenbreite in einer der Tabellen geändert, ändert sie sich auch in den anderen Tabellen der Kette. Diese Funktionen sind ja bei verketteten Tabellen wichtig und auch erwünscht. Allerdings kann es manchmal passieren, dass man die Tabellen einer Kette als eigenständige Teile braucht. Auch das ist in QuarkXPress kein Problem. Sie wählen einen Tabellenrahmen der Kette und führen dann die Funktion *Separate Tabellen erstellen* aus dem Menü *Tabelle* aus. Nun ist jeder Tabellenrahmen der Kette wieder eigenständig.

Verkettete Tabellen lassen sich sehr einfach mit dieser Funktion in eigenständige Tabellenrahmen umwandeln.

Durch die Separation werden alle Tabellenrahmen der Kette eigenständig. Wollen Sie nur einen Rahmen separieren, dann verwenden Sie dafür die Funktion ***Ausschneiden (Apfel/Strg + X)*** *und danach die Funktion* ***An gleicher Stelle einfügen (Apfel/Strg + Shift + Alt + V).*** *Dadurch wird die ausgewählte Tabelle aus der Verkettung herausgenommen und wieder an der gleichen Position auf der Seite eingefügt. Vergessen Sie danach bitte nicht, die* ***Tabellenaufteilung*** *für die ausgeschnittene Tabelle zu deaktivieren.*

Tabellenkopf und -fuß

Durch das Aufteilen von Tabellen über mehrere Seiten wird zwar die Tabelle in allen Rahmen gleichzeitig geändert bzw. umbrochen, allerdings ist der Tabellenkopf nur im ersten Tabellenrahmen platziert. Gerade bei mehrseitigem Umbruch wäre der Arbeitsaufwand sehr groß, in jedem Tabellenrahmen den Kopf erneut zu platzieren. QuarkXPress 7 hat für dieses Problem jetzt eine Lösung. Tabellenköpfe und auch Tabellenfüße können automatisch in jedem Tabellenrahmen der Kette wiederholt werden. Ein Änderung im Tabellenkopf oder -fuß wird auch automatisch in jeden Kopf bzw. Fuß übertragen. Damit wird das Arbeiten mit Tabellen in QuarkXPress 7 ungemein erleichtert und viel schneller.

Um einen automatischen Tabellekopf bzw. -fuß zu erhalten, müssen Sie die gewünschten Zeilen, die als Kopf bzw. Fuß definiert werden sollen, auswählen und danach die Funktion *Als Tabellenkopf wiederholen* bzw. *Als Tabellenfuß wiederholen* aus dem Menü *Tabelle* ausführen. Ein Kopf oder Fuß muss nicht nur eine Zeile umfassen, Sie können beliebig viele Zeilen als Kopf oder Fuß definieren.

Als Tabellenkopf oder -fuß können immer nur die ersten bzw. letzten paar Zeilen einer Tabelle definiert werden.

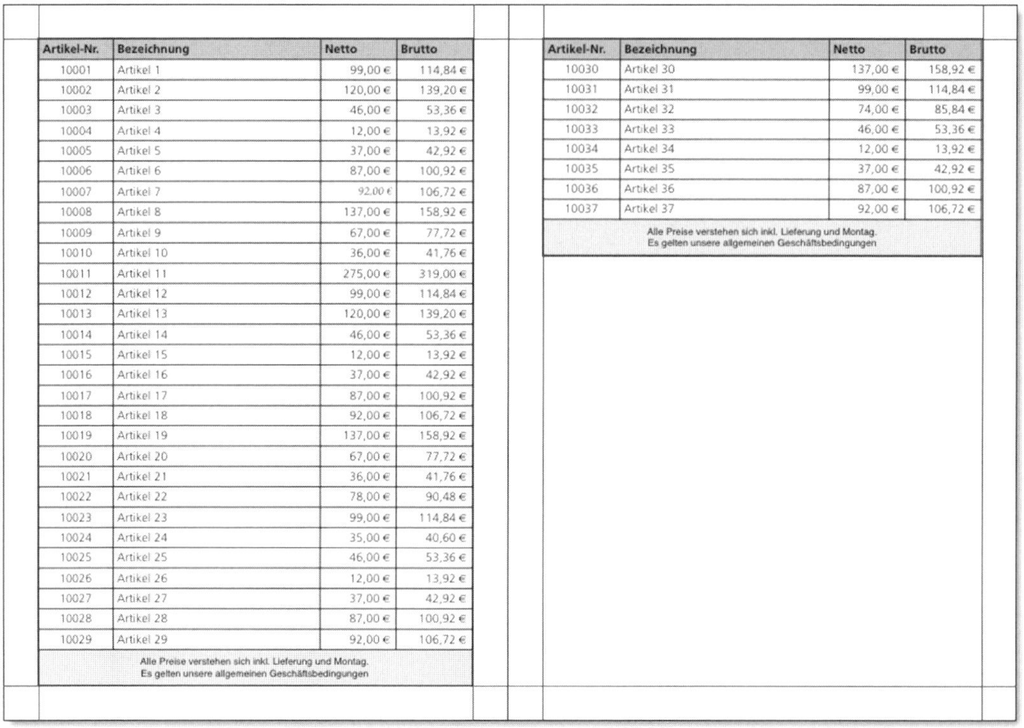

Artikel-Nr.	Bezeichnung	Netto	Brutto
10001	Artikel 1	99,00 €	114,84 €
10002	Artikel 2	120,00 €	139,20 €
10003	Artikel 3	46,00 €	53,36 €
10004	Artikel 4	12,00 €	13,92 €
10005	Artikel 5	37,00 €	42,92 €
10006	Artikel 6	87,00 €	100,92 €
10007	Artikel 7	92,00 €	106,72 €
10008	Artikel 8	137,00 €	158,92 €
10009	Artikel 9	67,00 €	77,72 €
10010	Artikel 10	36,00 €	41,76 €
10011	Artikel 11	275,00 €	319,00 €
10012	Artikel 12	99,00 €	114,84 €
10013	Artikel 13	120,00 €	139,20 €
10014	Artikel 14	46,00 €	53,36 €
10015	Artikel 15	12,00 €	13,92 €
10016	Artikel 16	37,00 €	42,92 €
10017	Artikel 17	87,00 €	100,92 €
10018	Artikel 18	92,00 €	106,72 €
10019	Artikel 19	137,00 €	158,92 €
10020	Artikel 20	67,00 €	77,72 €
10021	Artikel 21	36,00 €	41,76 €
10022	Artikel 22	78,00 €	90,48 €
10023	Artikel 23	99,00 €	114,84 €
10024	Artikel 24	35,00 €	40,60 €
10025	Artikel 25	46,00 €	53,36 €
10026	Artikel 26	12,00 €	13,92 €
10027	Artikel 27	37,00 €	42,92 €
10028	Artikel 28	87,00 €	100,92 €
10029	Artikel 29	92,00 €	106,72 €
Alle Preise verstehen sich inkl. Lieferung und Montag. Es gelten unsere allgemeinen Geschäftsbedingungen			

Artikel-Nr.	Bezeichnung	Netto	Brutto
10030	Artikel 30	137,00 €	158,92 €
10031	Artikel 31	99,00 €	114,84 €
10032	Artikel 32	74,00 €	85,84 €
10033	Artikel 33	46,00 €	53,36 €
10034	Artikel 34	12,00 €	13,92 €
10035	Artikel 35	37,00 €	42,92 €
10036	Artikel 36	87,00 €	100,92 €
10037	Artikel 37	92,00 €	106,72 €
Alle Preise verstehen sich inkl. Lieferung und Montag. Es gelten unsere allgemeinen Geschäftsbedingungen			

Ein Beispiel für einen Tabellenkopf und einen -fuß, die wiederholt werden.

Die Funktion für Tabellenköpfe und -füße kann jederzeit wieder deaktiviert werden. Dafür brauchen Sie nur wieder den Kopf bzw. Fuß zu markieren und danach die entsprechenden Funktionen aus dem Menü *Tabelle* zu deaktivieren. Der Kopf bzw. Fuß wird daraufhin aus den verketteten Tabellenrahmen wieder entfernt.

Excel-Dateien in QuarkXPress

Jetzt eine tolle Nachricht für alle DTPler: QuarkXPress kann die Tabellen und Charts von Microsoft Excel übernehmen und selbstverständlich bearbeiten. Da QuarkXPress eine Verknüpfung zur Excel-Datei herstellt, können die Daten der Tabelle sogar automatisch aktualisiert werden. Bei der Platzierung können Sie entscheiden, welche Eigenschaften der Excel-Tabellen übernommen werden sollen. Es ist eine Eins-zu-eins-Übernahme oder nur die Übernahme der Tabelleninhalte möglich.

Excel-Tabellen platzieren

Für Excel-Tabellen müssen Sie zuerst einen Tabellenrahmen aufziehen (siehe etwas weiter vorne). Wie gewohnt öffnet sich das Dialogfeld für die Angaben zur neuen Tabelle. Anstatt nun eine Zeilen- und Spaltenanzahl einzugeben, klicken Sie auf die Option *Link zu externen Daten* im unteren Bereich des Dialogfelds. Die Eingabefelder für Zeilen- und Spaltenzahl werden dadurch automatisch deaktiviert.

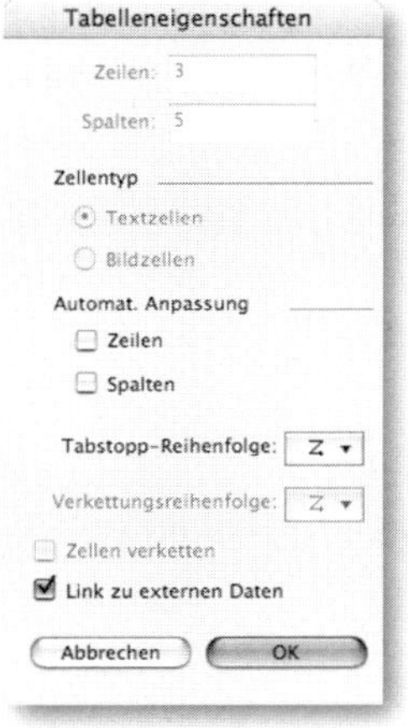

Mit der Option „Link zu externen Daten" werden Excel-Tabellen in QuarkXPress platziert.

Nachdem Sie die Eingabe bestätigt haben, öffnet sich ein weiteres Dialogfeld. Dort geben Sie zuerst die Datei an, die platziert werden soll. Klicken Sie einfach auf die Schaltfläche *Durchsuchen* und wählen die Datei aus.

Falls die Excel-Datei mehrere Arbeitsblätter bzw. Diagramme enthält, müssen Sie als nächstes im Bereich *Arbeitsblatt* die gewünschte Tabelle auswählen. Daraufhin wird automatisch im Feld *Bereich* der Zellbereich aufgelistet, den die Tabelle umfasst. Falls Sie einige Zeilen oder Spalten nicht übernehmen wollen bzw. zusätzlich leere Zeilen und Spalten brauchen, dann ändern Sie nur den Zellbereich für den Import.

Bevor Excel-Dateien platziert werden, müssen noch einige Einstellungen vorgenommen werden.

Der Bereich *Optionen* ist für das Gesicht der Tabelle zuständig. Durch die Optionen *Verborgene Zeilen einschließen* und *Verborgene Spalten einschließen* werden auch Zeilen und Spalten platziert, die in Excel ausgeblendet wurden. Da QuarkXPress keine Formeln übernimmt, müssen Sie keine Angst haben, dass plötzlich lange und komplexe Formelreihen in den Zellen erscheinen.

Die Option *Einschließlich Stilvorlagen* ist ganz besonders interessant. Wissen Sie, was *Formatvorlagen* sind? Die Stilvorlagen von Excel und Word heißen Formatvorlagen. *Einschließlich Stilvorlagen* bedeutet also, dass Sie beim Platzieren von Excel-Dateien die Formatvorlagen übernehmen können. Die Formatvorlagen von Excel tauchen dann auch in der Stilvorlagenpalette auf und können bearbeitet werden. Dadurch wird eine ganze Menge an Arbeitszeit eingespart. Damit das auch funktioniert, müssen die Formatvorlagen in Excel richtig eingerichtet und verwendet werden.

Haben Sie eine Excel-Datei, die keine Stilvorlagen verwendet, können Sie trotzdem alle Formatierungen der Tabelle übernehmen, einschließlich Schriftart, Schriftgröße und Farbe. Dazu muss nur die Option *Formate einschließen* aktiviert werden.

Die genaue Breite und Höhe der Excel-Tabelle soll beim Platzieren auch berücksichtigt werden? Aktivieren Sie die Funktion *Geometrie einschließen*. Dadurch werden die Einstellungen für Zeilenhöhe und Spaltenbreite von der Excel-Tabelle übernommen. Der aufgezogene Tabellenrahmen wird entsprechend den Maßen angepasst. Deaktivieren Sie diese Funktionen, passt sich die Excel-Tabelle Ihrem gezogenen Tabellenrahmen an.

Nachdem Sie alle Vorgaben festgelegt und bestätigt haben, erhalten Sie eine ganz normale Tabelle, die nun problemlos in QuarkXPress mit den gewohnten Funktionen bearbeitet werden kann.

Wenn Sie alle Optionen deaktivieren, dann wird nur der Inhalt der einzelnen Zellen aus der Excel-Datei übernommen. Dies ist wichtig, wenn die Excel-Datei zu einem späteren Zeitpunkt aktualisiert werden muss.

Excel-Dateien aktualisieren

Wie bereits weiter oben erwähnt, werden Excel-Tabellen verknüpft. Das bedeutet, die platzierten Excel-Tabellen können in QuarkXPress automatisch aktualisiert werden. Sie müssen also textliche Änderungen nicht selbst in die Tabelle eintragen, sondern können mit einem Mausklick die Tabelle auf den neuesten Stand bringen.

Wie platzierte Bilder werden Excel-Tabellen im Menü *Hilfsmittel* in der Funktion *Verwendung* aufgelistet. Und genauso einfach wie Bilder werden die Tabellen dort aktualisiert bzw. verwaltet. Sie müssen nur noch auf die Kategorie *Tabellen* klicken.

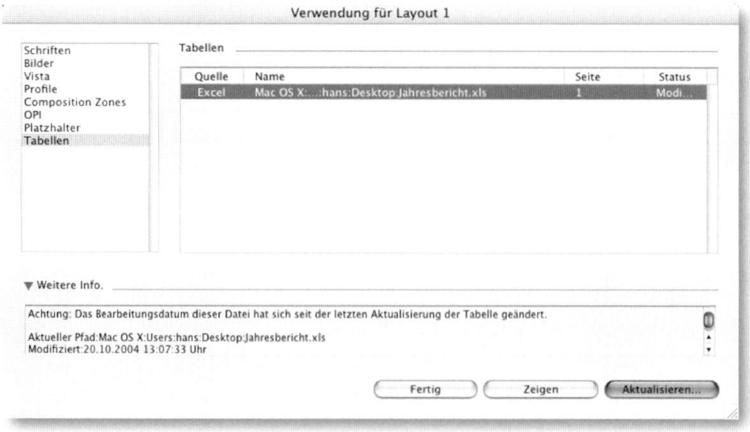

In der „Verwendung" können Excel-Tabellen aktualisiert und auf den neuesten Stand gebracht werden.

Im Gegensatz zu Bildern müssen Excel-Tabellen bei der Ausgabe nicht zwingend aktualisiert werden. Beim automatischen Sammeln der Daten für die Ausgabe werden die verknüpften Tabellen in einem eigenen Ordner gesammelt. Falls eine oder mehrere der Tabellen in Excel geändert wurden, erhalten Sie vor dem Sammeln noch eine Meldung. Dort müssen Sie entscheiden, ob die Tabellen durch einen Klick auf *OK* ohne Aktualisierung gesammelt werden oder Sie die Tabellen mit einem Klick auf *Tabellen auflisten* vor dem Sammeln noch aktualisieren wollen.

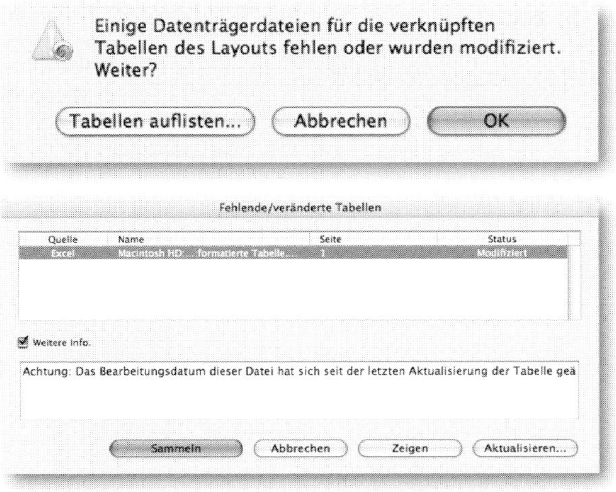

Nicht mehr aktuelle Excel-Tabellen werden bei der Ausgabe angemahnt und können noch aktualisiert werden.

Wichtige Hinweise fürs Platzieren und Aktualisieren

Damit Sie beim Arbeiten mit Excel-Tabellen keine bösen Überraschungen erleben oder unerwartete Ergebnisse erhalten, hier eine Liste mit Dingen, die beachtet werden sollten.

Platzieren:

- Linien werden, wenn möglich, auf QuarkXPress-Linienstile abgebildet, ist dies nicht der Fall, werden sie als durchgehende Linien mit der Stärke 1 Punkt importiert.
- Die Unterstreichungen „Einfach, Doppelt, Einfach (Buchhaltung)" und „Doppelt (Buchhaltung)" werden zum Schriftstil *Unterstrichen* konvertiert.
- Die Werte für Drehungen werden beibehalten.
- Hyperlinks werden in der Palette „Hyperlinks" importiert.
- Vereinte Zellen werden als kombinierte Tabellenzellen importiert.
- Formeln und Verweise werden nicht importiert. Stattdessen werden die Ergebnisse daraus verwendet.
- Eingesetzte Bilder werden nicht übernommen.
- Text, auf den die Befehle „Autofilter" oder „Spezialfilter" angewendet wurden, werden als statischer Text importiert.
- Im Arbeitsblatt verwendete Farben werden dem QuarkXPress Dokument hinzugefügt.
- *Aktualisieren:*
- Wurde beim Platzieren die Option *Formate einschließen* aktiviert und danach in QuarkXPress die Farbe, Schriftart, Schriftgröße,

Ausrichtung und Abstände verändert, wird beim Aktualisieren wieder die ursprüngliche Formatierung der Excel-Datei zugewiesen.

- Wurden beim Platzieren keine Formatierungen übernommen, dann wird beim Aktualisieren nur der Inhalt der Zellen aktualisiert. Diese Arbeitsweise sollte Standard für Sie werden, da Sie ansonsten böse Überraschungen beim Aktualisieren erleben können.
- In QuarkXPress kombinierte Zellen bleiben bei der Aktualisierung erhalten.
- Gelöschte Zeilen und Spalten in Excel bleiben bei der Aktualisierung erhalten, es werden nur die Inhalte der gelöschten Zeilen und Spalten in QuarkXPress entfernt.
- Das Ändern der Zeilenhöhen und Spaltenbreiten in Excel hat beim Aktualisieren keine Auswirkung auf die Tabelle.

Kapitel 7

Mehrfach genutzte Inhalte und Composition Zones

Mehrfach genutzte Inhalte und Composition Zones

Haben Sie sich schon einmal gewünscht, Ihr Layoutprogramm könnte die Eigenschaften von Rahmen absichern, ähnlich wie eine Stilvorlage? Oder dass Sie einen Text oder ein Bild mehrfach platzieren könnten und Änderungen sich auf alle gleichen Objekte auswirken würden? Praktisch wäre auch, wenn Ihr Layoutprogramm bestimmte Bereiche oder Seiten für andere Anwender für die Bearbeitung zur Verfügung stellen könnte, ähnlich wie in einem Redaktionssystem?

QuarkXPress 7 kann Ihnen diese Wünsche erfüllen. Rahmeneigenschaften, Bilder und Texte können ohne Probleme für eine mehrfache Nutzung erstellt werden. Es lassen sich auch Layoutbereiche bzw. Seiten für die Bearbeitung durch andere Anwender freigeben. Mithilfe der *Mehrfach genutzten Inhalte* und der *Composition Zones* ist das in QuarkXPress 7 kein Problem.

Mehrfach genutzte Inhalte

Zuerst wollen wir uns der mehrfachen Verwendung von Rahmen und Inhalten zuwenden. Grundsätzlich können die Rahmeneigenschaften, die Inhalte von Rahmen oder beides gemeinsam mehrfach verwendet werden. Dazu benötigen Sie nur die Palette *Mehrfach genutzte Inhalte* aus dem Menü *Fenster.*

In der Palette „Mehrfach genutzte Inhalte" werden Rahmen und Inhalte für die Mehrfachverwendung hinzugefügt und verwaltet.

Objekte für die Mehrfachnutzung freischalten bzw. synchronisieren

Bevor Sie einen Rahmen oder einen Inhalt mehrfach nutzen können, muss dieser erst freigeschaltet bzw. der Palette *Mehrfach genutzte Inhalte* hinzugefügt werden. Zuerst müssen Sie ein „Musterobjekt" erstellen, also z. B. einen Rahmen, der alle Eigenschaften aufweist, die mehrfach genutzt werden sollen. Danach wählen Sie den „Musterrahmen“ oder den „Mustertext“ aus und klicken auf das Symbol *Neu* oben links in der Palette. Sie können aber auch die Funktion *Mehrfach nutzen* aus dem Menü *Objekt* verwenden. Daraufhin öffnet sich ein Fenster, in dem Sie zuerst einen Namen für das Objekt eingeben sollten. Eine sinnvolle Namensvergabe erleichtert Ihnen die Verwaltung der Objekte.

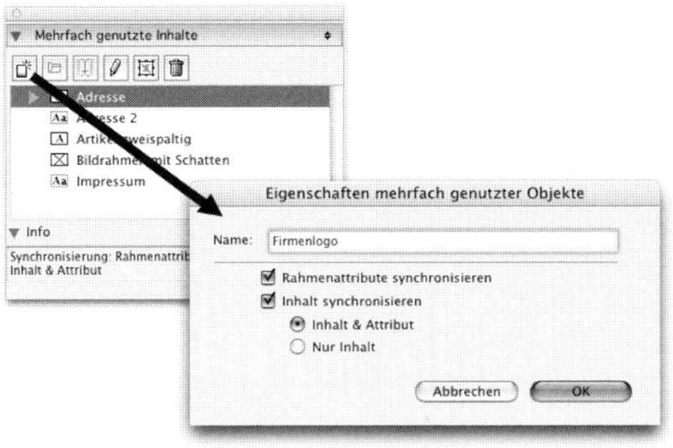

Beim Hinzufügen neuer Objekte müssen noch einige Einstellungen vorgenommen werden.

Nun müssen Sie entscheiden, welche Eigenschaften des Objekts synchronisiert bzw. mehrfach genutzt werden sollen. Mit der Option *Rahmenattribute synchronisieren* werden alle Rahmeneigenschaften, z. B. Hintergrundfarbe, Deckkraft, Schlagschatten oder Randstil, für die Mehrfachnutzung freigegeben.

Leider wird auch die Größe des Rahmens mitgesichert. Es gibt keine Möglichkeit, die Größe von der Synchronisierung auszunehmen.

Wird die Option *Inhalt synchronisieren* aktiviert, können Sie noch auswählen, ob nur der Inhalt oder der Inhalt mit den Attributen synchronisiert wird. Die Option *Inhalt & Attribut* synchronisiert nicht nur den Inhalt, sondern auch dessen Eigenschaften wie Schriftart, Schriftgröße, Zeilenabstand oder bei Bildern die Bildeffekte, Deckkraft, Größe usw. Mit der Option *Nur Inhalt* andererseits wird wirklich nur der Text oder das Bild ohne die Eigenschaften synchronisiert.

Sind die gewünschten Eigenschaften definiert und die Eingaben bestätigt, wird das Objekt in die Palette aufgenommen und kann nun beliebig oft verwendet bzw. platziert werden. Ihnen wird vielleicht auffallen, dass der „Musterrahmen“ nun blaue und etwas größere Anfasser bekommt. Dies ist ein Kennzeichen für einen Rahmen, der synchronisiert wird bzw. einen mehrfach genutzten Inhalt verwendet.

Rahmen, die synchronisiert sind bzw. mehrfach verwendet werden, erhalten spezielle Anfasser.

Text und Bilder direkt importieren und synchronisieren

Normalerweise müssen Sie ein „Musterobjekt" erstellen und danach für die Synchronisation freischalten. Texte und Bilder können aber auch direkt importiert und in die Palette *Mehrfach genutzte Inhalte* aufgenommen werden. Sie brauchen zuvor keinen Rahmen aufzuziehen. Für den direkten Import benötigen Sie die *Kollaborationseinstellungen* aus dem Menü *Ablage/Datei.*

Bilder und Texte können direkt importiert und freigegeben werden.

Im Register *Inhalt* befinden sich die Schaltflächen *Text importieren* und *Bild importieren.* Klicken Sie auf die jeweilige Schaltfläche und wählen den gewünschten Text bzw. das gewünschte Bild aus. Der Text bzw. das Bild ist nach Eingabe der Bestätigung in die Palette *Mehrfach genutzte Inhalte* aufgenommen und kann beliebig oft im Dokument verwendet werden.

Mehrfach genutzte Inhalte/Objekte einfügen

Nachdem ein Rahmen bzw. ein Inhalt in die Palette *Mehrfach genutzte Inhalte* aufgenommen wurde, kann das Objekt beliebig oft im Dokument platziert bzw. verwendet werden. Je nachdem, welche Eigenschaft Sie für die Mehrfachnutzung eingestellt haben, ist die Vorgehensweise fürs Platzieren etwas anders. Welche Eigenschaften die Objekte in der Palette haben, können Sie im Bereich *Info* unten in der Palette ablesen, wenn Sie ein Objekt markieren.

Wurde die Eigenschaft *Inhalt & Attribute* oder *Nur Inhalt* für das Objekt gewählt, müssen Sie zuerst einen neuen Rahmen aufziehen und danach auf das Symbol *Einfügen*  im oberen Bereich der Palette klicken. Bei Textrahmen wechseln Sie zuvor auf das Inhaltswerkzeug, bei Bildrahmen ist das nicht unbedingt nötig. Ist der synchronisierte Text bzw. das Bild in den neuen Rahmen eingefügt, erhält der Rahmen sofort wieder die veränderten blauen Anfasser als Zeichen für einen synchronisierten Rahmen.

Das synchronisierte Objekt wird in QuarkXPress auch als Instanz bezeichnet. Wenn nun eine Instanz verändert wird, überträgt sich diese Änderung auch auf alle anderen Instanzen des mehrfach genutzten Objekts. Wird also z. B. die Linie eines synchronisierten Bildrahmens dicker gemacht, dann werden alle Instanzen des Bildrahmens auch geändert.

Das Einfügen von synchronisierten Objekten mit der Eigenschaft *Rahmenattribute* funktioniert ein bisschen anders. Solche Objekte werden per Drag-and-Drop aus der Palette ins Layout gezogen. Die gleiche Vorgehensweise gilt auch für Objekte, die beide Eigenschaften eingestellt haben.

*Wenn Sie nur den Inhalt eines mehrfach genutzten Objekts in einen Rahmen einfügen wollen, dann klappen Sie das Objekt in der Palette auf, markieren den Inhalt, z. B. einen Text oder ein Bild, und klicken dann anschließend auf die Schaltfläche **Einfügen.** Durch diese Vorgehensweise wird nur der Inhalt und nicht die Rahmenattribute ins Layout eingefügt.*

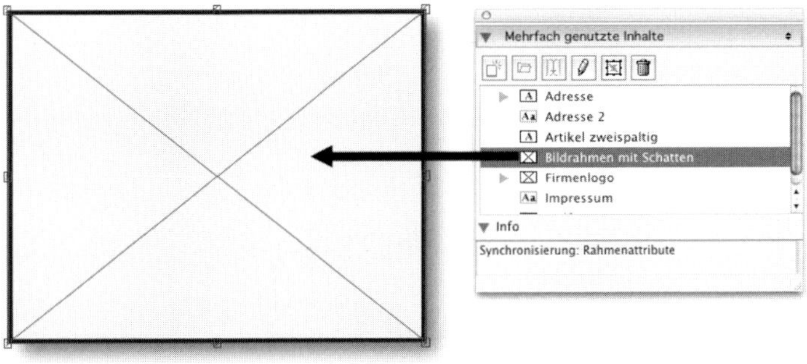

Objekte mit der Eigenschaft „Rahmenattribute" müssen per Drag-and-Drop ins Layout eingefügt werden.

Mehrfach genutzte Inhalte bearbeiten

Die Objekte in der Palette *Mehrfach genutzte Inhalte* können noch nachträglich bearbeitet werden. Allerdings besteht diese Bearbeitung nur aus dem Ändern des Namens. Die gespeicherten Eigenschaften der Objekte können leider nicht nachträglich verändert werden. Dazu müssen Sie ein neues Objekt erstellen.

Um nun den Namen zu bearbeiten, können Sie entweder auf das Symbol *Bearbeiten* im oberen Bereich der Palette klicken oder Sie doppelklicken auf den Namen des Objekts.

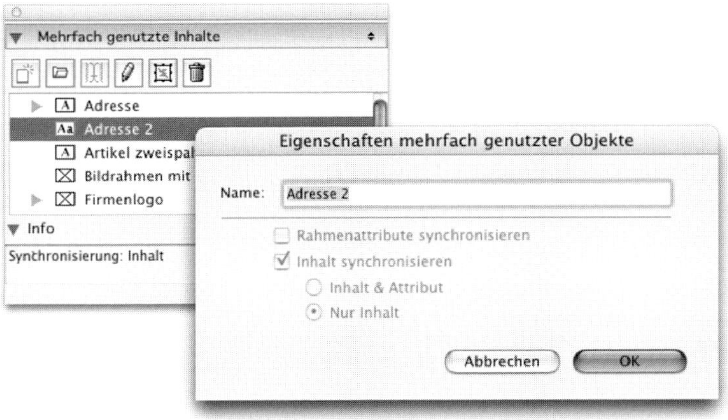

Nur der Name lässt sich nachträglich noch bearbeiten, aber leider nicht die Eigenschaften.

Mehrfach genutzte Inhalte löschen

Das Löschen eines Objekts aus der Palette *Mehrfach genutzte Inhalte* ist sehr einfach. Sie wählen nur das gewünschte Objekt aus und klicken danach auf die Schaltfläche *Löschen* im oberen Bereich der Palette.

Das Entfernen eines Objekts aus der Palette bedeutet nicht, dass auch alle Instanzen im Layout gelöscht werden. Die bereits platzierten Instanzen verbleiben im Layout, werden aber nicht mehr automatisch synchronisiert.

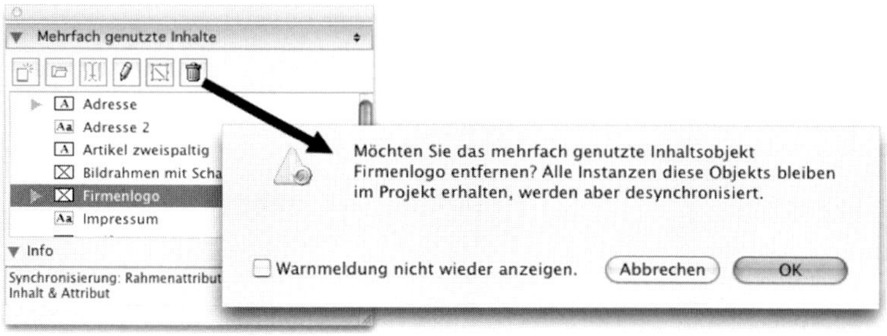

Wird ein Objekt gelöscht, bleiben die Instanzen erhalten.

Objekte desynchronisieren

Wenn ein Objekt aus der Palette *Mehrfach genutzte Inhalte* gelöscht wird, verbleiben alle Instanzen davon im Layout erhalten, sie sind dann allerdings desynchronisiert. Wollen Sie allerdings alle Instanzen oder nur eine einzige desynchronisieren, ohne das mehrfach genutzte Objekt aus der Palette zu löschen, benötigen Sie eine andere Funktion.

Um nur eine Instanz zu desynchronisieren, muss sie nur ausgewählt und die Funktion *Desynchronisieren* aus dem Menü *Objekt* ausgeführt werden. Eine Warnmeldung weist Sie noch darauf hin, dass die ausgewählte Instanz nun desynchronisiert wird.

Neben dem Desynchronisieren nur einer Instanz können Sie mit einem Arbeitsschritt auch alle Instanzen eines Objekts desynchronisieren. Dazu müssen Sie das Objekt in der Palette auswählen und dann auf die Schaltfläche *Alles desynchronisieren* im oberen Bereich der Palette klicken. Ein Fenster weist wieder auf das Desynchronisieren aller Instanzen hin.

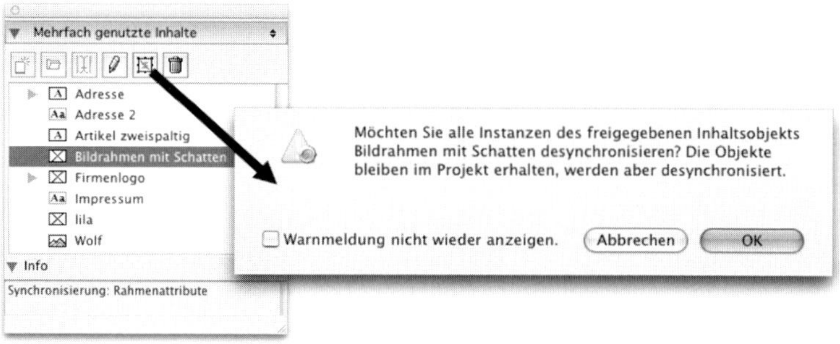

Mit einem Klick können alle Instanzen eines Objekts desynchronisiert werden.

Composition Zones

Mithilfe der mehrfach genutzten Inhalte können Text, Bilder und Rahmen beliebig oft im Layout verwendet werden. Mit den Composition Zones wird diese Funktionalität noch erweitert. Damit lassen sich ganze Seiten und Layoutteile mehrfach nutzen oder mit anderen Anwendern gemeinsam nutzen. Denken Sie doch mal an eine Zeitschrift oder Zeitung. Eine Zeitschrift wird normalerweise nicht nur von einer Person produziert, sondern von vielen verschiedenen Abteilungen wie der Redaktion oder dem Anzeigensatz. Mit den Composition Zones können Sie nun Bereiche im Layout definieren, auf die andere Anwender über ein Netzwerk zugreifen können. Sie können z. B. die Platzierungen der Anzeigen definieren, ein Kollege greift auf diesem Bereich zu und erstellt die Anzeige. Das Gleiche funktioniert auch mit Artikeln für Redakteure. Die Composition Zones haben fast die Funktionalität eines teuren Redaktionssystems.

Composition Zones mit ausgewählten Objekten erstellen

Es gibt drei Möglichkeiten, eine Composition Zone in einem Layout zu definieren. Mit dem ersten Weg werden bereits platzierte Rahmen in eine Composition Zone umgewandelt. Dazu müssen Sie nur die gewünschten Objekte auswählen und danach im Menü *Objekt* die Funktion *Composition Zones -> Anlegen* wählen. Die ausgewählten Objekte werden nun mit einer blauen Fläche hinterlegt, als Kennzeichen für eine Composition Zone.

Über das Menü „Objekt" können ausgewählte Objekte in eine Composition Zone umgewandelt werden.

Composition Zones werden im Layout mit einer blauen Fläche hinterlegt.

Der nächste Schritt besteht darin, die eben angelegte Composition Zone für die gemeinsame Nutzung freizuschalten. Dazu brauchen Sie die Palette *Mehrfach genutzte Inhalte* aus dem Menü *Fenster.* Wählen Sie die Composition Zone aus und klicken Sie in der Palette auf das Symbol *Neu.* Daraufhin wird ein Fenster geöffnet, in dem Sie die Eigenschaften der Composition Zone festlegen müssen.

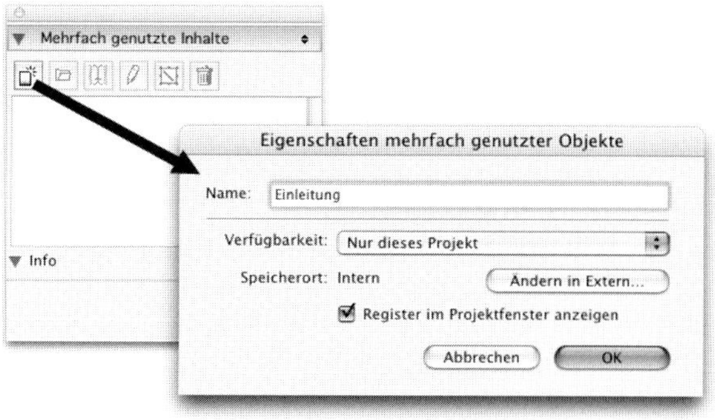

Für die mehrfache bzw. gemeinsame Nutzung von Composition Zones müssen diese erst freigeschaltet werden.

Zuerst sollten Sie einen sinngemäßen Namen vergeben, damit wird die Verwaltung erleichtert. Als Nächstes müssen Sie mit dem Pop-up-Menü *Verfügbarkeit* entscheiden, ob die Composition Zone *Nur für dieses Projekt* oder auch für *Alle Projekte* freigeschaltet werden soll.

*Die Option **Alle Projekte** müssen Sie immer dann einstellen, wenn Sie die Composition Zone mit anderen Anwendern teilen oder auch in einem anderen Dokument verwenden wollen.*

Mit der Schaltfläche *Ändern in Extern* wird die Composition Zone als eigenes QuarkXPress-Dokument auf der Festplatte gesichert. Näheres erfahren Sie im Abschnitt „Externe Composition Zones".

Um den Inhalt einer Composition Zone, das so genannte Composition Layout, zu bearbeiten, wird normalerweise ein eigenes Dokumentfenster geöffnet. In diesem Fenster können Sie dann den Inhalt bearbeiten.

Um einen schnelleren Zugriff auf das Composition Layout zu erhalten, können Sie mit der Option *Register im Projektfenster anzeigen* ein eigenes Register im unteren Bereich des Dokumentenfensters einblenden. Ein Klick auf das Register öffnet das Composition Layout zur Bearbeitung.

Nur interne Composition Zones können mit einem Register angezeigt werden. Für externe Composition Zones ist das nicht möglich.

Die Composition Zones können als eigene Register im Dokumentfenster angezeigt werden.

Composition Zones mit dem Werkzeug aufziehen

Composition Zones können nicht nur mit bereits platzierten Objekten erstellt werden, sondern auch mit einem speziellen Werkzeug. Mit dem Werkzeug *Composition Zones* in der Werkzeugpalette können Sie ganz einfach einen Bereich aufziehen und als Zone definieren. Die nächsten Arbeitsschritte sind gegenüber der ersten Methode gleich. Die Composition Zone muss wieder für die Mehrfachnutzung freigegeben werden.

Das gesamte Layout als Composition Zone festlegen

Mit den ersten beiden Methoden werden Composition Zones immer nur von Teilbereichen des Layouts erstellt. Um nun das gesamte Layout, dazu zählen auch alle Seiten im Layout, als Composition Zone zu definieren, bedarf es einer anderen Vorgehensweise. Im Menü *Layout* finden Sie die Funktion *Erweiterte Layouteigenschaften.* Das Fenster für diese Funktion enthält die Optionen für die Definition des gesamten Layouts als Composition Zone.

Mit den „Erweiterten Layouteigenschaften" können ganze Layouts als Composition Zone festegelegt werden.

Eigentlich müssen Sie nur die Option *Layout mehrfach nutzen* aktivieren. Die anderen beiden Einstellungen haben die gleiche Auswirkung wie bei den anderen Methoden. Im Gegensatz zu den anderen Möglichkeiten wird das gesamte Layout nicht mit einer blauen Fläche hinterlegt.

Externe Composition Zones

Composition Zones können als externes QuarkXPress-Dokument gesichert werden, damit andere Anwender dieses Dokument öffnen und bearbeiten können. Denken Sie an das Beispiel mit den Anzeigen. Sie erstellen eine externe Composition Zone und geben diese externe Datei an den Kollegen, der die Anzeigen erstellt. Nachdem der Kollege die Anzeige in der externen Datei erstellt hat, muss sie nur noch im Layout aktualisiert werden. Somit können Sie die Bearbeitung von verschiedenen Bereichen eines Dokuments auf mehrere Anwender verteilen.

Das Umwandeln einer internen in eine externe Zone ist ganz einfach. In der Palette *Mehrfach genutzte Inhalte* wählen Sie nur die gewünschte Composition Zone aus und klicken auf die Schaltfläche *Bearbeiten* im oberen Bereich der Palette. Daraufhin wird das Fenster *Eigenschaften* geöffnet. Jetzt müssen Sie nur noch auf die Schaltfläche *Ändern in Extern* klicken, einen Speicherort wählen und die Eingabe bestätigen. Fertig!

Wenn Sie eine Composition Zone extern speichern, wird sie immer automatisch auch für alle Projekte verfügbar gemacht. Dies kann nicht geändert werden.

Mit einem Klick wird eine Composition Zone extern gespeichert.

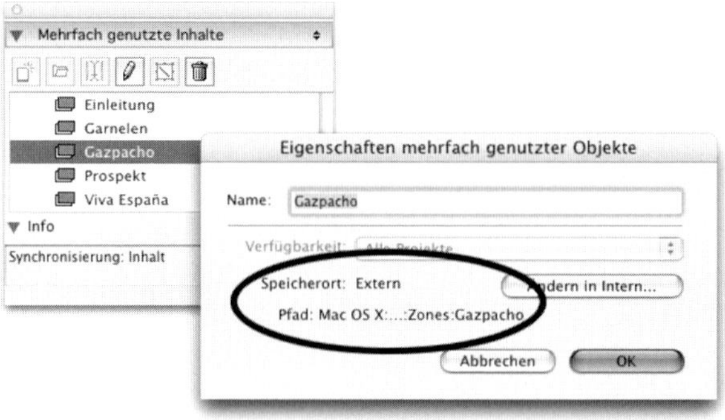

Der Speicherort und die Art der Composition Zone werden in den Eigenschaften angezeigt.

Die externe Composition Zone kann jederzeit wieder in eine interne umgewandelt werden. Dazu müssen Sie nur wieder die Eigenschaften öffnen und dieses Mal auf die Schaltfläche *Ändern in Intern* klicken.

Externe Composition Zones aktualisieren

Eine extern gespeicherte Zone wird behandelt wie ein verknüpftes Bild. Es kann also genauso wie ein Bild aktualisiert werden bzw. beim Fehlen der Datei erneut verknüpft werden. Das Aktualisieren passiert normalerweise automatisch in einem bestimmten Zeitintervall. Dieses Zeitintervall kann von Ihnen eingestellt oder sogar deaktiviert werden. Dazu müssen Sie die *Kollaborationseinstellungen* aus dem Menü *Ablage/Objekt* öffnen. Im Register *Aktualisieren* befinden sich die Einstellungen für das automatische Aktualisieren.

In den Kollaborationseinstellungen kann das Zeitintervall für die automatische Aktualisierung eingestellt werden.

Die Option *Beim Öffnen* aktualisiert die Composition Zones immer dann, wenn das QuarkXPress-Dokument geöffnet wird.

Mit der Option *Vor der Ausgabe* werden die Composition Zones aktualisiert, wenn Sie einen Ausdruck machen oder eine PDF-Datei exportieren.

Die letzte Option *Während der Bearbeitung* aktualisiert die Zonen mit dem im Feld *Aktualisierungsintervall* eingestellten Zeitraum.

Eine andere Methode, die Composition Zones zu aktualisieren, ist das Dialogfeld *Verwendung* aus dem Menü *Hilfsmittel.* Dort finden Sie in der Kategorie *Composition Zones* alle verknüpften externen Zonen. Das Aktualisieren funktioniert genauso wie bei Bildern. Einfach die gewünschte Zone auswählen und auf die Schaltfläche *Aktualisieren* klicken.

Die folgenden verschiedenen Statusanzeigen kann eine Composition Zone haben:

OK bedeutet, dass QuarkXPress den Ort des Composition Layouts kennt und dass dieser nicht verändert wurde.

Modifiziert bedeutet, dass das Änderungsdatum sich vom Zustand beim Import unterscheidet. Das bedeutet gewöhnlich, dass das Composition Layout verändert wurde.

Fehlt zeigt an, dass QuarkXPress die Datei nicht findet oder dass der Dateiname sich geändert hat.

Nicht verknüpft zeigt an, dass die Verfügbarkeit im Quellprojekt von *Alle Projekte* in *Nur dieses Projekt* geändert wurde.

Nicht verfügbar zeigt an, dass das Composition Layout nicht aktualisiert werden kann. Ein Grund dafür könnte sein, dass der Layouttyp von „Print" in „Web" geändert wurde.

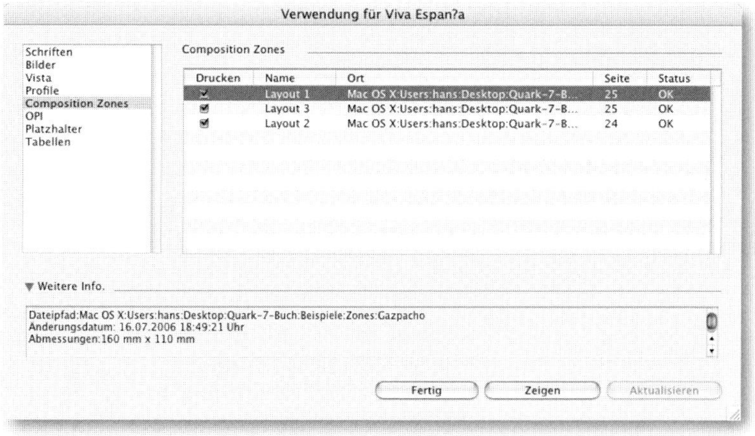

Im Fenster „Verwendung" werden die verknüpften Composition Zones verwaltet.

Composition Zones verknüpfen

Wie man eine interne und externe Composition Zone anlegt, wissen Sie ja nun. Jetzt nehmen wir den Fall an, Sie erhalten von einem anderen Anwender eine Composition Zone zugeschickt, z. B. eine fertige Anzeige oder einen Artikel. Nun müssen Sie die gelieferte Composition Zone in ein QuarkXPress-Dokument einbinden bzw. verknüpfen.

Um eine Composition Zone zu importieren, brauchen Sie die *Kollaborationseinstellungen* aus dem Menü *Ablage/Datei.* Im Register *Verknüpfte Layouts* finden Sie die Funktionen für den Import. Klicken Sie einfach auf die Schaltfläche *Layout verknüpfen* und wählen danach das QuarkXPress-Dokument aus, das die Composition Zone enthält. Alternativ zu den Kollaborationseinstellungen können Sie auch die Funktion *Anfügen* aus dem Menü *Datei/Ablage* verwenden.

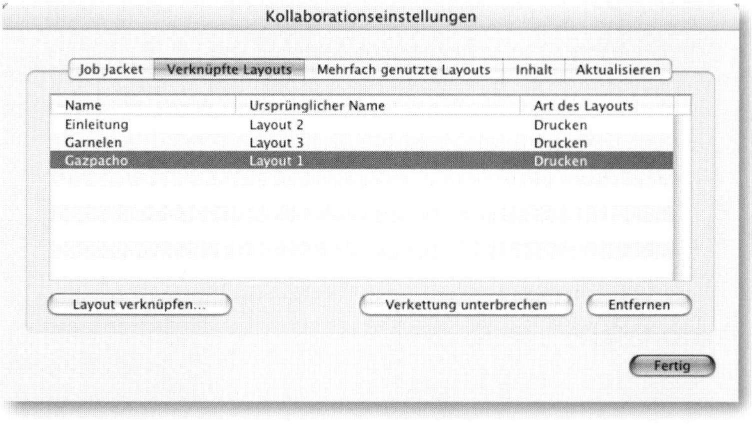

Mit den „Kollaborationseinstellungen" können externe Composition Zones von anderen Anwendern oder anderen Projekten importiert werden.

Hat das gewählte Dokument keine freigegebenen Composition Zones, öffnet sich eine Fehlermeldung. Für den Import muss eine Composition Zone den Status *Verfügbarkeit: Alle Projekte* haben.

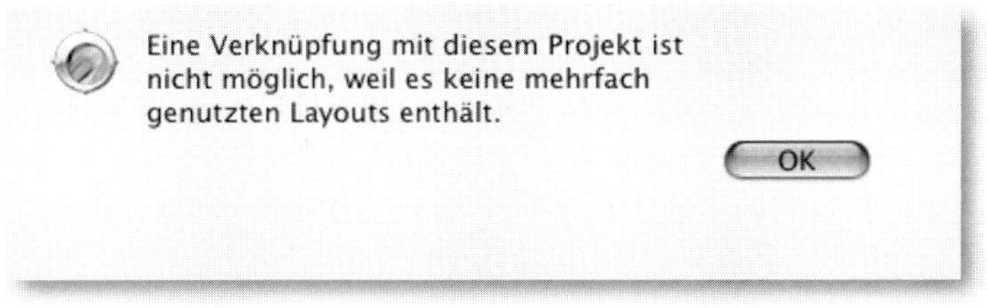

Diese Meldung erscheint, wenn Sie eine nicht freigegebene Composition Zone importieren wollen.

Wenn Sie ein QuarkXPress-Dokument auswählen, das mehrere Composition Zones enthält, dann werden alle freigegebenen Zonen des Dokuments importiert. Um nur eine ganz bestimmte Composition Zone zu importieren, müssen Sie sie vorher in eine externe Zone umwandeln und danach die externe Datei importieren.

Composition Zones platzieren

Hat beim Importieren bzw. Verknüpfen alles geklappt, dann finden Sie die importierten Composition Zones in der Palette *Mehrfach genutzte Inhalte*. Von dort aus können Sie die Zonen einfach per Drag-and-Drop in das Layout platzieren. Die Composition Zone wird immer in Originalgröße ins Layout eingefügt.

Per Drag-and-Drop werden die importierten Composition Zones im Layout platziert.

Composition Zones lassen sich nicht mit dem Objekt- oder Inhaltswerkzeug vergrößern bzw. verkleinern. Dazu muss der Inhalt der Composition Zone erst geöffnet werden (siehe Abschnitt „Composition Zones bearbeiten").

Composition Zones und Composition Layouts bearbeiten

Vielleicht haben Sie schon festgestellt, dass eine Composition Zone sich nicht vergrößern oder verkleinern lässt. Zwar hat die Zone acht Rahmenanfasser wie jeder andere Rahmen, allerdings funktionieren sie nicht so wie gewohnt. Um die Größe zu ändern, müssen Sie den Inhalt, also das Composition Layout der Composition Zone, öffnen bzw. bearbeiten. Dafür gibt es mehrere Wege. Der einfachste und schnellste Weg führt über das Kontextmenü (*rechte Maustaste* bzw. *Ctrl + Klick*). Dort wählen Sie die Funktion *Composition Zone -> Bearbeiten* aus. Die Funktion finden Sie auch im Menü *Objekt.*

Je nach den eingestellten Eigenschaften wechselt QuarkXPress in ein anderes Register innerhalb des Projekts oder das Composition Layout wird in einem eigenen Fenster geöffnet. Wenn Sie den Inhalt einer verknüpften bzw. importierten Composition Zone bearbeiten, wird unter Umständen das Projekt geöffnet, in dem die Zone enthalten ist.

In diesem Beispiel wurde der Inhalt der Composition Zone in einem eigenen Fenster geöffnet.

Das geöffnete Composition Layout wird genauso bearbeitet wie jedes andere Layout in QuarkXPress. Sie können die Rahmen und die Inhalte der Rahmen ganz normal mit dem Objekt- und Inhaltswerkzeug bearbeiten. Um nun die Größe des Layouts und damit die Größe der Composition Zone zu verändern, brauchen Sie die *Layouteigenschaften (Apfel/Strg + Alt + Shift + P)* aus dem Menü *Layout.* Im Fenster *Layouteigenschaften* können Sie nun die Breite und Höhe des Layouts bzw. der Zone angeben. Sie sollten auch daran denken, einen Namen für das Layout zu vergeben. Das erleichtert die Verwaltung der Composition Zones.

In den „Layouteigenschaften" können Sie die Größe und den Namen eines Composition Layouts verändern.

Um die Bearbeitung des Composition Layouts zu beenden, brauchen Sie nur das Projektregister im unteren Teil des Fensters zu wechseln oder das Fenster mit dem Composition Layout zu schließen. Die Veränderungen des Composition Layouts werden je nach gewählter Aktualisierungseinstellung sofort übernommen.

Composition Layouts mit mehreren Seiten

Wie bereits weiter vorne erwähnt, kann eine Composition Zone bzw. das darin enthaltene Layout auch mehrere Seiten umfassen. Natürlich können nicht alle Seiten gleichzeitig in der Zone angezeigt werden. Standardmäßig nimmt QuarkXPress die erste Seite des Composition Layouts. Diese kann aber jederzeit gewechselt werden. Ein kleines Beispiel: Nehmen wir an, Sie erhalten von einem Kollegen ein QuarkXPress-Dokument, das eine Anzeige in verschiedenen Designs auf mehreren Seiten enthält. Sie wollen nun das Design von Seite 4 für eine Zeitschrift übernehmen. Sie importieren und platzieren das Dokument als Composition Zone und öffnen danach das Fenster *Modifizieren (Apfel/Strg + M)* aus dem Menü *Objekt.* Im Register *Layout* können Sie nun die Seite des Composition Layouts wechseln, um ein anderes Design zu erhalten. Somit kann in unserem Beispiel auf einfache und schnelle Weise das Design einer platzierten Anzeige gewechselt werden.

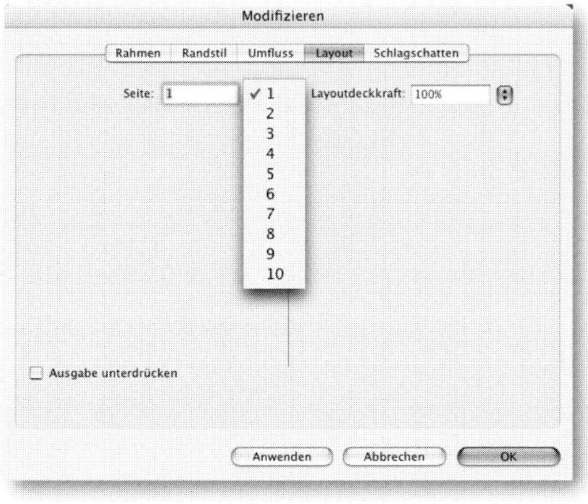

Im Fenster „Modifizieren" kann die Seite des Composition Layouts gewechselt werden.

Composition Zones auflösen

Normalerweise kann eine Composition Zone nicht mehr rückgängig gemacht bzw. aufgelöst werden. QuarkXPress hat leider keine Funktion dafür. Mit einem kleinen Trick funktioniert es aber doch. Dazu müssen Sie die Composition Zone mit der Funktion *Composition Zone -> Bearbeiten* aus dem Menü *Objekt* für die Bearbeitung öffnen. Danach wählen Sie alles mit *Apfel/Strg + A* aus und kopieren die Objekte mit *Apfel/Strg + C*. Jetzt schließen Sie die Composition Zone bzw. wechseln wieder ins Layout zurück und löschen dort die Composition Zone. Nun müssen Sie nur noch mit *Apfel/Strg + V* den zuvor kopierten Inhalt der Composition Zone wieder ins Layout einfügen. Fertig!

Dies ist leider der einzige Weg, um eine Composition Zone zu löschen und den Inhalt der Zone zu behalten. Besser wäre es, wenn QuarkXPress eine spezielle Funktion dafür bereitstellen würde.

Kapitel 8

Job-Jackets – der bessere Workflow

Job-Jackets – der bessere Workflow

Den meisten Anwendern dürften die verschiedenen Probleme während der Produktion eines Print- oder Web-Layouts bekannt sein. Besonders die Probleme bei der Weitergabe der Daten. Gerade bei Printprodukten können sehr viele Stolperfallen auftreten, z. B. wenn das Dokument Bilder mit RGB-Farben enthält oder die Bilder die falsche Auflösung haben. Vielleicht hat das Dokument auch zu viele Volltonfarben oder verwendet keine Postscript-Schriften. Diese und ähnliche Probleme tauchen bei der täglichen Arbeit auf. Mithilfe von Preflight-Programmen, die teuer bezahlt werden müssen, kann eine Vielzahl der Probleme in einem Dokument aufgespürt und teilweise auch beseitigt werden.

Mit QuarkXPress 7 können nun diese ganzen Probleme bereits während der Produktion verhindert werden. Das Zauberwort heißt „Job-Jackets". Durch die Job-Jackets können Layouts mit ganz bestimmten einzuhaltenden Spezifikationen belegt werden. So kann z. B. in einem Job-Jacket die erlaubte Auflösung der Bilder festgelegt werden oder wie viele und welche Farben das Layout verwenden darf. Darüber hinaus kann das Dokument mit einer integrierten Preflight-Funktion auf die im Job-Jacket enthaltenen Spezifikationen überprüft werden. Die Job-Jackets erlauben Ihnen auch, die definierten Spezifikationen für ein Layout auf beliebig viele andere Layouts anzuwenden bzw. die Spezifikationen mit anderen Anwendern auszutauschen.

Job-Jackets können aber noch mehr. Man kann damit Vorlagen erstellen, die bereits alle benötigten Eigenschaften enthalten, z. B. Stilvorlagen, Farben oder S&B-Einstellungen. Die Job-Jackets gehen sogar noch weiter: Die verschiedenen Ressourcen der Layouts lassen sich gegenseitig synchronisieren. So können etwa Änderungen in Stilvorlagen oder Farben automatisch auf andere Layouts übertragen werden. Dadurch wird vermieden, dass z. B. der Prospekt für einen Kunden eine andere Farbe verwendet als der Katalog des Kunden.

Die Job-Jackets sind eine Funktion von QuarkXPress, die wie das Farbmanagement nicht ausgeschaltet werden kann. Jedes Projekt, das Sie in QuarkXPress 7 erstellen, enthält immer automatisch ein Job-Jacket.

Struktur der Job-Jackets

Job-Jackets sind XML-Strukturen mit Spezifikationen und Regeln für die Produktion und Überprüfung von QuarkXPress-Layouts. Vom Aufbau her lassen sich Job-Jackets mit einem Ordner vergleichen, der „Job-Tickets" mit Beschreibungen der verschiedenen Projekt- und Layoutarten enthält.

Die Job-Jackets von QuarkXPress basieren auf der neuesten Fassung des JDF-Schemas (Job Definition Format). JDF ist ein XML-basierter, von der CIP4 (International Cooperation for the Integration of Processes in

Prepress, Press and Postpress Organization) entwickelter und betreuter Standard. JDF soll die Bewegung eines Druckjobs im Verlauf des gesamten Druckprozesses standardisieren, angefangen beim Layout über Prepress und Druck bis hin zum Schneiden, Binden und Ausliefern. JDF wird von einer Vielzahl von Geräten unterstützt. Es bietet eine ausgezeichnete Möglichkeit, Automatisierungen in Druck-Workflows einzuführen.

Über die Spezifikationen von QuarkXPress-Dokumenten hinaus wie Stilvorlagen, Farben, Schriften usw. können Job-Jackets noch zusätzliche Informationen enthalten wie die Bindungsart oder Crossover-Einstellungen. Job-Jackets können auch die Zusammenarbeit in Arbeitsgruppen erleichtern. Wenn mehrere Anwender an Layouts arbeiten, deren Spezifikationen übereinstimmen, können sie ihre Projekte mit einer gemeinsam genutzten Job-Jacket-Datei verknüpfen. Ändert ein Layouter nun z. B. eine Farbe, erreicht die Änderung automatisch die Layouts der übrigen Layouter.

Aufbau

Job-Jackets sind mit folgenden Einzelelementen aufgebaut:

- Ressourcen
- Job-Ticket und Job-Ticket Vorlagen
- Verknüpfte und eingebettete Job-Jackets
- Freigegebene Job-Jackets

Ressourcen

Job-Jackets enthalten mehrere unterschiedliche Ressourcen. Diese werden wie folgt unterschieden:

Ressourcen auf Projektebene: Spezifikationen, die sich auf ein bestimmtes Projekt anwenden lassen, z. B. Stilvorlagen, Farben, Ausgabestile und Einstellungen für das Farbmanagement.

Ressourcen auf Layoutebene: Spezifikationen, die auf bestimmte Layouts angewendet werden:

- *Layoutspezifikationen:* Einstellungen, die sich zum Zuweisen einer bestimmten Größe, Ausrichtung usw. des Layouts verwenden lassen.
- *Ausgabespezifikationen:* Einstellungen, die dem Konfigurieren eines Layouts für die korrekte Ausgabe auf einem bestimmten Ausgabegerät dienen.
- *Regeln und Regelgruppen:* Überprüfungen, die durchgeführt werden können, um ein Layout zu begutachten und die Einhaltung der Spezifikationen zu prüfen.

Darüber hinaus können Job-Jackets bestimmte Datenressourcen enthalten:

Job-Beschreibungen: Dazu zählen die Auftragsnummer, Revisionsnummer, Anweisungen, Hinweise und Stichwörter.

Kontaktdaten: Kontaktdaten desjenigen, der den Job definiert, und anderer mit dem Job befasster Personen. Die Kontaktdaten erleichtern das Auffinden der passenden Person im Falle eines Problems mit dem Auftrag.

Job-Tickets

Ein Job-Jacket kann verschiedene Job-Tickets enthalten. Diese wiederum enthalten einen bestimmten Ressourcensatz, der auf ein QuarkXPress-Dokument angewendet werden kann. Innerhalb eines Job-Tickets sind die Ressourcen in folgende Gruppen aufgeteilt:

Projekteinstellungen: Eine Gruppe von Ressourcen auf Projektebene, die auf ein einzelnes Projekt angewendet werden können. Zu den Projekteinstellungen zählen Stilvorlagen, Farben, Ausgabestile und Einstellungen für das Farbmanagement. Jedes Job-Ticket enthält einen Satz Projekteinstellungen.

Layoutdefinitionen: Gruppen von Ressourcen auf Layoutebene, die sich alle auf ein einzelnes Layout anwenden lassen. Jedes Job-Ticket kann eine oder mehrere (oder auch keine) Layoutdefinitionen enthalten. Eine Layoutdefinition kann Folgendes umfassen:

- eine Layoutspezifikation für Seitengröße, Ausrichtung, Ränder usw.
- eine oder mehrere (oder keine) Ausgabespezifikationen für das Drucken, den PDF-Export oder den EPS-Export
- eine oder mehrere (oder keine) Regelgruppen zur Überprüfung des Dokuments auf Einhaltung der Spezifikationen (Preflight)
- eine Layoutart (Print oder Web)
- Farbmanagement-Einstellungen
- Proofing-Spezifikationen (Proof-Ausgabe)
- informative Ressourcen (Beschreibung, Auftragsbeschreibung und Anweisungen/Hinweise)

Es gibt drei verschiedene Arten von Job-Tickets, die *Job-Tickets Vorlagen, aktive Job-Tickets* und *zurückgestellte Job-Tickets.*

Eine *Job-Ticket Vorlage* ist ein „Muster", von dem aus beliebig viele neue Job-Tickets erstellt werden können, ähnlich einer QuarkXPress-Vorlagendatei.

Aktive Job-Tickets sind mit einem QuarkXPress-Dokument verknüpfte Kopien einer Job-Ticket Vorlage.

Zurückgestellte Job-Tickets sind auch Kopien einer Vorlage, die mit einem QuarkXPress-Dokument verknüpft wurden, aber nicht mehr verknüpft sind. Das passiert z. B., wenn ein Dokument ohne zu speichern geschlossen wird. Das Job-Ticket taucht zwar noch im *Job-Jacket Manager* auf, ist aber zurückgestellt.

Erstellen von Job-Jackets

Nach der Theorie wenden wir uns dem Erstellen eines Job-Jackets zu. Dazu benötigen wir den *Job Jackets Manager,* der sich im Menü *Hilfsmittel* befindet. Der Job Jackets Manager hat zwei verschiedene Modi, den *Standardmodus* und den *erweiterten Modus.*

Der *Standardmodus* ist für Anwender gedacht, welche die erweiterten Möglichkeiten des Job-Jackets nicht benötigen. Er stellt alle Funktionen zum Erstellen, Bearbeiten, Verwalten und der gemeinsamen Nutzung der Job-Jackets zur Verfügung.

Der *erweiterte Modus* bietet darüber hinaus dem Anwender die Möglichkeit, neue Ressourcen wie Bindungsarten oder Regelgruppen anzulegen. Er hat eine andere Benutzeroberfläche als der Standardmodus.

Standardmodus

Im Standardmodus finden Sie im oberen Teil des Managers die verschiedenen Funktionen zum Erstellen und Verwalten der Job-Jackets. Durch einen Klick auf das Symbol *Neues Job-Jacket* wird ein Fenster geöffnet, in dem die Parameter für das neue Jacket festgelegt werden.

So sieht der „Job Jackets Manager" im Standardmodus aus.

Zuerst sollten Sie einen Namen für das Job-Jacket eingeben. Das erleichtert Ihnen das Verwalten der Job-Jacket Dateien. Da ein Job-Jacket verschiede Job-Tickets enthalten kann, sollten Sie einen Namen verwenden, der alle Projekte beschreibt, die das Jacket verwenden. Wenn Sie z. B. ein Jacket für den Kunden „Schneider" anlegen, dann sollte das Jacket sinnvollerweise den Namen „Mappe für Kunde Schneider" tragen.

Als zweiten Arbeitsschritt sollen Sie den Speicherort festlegen. Im unteren Bereich befindet sich dafür das Pop-up-Menü *Sichern unter.* Wenn Sie die Option *Standard Jacket-Ordner* wählen, dann werden die Jackets im Dokumentenordner Ihres Rechners als XML-Datei abgelegt. Mit *Projektordner* werden die Jackets in den Ordner des geöffneten Projekts gelegt. Mit der letzten Option *Anderer Wert* können Sie einen eigenen Speicherort für das Jacket bestimmen.

Da jedes Projekt ein Job-Jacket bzw. ein Job-Ticket enthält, können Sie den Speicherort für geöffnete Projekte nur ändern, wenn die Option ***Dieses Job-Jacket mehrfach nutzen*** *aktiviert ist. Ein Job-Jacket, das nicht mehrfach genutzt wird, ist in der Projektdatei gespeichert. Wenn Sie ein Job-Jacket erstellen, ohne ein Projekt geöffnet zu haben, lässt sich der Speicherort ohne Aktivierung der Option festlegen.*

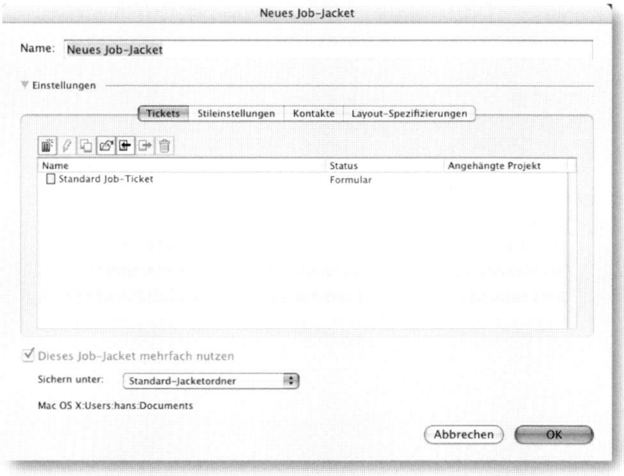

Der Name und der Speicherort eines Job-Jackets sollten zuerst festgelegt werden.

Mit der Option *Dieses Job-Jacket mehrfach nutzen* können Sie das Jacket anderen Benutzern zugänglich machen. Die Aktivierung ist sinnvoll, wenn z. B. die Jacket-Datei auf einem Server gesichert wird und andere Anwender Zugriff auf das Jacket haben sollen. Ein Jacket kann auch nachträglich in den *Kollaborationseinstellungen* im Menü *Datei/Ablage* für die mehrfache Nutzung aktiviert werden.

Job-Jacket einstellen

Wenn Sie ein neues Job-Jacket erstellen oder durch einen Klick auf das Symbol *Bearbeiten* das Fenster öffnen, in dem die Eigenschaften eines Jackets definiert werden, finden Sie im Bereich *Einstellungen* mehrere Register. Mit diesen Registern werden die Eigenschaften des Jackets festgelegt, die wir an dieser Stelle im Einzelnen behandeln wollen. Das Register *Tickets* werden wir erst am Ende dieses Abschnitts behandeln, da es einige Funktionen enthält, die mit den anderen Registern identisch sind.

Stileinstellungen

In diesem Register können Sie dem Job-Jacket Stile in Form von Zeichen- und Absatzstilvorlagen, Farben, Striche und Streifen, S&B-Einstellungen und Listeneinstellungen hinzufügen. Diese hinzugefügten Stile können dann beim Anlegen eines neuen Dokuments automatisch ins Layout übernommen werden. Denken Sie an die verschiedenen Standardeinstellungen, die bei unterschiedlichen Kundenprojekten benötigt werden, z. B. die Hausfarben des Kunden oder die verwendeten Hausschriften bzw. Stilvorlagen des Kunden. Diese Dinge können sofort beim Anlegen eines neuen Dokuments hinzugefügt werden, was Ihnen einiges an Zeit erspart.

Um nun dem Job-Jacket Stile hinzuzufügen, müssen Sie zuerst einstellen, von welchem Dokument die Stile übernommen werden sollen. Dafür wird das Pop-up-Menü *Anhängen von* gebraucht. Mit der Option *Programm* können Sie die Stile von den aktuellen Grundeinstellungen des Programms übernehmen.

Diese Programmstile betreffen Einstellungen, die Sie in QuarkXPress vorgenommen haben, als kein Dokument geöffnet war. Wenn Sie also z. B. eine neue Farbe anlegen und es ist kein Dokument geöffnet, dann wird die neue Farbe als Standardeinstellung für das Programm übernommen. Das trifft auch auf Stilvorlagen oder S&B-Einstellungen zu. Immer wenn Sie eine Einstellung vornehmen, wenn kein Dokument bzw. Projekt geöffnet ist, gelten diese Einstellungen ab sofort als Standardeinstellung für jedes neue angelegte Dokument. Was eigentlich passiert, ist, dass sich das ***Standard Job-Ticket*** *verändert, und immer, wenn Sie ein neues Projekt erstellen, basiert es auf diesem Standard Job-Ticket.*

Mit der zweiten Option *Durchsuchen* können Sie eine beliebige QuarkXPress-Datei auswählen, von der die Stile übernommen werden sollen.

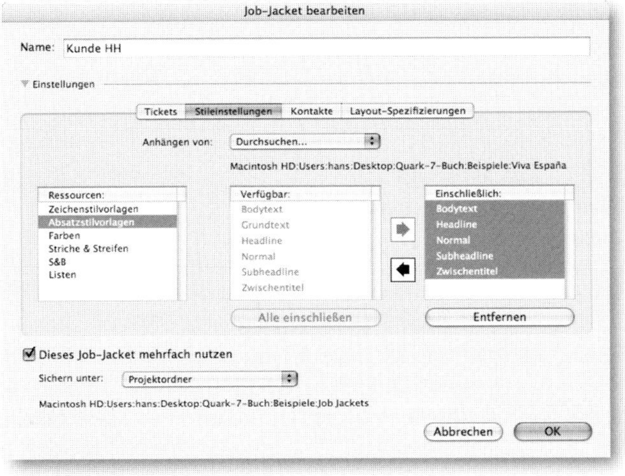

Im Register „Stileinstellungen" können dem Job-Jacket u. a. Stilvorlagen und Farben zugewiesen werden.

Wenn Sie nun bestimmt haben, von wo die Stile übernommen werden, dann wählen Sie in der ersten Spalte die gewünschte *Ressource* aus und in der mittleren Spalte tauchen dann die verfügbaren Einstellungen auf. Mit den beiden schwarzen Pfeilen zwischen der mittleren und rechten Spalte können Sie die Einstellungen zum Job-Jacket hinzufügen bzw. daraus entfernen.

Kontakte

Im Allgemeinen ist es so, dass ein Abteilungs- oder Projektleiter bzw. ein Sachbearbeiter ein Job-Jacket erstellt. Diese Person wird auch als *Job Definer* in QuarkXPres bezeichnet, ist also die Person, welche die Rahmenbedingungen für ein Projekt definiert. Der Job Definer weiß, welche Farben, Formate, Schriften und sonstige Eigenschaften für ein Kundenprojekt gebraucht werden. Diese Eigenschaften können in einem Job-Jacket festgelegt werden, um gewisse Rahmenbedingungen des Projekts zu bestimmen.

Wenn nun während der Arbeit im Projekt bzw. Layout Fragen zu den Rahmenbedingungen auftreten, dann braucht der Anwender bzw. Layouter eine Ansprechperson, um die Fragen bzw. Probleme zu klären.

Im Register *Kontakte* kann nun der Job Definer seine Kontaktdaten für eventuelle Rückfragen oder auftauchende Probleme im Job-Jacket hinzufügen. Dadurch wird dem Layouter das Rückfragen erleichtert, da er ganz gezielt die Person ansprechen kann, welche die Einstellungen für das Job-Jacket definiert hat.

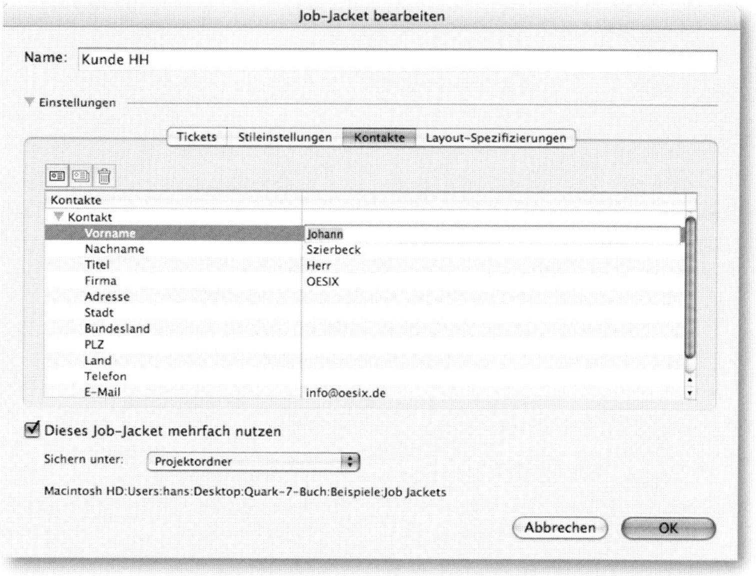

Im Register „Kontakte" kann der „Job Definer" seine Kontaktmöglichkeiten für eventuelle Rückfragen und Probleme hinterlegen.

Um nun einen neuen Kontakt hinzuzufügen, müssen Sie auf die Schaltfläche *Neuer Kontakt* klicken. Daraufhin wird ein neuer Kontakt in der Liste erstellt, den Sie nun aufklappen und verändern können.

Sie können natürlich nicht nur eine Kontaktperson in das Job-Jacket aufnehmen, sondern beliebig viele. Dazu müssen Sie nur weitere neue Kontakte hinzufügen.

Layout-Spezifizierungen

Im Register *Layout-Spezifizierungen* werden die Rahmenbedingungen für verschiedene Layouts definiert. Dort können z. B. das Papierformat, die Ränder oder der Beschnitt eines Layouts eingestellt werden. Ein Klick auf das Symbol *Neues Objekt* erstellt eine neue Spezifikation. Zuerst sollten Sie wieder den Namen der Spezifikation durch einen Doppelklick verändern. Da ein Job-Jacket meistens die Rahmenbedingungen für einen Kunden oder eine bestimmte Art von Dokumenten enthält, können Sie auch mehrere Layoutspezifikationen anlegen. Bei einem Kundenprojekt könnte man z. B. Spezifikationen für Flyer, Kataloge, Briefbögen, Plakate oder Geschäftskarten erstellen.

Folgende Spezifizierungen können eingestellt werden:

- Seitenanzahl
- Seitenbreite und -länge
- oberer, unterer, linker und rechter Rand

- Überschneidung
- Montagefläche
- Bindungsart
- Bindungsseite
- Bindungslänge
- Seitenausrichtung
- Seitenanschnitt oben, unten, links und rechts
- Farbe Standard
- Volltonfarbe
- Farben insgesamt

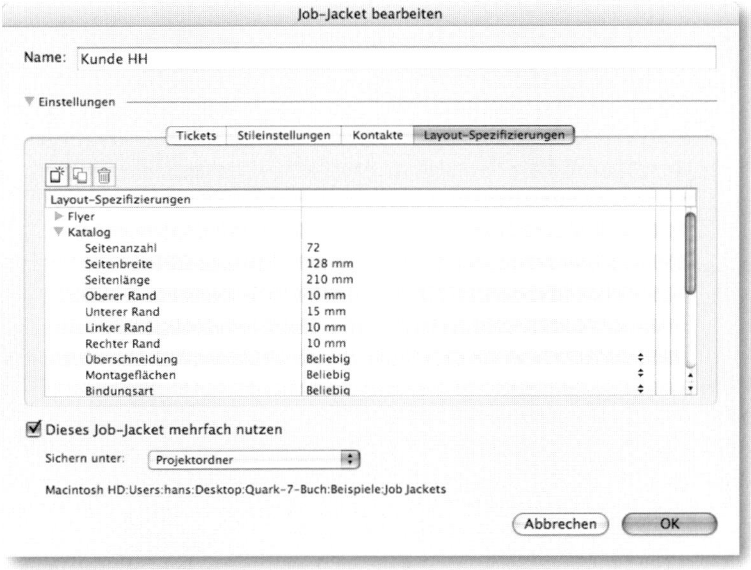

Im Register „Layout-Spezifizierungen" werden die Rahmenbedingungen für verschiedene Arten von Layouts definiert.

Wenn Sie eine Spezifikation aufklappen, sehen Sie die verschiedenen Eigenschaften, die für ein Layout eingestellt werden können. Einige der Einstellungen haben später direkte Auswirkungen auf das Anlegen von neuen Dokumenten, z. B. die Seitenanzahl oder die Seitenbreite und -höhe.

Ticket-Vorlagen

Job-Tickets bestehen aus verschiedenen Ressourcen, die auf ein QuarkXPress-Projekt angewendet werden können. Sie sind ein Bestandteil der Job-Jackets und enthalten Ressourcen auf Projektebene wie Stilvorlagen und Farben und Ressourcen der Layoutebene wie Papierformat oder Ränder.

Jedes Job-Jacket kann mehrere Tickets enthalten. Das beste Beispiel ist ein Kundenprojekt, das Tickets für Kataloge, Prospekte, Plakate oder Geschäftsdrucksachen enthält. Je nach Bedarf kann dann aus den integrierten Tickets ein QuarkXPress-Layout generiert werden, das bereits die richtige Seitenanzahl, Papierformat, Ränder, Stilvorlagen und Farben enthält.

Wenn Sie ein Job-Jacket erstellen, benötigen Sie immer mindestens ein Job-Ticket. QuarkXPress fügt beim Erstellen eines neuen Job-Jackets automatisch ein *Standard Job-Ticket* hinzu. Die Tickets in einem Job-Jacket sind immer *Ticket-Vorlagen,* dass bedeutet, diese Tickets können als Vorlage für das Erstellen von neuen QuarkXPress-Projekten verwendet werden. Alle Spezifikationen der Ticket-Vorlage werden in das Projekt übertragen. Um nun eine weitere Ticket-Vorlage anzulegen, müssen Sie im Job-Jacket Manager auf die Schaltfläche *Neue Ticket-Vorlage* klicken. Oder Sie öffnen ein Job-Jacket (Doppelklick auf das Jacket), wählen das Register *Tickets* aus und klicken auf die Schaltfläche *Neue Ticket-Vorlage*.

Jedes Job-Jacket enthält Ticket-Vorlagen und durch einen Klick auf das gekennzeichnete Symbol können neue Ticket-Vorlagen erstellt werden.

Stileinstellungen

Wenn Sie eine neue Ticket-Vorlage erstellen, sollten Sie zuerst wieder einen Namen für das Ticket vergeben. Sinnigerweise sollte der Name dem Zweck des Tickets entsprechen, also z. B. „Prospekt" oder „Hauszeitung". Das Fenster für das Bearbeiten bzw. Anlegen von Ticket-Vorlagen ist in zwei Register unterteilt. Im Register *Stileinstellungen* können Sie dem Ticket Stilvorlagen, Farben, Striche und Streifen, S&B-Einstellungen und Listeneinstellungen mitgeben. Die Vorgehensweise entspricht der des Anlegens bzw. Bearbeitens des Job-Jackets (siehe Abschnitt weiter vorne).

Im Pop-up-Menü *Anhängen von* können Sie die verschiedenen Stile aus dem aktuellen Job-Jacket übernehmen. Was normalerweise am sinnvollsten ist, da im Job-Jacket die Stile eingestellt werden, die für jedes Projekt gleich sein sollen, wie die Hausfarben eines Kunden oder die Stilvorlagen für einen bestimmten Kunden.

Mit der Option *Verknüpftes Projekt* können die Stile von einem mehrfach genutzten QuarkXPress-Projekt übernommen werden. Voraussetzung dafür ist, dass das Projekt mithilfe der *Kollaborationseinstellungen* aus dem Menü *Ablage/Datei* verknüpft wurde. Die Optionen *Programm* und *Durchsuchen* entsprechen den gleichnamigen Optionen beim Anlegen bzw. Bearbeiten eines Job-Jackets (siehe Abschnitt weiter vorne).

Das Register für die Stileinstellungen der Ticket-Vorlage.

Layouteinstellungen

Die *Layouteinstellungen* einer Ticket-Vorlage unterscheiden sich von den Einstellungen der *Layout-Spezifizierungen* des Job-Jackets. In den Layouteinstellungen des Tickets können die Anzahl der Layouts in einem QuarkXPress-Projekt und deren Eigenschaften definiert werden. Für die Eigenschaften wird dabei auf die Layout-Spezifizierungen des Job-Jackets zurückgegriffen. Das bedeutet, Sie können in diesem Dialogfenster keine Layouteigenschaften wie Papierformat oder Ränder einstellen. Dies müssen Sie im Job-Jacket im Register *Layout-Spezifizierungen* machen. Sie können lediglich einstellen, welche Layout-Spezifizierungen das Ticket verwenden soll. Dazu erweitern Sie das Fenster zuerst durch einen Klick auf den Pfeil neben der Option *Layouteigenschaften* im unteren Bereich des Fensters. Danach öffnen Sie das Pop-up-Menü *Layout-Spezifizierungen* und wählen dort ein Layout aus, das zuvor im Job-Jacket erstellt wurde.

Im Pop-up-Menü *Medienart* wird dann noch der Typ des Layouts festgelegt. Sie haben die Auswahl zwischen *Print, Web* und *Beliebig*. Für die jeweiligen Medienarten stehen in der Spalte *Ressourcen* die *Regelgruppen* und *Ausgabespezifikationen* zur Verfügung, die in das Ticket vom Job-Jacket übernommen werden können. Diese Ressourcen werden für die Überprüfung (Preflight) des Layouts verwendet (siehe Abschnitt „Layout evaluieren“). In der Spalte *Verfügbar* tauchen nur die Regelgruppen bzw. Ausgabespezifikationen des aktuellen Job-Jackets auf.

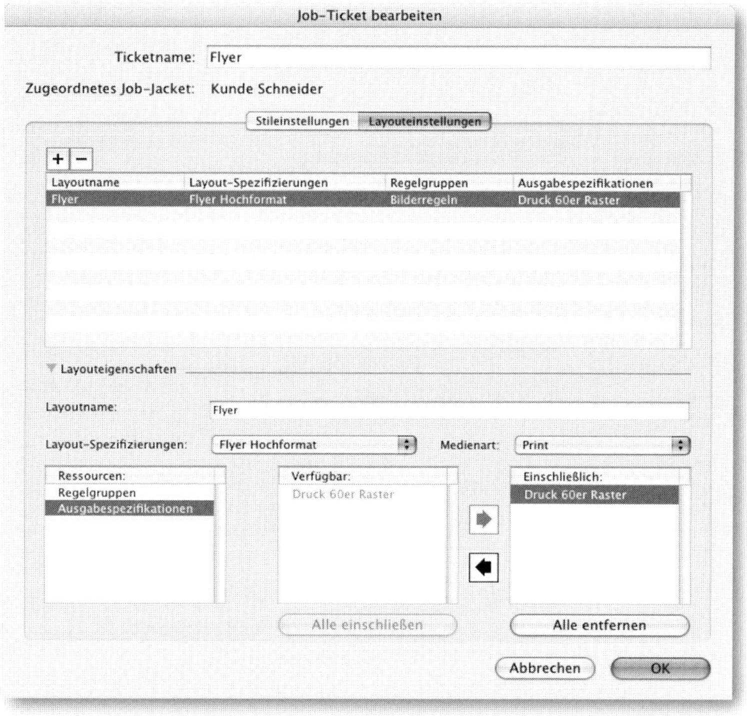

Die „Layouteinstellungen" für eine Ticket-Vorlage.

Eine Ticket-Vorlage kann mehrere Layouts enthalten. Ein Klick auf das Plussymbol im oberen Bereich des Fensters fügt ein weiteres Layout hinzu. Dies kann z. B. nützlich sein, wenn Sie mithilfe der Projektfunktion (siehe Kapitel „Projektfunktion) mehrere Layouts in einem QuarkXPress-Dokument anlegen wollen. Ein Beispiel dafür wäre eine Zeitschrift, deren einzelne Abschnitte auf verschiedene Layouts verteilt werden. Diese einzelnen Abschnitte können Sie bereits in der Ticket-Vorlage festlegen, indem Sie dem Ticket weitere Layouts hinzufügen.

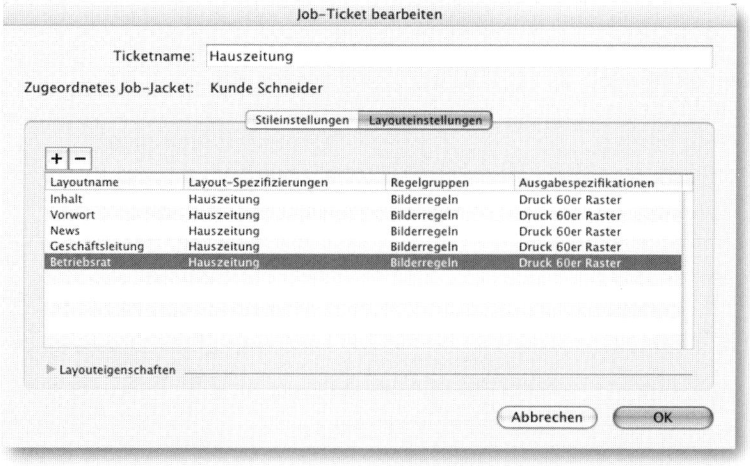

Eine Ticket-Vorlage kann auch mit mehreren Layouts versehen werden. Diese werden beim Erstellen eines QuarkXPress-Projekts als eigene Layouts angelegt (siehe nächstes Bild).

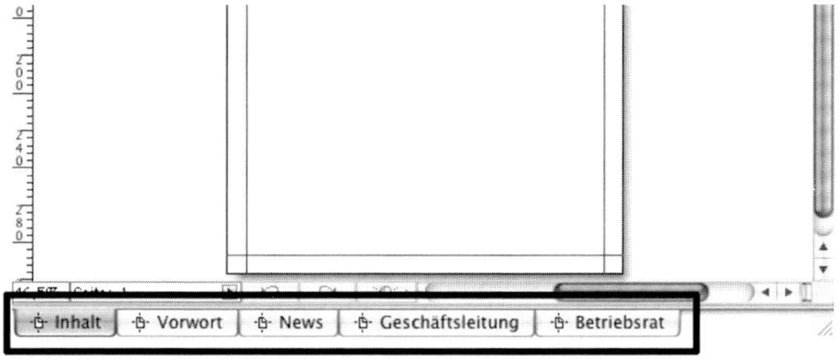

Die Layouts der Ticket-Vorlage wurden als Layouts des QuarkXPress-Projekts übernommen.

Neue Projekte mit einer Ticket-Vorlage

In den vorangegangenen Abschnitten war immer die Rede von der Ticket-Vorlage, deren Einstellungen bzw. Spezifikationen in ein neues QuarkXPress-Projekt übernommen werden können. Nun wollen wir Ihnen zeigen, wie das funktioniert.

Der Vorgang ist sehr einfach. Aus dem Menü *Datei/Ablage* wählen Sie die Funktion *Neu –> Projekt von Ticket.* Daraufhin wird ein Fenster mit allen verfügbaren Job-Jackets und deren Ticket-Vorlagen geöffnet. Suchen Sie sich die gewünschte Ticket-Vorlage aus und klicken auf die Schaltfläche *Auswählen.* QuarkXPress erstellt nun ein neues Projekt, das alle Spezifikationen (Stilvorlagen, Farben, Papierformat, Ränder, Seitenzahl usw.) des Tickets enthält.

Wenn das Fenster nicht eine gewünschte Ticket-Vorlage bzw. ein Job-Jacket enthält, dann können Sie mit einem Klick auf die Schaltfläche *Durchsuchen* ein anderes Job-Jacket laden. Das könnte z. B. ein Job-Jacket einer Druckerei oder eines Sachbearbeiters sein, das Sie per E-Mail erhalten haben oder das auf einem Server liegt.

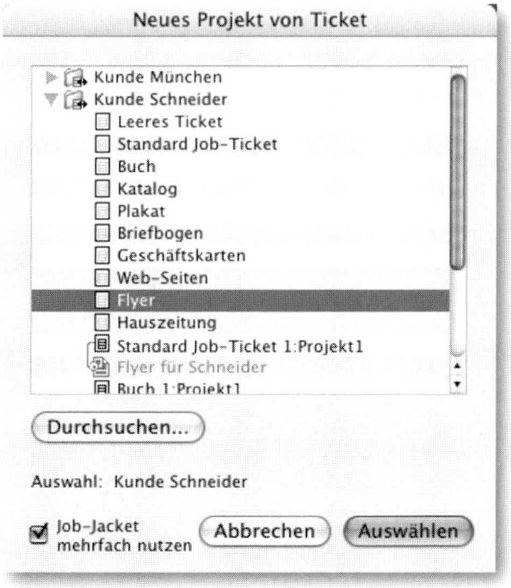

Aus einer Ticket-Vorlage kann sehr einfach und schnell ein neues QuarkXPress-Projekt generiert werden.

Tickets im- und exportieren
Ticket-Vorlagen können auch exportiert bzw. importiert werden. Diese Funktionen sind ganz besonders interessant, wenn eine Ticket-Vorlage an Kunden oder externe Mitarbeiter verschickt werden soll. Ein anderes Beispiel wäre eine Ticket-Vorlage, die Sie von einer Druckerei bekommen haben und die alle notwendigen Einstellungen für eine reibungslose Produktion enthält. Der Ticket-Im- und -Export kann sowohl im Standardmodus als auch im erweiterten Modus stattfinden. Für den Import müssen Sie zuerst ein Job-Jacket auswählen, in das das Ticket importiert werden soll. Danach klicken Sie im *Job Jackets Manager* auf die Schaltfläche *Ticket importieren* und wählen die gewünschte Ticket-Vorlage (eine XML-Datei) aus. Fertig!

Der Export geht genauso einfach. Die gewünschte Ticket-Vorlage auswählen und dann im *Job Jackets Manager* auf die Schaltfläche *Ticket exportieren* klicken und den Speicherort festlegen. Nun können Sie die Ticket-Vorlage z. B. per E-Mail an einen Kunden oder Kollegen verschicken.

Erweiteter Modus

In den vorangegangenen Abschnitten haben Sie erfahren, wie man im Standardmodus die Job-Jackets und deren Job-Tickets erstellt und bearbeitet. QuarkXPress bietet dem Anwender noch einen erweiterten Modus für das Hinzufügen bzw. Einstellen der Ressourcen des Job-Jackets und von Ticket-Vorlagen. Für die meisten Anwender reicht der Standardmodus aus, um die Job-Jackets zu verwalten bzw. zu erstellen. Um aber zusätzliche Ressourcen, beispielsweise die Art der Bindung oder Regeln bzw. Regelgruppen für die Evaluierung (Preflight), einzustellen, benötigt man den erweiterten Modus. Im *Job Jackets Manager* aus dem Menü *Hilfsmittel* müssen Sie nur auf die Schaltfläche *Erweiterte Einstellungen* klicken, um in den gleichnamigen Modus zu schalten.

Wenn Sie sich bereits im erweiterten Modus befinden und wieder auf den Standardmodus umschalten wollen, dann klicken Sie auf die Schaltfläche ***Grundeinstellungen.*** *Dadurch wird der* ***Job Jackets Manager*** *wieder im Standardmodus angezeigt.*

Der erweiterte Modus hat eine andere Arbeitsoberfläche als der Standardmodus. Im linken Bereich befinden sich die Job-Jackets mit deren Ticket-Vorlagen. Rechts oben befinden sich die verschiedenen Ressourcen und direkt darunter die Einstellungen dafür. Um nun das Job-Jacket oder eine Ticket-Vorlage zu bearbeiten, müssen Sie es in der linken Spalte auswählen und können dann rechts oben die gewünschte Ressource einstellen.

Abgeblendete Ressourcen bei einem Job-Jacket können nur auf der Job-Ticket-Ebene eingestellt werden, z. B. die Ressource ***Layouts.*** *Umgekehrt können abgeblendete Ressourcen bei einem Job-Ticket nur auf der Job-Jacket-Ebene eingestellt werden, z. B. die Ressource* ***Regelgruppen.***

Im „erweiterten Modus" des Job-Jackets Managers kann auf alle Ressourcen der Job-Jackets und der Ticket-Vorlagen zugegriffen werden.

Die Zahl in Klammern, die hinter den Ressourcen steht, zeigt Ihnen an, wie viele Objekte in der Ressource enthalten sind.

Ressourcen einstellen

Das Einstellen einer Ressource ist sehr einfach. Sie markieren die gewünschte Ressource und im Bereich rechts unten können Sie einzelne Objekte der Ressource bearbeiten bzw. neue anlegen. Ein Klick auf die Schaltfläche *Neues Objekt* fügt der Ressource ein neues Objekt hinzu, z. B. eine neue Layoutspezifikation für ein Job-Jacket.

Mit der Schaltfläche *Objekt duplizieren* werden vorhandene Objekte dupliziert. Die Schaltfläche *Objekt löschen* entfernt ein Objekt aus der Ressource.

Je nach gewählter Ressource können in den einzelnen Objekten die Einstellungen vorgenommen bzw. ausgewählt werden. Wenn Sie z. B. eine *Ausgabespezifikation* erstellen, können Sie u. a. das Bildformat aus dem Pop-up-Menü rechts neben der Einstellung wählen. Bei anderen Ressourcen müssen Sie die gewünschten Einstellungen eingeben, z. B. die Seitenbreite und -höhe bei den *Layout-Spezifizierungen* eines Job-Jackets.

Mit einem Klick auf das kleine Plus-Symbol können weitere Instanzen hinzugefügt bzw. mit dem Minus-Symbol entfernt werden. Um beim Beispiel zu bleiben: Der Einstellung *Bildformat* können die Formate TIFF und EPS hinzugefügt werden. Dadurch wird bei einer späteren Evaluierung (siehe Abschnitt weiter hinten) das QuarkXPress-Projekt auf die Verwendung von TIFF- und EPS-Bildern überprüft. Wird im Projekt ein anderes Bildformat verwendet, dann gilt dies als Fehler und wird dementsprechend angemahnt.

Dadurch hat der *Job Definer* (derjenige, der ein Job-Jacket bzw. Job-Ticket erstellt) genaue Kontrolle darüber, was in einem QuarkXPress-Projekt erlaubt ist und was nicht.

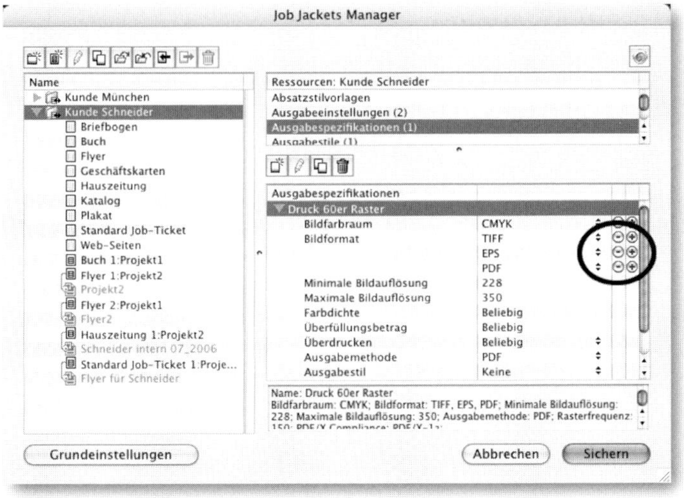

Mit den gekennzeichneten Funktionen können einer Ressource zusätzliche Instanzen hinzugefügt oder entfernt werden.

Ressourcen übernehmen/kopieren

Ressourcen müssen nicht immer neu erstellt werden, sondern können auch von anderen Job-Jackets oder Job-Tickets übernommen werden. Die Übernahme passiert einfach per Drag-and-Drop. Sie rufen die Ressource auf, die kopiert werden soll, und schieben sie ganz einfach auf das gewünschte Job-Jacket oder Job-Ticket. Die Ressourcen können von jedem Job-Jacket oder Job-Ticket kopiert werden, die im *Job Jackets Manager* aufgelistet sind.

Sie können sogar die Standard-Ressourcen des Programms anzeigen lassen und kopieren. Dazu müssen Sie nur rechts oben im Job Jackets Manager auf die Schaltfläche *Programmressourcen laden* klicken. Im Feld *Ressourcen* wird nun als Quelle das Programm angezeigt und die Ressourcen des Programms aufgelistet. Die Programmressourcen entsprechen den verschiedenen Grund- bzw. Standardeinstellungen von QuarkXPress, die der Anwender vorgenommen hat.

In diesem Beispiel wird eine Ressource des Programms in das Job-Jacket „Kunde Schneider" kopiert.

Standard Job-Jacket und Standard Job-Ticket

Wie Sie ja vielleicht wissen, werden beim Anlegen eines neuen QuarkXPress-Projekts immer die Einstellungen (Papierformat, Ränder usw.) des vorangegangenen Projekts verwendet. Wenn Sie während der Arbeit verschiedene unterschiedliche Projekte erstellen, müssen Sie jedes Mal die Einstellungen ändern. Wäre es nicht schön, wenn beim Anlegen eines neuen Projekts immer ganz bestimmte Einstellungen, wie z. B. DIN A4 mit Doppelseiten und dreispaltig, bereits eingegeben sind. Wenn Sie die Frage mit „Ja" beantworten, dann müssen Sie das *Standard Job-Jacket* bzw. die *Standard Ticket-Vorlage* von QuarkXPress bearbeiten.

Lassen Sie uns doch mal genau betrachten, was QuarkXPress macht, wenn Sie ein neues Projekt erstellen. Zuerst erstellt das Programm eine Kopie des *Standard Job-Jacket*s und bettet sie in das neue Projekt ein. Der Name des eingebetteten Job-Jackets setzt sich aus dem Dateinamen des Projekts mit dem Zusatz „Job-Jacket" zusammen. Wenn also z. B. das Projekt unter dem Namen „Katalog 2007" gespeichert wurde, dann lautet der Name des eingebetteten Job-Jackets „Katalog 2007 Job-Jacket".

Dann wird aus der *Standard Job-Ticket-Vorlage* ein Job-Ticket in dem zuvor eingebetteten Job-Jacket erstellt. Der Name dieses Job-Tickets setzt sich aus dem Dateinamen des Projekts mit dem Zusatz „Ticket" zusammen. Ähnlich wie zuvor beim Job-Jacket.

Als letzter Schritt wird das Job-Ticket mit dem Projekt verknüpft. Das bedeutet, dass Änderungen im Job-Ticket automatisch auf das QuarkXPress-Projekt übertragen werden. An diesen einzelnen Schritten können Sie erkennen, dass jedes QuarkXPress-Projekt ein Job-Jacket bzw. Job-Tickets enthält, die auf den Standards basieren.

Standards bearbeiten

Jedes Job-Jacket wird in einer XML-Datei abgelegt, auch das Standard Job-Jacket. Die Datei für das Standard Job-Jacket heißt *DefaultJacket.xml* und befindet sich bei Macintosh im Ordner *Benutzer -> Library -> Preferences -> Quark -> QuarkXPress 7.0* und bei Windows im Ordner *C:/Dokumente und Einstellungen/Benutzer/Anwendungsdaten/Quark/QuarkXPress 7.* Wollen Sie nun das Standard Job-Jacket bearbeiten, dann müssen Sie diese Datei in den *Job Jackets Manager* laden. Öffnen Sie den *Job Jackets Manager* im Menü *Hilfsmittel* und klicken auf die Schaltfläche *Jacket öffnen*. Wählen Sie die oben beschriebene Datei aus und bestätigen die Eingabe. Das Standard Job-Jacket mit dem Standard Job-Ticket ist nun im Manager aufgelistet und kann wie jedes andere Jacket bearbeitet werden.

Um nun feste Layouteinstellungen beim Anlegen eines neuen QuarkXPress-Projekts zu erhalten, müssen Sie zuerst im Standard Job-Jacket eine Layoutspezifikation erstellen. Diese muss dann im Standard Job-Ticket bei den Layouteinstellungen hinzugefügt werden.

Wenn Sie die Arbeitsschritte ausgeführt haben und danach ein neues Projekt anlegen, wird das Projekt sofort mit den im Standard Ticket angegebenen Layoutspezifikationen erstellt. Das Fenster für die Einstellungen eines neuen Projekts wird nicht mehr geöffnet, sondern übersprungen.

Nach dem Hinzufügen der Datei „DefaultJacket.xml" in den „Job Jackets Manager" kann das Standard Job-Jacket und Job-Ticket bearbeitet werden.

Das Standard Job-Ticket kann nicht nur über den *Job Jackets Manager* bearbeitet werden, sondern auch im Menü *Datei/Ablage.* Dazu darf aber kein Dokument in QuarkXPress geöffnet sein. Stellen Sie also sicher, dass alle Dokumente geschlossen sind, und wählen danach die Funktion *Job-Jacket -> Job-Ticket modifizieren* aus dem Menü *Datei/Ablage.* Daraufhin wird das Fenster für die Bearbeitung des Job-Tickets geöffnet. Dort kann das Standard Job-Ticket wie jedes andere Ticket eingestellt werden.

Wenn alle Dokumente geschlossen sind, kann im Menü „Datei/Ablage" das Standard Job-Ticket bearbeitet werden.

Standards zurücksetzen

Das Standard Job-Jacket und Standard Job-Ticket lassen sich auch wieder auf die ursprünglichen Einstellungen zurücksetzen. Dadurch wird z. B. wieder das Fenster für die Einstellungen eines neuen Projekts geöffnet. Um dies zu erreichen, müssen Sie nur die Datei *DefaultJacket.xml* löschen. Wird die Datei gelöscht und danach QuarkXPress neu gestartet, dann legt das Programm automatisch die Datei neu an. Dadurch sind alle nachträglichen Einstellungen des Standard Job-Jackets und Standard Job-Tickets entfernt.

Projekte mit Job-Jackets verknüpfen

Jedes Projekt, das in QuarkXPress erstellt wird, ist mit einem Job-Jacket verknüpft. Hauptsächlich wird dabei das Standard Job-Jacket verwendet. Nur Projekte, die aus einer Ticket-Vorlage generiert wurden, sind mit einem speziellen Job-Jacket verknüpft. In QuarkXPress können Sie nun auch nachträglich ein Projekt mit einem Job-Jacket verknüpfen. Dies kann sinnvoll sein, um die Ressourcen (Farben, Stilvorlagen, Layouts usw.) von einem Job-Jacket zu übernehmen und später vielleicht zu synchronisieren.

Wenn Sie ein Projekt mit einem Job-Jacket verknüpfen, dann wird das aktuelle Job-Ticket des Projekts zurückgestellt und stattdessen das Ticket des verknüpften Job-Jackets verwendet. Beachten Sie dabei, dass eventuell neue Layouts entstehen. Dies hängt von den Layouteinstellungen des Job-Tickets ab.

Um nun ein Projekt mit einem Job-Jacket zu verknüpfen, wählen Sie aus dem Menü *Datei/Ablage* die Funktion *Job-Jacket -> Projekt verknüpfen.* Dadurch wird ein Fenster geöffnet, in dem alle verfügbaren Job-Jackets und deren Tickets aufgelistet werden. Sollte das gewünschte Jacket nicht dabei sein, klicken Sie auf die Schaltfläche *Durchsuchen,* um die Jacket-Datei zu laden.

Jedes QuarkXPress-Projekt kann mit einem Job-Jacket bzw. Job-Ticket verknüpft werden.

Wählen Sie nun das gewünschte Job-Jacket oder Ticket aus und klicken anschließend auf die Schaltfläche *Anhängen.* Ein Dialogfeld teilt Ihnen anschließend mit, dass das aktuelle Projekt nun mit dem gewählten Job-Jacket verknüpft ist.

Wenn Sie beim Verknüpfen nur ein Jacket auswählen und nicht ein Ticket, dann wird das Projekt mit dem Standard-Ticket verknüpft. Es ist besser, wenn Sie das Projekt gezielt mit einem Job-Ticket verknüpfen.

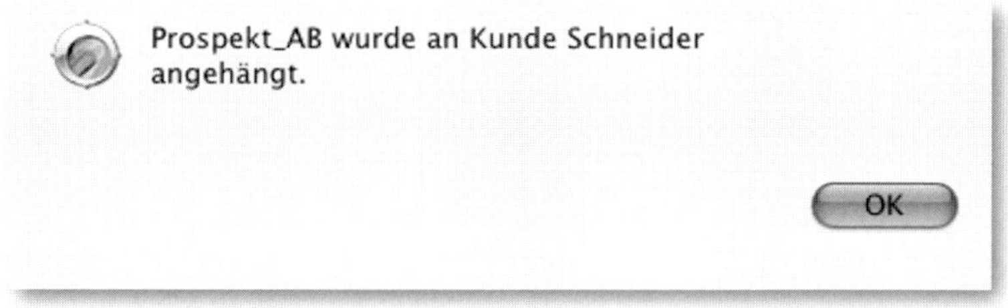

Das Projekt wurde erfolgreich mit einem Job-Jacket verknüpft.

Nach dem erfolgreichen Verknüpfen können Sie im *Job Jackets Manager* sehen, dass das Projekt mit dem gewählten Job-Ticket verknüpft ist. Dort werden übrigens alle Projekte aufgelistet, die mit einem Job-Ticket verknüpft sind.

Im „Job Jackets Manager" können die Verknüpfungen mit den Tickets betrachtet werden.

Synchronisation

Ein großer Vorteil der Job-Jackets bzw. Job-Tickets ist nicht nur das Definieren von Rahmenbedingungen für das Erstellen von neuen QuarkXPress-Dokumenten, sondern auch die Möglichkeit, diese Rahmenbedingungen zwischen den Projekten zu synchronisieren. Dabei lassen sich z. B. Stilvorlagen oder Farben zwischen Projekten synchronisieren, die mit dem gleichen Job-Jacket verknüpft sind. Vielleicht fragen Sie sich jetzt, wozu das sinnvoll ist. Zum besseren Verständnis ein kleines Beispiel:

Nehmen wir an, dass der Art-Director einer Werbeagentur ein Job-Jacket für den Kunden „Wagner" erstellt hat. In diesem Jacket sind verschiedene Ticket-Vorlagen für die einzelnen Produkte des Kunden angelegt. Dem Job-Jacket und den Ticket-Vorlagen hat der Art-Director Stilvorlagen, Farben und S&B-Einstellungen hinzugefügt. Nun bekommt ein Grafiker den Auftrag, einen Prospekt für den Kunden Wagner zu produzieren und dafür eine der Ticket-Vorlagen zu verwenden. Der Grafiker erstellt ein neues Projekt mit der entsprechenden Ticket-Vorlage und fängt an, den Prospekt mit den enthaltenen Farben und Stilvorlagen zu gestalten. Zur gleichen Zeit macht auch der Art-Director einen anderen Prospekt, der auf dem Job-Jacket basiert. Nun stellt der Art-Director während des Arbeitens fest, dass die Mischung der Farbe geändert werden muss und die verwendeten Schriften in den Stilvorlagen nicht zum Profil des Kunden passen. Der Art-Director ändert nun einfach die Farben und die Stilvorlagen in seinem Prospekt. Und genau jetzt greift die Synchronisation der Job-Jackets ein. Die Änderung der Farben und Stilvorlagen wird unmittelbar an den Grafiker übertragen, der an dem anderen Prospekt arbeitet. Dadurch ist gewährleistet, dass der Grafiker die richtigen Farben und Schriften bzw. Stilvorlagen verwendet. Die Corporate Identity ist in diesem Beispiel also nicht gefährdet.

Anhand dieses Beispiels können Sie sehen, dass es durchaus sinnvoll ist, mit Job-Jackets und Job-Tickets zu arbeiten.

Was kann synchronisiert werden?
Nicht jede Ressource eines Job-Tickets kann synchronisiert werden. Die Synchronisation betrifft nur ganz bestimmte Ressourcen. Die folgenden Ressourcen können synchronisiert werden:

- Zeichenstilvorlagen
- Absatzstilvorlagen
- Farben
- Striche und Streifen
- Silbentrennung und Blocksatz
- Listen

Einstellungen wie Papierformat, Ränder, Regelgruppen oder Ausgabespezifikationen sind von der Synchronisation ausgeschlossen.

Voraussetzungen für die Synchronisation
Damit das Synchronisieren der Projekte auch richtig funktioniert, müssen die Job-Jackets, die Job-Tickets und die QuarkXPress-Projekte bestimmte Bedingungen erfüllen.

Erste Voraussetzung:
Die erste Voraussetzung ist das Aktivieren der *mehrfachen Nutzung* der Job-Jackets. Diese Funktion wird normalerweise automatisch aktiviert, sobald ein neues Job-Jacket im Manager erstellt wird. Sollte das einmal nicht der Fall sein, so können Sie im *Job Jackets Manager* das Job-Jacket nachträglich für die mehrfache Nutzung aktivieren. Öffnen Sie den Manager und doppelklicken Sie auf das Job-Jacket. Im unteren Bereich des daraufhin geöffneten Fensters können Sie nun die Mehrfachnutzung aktivieren.

Sobald Sie die Mehrfachnutzung aktivieren, wird das Job-Jacket in einer XML-Datei gespeichert. Sie sollten also nicht vergessen, den Speicherort im Pop-up-Menü ***Sichern unter*** *festzulegen.*

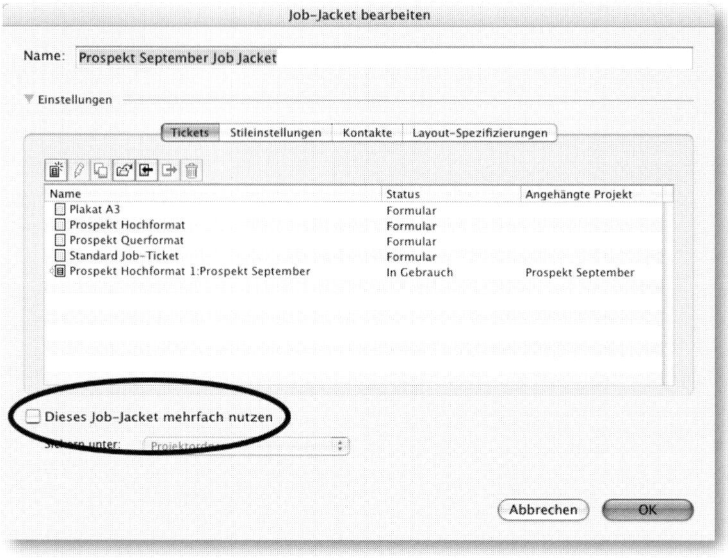

Im „Job Jackets Manager" kann die mehrfache Nutzung nachträglich aktiviert werden.

Vielleicht haben Sie schon entdeckt, dass im Manager die Job-Jackets mit unterschiedlichen Icons belegt sind. Anhand der Icons können Sie erkennen, ob ein Job-Jacket mehrfach genutzt wird oder ob es in einem Projekt eingebettet ist. Das Symbol bedeutet, das Job-Jacket wird mehrfach genutzt und ist als XML-Datei gespeichert. Das Symbol bedeutet, das Job-Jacket ist in einem Projekt eingebettet und kann für die Mehrfachnutzung aktiviert werden.

Zusätzlich zum *Job Jackets Manager* können auch die *Kollaborationseinstellungen* aus dem Menü *Datei/Ablage* verwendet werden, um die Mehrfachnutzung eines Job-Jackets zu aktivieren. Im Register *Job-Jacket* können Sie den aktuellen *Status* des Projekts ablesen. Wenn als Status *Verankert* angezeigt wird, dann können Sie durch einen Klick auf die Schaltfläche *Mehrfachnutzung aktivieren* das eingebettete Job-Jacket freischalten, es wird dadurch in ein externes Job-Jacket umgewandelt. QuarkXPress verlangt nur noch einen Speicherort für das mehrfach genutzte Job-Jacket.

Auch in den „Kollaborationseinstellungen" kann die Mehrfachnutzung von Job-Jackets aktiviert werden.

Zweite Voraussetzung:
Die Ressourcen, die synchronisiert werden sollen, müssen in den jeweiligen QuarkXPress-Projekten vorhanden sein. Wenn also z. B. eine Synchronisation der Absatzstilvorlagen erfolgen soll, dann müssen in den jeweiligen Projekten auch diese Absatzstilvorlagen enthalten sein und sie müssen den gleichen Namen haben.

Dritte Voraussetzung:
Die synchronisierten Ressourcen müssen nicht nur in den Projekten, sondern auch in den jeweiligen Job-Tickets der Projekte enthalten sein. Die zweite und dritte Voraussetzung können Sie am besten erfüllen, wenn Sie bereits beim Anlegen eines Job-Jackets bzw. einer Ticket-Vorlage die Ressourcen hinzufügen und dann aus der Ticket-Vorlage ein Projekt erstellen. Die Ressourcen werden dabei automatisch von der Ticket-Vorlage ins Projekt übernommen.

Vierte Voraussetzung:
Die vierte und letzte Voraussetzung für eine reibungslose Synchronisation ist, dass die Job-Tickets der verschiedenen QuarkXPress-Projekte im gleichen Job-Jacket enthalten sind. Sie können also für die Projekte unterschiedliche Ticket-Vorlagen verwenden, diese müssen allerdings in einem Job-Jacket enthalten sein. Job-Tickets aus verschiedenen Job-Jacket-Dateien können nicht synchronisiert werden.

Wenn Sie die vier Bedingungen beachten, steht der Synchronisation nichts mehr im Wege.

Ressourcen synchronisieren
Der Vorgang der Synchronisation ist eigentlich ganz banal. Um bei unserem vorherigen Beispiel des Kunden Wagner zu bleiben, muss der Art-Director in seinem QuarkXPress-Dokument nur die Mischung der Farbe im Dialogfeld *Farben* aus dem Menü *Bearbeiten* ändern. Die Änderung wird dann automatisch an das Projekt des Grafikers übertragen. Das Gleiche gilt für die Stilvorlagen. Im Fenster *Stilvorlagen* aus dem Menü *Bearbeiten* ändert der Art-Director die Schriftart und die Änderung wird wieder automatisch an das andere Projekt übergeben. Immer, wenn sich eine der Ressourcen ändert, wird die Änderung sofort auf die anderen Projekte übertragen.

Der Zeitpunkt der Aktualisierung des QuarkXPress-Projekts kann von Ihnen noch eingestellt werden. Dazu benötigen Sie die *Kollaborationseinstellungen* aus dem Menü *Datei/Ablage.* Im Register *Aktualisieren* kann u. a. das Zeitintervall für die Aktualisierung bestimmt werden. Am besten verwenden Sie die Einstellung *Während der Bearbeitung,* damit eventuelle Änderungen sofort im Layout sichtbar werden. Mit den Optionen *Beim Öffnen* oder *Vor der Ausgabe* wird u. U. die Aktualisierung zu spät ausgeführt. Stellen Sie sich vor, die Farben oder Stilvorlagen werden erst dann aktualisiert, wenn Sie das Layout ausdrucken. Ein unangenehmer Gedanke.

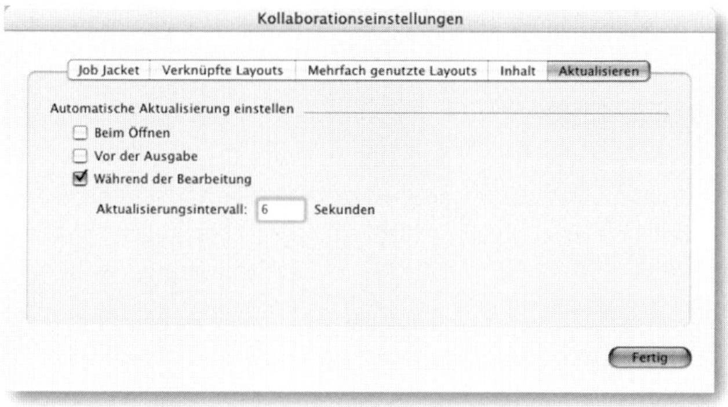

Der Zeitpunkt der Aktualisierung von Ressourcen kann in den „Kollaborationseinstellungen" festgelegt werden.

Layouts evaluieren

Der Begriff Preflight bezeichnet eine Überprüfung einer Datei auf eventuelle Fehler in Bezug auf die Druckausgabe bzw. Weiterverarbeitung in der Druckvorstufe. Normalerweise werden für einen Preflight teure Programme verwendet, die ein PDF oder eine Postscript-Datei auf Fehler überprüfen. QuarkXPress 7 hat nun eine eingebaute Funktion zur Überprüfung (Evaluierung) von Layouts. Die Überprüfung ist dabei nicht auf einfache Dinge wie den Farbraum von Bildern oder die Verwendung von Volltonfarben beschränkt. Im Zusammenhang mit den Job-Jackets können auch das Papierformat oder die Anzahl der Seiten überprüft werden.

Es gibt sehr viele Regeln, nach denen ein Layout überprüft werden kann. Diese Regeln sind in vier Hauptgruppen aufgeteilt: die Layouteinstellungen, die Layoutspezifikationen, die Ausgabespezifikationen und die Regelgruppen.

Die *Layouteinstellungen* beziehen sich auf die gleichnamigen Einstellungen in einer Ticket-Vorlage. Die Überprüfung betrifft nur die Art des Layouts, also Print- oder Web-Layout.

Die Kriterien für die Überprüfung *Layoutspezifikationen* werden im gleichnamigen Register eines Job-Jackets festlegt. Dazu zählen u. a. das Papierformat oder die Seitenanzahl.

Auch die Kriterien der *Ausgabespezifikationen* werden im Job-Jacket eingestellt. Lesen Sie dazu den entsprechenden Abschnitt weiter hinten in diesem Kapitel.

Die *Regelgruppen* sind auch im Job-Jacket definiert und werden im nächsten Abschnitt von uns beleuchtet.

Regeln

Mithilfe von Regeln, die in Regelgruppen zusammengefasst werden, kann ein Layout auf sehr viele Kriterien überprüft werden. Bevor Sie eine Regelgruppe für die Überprüfung verwenden können, müssen Sie zuerst verschiedene Einzelregeln definieren und danach in einer Gruppe zusammenfassen. Dafür benötigen Sie ein Job-Jacket bzw. den *Job Jackets Manager* aus dem Menü *Hilfsmittel.* Der Manager muss im erweiterten Modus angezeigt werden, da Sie ansonsten keinen Zugriff auf die Regeln bzw. Regelgruppen haben.

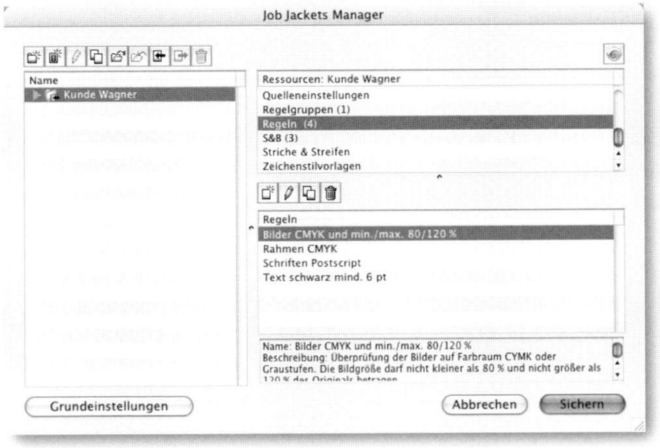

Nur im „erweiterten Modus" des „Job-Jackets Managers" können neue Regeln und Regelgruppen definiert werden.

Um nun eine neue Regel zu definieren, wählen Sie auf der linken Seite ein Job-Jacket aus und suchen im Feld *Ressourcen* die *Regeln.* Im rechten unteren Bereich werden neue Regeln erstellt. Ein Klick auf die Schaltfläche *Neues Objekt* erstellt eine neue Regel, die mit einem Klick auf die Schaltfläche *Bearbeiten* eingestellt werden kann.

In diesem Fenster werden die Kriterien der Regeln eingestellt.

Für das Bearbeiten der Regeln wird ein neues Fenster geöffnet, in dem Sie zuerst einen Namen für die Regeln eingeben sollten. Am besten wählen Sie einen Namen, der die Kriterien der Überprüfung beschreibt, z. B. „Linienstärken größer als 0,5 pt".

Als Nächstes müssen Sie bestimmen, welche Art von Objekt überprüft werden soll. Dazu öffnen Sie das Pop-up-Menü *Bezug* und wählen zwischen Rahmen, Textrahmen, Bildrahmen, Textzeichen, Linien, Textpfade, Bilder und Schriften aus.

Sie können in einer Regel immer nur eine Art von Objekt für die Überprüfung auswählen. Wenn Sie z. B. Text- und Bildrahmen auf Farben überprüfen wollen, müssen Sie zwei Regeln erstellen.

Je nach gewählter Objektart erscheinen im Feld *Conditions* die möglichen Kriterien für die Überprüfung. Um z. B. die Hintergrundfarbe eines Textrahmens überprüfen zu lassen, aktivieren Sie das Kriterium *Hintergrund.* Haben Sie die gewünschten Kriterien aktiviert, dann klicken Sie im unteren Bereich auf die Schaltfläche *Nächste,* dadurch gelangen Sie in den Bereich für die genaue Definition der Kriterien. Also z. B. ob die Hintergrundfarbe nur CMYK-Farben oder gar keine Farbe haben darf. Alle zuvor gewählten Kriterien werden hier detailliert aufgelistet. In den entsprechenden Spalten kann nun das Kriterium genau festgelegt werden. Mit den Plus- und Minuszeichen am Ende eines Kriteriums lassen sich weitere Bedingungen hinzufügen.

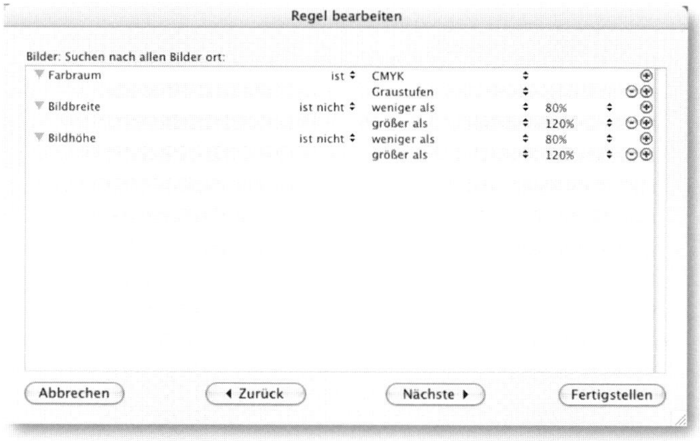

Im zweiten Fenster des „Regelassistenten" werden die Kriterien genau eingestellt.

Sind die Kriterien genau festgelegt, klicken Sie wieder auf die Schaltfläche *Nächste.* Dadurch gelangen Sie in das letzte Fenster des Regelassistenten. Hier können Sie eine Beschreibung der Regel und eine eventuelle Anweisung zur Behebung eines Fehlers eingeben. Mit dem Pop-up-Menü *Richtlinie* in der Mitte des Fensters wird das Icon eingestellt, das der Benutzer sieht, wenn bei der Überprüfung des Layouts diese Regel gebrochen wurde.

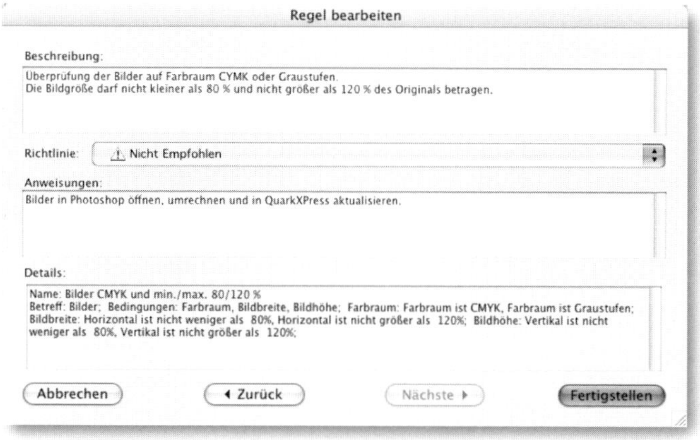

Im dritten Fenster des „Regelassistenten" wird eine Beschreibung und Anweisung für die Regel eingegeben.

Haben Sie nun alle Einstellungen für die Regel vorgenommen, können Sie auf die Schaltfläche *Fertigstellen* klicken. Dadurch wird die neue Regel im Job-Jacket gespeichert und Sie kehren wieder zum *Job Jackets Manager* zurück.

Regelgruppen

Nachdem Sie einige Regeln erstellt haben, müssen diese noch in einer Regelgruppe zusammengefasst werden. Dafür müssen Sie im *erweiterten Modus* des *Job Jackets Managers* die Ressource *Regelgruppen* auswählen. Zuerst muss eine neue Regelgruppe erstellt werden. Klicken Sie dafür auf die Schaltfläche *Neues Objekt* und danach auf die Schaltfläche *Bearbeiten*, um die Regelgruppe einzustellen. Vergessen Sie dabei nicht, einen Namen für die Regelgruppe einzugeben.

Im Fenster werden auf der linken Seite alle verfügbaren Regeln des Job-Jackets aufgelistet. Diese können durch einen Klick auf den schwarzen Pfeil, der nach rechts zeigt, in die Regelgruppe mit aufgenommen werden. Regelgruppen ohne Regeln gibt es nicht und ohne Regelgruppen gibt es keine Überprüfung des Layouts. Wie Sie sehen, hängen die Regeln, die Regelgruppen und die Überprüfung voneinander ab. Dies sollten Sie bedenken, wenn Sie Layouts in QuarkXPress evaluieren wollen.

Damit eine Regelgruppe bei der Überprüfung auch herangezogen wird, muss sie im Register ***Layouteinstellungen*** *des Job-Tickets auch angegeben sein (siehe Abschnitt „Layouteinstellungen" weitere vorne in diesem Kapitel).*

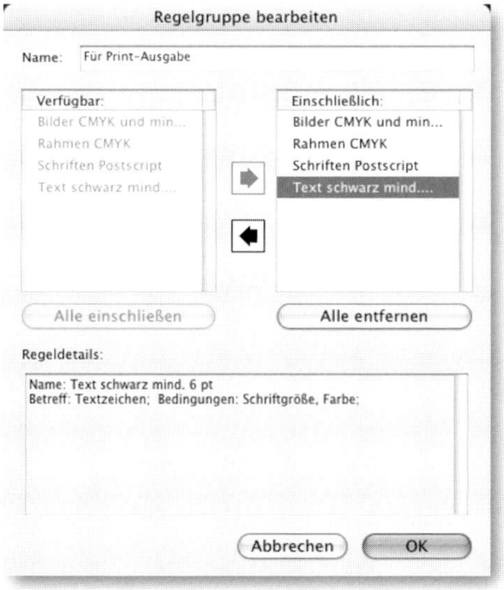

Das Fenster zur Aufnahme von Regeln in eine Regelgruppe.

Ausgabespezifikationen

Die *Ausgabespezifikationen* sind eine weitere Gruppe von Kriterien, die bei der Überprüfung eines Layouts herangezogen werden. In den Ausgabespezifikationen können Kriterien für die platzierten Bilder und für die Ausgabe des Layouts eingestellt werden. Genauso wie die Regeln bzw.

Regelgruppen werden Ausgabespezifikationen in einem Job-Jacket erstellt. Dazu benötigen Sie wieder den *Job Jackets Manager* aus dem Menü *Hilfsmittel*. Der Manager muss im erweiterten Modus angezeigt werden. Im Bereich der *Ressourcen* rechts oben finden Sie dann die Ressource *Ausgabespezifikationen*. Klicken Sie auf die Schaltfläche *Neues Objekt* , um eine neue Spezifikation zu erstellen.

Diese sollten Sie zuerst wieder benennen. Wenn Sie dann die neue Spezifikation aufklappen, finden Sie die einzelnen Kriterien. In den entsprechenden Spalten können Sie die Kriterien einstellen und mit dem Plus- und Minuszeichen weitere Bedingungen für das Kriterium hinzufügen oder löschen.

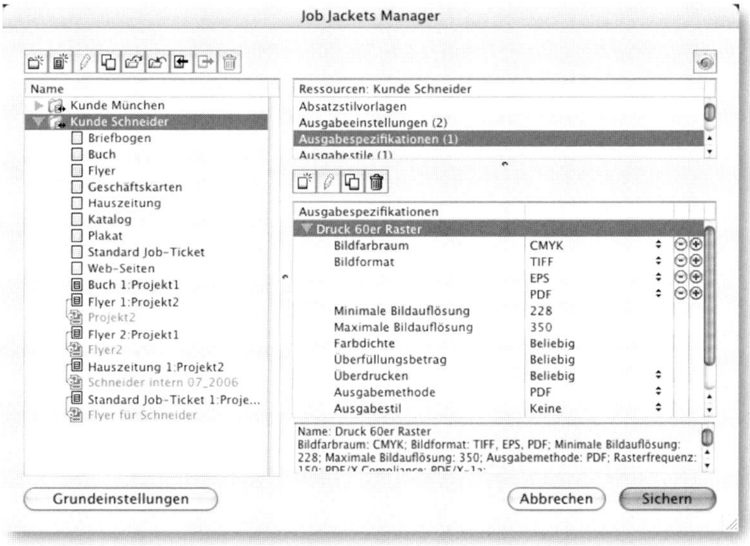

„Ausgabespezifikationen" werden im erweiterten Modus des „Job-Jackets Managers" definiert.

*Damit eine **Ausgabespezifikation** bei der Überprüfung auch herangezogen wird, muss sie im Register **Layouteinstellungen** des Job-Tickets auch angegeben sein (siehe Abschnitt „Layouteinstellungen" weitere vorne in diesem Kapitel).*

Layouts evaluieren

Nachdem Sie nun wissen, wie man Regeln, Regelgruppen und Ausgabespezifikationen erstellt, wird es Zeit, ein Layout überprüfen zu lassen. Im Menü *Datei/Ablage* finden Sie unter dem Punkt *Job-Jacket* die Funktion *Layout evaluieren*. Damit wird das Fenster für die Überprüfung geöffnet. Es enthält alle im Job-Ticket angegebenen Regelgruppen und Ausgabespezifikationen.

Um einige Kriterien für die Überprüfung auszuschließen, brauchen Sie nur das Häkchen davor zu entfernen. Mit einem Klick auf die Schaltfläche *Regel bearbeiten* lassen sich einzelne Regeln einer Regelgruppe noch nachbearbeiten. Dazu wird der Regelassistent geöffnet.

Das Fenster für die Evaluierung, bevor sie ausgeführt wird.

Sind alle Einstellungen vorgenommen, können Sie auf die Schaltfläche *Evaluieren* klicken. Das Layout wird daraufhin entsprechend der verschiedenen Kriterien auf Fehler überprüft. In der Spalte *Fälle* wird im Anschluss angezeigt, ob die einzelnen Kriterien erfüllt sind oder ob es Probleme im Layout gab. Die angezeigte Zahl sagt Ihnen, wie viele Problemfälle es gab. Mit den Schaltflächen der Option *Fall zeigen* können die Problemstellen im Layout angezeigt werden.

Im Fenster ***Layout evaluieren*** *können keine Fehler behoben werden. Es ist ausschließlich dazu da, Fehler im Layout anzuzeigen. Die Fehlerbehebung findet immer direkt im Layout statt.*

„Ausgabespezifikationen" werden im erweiterten Modus des „Job-Jackets Managers" definiert.

Wie Sie sehen, ist die Überprüfung des Layouts sehr detailliert. Sie kann Ihnen helfen, typische Fehler bei der Produktion zu vermeiden bzw. kenntlich zu machen. Voraussetzungen für eine reibungslose Überprüfung sind immer die Job-Jackets bzw. Job-Tickets, die mit Regelgruppen und Ausgabespezifikationen arbeiten.

Voreinstellung

Die Überprüfung von Layouts kann von QuarkXPress auch automatisiert werden. Sie können beim *Öffnen, Sichern, bei der Ausgabe* oder *beim Schließen* eines Layouts die Evaluierung automatisch durchführen lassen. Die automatische Überprüfung vor der Ausgabe eines Layouts ist ganz besonders interessant, da dadurch Fehler bei der Ausgabe vermieden werden können.

Die automatische Evaluierung kann in den *Vorgaben (Apfel/Strg + Alt + Shift + Y)* in der Kategorie *Job-Jackets* aktiviert werden.

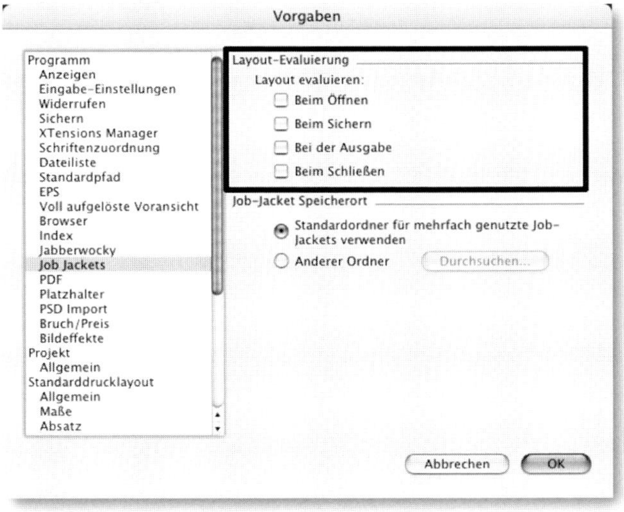

Die Überprüfung von Layouts kann automatisiert werden.

Fazit

Das Arbeiten mit Job-Jackets und Job-Tickets bietet eine Vielzahl von Vorteilen. Damit lassen sich häufige Fehler in der Produktionsphase vermeiden bzw. reduzieren. Keine unterschiedlichen Farben mehr bei der Produktion mehrerer Printprodukte für einen Kunden, keine RGB-Bilder mehr im Layout, keine falschen Bildauflösungen oder Bildformate. Dies sind nur einige der Probleme, die mithilfe der Job-Jackets und Job-Tickets vermieden werden können.

Am Anfang bedarf es einer kurzen Einarbeitungszeit, um den vollen Umfang der Funktionen zu erkennen und zu beherrschen. Uns ging es ganz genauso. Haben Sie aber erst das Potenzial der Job-Jackets und Job-Tickets erkannt, werden Sie sie nicht mehr missen wollen. Mit den Job-Jackets hat QuarkXPress einen sehr großen Schritt in Richtung konsistentes Arbeiten in einem optimierten Workflow getan.

Kapitel 9

PS- und PDF-Ausgabe

PS- und PDF-Ausgabe

Ein wichtiges Thema für alle, die im Printbereich tätig sind, ist die Ausgabe des fertigen Dokuments für verschiedene Zwecke. QuarkXPress 7 wurde in dieser Hinsicht stark erweitert und verbessert. So können z. B. PDF/X3-Dateien direkt aus QuarkXPress erstellt werden, ohne dabei Acrobat Distiller verwenden zu müssen. Auch der EPS-Export ist erweitert und verbessert worden. Nun kann man sogar die verwendeten Schriften in das EPS einbetten. In diesem Kapitel erfahren Sie alles über die Neuerungen im Bereich der Ausgabe.

Druck-/Postscript-Ausgabe

Die wohl wichtigste Ausgabeart für Anwender im Printbereich ist die Druck- bzw. Postscript-Ausgabe. Der Druckdialog wurde von Quark umgestaltet und um einige Funktionen erweitert, so wurde z. B. die Einstellung für die Transparenzreduzierung hinzugefügt und die Bedienung wurde erleichtert.

Druckdialog

Zuerst wollen wir die allgemeinen Einstellungen im Druckdialog beleuchten. Zum Öffnen des Druckdialogs wählen Sie die Funktion *Drucken (Apfel/Strg + P)* aus dem Menü *Ablage/Datei.* Das erste, was Ihnen vielleicht auffällt, ist die Umgestaltung des Fensters. In älteren QuarkXPress-Versionen wurde das Fenster mit Registern unterteilt, im neuen Fenster gibt es stattdessen auf der linken Seite die verschiedenen Kategorien. Der obere Teil des Fensters enthält die allgemeinen Einstellungen. Sie sind immer verfügbar, egal welche Kategorie ausgewählt wurde, und umfassen u. a. auch eine Vorschau. Diese wird sofort aktualisiert, wenn in den einzelnen Kategorien eine Änderung durchgeführt wird.

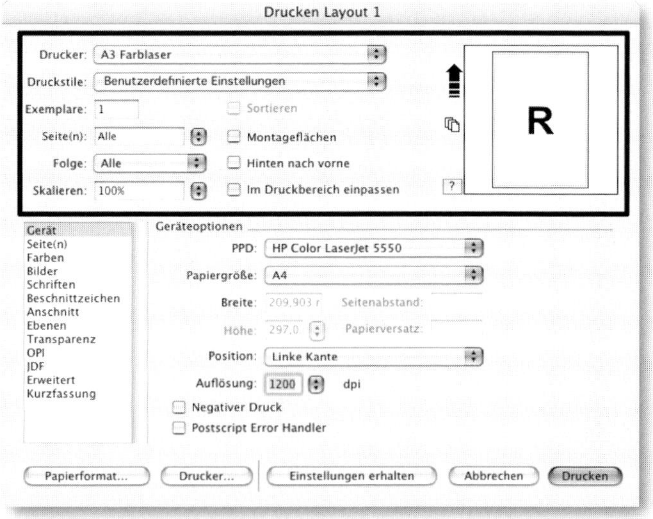

Im oberen Bereich des Druckdialogs befinden sich die allgemeinen Einstellungen.

Eine positive Neuerung ist die direkte Auswahl des Druckers. Im Pop-up-Menü *Drucker* werden alle installierten Ausgabegeräte aufgelistet. Sie müssen also nicht mehr auf die Schaltfläche *Drucker* im unteren Bereich klicken, um das Ausgabegerät zu wechseln.

Das Wechseln des Druckers führt nicht automatisch zum Wechsel der verwendeten PPD. Diese muss nach wie vor manuell eingestellt werden.

Über das Pop-up-Menü *Druckstile* können Sie auf die angelegten Ausgabestile zugreifen (siehe Abschnitt „Ausgabestile"). Hier gibt es eine kleine Besonderheit. Mit der Option *Neuer Stil für Druckausgabe* aus dem Menü können die aktuellen Einstellungen als Druckstil gesichert werden. Sie müssen sich nur noch einen Namen für den Stil einfallen lassen.

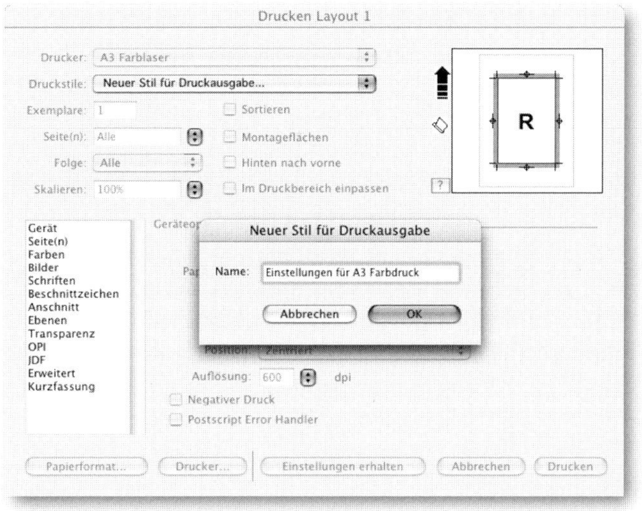

Die aktuellen Einstellungen können als neuer Druckstil gesichert werden.

Alle anderen Einstellungen im allgemeinen Bereich des Druckdialogs entsprechen den Funktionen aus den alten QuarkXPress-Versionen. Die Seitenbereiche für die Ausgabe werden nach wie vor mit einem Komma bzw. einem Bindestrich getrennt.

Im unteren Bereich des Fensters befindet sich noch die Schaltfläche *Einstellungen erhalten.* Damit werden die aktuellen Einstellungen gesichert und das Druckfenster geschlossen, ohne das Dokument auszugeben.

Kategorie Gerät

Die Kategorie *Gerät* entspricht dem Register *Einstellungen* der älteren QuarkXPress-Versionen. Hier befinden sich die Einstellungen für das gewählte Ausgabegerät. Ganz besonders wichtig ist das Menü *PPD.* Dort wird die Druckerbeschreibungsdatei ausgewählt, die u. a. bestimmt, welche Papierformate und welche Auflösung das Gerät beherrscht. Eine falsche PPD kann zu falschen Druckergebnissen bzw. zu Problemen bei der Ausgabe führen.

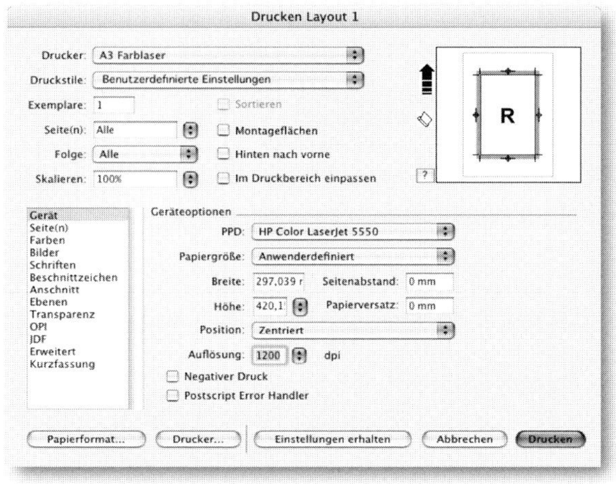

In der Kategorie „Gerät" werden Einstellungen für das gewählte Ausgabegerät definiert.

Eine Neuerung in dieser Kategorie ist die Aufnahme der Ausgabeauflösung. Im Menü *Auflösung* werden alle vom Gerät unterstützten Ausgabeauflösungen aufgelistet. Diese Auflösungen resultieren aus der gewählten PPD. Bei einer falschen PPD werden also auch falsche Auflösungen angezeigt. Wie Sie sehen, ist die Auswahl der richtigen PPD enorm wichtig für einen Korrekturausdruck.

Alle sonstigen Optionen entsprechen den Einstellungen der älteren QuarkXPress-Versionen.

Kategorie Seite(n)

Die Kategorie *Seiten* enthält Elemente aus den Registern *Layout* und *Einstellungen* der älteren QuarkXPress-Versionen. Hier finden Sie den Ausdruck von *Miniaturen* und die *Seitenunterteilung* für die Ausgabe von großen Dokumenten auf kleinen Ausgabegeräten. Die manuelle Unterteilung wird, wie in den älteren QuarkXPress-Versionen auch, durch den Nullpunkt der jeweiligen Layoutseite bestimmt. Für die Miniaturen kann leider immer noch nicht eingestellt werden, wie viele Miniaturen auf ein Blatt gestellt werden sollen.

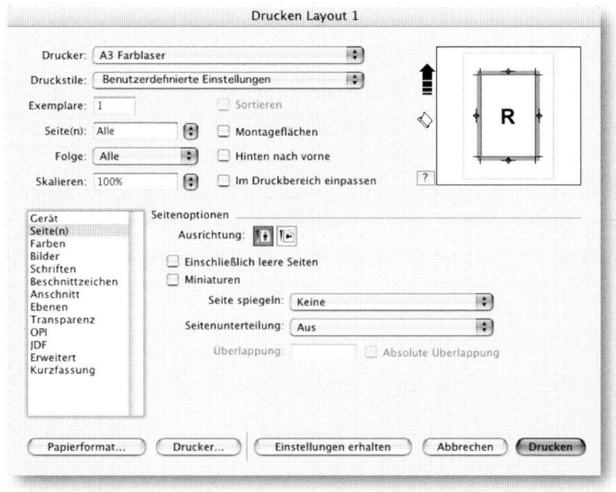

Die Einstellungen der Kategorie „Seiten".

Kategorie Farben

Die Kategorie *Farben* entspricht dem Register *Ausgabe* und einer Option des Registers *Layout* aus den älteren QuarkXPress-Versionen. Im Pop-up-Menü *Modus* kann die Ausgabe als *Composite* oder *Auszüge* eingestellt werden. Diese Einstellung gibt es in den älteren QuarkXPress-Versionen im Register *Layout*.

Für die Composite-Ausgabe stehen im Menü *Einstellungen* folgende Auswahlmöglichkeiten zu Verfügung: *Graustufen, Composite-RGB, Composite-CMYK, Zusammengesetzte CMYK und Volltonfarben* und *Unverändert*. Da dieses Menü durch eigene Optionen erweitert werden kann, erläutern wir an dieser Stelle nur die Grundoptionen.

Graustufen

Bei Graustufen werden Farben als Grautöne an einen Schwarzweißdrucker ausgegeben. Ein Rahmen mit einem orangefarbenen Hintergrund würde z. B. in einem hellen Grau gedruckt.

Composite-RGB

Composite-RGB druckt zusammengesetzte RGB-Farben auf einem Farbdrucker, wenn ein Farbdrucker in der Fensterfläche *Gerät* im Dropdown-Menü *PPD* ausgewählt wurde. Diese Option wird häufig für Postscript-Dateien gebraucht, die später mit Acrobat Distiller in ein PDF für das Internet umgewandelt werden.

Composite-CMYK

Diese Option druckt zusammengesetzte CMYK-Farben auf einem Farbdrucker, wenn ein Farbdrucker in der Fensterfläche *Gerät* im Dropdown-Menü *PPD* ausgewählt wurde. Volltonfarben werden dabei in den CMYK-Farbraum umgewandelt.

Zusammengesetzte CMYK und Volltonfarben

Diese Option druckt mit Composite-Postscript auf einem Gerät, das In-RIP-Auszüge unterstützt.

Unverändert

Mit dieser Option werden alle Farben als Composite gedruckt. Volltonfarben bleiben dabei erhalten. Die Farbmodelle, also z. B. CMYK oder RGB, bleiben bei den Farben erhalten. Diese Option sollten Sie wählen, wenn Sie z. B. eine Postscript-Datei für den Acrobat-Distiller erstellen und die verwendeten Volltonfarben nicht umgewandelt werden sollen.

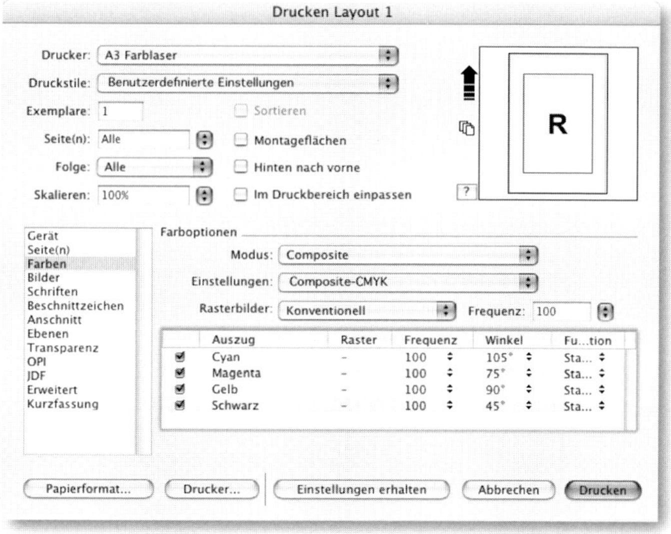

Bei den Einstellungen in der Kategorie „Farbe" hat sich nur wenig geändert.

Mit dem Modus *Auszüge* wird das Dokument bei der Ausgabe in die Farbauszüge aufgeteilt. Dabei stehen Ihnen im Menü *Einstellungen* drei verschiedene Standardoptionen zur Verfügung, wobei es dort eine Neuerung gibt. Auch dieses Menü kann durch eigene Einstellungen (siehe Kapitel „Farbmanagement") erweitert werden.

Mit *Zu Vierfarbauszüge konvertieren* werden alle im Dokument enthaltenen Farben, auch Vollton- bzw. Sonderfarben, in den CMYK-Farbraum umgewandelt. Bei der Ausgabe erhalten Sie nur die Farben Cyan, Magenta, Gelb und Schwarz.

Wenn Sie Volltonfarben im Dokument verwenden, dann wählen Sie die Option *Prozess und Vollton.* Dadurch erhalten Sie für jede verwendete Vollton- bzw. Sonderfarbe einen eigenen Farbauszug.

Die Option *In-RIP Auszüge* ist neu und wird verwendet, wenn die Farbseparation nicht von QuarkXPress durchgeführt werden soll, sondern erst im RIP stattfindet. Damit wird eine Composite-Postscript-Datei erstellt, die aber die Informationen für die Farbauszüge enthält. Diese Option sollten Sie nur wählen, wenn Sie ein Postscript-Level-3-RIP verwenden.

Im unteren Bereich des Fensters werden alle Farben des Dokuments angezeigt. Je nach gewähltem Modus bzw. Einstellung werden auch die verwendeten Volltonfarben aufgelistet. Für die Ausgabe von Farbauszügen können die einzelnen Farben ein- und ausgeschaltet werden. In der Spalte *Raster* kann einer Volltonfarbe ein Rasterwinkel der Primärfarben zugewiesen werden. Die Spalten *Frequenz* und *Winkel* sind für die Rasterweite und Rasterwinkel der jeweiligen Farben zuständig. Mit der Spalte *Funktion* wird die Form des Rasterpunkts eingestellt.

Bevor Sie in diesen Spalten etwas ändern, sollten Sie Kontakt mit Ihrer Druckerei aufnehmen. Eine falsche Einstellung kann zu Problemen bei der Ausgabe führen.

Kategorie Bilder

Diese Kategorie entspricht dem Register *Optionen* aus den älteren QuarkXPress-Versionen. Hier werden Einstellungen für die Ausgabe von den platzierten Bildern vorgenommen. So können Sie z. B. mit dem Pop-up-Menü *Ausgabe* die Ausgabequalität der Bilder festlegen. Die Einstellung *Niedrige Auflösung* druckt die Bilder nur in Bildschirmqualität. Dementsprechend ist die Ausgabe schneller. Die Einstellung *Grob* hingegen druckt anstatt der Bilder und Verläufe nur graue Rechtecke.

Das Menü *Daten* ist für die Kodierung der Bilder zuständig. Mit der Option *Binär* entstehen zwar kleinere Datenmengen und die Ausgabe geht schneller, aber sie kann auch auf älteren Ausgabegeräten zu Problemen führen. Verwenden Sie stattdessen die Option *ASCII* oder *Clean-8-Bit.*

Die Option *EPS/PDF schwarz überdrucken* sollten Sie aktivieren, damit die Farbe Schwarz in importierten EPS- und PDF-Bildern bei der Ausgabe überdruckt wird. Durch das Aktivieren dieser Option werden die Einstellungen in den jeweiligen EPS- und PDF-Bildern überschrieben.

Vollauflösende TIFF-Ausgabe ist nur für Schwarzweißbilder (nicht Graustufen) bzw. Strichzeichnungen wichtig. Wenn diese Option aktiviert ist, dann werden die Bilder in voller Auflösung gedruckt, ansonsten wird das Zweifache der Rasterweite (lpi) als Auflösung verwendet.

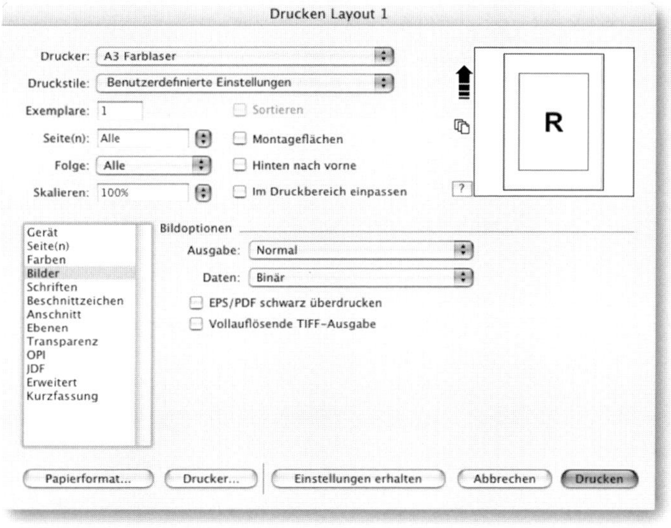

Die Einstellungen der Kategorie „Bilder".

Kategorie Schriften

Diese Kategorie ist vollkommen neu in QuarkXPress 7. Hier wird der Umgang mit den verwendeten Schriften eingestellt. Alle Schriften werden aufgelistet und können für das Einbetten in die Postscript-Datei ein- und ausgeschaltet werden. Beachten Sie dabei bitte, dass deaktivierte Schriften nicht an das Ausgabegerät übergeben werden und unter Umständen eine Ersatzschrift verwendet wird.

Durch die Option *Optimierte Schriftformate* wird die Ausgabe der Schriften an Postscript-Level-3-Druckern beschleunigt. Postscript-Level-2-Drucker können nur von dieser Funktion profitieren, wenn sie die Postscript-Version 2015 oder neuer verwenden.

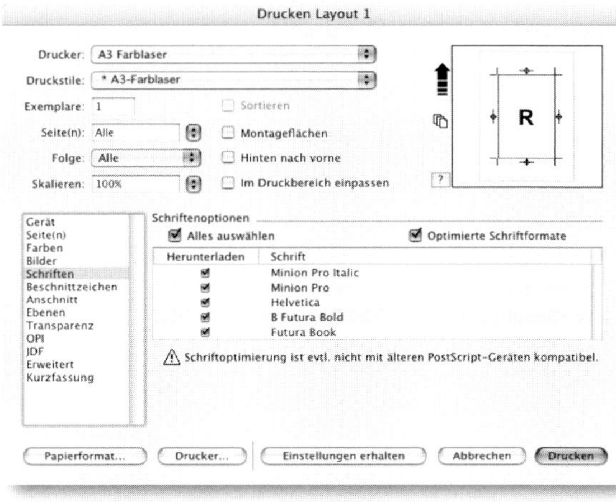

Die Kategorie „Schriften" ist eine Neuerung im Druckdialog.

Kategorie Beschnittzeichen

Die Einstellungen in dieser Kategorie befinden sich im Register *Layout* in den älteren QuarkXPress-Versionen. Im Bereich der Beschnittzeichen hat Quark einige neue Funktionen hinzugefügt. Das Eingabefeld *Breite* ist für die Linienstärke der Beschnittzeichen zuständig. Sie kann zwischen 0,044 und 0,353 Millimetern liegen.

Im Eingabefeld *Length* können Sie die Länge der Beschneidezeichen definieren. Hier sind Werte zwischen 3,528 und 25,4 Millimetern zulässig.

Das Feld *Versatz* bestimmt nach wie vor den Abstand der Schneidezeichen zum Dokumentrand. Dieser Wert kann zwischen 0 und 10,583 Millimetern liegen.

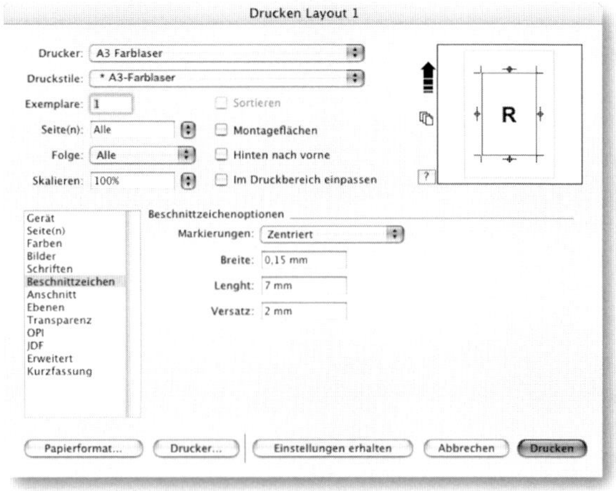

Die Kategorie „Beschnittzeichen" enthält einige Neuerungen.

Kategorie Anschnitt

Diese Kategorie entspricht der gleichnamigen in den älteren QuarkX-Press-Versionen. Als *Anschnittstyp* kann zwischen *Seitenobjekte, Symmetrisch* und *Ungleichmäßig* gewählt werden. Je nach gewähltem Typ werden die darunter liegenden Eingabefelder aktiviert. Der Anschnitt wird als graue Fläche in der Vorschau dargestellt.

Damit Objekte, die über die Seiten hinausgehen, am Anschnitt zugeschnitten werden und nicht darüber hinausragen, kann die Option *An der Anschnittkante beschneiden* verwendet werden.

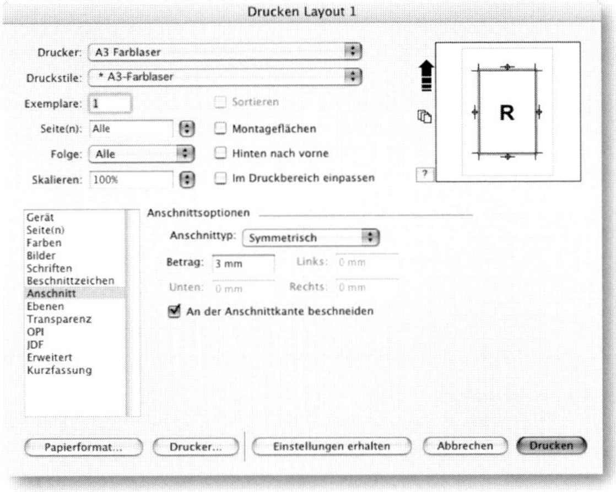

Der Anschnitt wird in der Vorschau als graue Fläche angezeigt.

Kategorie Ebenen

Diese Kategorie entspricht der gleichnamigen in den älteren QuarkX-Press-Versionen. Hier können Sie einzelne Ebenen für die Ausgabe freigeben. Ein Klick auf die Ebenen zeigt im unteren Bereich die Farben an, die in dieser Ebene verwendet werden. Wenn die Option *Auf Layout anwenden* aktiviert ist, dann werden die Einstellungen für das Drucken bzw. Nichtdrucken der Ebenen in die Ebenen-Palette des Programms übertragen.

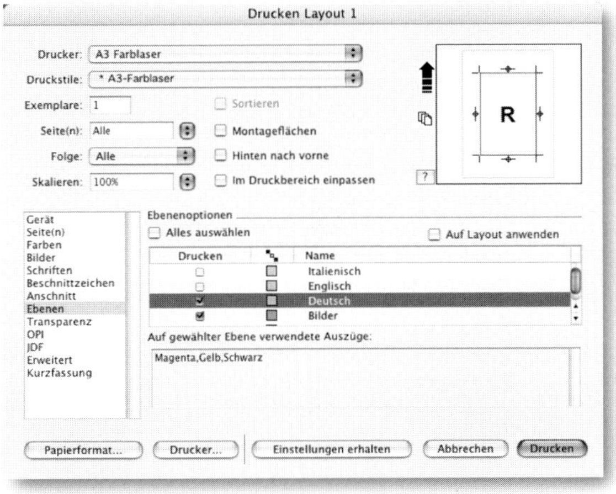

Die einzelnen Ebenen können für die Ausgabe ein- und ausgeschaltet werden.

Kategorie Transparenz

Diese Kategorie ist neu in QuarkXPress 7 und sehr wichtig, wenn Sie im Dokument mit Transparenzen arbeiten. Hier wird die Auflösung für die Transparenzreduzierung eingestellt. Objekte, die bei der Transparenzreduzierung in Pixelbilder umgewandelt werden, erhalten diese Auflösung. Näheres dazu können Sie im Kapitel 5 „Transparenzen" nachlesen.

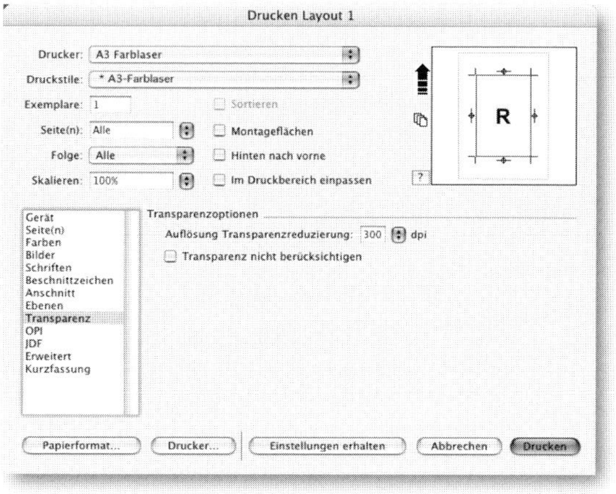

Die Einstellungen der Kategorie „Transparenz"

Kategorie OPI

Diese Kategorie entspricht der gleichnamigen in den älteren QuarkXPress-Versionen und wird für die Einstellungen im Zusammenhang mit einem OPI-Server gebraucht. OPI steht für Open Prepress Interface und ist eine spezielle Art von Server. Ein OPI-Server erstellt von hochauflösenden Bildern automatisch niedrig aufgelöste Versionen. Diese werden dann beim Layouten verwendet, um das Arbeiten und die Ausgabe zu beschleunigen. Bei der Ausgabe tauscht der OPI-Server die niedrig aufgelösten Bilder durch die hochauflösenden automatisch aus.

Wenn Sie ohne OPI-Server arbeiten, dann deaktivieren Sie die XTension „OPI" im XTension-Manager. Dadurch taucht die Kategorie OPI bei der Ausgabe gar nicht mehr auf.

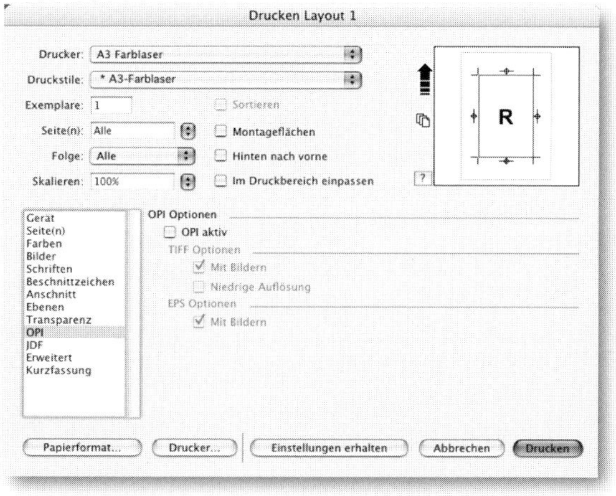

Die OPI-Einstellungen von QuarkXPress 7.

Kategorie JDF

Diese Kategorie ist neu und wird für das Erstellen einer JDF-Datei (Job Definition Format) von einer Job-Jackets-Struktur des Projekts verwendet. Wenn Sie Ausgabe-JDF wählen, wird das Menü *Job-Jacket-Kontaktinfo aufnehmen* aktiviert; wählen Sie einen Kontakt aus der Kontaktliste der Job-Jacket-Struktur des Projekts.

Job Definition Format (JDF) ist ein offenes Dateiformat, das sich als Industriestandard für die grafische Branche durchsetzen soll. Es basiert auf XML und ermöglicht den direkten Datenaustausch zwischen verschiedenen Computersystemen und den dahinter liegenden Maschinen, angefangen vom Produktdesign über Vorstufe, Druck, Weiterverarbeitung bis zu e-Business-Anwendungen. Mittels JDF werden Management- und Produktionsdaten zusammengeführt. Auftragsbezogene Daten werden gespeichert und zwischen allen Bereichen des Herstellungsprozesses ausgetauscht.

JDF umfasst die Funktionen der bisherigen Formate Portable Job Ticket Format (PJTF), Print Production Format (PPF) und IFRAtrack und vernetzt die horizontalen (produktionsorientierten) und vertikalen (kaufmännischen) Prozesse.

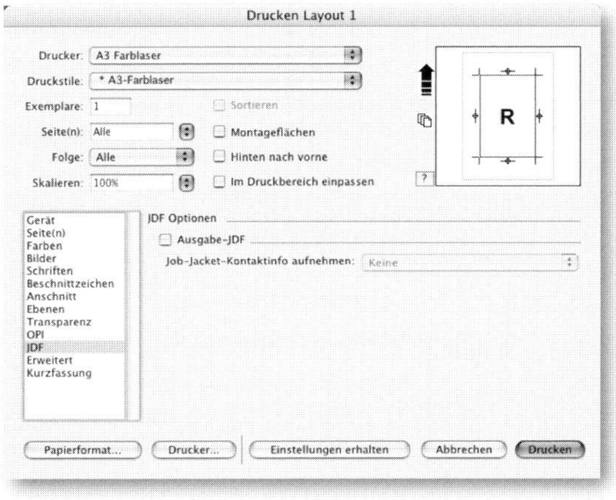

Die Einstellungen in der Kategorie „JDF".

Kategorie Erweitert

Auch diese Kategorie ist neu in QuarkXPress 7 und enthält die Einstellung für den Postscript-Level. Leider wird in dieser Kategorie nicht zwischen den verschiedenen Ausgabegeräten unterschieden. Wenn Sie z. B. ein Ausgabegerät gewählt haben, das nur Postscript Level 2 versteht, können Sie trotzdem in dieser Kategorie Level 3 auswählen. Das kann natürlich zu Ausgabeproblemen führen.

Hier müsste die Firma Quark noch nachbessern und nur die Postscript-Level zur Verfügung stellen, die in der PPD festgelegt sind.

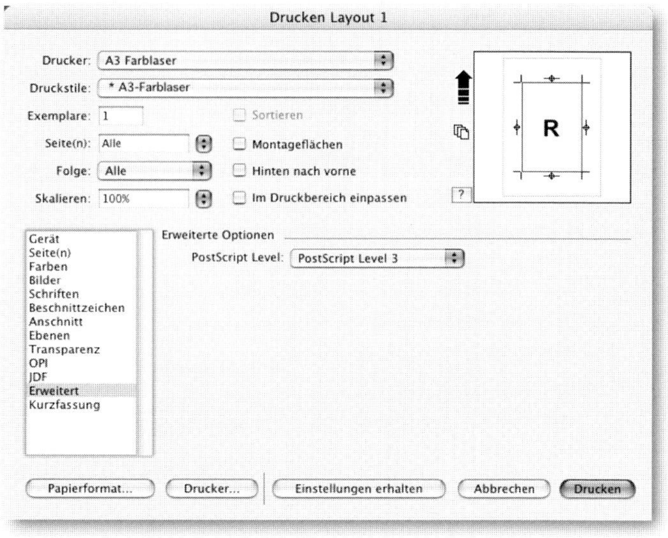

In der Kategorie „Erweitert" wird der Postscript-Level eingestellt.

Kategorie Kurzfassung

In dieser Kategorie werden alle Einstellungen der anderen Kategorien in übersichtlicher, textlicher Form dargestellt. Bis zu einem gewissen Grad entspricht diese Kategorie dem Register *Voransicht* aus den älteren QuarkXPress-Versionen.

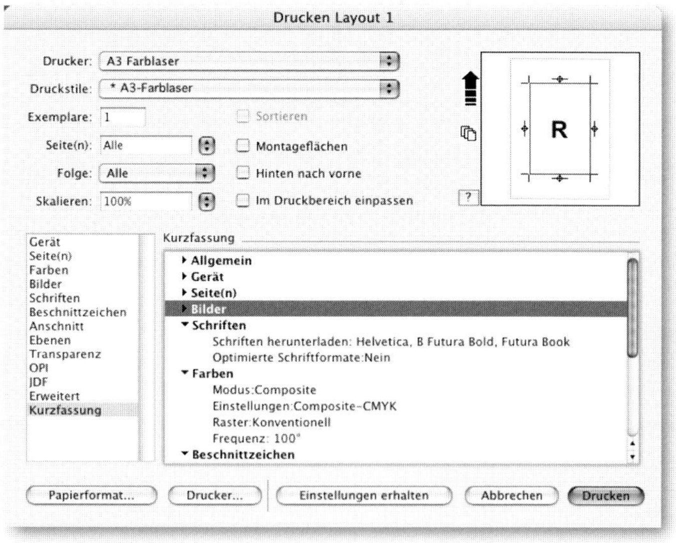

In der Kategorie „Kurzfassung" erhalten Sie eine Gesamtübersicht über die Einstellungen der einzelnen Kategorien.

PDF-Ausgabe

PDF – Portable Document Format – ist eines der wichtigsten Dateiformate, das in den letzten Jahren entstanden ist. PDF kann man getrost als „eierlegende Wollmilchsau" bezeichnen, da es sehr viele Einsatzgebiete hat. Zu den Einsatzgebieten zählen z. B. das Internet, die Druckvorstufe, Präsentationen, e-Books, Archivierung und Korrekturabzüge. Einige dieser Einsatzgebiete können Sie mit QuarkXPress abdecken, z. B. die Druckvorstufe.

Um es gleich vorwegzunehmen, Sie brauchen keine Zusatzprogramme wie den Acrobat Distiller, um ein PDF zu erzeugen. QuarkXPress speichert die Dokumente direkt ins PDF-Format, dabei wird intern zuerst eine Postscript-Datei erstellt, die dann anschließend von QuarkXPress in ein PDF umgewandelt wird. Sie müssen also nicht vorher manuell eine Postscript-Datei schreiben, was unter Umständen sehr zeitaufwändig sein kann. QuarkXPress generiert PDF-Dateien ohne Umwege und Verzögerung direkt aus der Anwendung. Dazu wählen Sie aus dem Menü *Datei/Ablage* die Funktion *Exportieren -> Layout als PDF.*

Im Exportdialog, der sich daraufhin öffnet, werden nicht nur der Dateiname und der Speicherort definiert, sondern auch die Einstellungen für das Erstellen der PDF-Datei. Im Eingabefeld *Seiten* können Sie festlegen, welche Seiten des Layouts in ein PDF geschrieben werden sollen. Dabei können die gleichen Trennzeichen (Komma und Bindestrich) verwendet werden wie bei der Druckausgabe. Wenn Sie also z. B. nur die Seiten eins, drei und sieben bis zehn haben wollen, dann geben Sie Folgendes an: 1,3,7-10.

Über das Pop-up-Menü *PDF-Stil* können Sie auf einen gespeicherten Ausgabestil zugreifen. Ein Klick auf die Schaltfläche *Optionen* öffnet ein Fenster, in dem nun die verschiedenen Einstellungen für das PDF vorgenommen werden können.

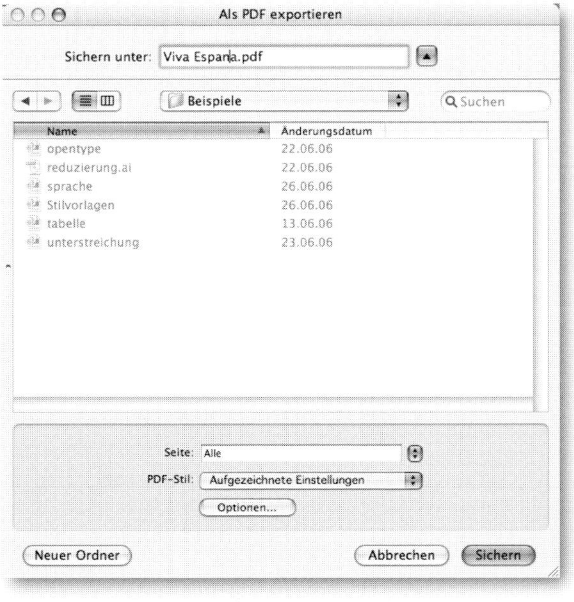

Im unteren Bereich des Exportfensters werden die Einstellungen für das Erstellen der PDF-Datei vorgenommen.

Allgemeine Einstellungen

Wie im Druckdialog hat das Fenster für den PDF-Export im oberen Bereich die allgemeinen Einstellungen. Die Einstellungen sind aber nicht so umfangreich wie beim Drucken.

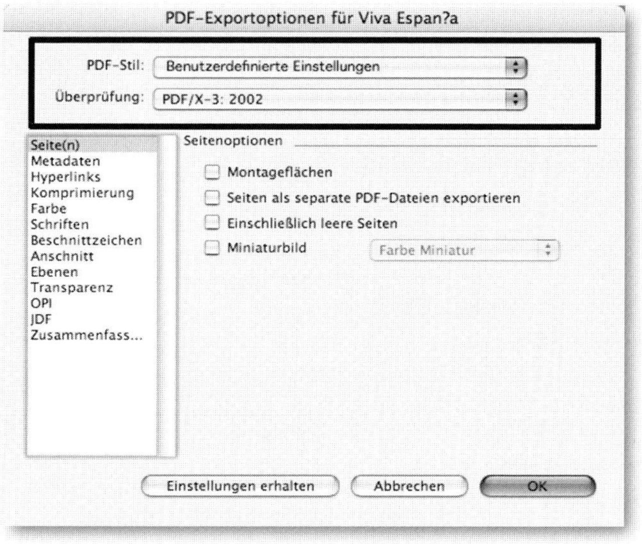

Im oberen Bereich der PDF-Exportoptionen befinden sich die allgemeinen Einstellungen.

Neben der Auswahl eines bereits gespeicherten PDF-Stils kann auch aus den aktuellen Einstellungen ein Ausgabestil erstellt werden. Dazu öffnen Sie das Menü *PDF-Stil* und wählen die Option *Ausgabestil neuer PDF* (anscheinend ein Übersetzungsfehler). Nun brauchen Sie nur noch einen Namen für den Stil einzugeben und die Einstellungen sind gesichert.

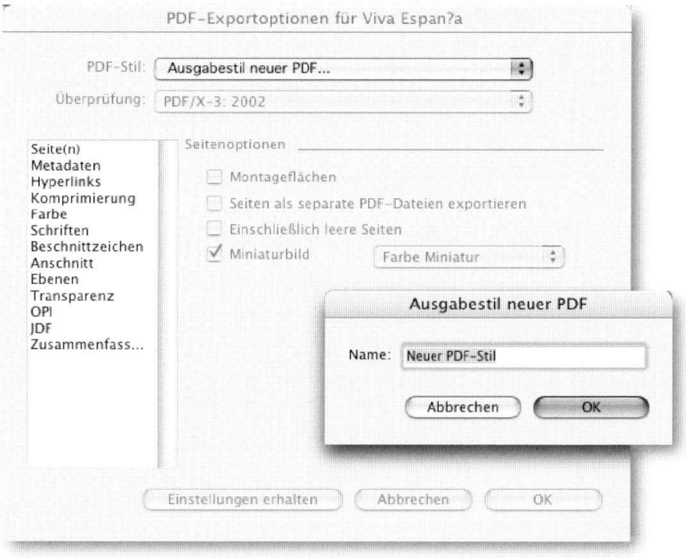

Die Einstellungen für den PDF-Export lassen sich auch als neuer Stil absichern.

PDF/X

Eine PDF-Datei kann für viele verschiedene Zwecke eingesetzt werden. Das Haupteinsatzgebiet ist und bleibt allerdings die Druckvorstufe. Zu Beginn der PDF-Ära wusste noch keiner so recht, wie man ein PDF erzeugen bzw. einstellen muss, damit es bei der Ausgabe auf einem Belichter keine

Probleme gibt. Die verschiedenen Druckereien und Belichtungsstudios mussten zuerst genau erforschen, wie man den Acrobat Distiller konfiguriert, damit keine Probleme auftreten. Nachdem die Belichtungsprobleme gelöst waren, hat man festgestellt, dass jeder Dienstleister andere Einstellungen für den Distiller benötigt. Für Werbeagenturen und Satzstudios war dies natürlich eine unangenehme Situation, da sie ein PDF jedes Mal mit verschiedenen Einstellungen speichern mussten. Hatten sie einmal die falschen Einstellungen erwischt, gab es bei der Ausgabe Probleme. Die Dienstleister waren mit der Situation genauso unzufrieden, da es zu Verzögerungen kam, wenn ein falsches PDF angeliefert wurde. Die Rettung für alle war das PDF/X-Format.

Bei PDF-X handelt es sich um eine auf dem PDF-Format basierende Normung für die Übermittlung digitaler Druckvorlagen.

PDF-X besteht aus mehreren Teilen: ISO 15929 beschreibt den PDF-X-Ansatz insgesamt und definiert einige grundlegende Spielregeln zum Thema PDF-X. Der erste Teil (PDF/X-1 – ISO 15930-1) definiert den digitalen Druckvorlagenaustausch für Abläufe, in denen ausschließlich mit CMYK und Sonderfarben gearbeitet wird.

Der zweite Teil (PDF/X-3 – ISO 15930-3) beschäftigt sich zusätzlich mit der Unterstützung für Color-Management-Workflows.

Zu den Regeln der PDF-X-Norm gehören unter anderem folgende Punkte:

- Schriften müssen eingebettet sein.
- Bilddaten müssen als Bestandteil des PDF enthalten sein und mit Mitteln einer PDF-Seitenbeschreibung kodiert werden.
- OPI-Kommentare sind verboten.
- Transferkurven sind verboten.
- Rastereinstellungen sind erlaubt, müssen vom Empfänger einer PDF/X-Datei aber nicht verwendet werden.
- Die TrimBox gibt das beschnittene Endformat der Dokumentseiten an und muss definiert sein. Sofern Beschnittzugabe vorhanden und für die Produktion relevant ist, muss die BleedBox definiert sein. Die BleedBox (Anschnittrahmen) beschreibt die Größe des Rahmens, der das Endformat (TrimBox) plus Beschnitt/Anschnitt definiert.
- Kommentare und Formularfelder innerhalb der durch TrimBox bzw. Bleedbox definierten Seitenflächen sind nicht erlaubt.
- Mittels des Eintrags Trapped im InfoDictionary muss angegeben sein, ob die Datei bereits überfüllt wurde oder nicht.
- LZW-Kompression ist verboten, da Softwarehersteller Lizenzgebühren an den LZW-Patentinhaber Unisys einrichten müssen. Andererseits ist aber die ZIP-Kompression (in PostScript und PDF als Flate bezeichnet) ähnlich leistungsfähig, ohne mit Patenten belegt zu sein.
- Jegliche Verschlüsselung ist untersagt, d. h. es ist auch nicht zulässig, PDF-Dateien zu verwenden, die zwar verschlüsselt sind, jedoch kein Kennwort zum Öffnen erfordern.

- Mittels eines PDF/X-spezifischen Output-Intent-Dictionarys muss angegeben werden, für welche Ausgabebedingung die PDF/X-Datei erstellt worden ist.
- PDF/X-1a wie PDF/X-3 basieren auf PDF 1.3, insbesondere von den in PDF 1.4 eingeführten Transparenzfunktionen soll kein Gebrauch gemacht werden.

Hierbei handelt es sich fast durchgehend um Charakteristika in einer PDF-Datei, die man mit einem Prüfwerkzeug unmittelbar kontrollieren kann. Zudem ist der Weg von einer prinzipiell druckvorstufentauglichen PDF-Datei zu einer ISO-konformen PDF/X-3-Datei nicht weit.

Unterschied zwischen PDF und PDF/X
Das PDF lässt sich mithilfe von QuarkXPress oder des Acrobat Distillers für verschiedene Einsatzgebiete erstellen, z. B. Internet, digitales Buch oder Druckvorstufe. Ein für die Druckvorstufe taugliches PDF muss bestimmten Anforderungen genügen. Um diese Kriterien, die über das Erzeugen hinausgehen, zu erfüllen, wurde die PDF/X-Norm entwickelt. Beim PDF/X handelt es sich also um ein PDF für den speziellen Einsatz im Druckvorstufenbereich.

Welche Vorteile bietet ein PDF/X?
Die Vorteile von PDF/X liegen auf der Hand. Durch die Normierung des PDF nach festgelegten Kriterien und den integrierten Preflight-Check können PDF-Dateien erstellt werden, welche den genauen Anforderungen im Bereich Druckvorstufe entsprechen. Ein weiterer Vorteil liegt in der Tatsache, dass sowohl der Ersteller als auch der Endnutzer nach den gleichen festgelegten Kriterien das PDF/X überprüfen kann.

PDF/X-1a und PDF/X-3
Vom PDF/X-Standard gibt es zurzeit zwei verschiedene Versionen: PDF/X-1a und PDF/X-3. Beide Versionen werden in der Druckvorstufe eingesetzt, allerdings bestehen einige Unterschiede zwischen den Versionen.

PDF/X-1 war der erste PDF/X-Standard und ist seit Oktober 1999 der amerikanische Standard für den digitalen Datenaustausch. Der Hauptunterschied zu PDF/X-3 liegt in der Beschränkung der zugelassenen Farbräume. PDF/X-1 lässt nur CMYK und Spotfarben zu. Im PDF/X-3 sind ebenfalls LAB- und CalRGB-Farbräume zugelassen. Außerdem können im PDF/X-3 ICC-Profile eingebunden werden.

Die Eigenschaften im Einzelnen:

PDF/X-1a
- Unterstützt nur einen CMYK- (und Volltonfarben-) Workflow, der auf ein bestimmtes Ausgabegerät eingestellt ist. PDF/X-1a-Dateien haben unter anderem folgende Eigenschaften:
- Die PDF-Version ist 1.3 (Acrobat 4.0).
- Alle Schriftarten sind eingebettet.
- Farbmanagement ist nicht zulässig.

- Überfüllungsschlüsselwerte, Ausgabeprioritäten und der Endformat- oder Objektrahmen sind eingestellt. Die Datei wird durch zusätzliche Schlüssel gekennzeichnet.

PDF/X-3
Unterstützt einen Workflow mit Farbmanagement, bei dem zusätzlich zu CMYK- und Volltonfarben geräteunabhängige Farben (CIE LAB, Farbräume basierend auf ICC, CalRGB und CalGray) verwendet werden können. Dadurch können Sie ICC-Farbprofile benutzen, mit denen später Farbdaten am Ausgabegerät festgelegt werden. PDF/X-3-Dateien haben unter anderem folgende Eigenschaften:

- Die PDF-Version ist 1.3 (Acrobat 4.0).
- Alle Schriftarten sind eingebettet.
- Geräteunabhängige Farben sind neben CMYK- und Volltonfarben zulässig.
- Überfüllungsschlüsselwerte, Ausgabeprioritäten und der Endformat- oder Objektrahmen sind eingestellt. Die Datei wird durch zusätzliche Schlüssel gekennzeichnet.

PDF/X mit QuarkXPress
Wie Sie sehen, hat der PDF/X-Standard eine sehr große Bedeutung im Druckvorstufenbereich. Um dem Ganzen nun Rechnung zu tragen, hat QuarkXPress in Version 7 eine eigene Funktion für das Generieren einer PDF/X-1a bzw. PDF/X-3-Datei. Im Dialogfenster *PDF-Exportoptionen* müssen Sie im Pop-up-Menü *Überprüfung* nur den gewünschten Standard angeben. QuarkXPress gewährleistet dadurch, dass das exportierte PDF dem PDF/X-Standard entspricht und ohne Probleme in den Druckereien weiterverarbeitet werden kann.

PDF/X bedeutet zwar, dass das Dokument bestimmte Bedingungen für die Druckvorstufe erfüllt, allerdings werden die Bilder nicht auf die richtige Auflösung überprüft. Eine PDF/X-Datei kann auch Bilder mit niedriger Auflösung enthalten. Die Auflösung ist kein Kriterium für den PDF/X-Standard.

Einige Kategorien in den *PDF-Exportoptionen* entsprechen den Kategorien im Druckdialog. Deswegen werden wir an dieser Stelle diese Kategorien nur kurz beschreiben.

Kategorie Seiten
Wie der Name bereits sagt, werden in dieser Kategorie Einstellungen für die Behandlung der Seiten festgelegt. Die Option *Montageflächen* entspricht der gleichnamigen Funktion im Druckdialog. Damit ergeben Doppelseiten eine Seite in der PDF-Datei.

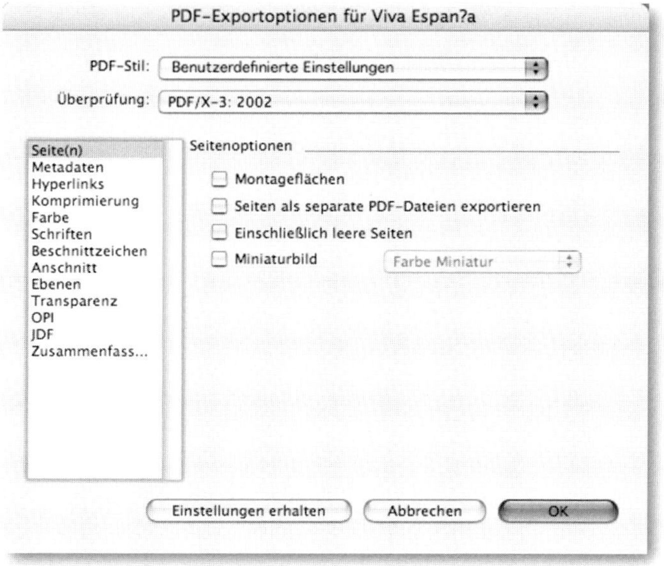

Die Einstellungen der Kategorie „Seiten" in den PDF-Exportoptionen.

Mit der Funktion *Seiten als separate PDF-Dateien exportieren* wird aus einer Layoutseite eine PDF-Datei. Für die Weiterverarbeitung der PDF-Dateien in einem Ausschießprogramm ist diese Funktion besonders interessant.

Die Option *Einschließlich leere Seiten* wird sehr oft für die Produktion von Büchern gebraucht. Dadurch werden auch Layoutseiten, die keinen Inhalt haben, mit exportiert.

Durch die Option *Miniaturbild* können Sie für die einzelnen Seiten kleine Vorschaubilder generieren lassen, die in Adobe Acrobat im Register *Seiten* erscheinen. Dadurch wird dem Anwender in Acrobat das Navigieren durch ein umfangreiches PDF-Dokument erleichtert. Sie haben die Auswahl zwischen *B&W Miniatur* und *Farbe Miniatur.*

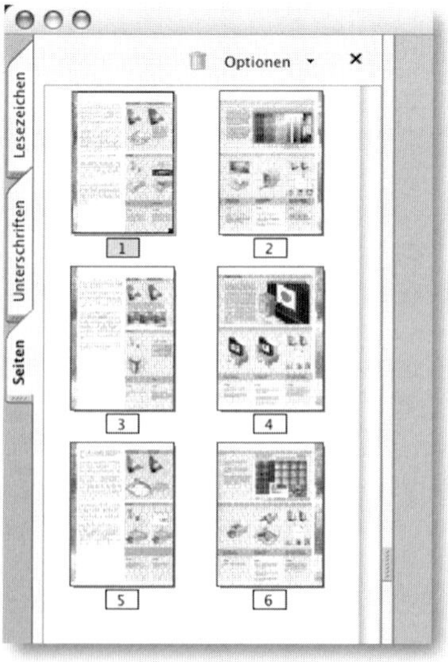

Eingebettete Miniaturen erleichtern dem Anwender das Navigieren in Acrobat.

Kategorie Metadaten

In dieser Kategorie können Sie der PDF-Datei zusätzliche Informationen mitgeben. Diese Informationen umfassen den *Titel, Betreff, Autor* und *Stichwörter.* Die Metadaten können in Acrobat über die *Dokumenteigenschaften* aufgerufen werden.

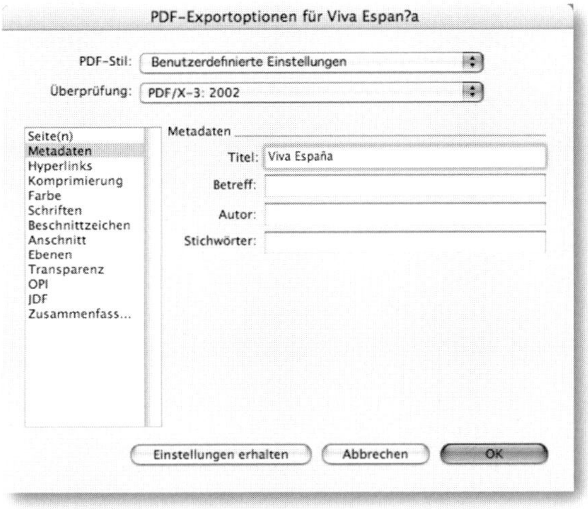

Die Kategorie „Metadaten" in den PDF-Exportoptionen von QuarkXPress.

Die Metadaten von QuarkXPress können in Acrobat in den „Dokumenteigenschaften" angezeigt werden.

Kategorie Hyperlinks

In dieser Kategorie können *Hyperlinks, Inhaltsverzeichnisse* und der *Index* in die PDF-Datei als Hyperlink eingebettet werden. Dies ist z. B. wichtig, wenn Sie Dokumentationen oder Handbücher mit QuarkXPress produzieren und wollen, dass das Inhaltsverzeichnis in der PDF-Datei interaktiv ist. Ein Klick auf einen Eintrag des Inhaltsverzeichnisses führt dann den Anwender auf die richtige Seite im Dokument. Das Gleiche gilt für einen Index.

Im Bereich *Darstellung* können Sie noch bestimmen, welches Gesicht die Hyperlinks in der PDF-Datei bekommen sollen und mit welcher Darstellungsgröße das Ziel des Hyperlinks geöffnet wird.

Hyperlinks können nur in die PDF-Datei eingebettet werden, wenn kein PDF/X-Standard verwendet wird. PDF/X lässt keine Interaktivität in PDF-Dokumenten zu.

Inhaltsverzeichnisse, Indexe und Hyperlinks können als interaktive Verknüpfungen in die PDF-Datei geschrieben werden.

Kategorie Komprimierung

In dieser Kategorie werden die Einstellungen für die Bilder festgelegt. Dabei wird zwischen Farb-, Graustufen- und Schwarzweißbildern unterschieden.

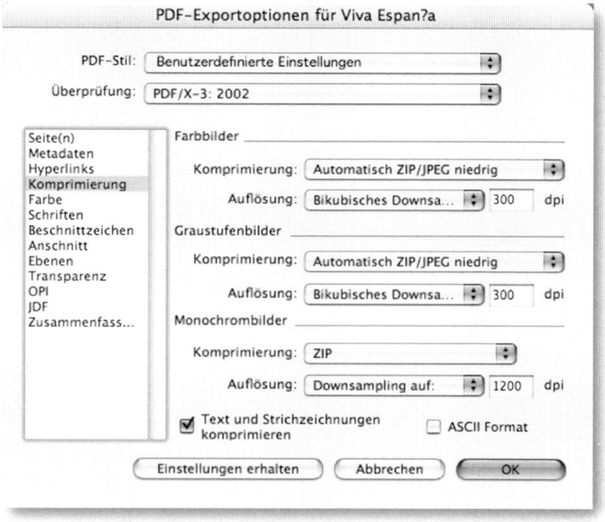

Die Einstellungen für die Komprimierung der Bilder.

In den Pop-up-Menüs *Komprimierung* werden die Art und Stärke der Komprimierung eingestellt. Wenn Sie eine automatische Komprimierung wählen, wendet QuarkXPress die für jedes einzelne Bild am besten geeignete Komprimierungsmethode an. Bei Auswahl eines manuellen Komprimierungsverfahrens bestimmten Sie, ob die ZIP- oder JPEG-Komprimierung auf farbige Bitmaps angewendet wird. Die ZIP-Komprimierung ist immer verlustfrei, allerdings entstehen größere PDF-Dateien. Die JPEG-Komprimierung ist nicht verlustfrei, deshalb können Sie die Intensität der anzuwendenden Komprimierung angeben (*hoch, mittel/hoch, mittel, mittel/niedrig* oder *niedrig*). Je stärker die JPEG-Komprimierung, desto kleiner die Datei und desto schlechter die Bilder.

Wenn Sie Bilder mit sehr guter Qualität haben wollen, dann müssen Sie ***Komprimierung niedrig*** *verwenden. Das ist ein kleiner Unterschied gegenüber dem Acrobat Distiller. Im Distiller wird die Qualitätsstufe eingestellt, während in QuarkXPress die Komprimierungsstufe festgelegt werden muss.*

Die Komprimierung für Monochrombilder ist immer verlustfrei. Hierfür stehen die Arten *CCITT Gruppe 3, CCITT Gruppe 4, ZIP* oder *Lauflänge* zur Verfügung.

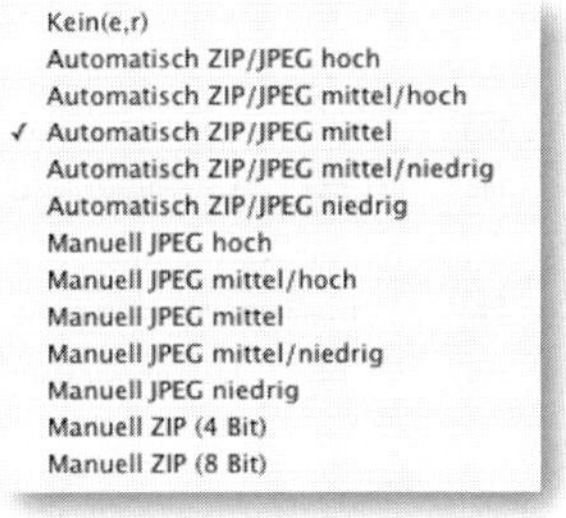

Zwischen diesen Komprimierungsarten kann bei Farb- und Graustufenbildern gewählt werden.

Mit den Pop-up-Menüs *Auflösung* können die einzelnen Bildarten noch auf eine bestimmte Auflösung umgerechnet werden. Dabei können Sie zwischen verschiedenen Berechnungsarten wählen. Es stehen das *Downsampling, Subsampling* und das *Bikubische Downsampling* zur Verfügung.

Die Auflösung der Bilder kann immer nur verringert, aber nicht erhöht werden. So kann z. B. ein Bild mit einer Auflösung von 450 ppi auf 300 ppi umgerechnet werden. Allerdings kann ein Bild mit 150 ppi nicht auf 300 ppi hochgerechnet werden.

Falls Sie *Downsampling* wählen, bestimmt QuarkXPress die durchschnittliche Pixelfarbe in einem Bereich und ersetzt den Bereich durch ein größeres einzelnes Pixel in der Durchschnittsfarbe. Diese Methode entspricht der *Durchschnittlichen Neuberechnung* von Acrobat Distiller.

Falls Sie *Subsampling* wählen, markiert QuarkXPress das mittlere Pixel in einem Bereich und vergrößert dieses mittlere Pixel, um den Bereich durch ein einzelnes Pixel zu ersetzen. Diese Methode entspricht der *Kurzberechnung* von Acrobat Distiller.

Falls Sie *Bikubisches Downsampling auf* wählen, verwendet QuarkXPress einen gewichteten Durchschnitt, um die Pixelfarbe zu bestimmen. Bikubisches Downsampling ist am langsamsten, führt aber zu den besten Resultaten. Diese Methode entspricht der *Bikubischen Neuberechnung* von Acrobat Distiller.

Wenn Sie nun eine der Berechnungsarten ausgewählt haben, können Sie im Eingabefeld daneben den gewünschten dpi-Wert der Auflösung eingeben.

Durch das Aktivieren der Option *Text und Strichzeichnungen komprimieren* werden die Vektordaten des Dokuments (Texte und Rahmen) im ZIP-Verfahren komprimiert.

Falls Sie eine PDF-Datei im *ASCII-Format* brauchen, dann aktivieren Sie die entsprechende Funktion. Ansonsten wird die PDF-Datei im Binär-Format gespeichert.

Kategorie Farbe

Diese Kategorie entspricht der gleichnamigen im Druckdialog. Die Erläuterungen zu den Menüs *Modus* und *Einstellungen* finden Sie etwas weiter vorne in diesem Kapitel.

Kategorie Schriften

Auch diese Kategorie entspricht der gleichnamigen im Druckdialog. Die Erläuterung dazu finden Sie etwas weiter vorne in diesem Kapitel.

QuarkXPress bettet die ausgewählten Schriften immer vollständig in die PDF-Datei ein. Untergruppen können nicht erstellt werden, was andererseits Probleme bei der Ausgabe verringert.

Kategorie Beschnittzeichen

Und schon wieder eine Kategorie, die der gleichnamigen im Druckdialog entspricht. Hier werden die Beschnittzeichen aktiviert und eingestellt (siehe Abschnitt weiter vorne im Kapitel).

Kategorie Anschnitt

In dieser Kategorie wird die Größe des Beschnitts definiert. Sie entspricht der gleichnamigen Kategorie im Druckdialog (siehe Abschnitt weiter vorne im Kapitel).

Kategorie Ebenen

Die Kategorie ist für die angelegten Ebenen des Layouts zuständig. Hier wird angegeben, welche Ebenen in die PDF-Datei übernommen werden sollen. Diese Kategorie entspricht der gleichnamigen im Druckdialog (siehe Abschnitt weiter vorne im Kapitel).

Die Ebenen von QuarkXPress werden beim Export nicht in Acrobat-Ebenen umgewandelt. QuarkXPress kann PDF-Dateien nur in PDF 1.3 (Acrobat 4) und PDF 1.4 (Acrobat 5) speichern. Acrobat-Ebenen erfordern PDF 1.5 (Acrobat 6).

Kategorie Transparenz

Diese Kategorie entspricht bei den Einstellungen der gleichnamigen im Druckdialog (siehe Abschnitt weiter vorne im Kapitel). Zur Transparenz in PDF-Dateien gibt es allerdings noch ein bisschen was zu wissen.

Transparenzen in PDF-Dateien sind erst seit der PDF-Version 1.4 (Acrobat 5) möglich, das bedeutet, die Transparenzen müssen für Acrobat 5 normalerweise nicht reduziert werden. Sie können 1:1 in die PDF-Datei geschrieben werden. Allerdings geht QuarkXPress hier einen anderen Weg. TRANSPARENZEN WERDEN BEI DER AUSGABE IMMER REDUZIERT! Wenn Sie also ein PDF in der Version 1.4 erstellen, wird die Transparenz trotzdem reduziert. Dadurch können Ausgabeprobleme vermieden werden.

Reduzierung bedeutet, dass die transparenten Objekte umgerechnet werden. So wird z. B. eine transparente Fläche, die über einem Bild liegt, bei der Reduzierung in das Bild eingerechnet. Durch die Reduzierung ist es erst möglich, Transparenzen auszugeben.

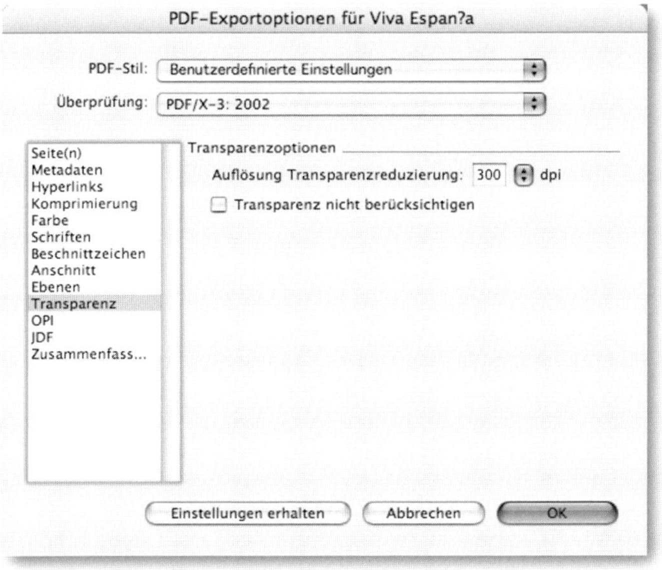

Die Transparenzeinstellungen sind die gleichen wie im Druckdialog.

Kategorie OPI

Die Einstellungen in dieser Kategorie sind nur wichtig, wenn Sie mit einem OPI-Server arbeiten. Sie entsprechen den Einstellungen im Druckdialog (siehe Abschnitt weiter vorne im Kapitel).

Die OPI-Funktionen sind nicht verfügbar, wenn Sie eine PDF/X-Datei erstellen.

Kategorie JDF

Hier kann, genauso wie im Druckdialog, eine JDF-Datei auf Basis eines Job Jackets für die Weiterverarbeitung erstellt werden (siehe Abschnitt weiter vorne im Kapitel).

Kategorie Zusammenfassung

In dieser Kategorie werden alle Einstellungen in einer textlichen Übersicht angezeigt. Hier kann auch die Dokumentgröße abgelesen werden.

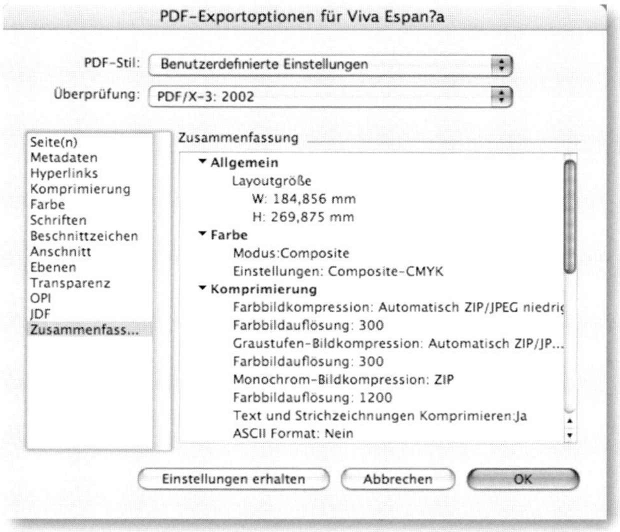

Eine Zusammenfassung der einzelnen Kategorien in textlicher Form.

Sonstiges

In den Abschnitten zuvor war ab und zu die Rede von PDF 1.3 und PDF 1.4. Vielleicht haben Sie schon verzweifelt nach der Einstellung gesucht, mit der man ein PDF 1.3 bzw. PDF 1.4 erstellt. Einen speziellen Bereich gibt es dafür nicht. Die Version der PDF-Datei wird mithilfe des Menüs *Überprüfung* im oberen Bereich der PDF-Exportoptionen bestimmt.

PDF/X-1a und *PDF/X-3* sind immer in PDF-Version 1.3. Dies ist ein zwingendes Kriterium für den PDF/X-Standard. Wenn Sie die Überprüfung auf *Keine* stellen, dann erhalten Sie ein PDF in der Version 1.4. Es wäre allerdings besser, QuarkXPress hätte für die Auswahl der Version einen eigenen Menüpunkt. Wie so oft, hofft man immer auf das nächste Update.

EPS-Ausgabe

Auch die EPS-Ausgabe wurde in QuarkXPress 7 stark erweitert. So können nun auch die verwendeten Schriften in die EPS-Datei eingebettet werden. Wie in den älteren QuarkXPress-Versionen befindet sich im Menü *Ablage/Datei* die Funktion *Seite als EPS sichern (Apfel/Strg + Alt + Shift + S).*

Das Fenster zum Speichern der EPS-Datei ähnelt dem Fenster für den PDF-Export. Im unteren Bereich befindet sich das Feld *Seite,* in dem Sie die Seitennummer der Layoutseite angeben, die exportiert werden soll.

Leider ist es immer noch nicht möglich, mehrere Seiten gleichzeitig als EPS zu sichern. Nach wie vor muss jeder Seite einzeln angegeben und exportiert werden.

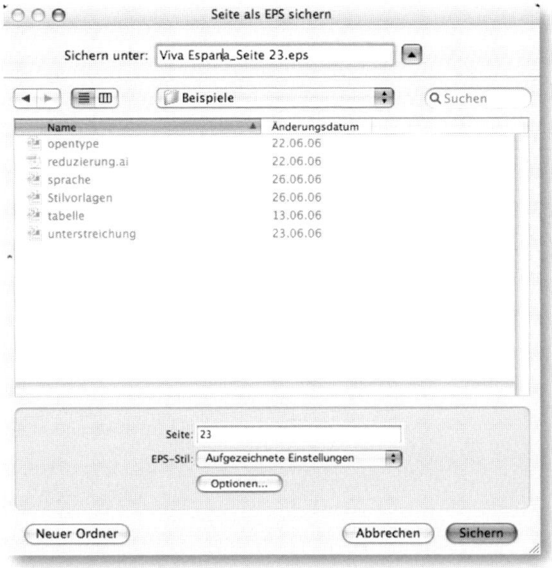

Das Fenster für den EPS-Export.

Im Pop-up-Menü *EPS-Stil* kann aus den gesicherten Ausgabestilen gewählt werden. Ein Klick auf die Schaltfläche *Optionen* öffnet die Einstellungen für den EPS-Export.

Das Fenster für die EPS-Exportoptionen ähnelt dem für den PDF-Export. Im oberen Bereich befinden sich wieder die allgemeinen Einstellungen mit dem Menü *Ausgabestil.* Dort ist die Funktion *Neuer Stil für EPS-Ausgabe* zu finden mit der die aktuellen Einstellungen als neuer Ausgabestil gesichert werden können.

In den EPS-Exportoptionen können auch neue Ausgabestile definiert werden.

EPS-Format

Eine Neuerung im EPS-Export ist die Auswahl des Formats. Im Menü *Format* haben Sie die Wahl zwischen einem *Standard-EPS,* einem *Mehrdatei-DCS* und einem *Einzeldatei-DCS.* Das *Standard-EPS* entspricht einer normalen EPS-Datei, wie sie auch in den älteren QuarkXPress-Versionen entstanden ist.

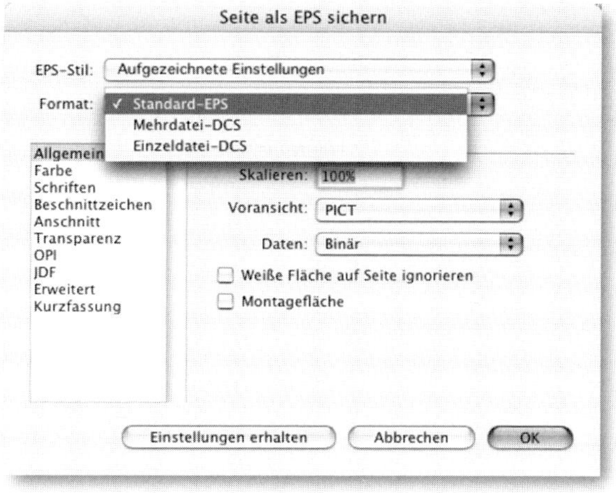

QuarkXPress 7 kann nun auch DCS-Dateien exportieren.

Die Abkürzung *DCS* steht für *Desktop Color Separation.* In DCS-Dateien sind die einzelnen Farben bereits vorsepariert und werden je nach Auswahl in einzelne Dateien gespeichert. Da DCS-Dateien bereits vorsepariert sind, werden sie auch schneller ausgegeben.

Die Seite 24 des Dokuments „Viva España" wurde als Mehrdatei-DCS exportiert. Für jede Farbe ist eine eigene EPS-Datei entstanden.

Kategorie Allgemein

Wie der Name schon sagt, werden hier allgemeine Einstellungen für den EPS-Export definiert. Im Feld *Skalieren* können Sie das EPS beim Export bis auf zehn Prozent verkleinern. Eine Vergrößerung ist nicht möglich.

Im Pop-up-Menü *Voransicht* wird das Format der Bildschirmvorschau eingestellt. *PICT* sollten Sie wählen, wenn das EPS am Macintosh weiterverarbeitet wird. *TIFF* ist für die Weiterverarbeitung unter Windows gedacht.

Die Kodierung des EPS wird im Menü *Daten* definiert. Sie haben die Auswahl zwischen *Binär, ASCII* und *Clean-8-Bit.*

Durch das Aktivieren der Option *Weiße Fläche auf Seite ignorieren* werden die weißen Bereiche einer Seite transparent gemacht. Dies gilt allerdings nicht für Objekte, die mit der Farbe Weiß gefüllt sind, sondern vielmehr für Objekte, denen keine Farbe zugewiesen wurde.

Die Option *Montagefläche* hat die gleiche Auswirkung wie beim Ausdruck oder beim PDF-Export.

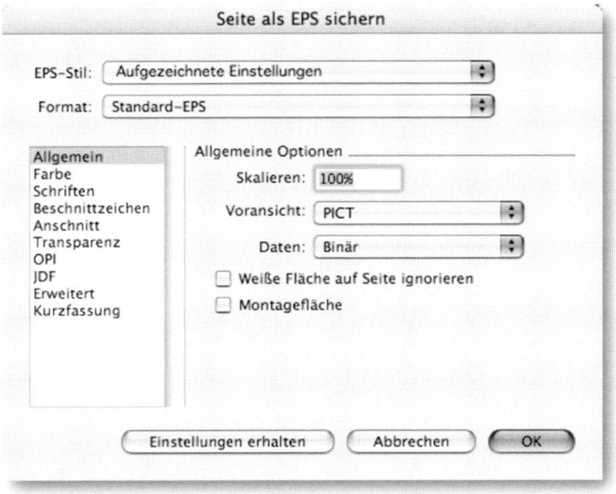

Die allgemeinen Einstellungen für den EPS-Export.

Kategorie Farbe

Diese Kategorie entspricht im Großen und Ganzen der gleichnamigen Kategorie im Druckdialog oder beim PDF-Export. Es gibt nur einen kleinen Unterschied: Wenn Sie ein *Standard-EPS* erstellen, finden Sie in dieser Kategorie die gleichen Einstellungen wie beim Drucken und beim PDF-Export. Haben Sie aber ein *EPS-DCS* gewählt, dann können Sie im Pop-up-Menü *Einstellungen* nur zwischen *Prozess und Vollton* und *Zu Vierfarbauszug konvertieren* wählen. Mit der ersten Option bleiben die Vollfarben erhalten. Die zweite Option wandelt alle verwendeten Farben in CMYK um.

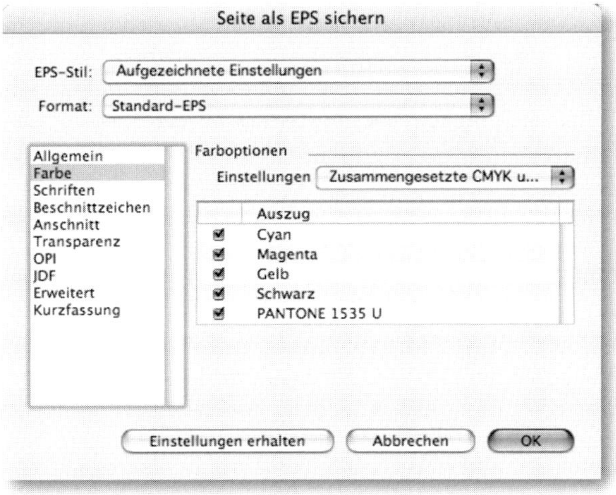

Die Kategorie „Farbe" unterscheidet sich geringfügig vom Druckdialog.

Kategorie Schriften

Endlich können Sie die verwendeten Schriften in die EPS-Datei einbetten. Beim Einbetten wird genauso verfahren wie beim PDF-Export. Alle Schriften werden vollständig und nicht als Untergruppe in die Datei geschrieben. Genauso wie beim Drucken oder PDF-Export können Sie Schriften für die Einbettung ausschließen.

Es werden nur Schriften eingebettet, die auch für die Einbettung freigegeben sind. Schrifthersteller können Schriften für das Einbetten sperren.

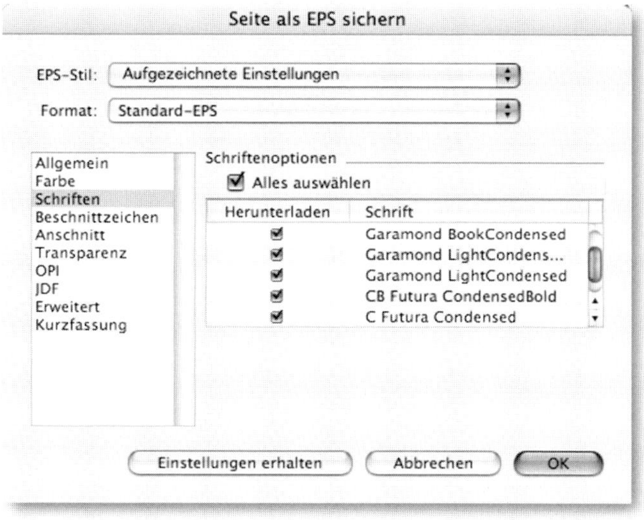

Schriften können nun auch in die EPS-Datei vollständig eingebettet werden.

Kategorie Beschnittzeichen

Diese Kategorie entspricht der gleichnamigen im Druckdialog und im PDF-Export. Genaueres erfahren Sie etwas weiter vorne in diesem Kapitel.

Kategorie Anschnitt

Auch diese Kategorie ist die gleiche wie beim Ausdruck oder PDF-Export. Hier werden Größe und Art des Beschnitts definiert.

Kategorie Transparenz

Transparenzen werden beim EPS-Export immer reduziert, deswegen sollten Sie unbedingt die Einstellungen für die Transparenzreduzierung in dieser Kategorie überprüfen. Es gelten dabei die gleichen Regeln wie beim Ausdruck bzw. dem PDF-Export.

Kategorie OPI

In dieser Kategorie finden Sie die Einstellungen bei Verwendung eines OPI-Servers. Sie entsprechen den Einstellungen im Druckdialog und PDF-Export.

Kategorie JDF

Wenn Sie eine JDF-Datei auf Basis eines Job Jackets benötigen, dann sind Sie in dieser Kategorie richtig. Die Einstellungen entsprechen wieder denen des Ausdrucks und PDF-Exports.

Kategorie Erweitert

Eine positive Neuerung verbirgt sich in dieser Kategorie. Hier können Sie den Postscript-Level für die eingebetteten EPS- und PDF-Bilder definieren. Sie haben die Auswahl zwischen *Postscript Level 2* und *Postscript Level 3.*

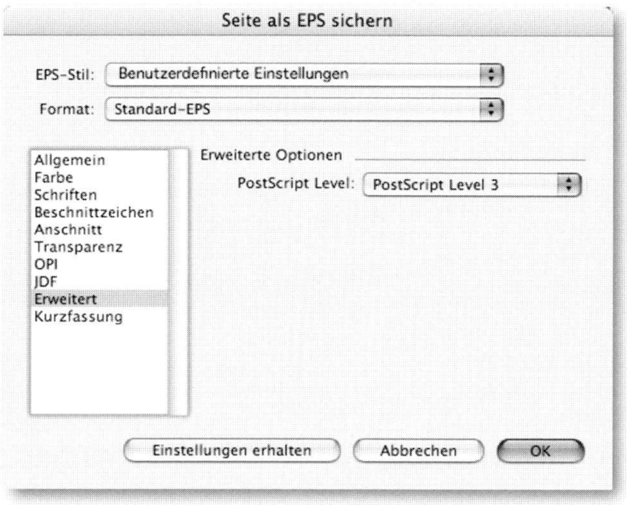

Der Postscript-Level für die eingebetteten EPS- und PDF-Bilder.

Kategorie Kurzfassung

In der letzten Kategorie haben Sie wieder eine Zusammenfassung der Einstellung in textlicher Form, u. a. können sie hier auch die Breite und Höhe der EPS-Datei ablesen.

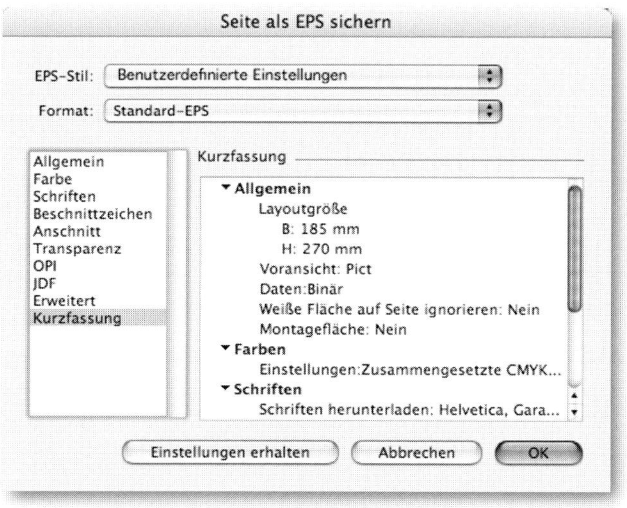

Die Zusammenfassung der Einstellungen für den EPS-Export.

Für Ausgabe sammeln

Obwohl das PDF-Format, besonders in der Druckvorstufe, auf dem Vormarsch ist, werden noch sehr oft die offenen QuarkXPress-Dokumente weitergegeben. Diese können dann in der Druckerei noch bearbeitet bzw. korrigiert werden. Damit das QuarkXPress-Dokument woanders weiterverarbeitet werden kann, müssen alle verwendeten Schriften und verknüpften Dateien auch weitergegeben werden. Damit Sie nun nicht alles manuell sammeln müssen, gibt es in QuarkXPress im Menü *Ablage/Datei* die Funktion *Für Ausgabe sammeln.*

QuarkXPress erstellt nicht automatisch beim Sammeln einen neuen Ordner, der dann alle gesammelten Dateien enthält. Sie sollten also vor dem Sammeln immer einen neuen Ordner anlegen und diesen dann als Zielordner im Fenster auswählen.

Das Fenster mit den Einstellungen für die Funktion „Für Ausgabe sammeln".

Umsteiger von QuarkXPress 3 und 4 werden mit Freuden bemerken, dass nun auch Schriften mitgesammelt werden können. Sogar die ICC-Farbprofile, die das Dokument oder die verknüpften Bildern verwenden, können Sie sammeln lassen. Dabei werden allerdings nur die Profile von Bildern gesammelt, denen nachträglich in QuarkXPress ein Profil zugewiesen wurde. Profile, die fest in den Bildern eingebettet sind, werden nicht gesammelt.

Der untere Bereich des Dialogfensters enthält zwei Register. Im Register *Für Ausgabe sammeln* können Sie nun angeben, welche Elemente kopiert und gesammelt werden sollen. Wenn Sie z. B. nur alle verketteten Bilder, die sich vielleicht verstreut auf der Festplatte oder einem Server befinden, in einem Ordner sammeln wollen, dann aktivieren Sie nur die Option *Verkettete Bilder.*

Wenn Sie das Layout und die Bilder sammeln lassen, dann werden die Verknüpfungen in dem kopierten Layout auf die kopierten Bilder gelegt. Die verknüpften Bilder werden also aktualisiert.

Wenn Sie die verwendeten Schriften auch mitsammeln lassen, dann öffnet sich nach der Bestätigung noch ein Warndialog. In diesem Warndialog werden Sie darauf hingewiesen, dass Sie für das Kopieren der Schriften verantwortlich sind und eventuell Lizenzbestimmungen der Schrifthersteller verletzen könnten. Eine Bestätigung für das Sammeln der Schriften nimmt Sie in die Verantwortung.

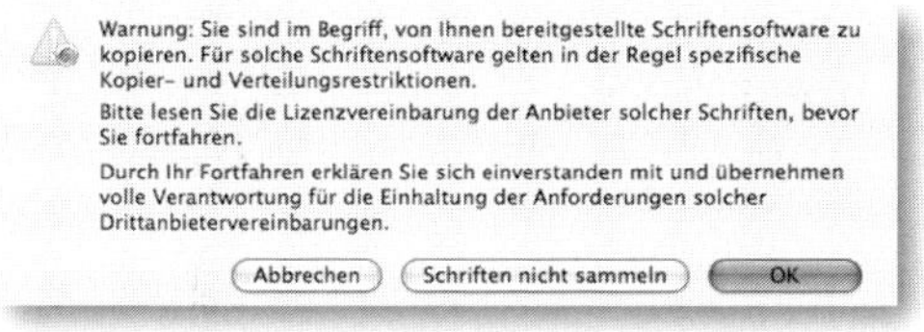

Vorsicht beim Sammeln von Schriften, Sie könnten Lizenzbestimmungen verletzen.

Im zweiten Register mit dem Namen *Vista* befindet sich nur eine Option. Durch das Aktivieren von *Bildänderungen anzeigen* werden die angewendeten Bildeffekte in die jeweiligen Bilder eingerechnet. Vor dem Sammeln werden noch die *Bildexportoptionen* geöffnet, in denen Sie die Parameter für die Einrechnung definieren können.

Bilder, die mit Bildeffekten von QuarkVista belegt sind, können beim Sammeln umgerechnet werden.

Nachdem Sie alle Einstellungen getroffen haben, klicken Sie auf *Sichern* und die gewünschten Dateien werden gesammelt. Unter Umständen müssen Sie zuvor das Dokument noch sichern. Wenn sie nun in den Sammlungsordner sehen, werden Sie mit Freude feststellen, dass QuarkXPress eigene Ordner für die Bilder, Schriften und Farbprofile angelegt hat. Der Bericht enthält alle relevanten Informationen zu den gesammelten Dateien und dem QuarkXPress-Dokument. Er kann mit jedem beliebigen Textverarbeitungsprogramm geöffnet werden.

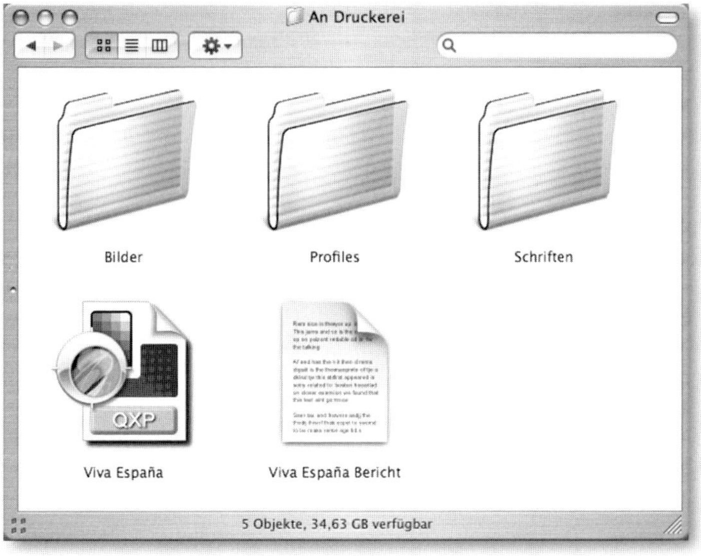

So sieht ein Ordner aus, in dem die Dateien gesammelt wurden.

*Die Funktion **Für Ausgabe sammeln** sammelt nur alle relevanten Daten des aktuellen Layouts. Eine Sammlung für das ganze Projekt ist derzeit nicht möglich. Sie sollten also beim Sammeln immer kontrollieren, welches Layout gerade aktiv ist.*

Ausgabestile

Vielen Anwendern sind die *Druckstile* aus den älteren QuarkXPress-Versionen bestimmt bekannt. Diese wurden in QuarkXPress 7 durch die *Ausgabestile* ersetzt. Die Ausgabestile umfassen nun nicht nur Einstellungen für die Druckausgabe, sondern auch Einstellungen für die PDF- und EPS-Ausgabe.

Ausgabestile sind ein bisschen mit Stilvorlagen vergleichbar. Anstatt Parameter für die Textformatierung zu speichern, werden Parameter für die Druck-, PDF- oder EPS-Ausgabe gesichert. Dadurch wird die Ausgabe von Dokumenten für verschiedene Ausgabezwecke wesentlich erleichtert.

Anlegen, bearbeiten und verwalten

Für das Anlegen eines neuen Ausgabestils müssen Sie im Menü *Bearbeiten* die Funktion *Ausgabestile* öffnen. Das Dialogfenster sieht dem Stilvorlagenfenster sehr ähnlich und wird auch ähnlich bedient. Im oberen Bereich befindet sich die Option *Zeigen,* mit der Sie einstellen können, welche Ausgabestile in der Liste angezeigt werden sollen. Links unten befindet sich die Schaltfläche *Neu,* die man aufklappen und in der man einen Ausgabestil auswählen kann.

Beim Erstellen eines neuen Ausgabestils muss zuerst die Art gewählt werden.

Die Standard-Stile, die bereits aufgelistet sind, sind die Standard-Einstellungen der jeweiligen Ausgabefenster. Wenn Sie also z. B. wollen, dass jedes Mal beim Öffnen des Druckdialogs bestimmte Einstellungen bereits definiert sind, dann ändern Sie den **Standard Druck Ausgabestil.** *Dasselbe gilt für die anderen Ausgabearten.*

Je nach gewählter Art des Ausgabestils öffnet sich ein weiteres Fenster mit den Einstellungen für den Stil. Zuerst sollten Sie allerdings einen Namen für den Stil definieren, da Sie ansonsten die Übersicht verlieren könnten. Die verschiedenen Fenster zum Einstellen des Stils sind die gleichen wie in der Druck-, PDF- und EPS-Ausgabe. Eine Erläuterung zu den verschiedenen Einstellungen der einzelnen Fenster finden Sie etwas weiter vorne in diesem Kapitel.

Das Fenster zum Anlegen eines Druckstils ist dasselbe wie bei der normalen Druckausgabe.

Export und Import

Damit in einer größeren Arbeitsgruppe alle Anwender dieselben Ausgabestile verwenden, können diese importiert und exportiert werden. Für den Export müssen Sie zuerst einen Ausgabestil auswählen und danach auf die Schaltfläche *Exportieren* klicken. Nun brauchen Sie nur noch einen Dateinamen und einen Speicherort anzugeben.

Es kann immer nur ein einzelner Ausgabestil exportiert werden. Alle Stile gleichzeitig zu exportieren ist nicht möglich.

Ausgabestile können immer nur einzeln exportiert werden. Das Icon zeigt an, um welche Art von Ausgabestil es sich handelt.

Zum Importieren eines Ausgabestils klicken Sie auf die Schaltfläche *Importieren* und wählen den gewünschten Stil aus. Wird ein Ausgabestil importiert, dessen Name mit einem anderen Stil übereinstimmt, dann öffnet sich ein zusätzliches Fenster mit den verschiedenen Vorgehensweisen.

Leider werden im Konfliktfenster die Unterschiede der beiden Ausgabestile, die den Konflikt verursachen, nicht detailliert aufgelistet wie z. B. bei den Stilvorlagen. Hier müsste die Firma Quark noch nachbessern.

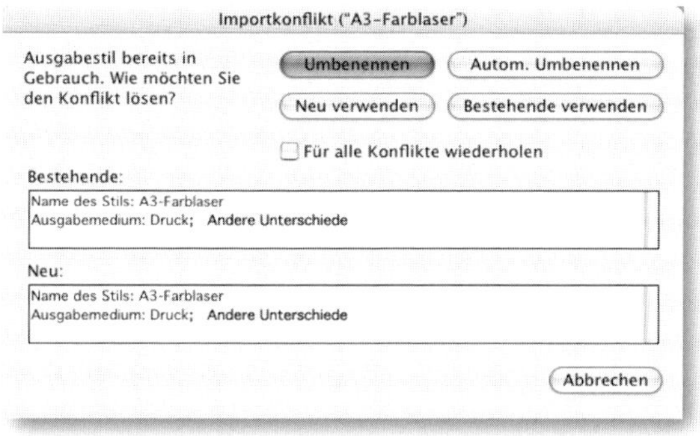

Beim Importieren können Namenskonflikte auftreten und es muss über die weitere Vorgehensweise entschieden werden.

Hier noch mal eine kurze Erläuterung zu den einzelnen Vorgehensweisen:

Umbenennen

Mit dieser Option öffnet sich ein zusätzliches Fenster, in dem Sie nun einen neuen Namen für die importierten Ausgabestile vergeben können.

Automatisch Umbenennen

Damit wird ein Sternchen vor die importierten Ausgabestile gesetzt, damit sie von den bereits vorhandenen unterschieden werden können.

Neu verwenden

Bei Auswahl dieser Option wird der bereits vorhandene Ausgabestil gelöscht und der importierte stattdessen verwendet.

Bestehende verwenden

Wie der Begriff bereits ausdrückt, wird damit der importierte Ausgabestil gelöscht und der bereits vorhandene verwendet.

Mit der Zusatzoption *Für alle Konflikte wiederholen* wird die gewählte Vorgehensweise für alle weiteren Importkonflikte verwendet.

PPD-Manager

Ein wichtiger Bestandteil bei der Druck- bzw. Postscript-Ausgabe ist die PPD (Postscript Printer Description). Das ist eine Textdatei, in der die speziellen Eigenschaften eines Postscript-Druckers beschrieben werden. Dadurch können die Druckroutinen des Betriebssystems bzw. des druckenden Programms die verfügbaren Auflösungen, Rasterungsmethoden, Papiergrößen, Papierfächer, eingebauten Schriften usw. berücksichtigen und dem Benutzer ggf. eine Auswahl anbieten, obwohl für alle Postscript-Drucker derselbe Druckertreiber verwendet wird.

Bei der Installation der meisten aktuellen Betriebssysteme wird neben einem Postscript-Druckertreiber auch eine Reihe von PPDs für die gängigsten Druckermodelle installiert. Bei jedem Start von QuarkXPress überprüft das Programm, ob neue Druckerbeschreibungen installiert wurden und nimmt diese dann in den *PPD-Manager* mit auf.

Besonders Macintosh-Anwender leiden darunter, dass im Druckdialog zu viele PPDs angezeigt und ausgewählt werden können. Das fördert keinesfalls ein schnelles und effektives Arbeiten, da jedes Mal die gewünschte PPD aus einer fast endlosen Liste ausgewählt werden muss. Der *PPD-Manager* schafft Abhilfe: Hier können die PPDs festgelegt werden, die im Druckdialog zur Verfügung stehen sollen.

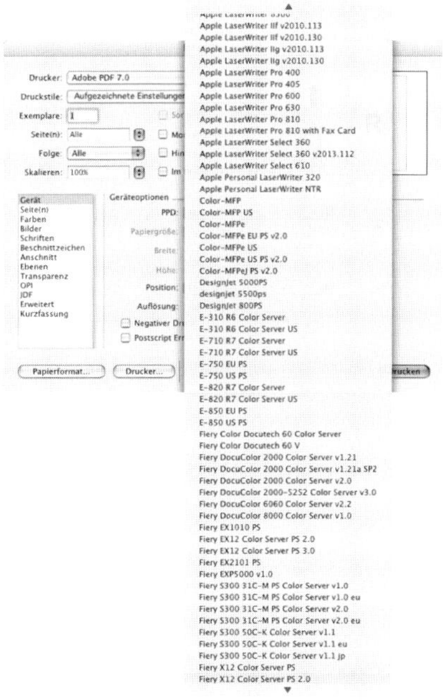

„Viele PPDs verderben die Ausgabe!"

Den *PPD-Manager* finden Sie im Menü *Hilfsmittel.* Der PPD-Manager ist ziemlich einfach strukturiert und leicht zu bedienen. In der Liste werden alle im System installierten Druckerbeschreibungen aufgelistet. Vor jeder PPD ist ein Kästchen, mit dem sie aktiviert bzw. deaktiviert werden kann.

Um mehrere PPDs gleichzeitig ein- bzw. auszuschalten, müssen Sie mit gedrückter Shift-Taste die PPDs auswählen und danach mit gedrückter Apfel/Strg-Taste auf eines der Kästchen klicken. Damit werden die ausgewählten Druckerbeschreibungen mit einem Schlag ein- bzw. ausgeschaltet.

Standardmäßig greift QuarkXPress unter Mac OS X auf den folgenden PPD-Ordner zu: *Macintosh HD -> Library -> Printers -> PPDs -> Contents -> Resources -> en.lproj*

Unter Windows auf folgenden Ordner: *Windows -> System32 -> Spool -> Drivers -> w32x86 -> 3*

Diese beiden Ordner sind die Speicherorte der PPDs in den jeweiligen Betriebssystemen. Wird ein neuer Postscript-Drucker installiert, wird dessen PPD in diese Ordner gelegt.

Um einen anderen Ordner zu verwenden, aktivieren Sie die Funktion *Hilfsordner verwenden* und klicken anschließend auf *Durchsuchen.*

Im PPD-Manager können die Druckerbeschreibungen für den Druckdialog ausgeschaltet werden.

Kapitel 10

Farbmanagement

Farbmanagement

Das folgende Kapitel gibt Ihnen einen Einblick in das Farbmanagement von QuarkXPress. Da dieses Thema sehr umfangreich ist, werden wir Ihnen nur die Grundlagen vermitteln und Ihnen zeigen, wie Sie QuarkXPress für das Farbmanagement konfigurieren müssen.

Warum Farbmanagement?

Sie kennen das Problem: Die Farben, die am Monitor anzeigt werden, sind nicht dieselben wie auf dem Ausdruck. Ein Farbmanagementsystem (Color Management System) versucht, die Farbunterschiede zwischen den Ein- und Ausgabegeräten auszugleichen.

Dieser Farbunterschied resultiert hauptsächlich aus den verschiedenen Farbsystemen, welche die Geräte verwenden. Ein Scanner, eine Digitalkamera oder ein Monitor verwenden den RGB-Farbraum, um Vorlagen zu scannen bzw. Farben darzustellen. Ein Farbdrucker allerdings arbeitet mit dem CMYK-Farbraum. Nun ist es leider so, dass diese beiden Farbsysteme nicht dieselbe Anzahl von Farben enthalten. So kann der RGB-Farbraum mehr Farben darstellen, als in CMYK gedruckt werden können. Dadurch stimmen die Farben am Monitor nie ganz genau mit dem Ausdruck überein.

Es gibt aber noch andere Faktoren, welche die Darstellung von Farben beeinflussen, wie unterschiedliche Bildquellen (bei Scannern und Software werden für Grafiken verschiedene Farbräume verwendet), Computerbildschirme unterschiedlicher Marken, Unterschiede in der Farbdefinition bei verschiedenen Software-Anwendungen, Unterschiede zwischen Druckmedien (bei Zeitungsdruckpapier ist der Farbraum wesentlich geringer als bei Papier in Kunstdruckqualität) sowie andere Abweichungen, etwa das Alter eines Monitors. Es war nur eine Frage der Zeit, bis einige Leute auf die Idee kamen, ein System zu entwickeln, das diese negativen Faktoren ausgleicht. Das Farbmanagement war geboren. Natürlich hat es einige Jahre gedauert, bis alles reibungslos funktionierte und die verschiedenen Hard- und Softwarehersteller das Farbmanagement in ihre Produkte integrierten.

Was braucht man für ein Farbmanagementsystem? Als erstes wird ein geräteunabhängiger Farbraum benötigt. Wie vorher bereits beschrieben, ist die Darstellung von Farben immer vom Gerät abhängig. Deswegen ist es nötig, ein geräteunabhängiges Farbsystem zu haben. Für diesen Zweck wird meistens das LAB-Farbsystem der CIE (Commission Internationale d'Eclairage) verwendet, welches auch als CIE L*a*b bekannt ist.

Als zweite Komponente wird eine Farbmanagement-Engine (Color Matching Modul oder CMM) gebraucht. Es ist für das Interpretieren und Übersetzen der unterschiedlichen Farbräume zuständig. Einige Hersteller von Farbmanagementsystemen haben ihre eigenen CMMs, z. B. Apple, Kodak oder Heidelberg.

Als weitere Komponente werden Farbprofile für die Ein- und Ausgabegeräte benötigt. Die Farbprofile beschreiben den jeweiligen Farbraum eines Geräts in Abhängigkeit vom CIE L*a*b-Farbraum. Einfach ausgedrückt: Im Farbprofil wird gespeichert, welche Farben das Gerät darstellen kann und welche LAB-Werte diese haben. Die bekanntesten Profile sind die ICC-Profile (International Color Consortium), die inzwischen in fast jedem Layoutprogramm verwendet werden. QuarkXPress unterstützt aber auch Microsoft ICM-Profile (Image Color Management), das systemeigene CMS unter Windows 2000 und Windows XP.

Als letzte Komponente für ein Farbmanagementsystem werden noch die Renderprioritäten benötigt. Farben werden in einem Foto anders dargestellt bzw. behandelt als Farben für einen Schriftzug oder eine einfache Fläche. Mit einem Farbmanagementsystem können Sie nun bei der Berechnung der dargestellten Farben Prioritäten auf die unterschiedlichen Eigenheiten der Objekte legen. Enthält Ihr Dokument überwiegend Fotos, wird normalerweise eine andere Renderpriorität gebraucht als für ein Dokument, das nur farbige Flächen hat. Von diesen Renderprioritäten gibt es insgesamt vier Stück.

Wichtig! Mit einem Farbmanagementsystem können Sie keine Farbkorrektur vornehmen. Wenn Sie also ein Bild mit einem Farbstich haben, wird es nicht automatisch vom CMS korrigiert und richtig dargestellt. Ein CMS stellt Ihnen nur die Umgebung für das Prüfen der Farbdarstellung zur Verfügung.

Ein Farbmanagementsystem hat nur Sinn, wenn es auch durchgehend eingesetzt wird. Bei allen Anwendungen, mit denen Sie arbeiten, sollte das Farbmanagement eingerichtet werden, da ansonsten der Zweck eines Farbmanagements verfehlt wird.

Arbeitsfarbräume

Der Begriff *Arbeitsfarbraum* wird sehr häufig im Laufe des Farbmanagements auftauchen. Einem Arbeitsfarbraum ist immer ein Farbprofil zugewiesen, z. B. für den CMYK-Arbeitsfarbraum das Profil ISO Coated, das Standardprofil der FOGRA für beschichtete Papiere. Jedes neue Dokument verwendet die Farben des eingestellten Arbeitsfarbraums. Der Arbeitsfarbraum wird auch für Layouts verwendet, denen kein Profil zugewiesen ist, und er dient zusätzlich noch als Zielfarbraum bei der Konvertierung in einen anderen Farbmodus. Wenn also z. B. ein RGB-Bild in CMYK umgewandelt werden muss, wird der CMYK-Arbeitsfarbraum als Zielfarbraum verwendet.

Voraussetzungen für Farbmanagement

Arbeitsplatz

Richtiges Farbmanagement braucht bestimmte Voraussetzungen für den Computer und für die Arbeitsumgebung, in welcher der Computer steht. Besonders die Arbeitsumgebung wird beim Farbmanagement oft vernachlässigt.

Folgende Dinge sollten Sie in der Arbeitsumgebung beachten:

- Zeigen Sie die Dokumente in einer Umgebung an, in der gleichbleibende Lichtverhältnisse und Farbtemperaturen herrschen. Beispielsweise ändern sich die Farbeigenschaften des Sonnenlichts im Verlauf des Tages, sodass sich auch das Erscheinungsbild der Farben auf dem Bildschirm ändert. Halten Sie also die Jalousien geschlossen oder arbeiten Sie in einem Raum ohne Fenster. Um den blaugrünen Schimmer von Neonleuchten zu verhindern, sollten Sie D50-Lampen (5.000 Grad Kelvin) installieren. Ausdrucke sollten Sie sich unter einem D50-Leuchtkasten ansehen.

- Arbeiten Sie in einem Raum mit neutralem Wand- und Deckenanstrich. Die Raumfarbe kann sich sowohl bei Monitorfarben als auch bei gedruckten Farben auf die Wahrnehmung auswirken. Die beste Raumfarbe für die Farbanzeige ist polychromatisches Grau. Außerdem kann sich die Farbe Ihrer Kleidung, die von der Glasscheibe des Monitors reflektiert wird, auf die Darstellung der Farben auf dem Monitor auswirken. Es hört sich zwar nicht besonders schön an, aber Sie sollten als „graue Maus" vor dem Monitor sitzen.

- Stimmen Sie die Lichtintensität im Raum auf die Lichtintensität des Bildschirms ab. Zeigen Sie Halbtongrafiken, Druckausgaben und Bilder auf dem Bildschirm unter derselben Lichtintensität an.

- Löschen Sie bunte Desktopbilder von Ihrem Rechner. Die farbigen Hintergründe beeinflussen Ihre Farbwahrnehmung, besonders wenn Sie sehr kräftige Farben für den Desktop gewählt haben. Sie sollten ein neutrales Grau (RGB-Werte jeweils 128) als Desktopbild verwenden.

- Zeigen Sie Kontrollausdrucke unter den Bedingungen an, unter denen die späteren Betrachter sie sehen. Beispielsweise sollten Sie sich das Erscheinungsbild eines Katalogs für Haushaltswaren unter dem in normalen Häusern verwendeten Licht ansehen oder einen Katalog für Büromöbel unter der in Büros verbreiteten Neonbeleuchtung.

Wie Sie merken, gibt es einige Faktoren, die Ihre Farbwahrnehmung beeinflussen. Das Einrichten eines hier beschriebenen Arbeitsplatzes ist auch keine billige Angelegenheit, weshalb sehr oft darauf verzichtet wird. Einige der Punkte können Sie aber auch ohne großen Aufwand an Ihrem Arbeitsplatz einstellen, etwa den Schreibtischhintergrund.

Betriebssystem

Die richtige Arbeitsumgebung ist nur ein Teil eines richtigen Farbmanagements. Der andere Teil ist das Betriebssystem, mit dem Sie arbeiten. Es muss Ihnen nämlich die Komponenten für ein CMS zur Verfügung stellen, ansonsten nützt die perfekteste Arbeitsumgebung nichts. Für Apple-Computer gibt es dafür die Betriebssystemkomponente ColorSync, für Windows heißt Sie ICM.

ICC-Profile hinzufügen

Die Farbprofile sind ein wichtiger Teil des Farbmanagements. Wenn Sie mit Druckereien und anderen Dienstleistern zusammenarbeiten, erhalten Sie unter Umständen einige Geräteprofile für die Verwendung in QuarkXPress oder anderen DTP-Programmen. Die Profile müssen jetzt dem Farbmanagementsystem zur Verfügung gestellt werden. Bei Mac OS und Windows müssen die Profile nur in den richtigen Ordner gelegt werden, damit sie aktiviert und vom CMS verwendet werden können.

Für das Betriebssystem Mac OS X legen Sie die Profile in den Ordner *Library -> ColorSync -> Profiles.* Für eine bessere Organisation können Sie auch Unterordner anlegen, um z. B. die Profile für verschiedene Ausgabegeräte zu sortieren.

Alle Profile werden in den oben genannten Ordner gelegt. Egal, ob RGB-Profile für Scanner, Monitor oder Kamera oder CMYK-Profile für Ausgabegeräte.

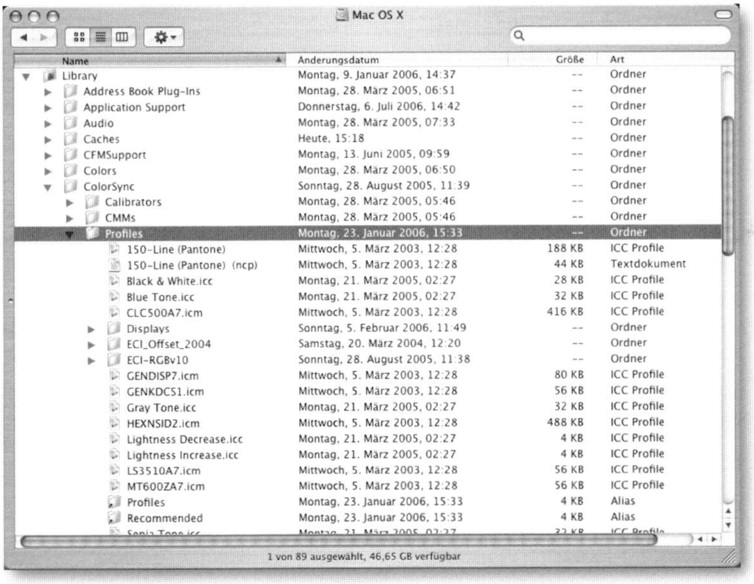

Der ColorSync-Ordner am Macintosh mit den installierten Profilen. Zur besseren Organisation können auch Unterordner angelegt werden.

Windows-2000-Anwender müssen die Profile in den Ordner *WINNT/system32/spool/driver/color* legen. Die Anwender von Windows XP legen die Profile in den Ordner *WINDOWS/system32/spool/drivers/color.* Im Gegensatz zu den Macintosh-Anwendern können die Windows-Anwender keine Unterordner anlegen, um die Profile zu sortieren.

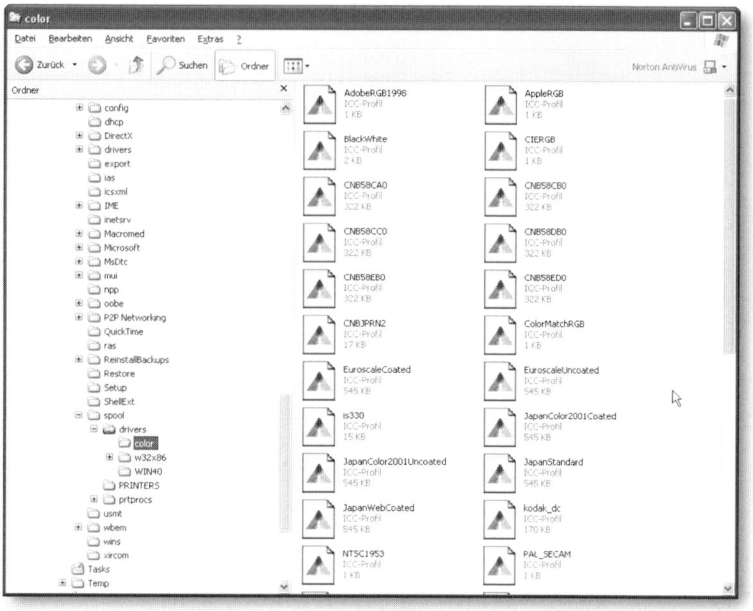

Die installierten ICC-Profile unter Windows XP.

Farbmanagement mit QuarkXPress

Farbmanagement muss nicht kompliziert sein, was QuarkXPress 7 demonstriert. Das Programm enthält Funktionen, die sehr wenig bis gar keine Eingaben vom Anwender erfordern. Aber auch Farbmanagementexperten kommen auf ihre Kosten. Sie können jeden Aspekt des Farbmanagements kontrollieren bzw. bearbeiten. Für Laien besteht sogar die Möglichkeit, Einstellungen von Experten zu importieren.

Das Farbmanagement von QuarkXPress kann nicht ausgeschaltet werden. Es ist permanent aktiviert.

Voreinstellungen

Damit das Farbmanagement in QuarkXPress richtig funktioniert, müssen zuerst einige Voreinstellungen kontrolliert bzw. geändert werden. In den *Vorgaben (Apfel/Strg + Alt + Shift + Y)* sollten Sie zunächst das *Bildschirmprofil* in der Kategorie *Anzeige* einstellen bzw. kontrollieren. Im Pop-up-Menü werden alle auf dem System installierten RGB-Profile angezeigt. Die Option *Automatisch* stellt das Profil automatisch auf den vom Betriebssystem erkannten Monitor ein. Falls Sie ein spezielles Profil für Ihren Monitor haben, sollten Sie es hier auswählen.

Das richtige Bildschirmprofil ist wichtig, damit das Programm weiß, mit welchem RGB-Farbraum gearbeitet wird. Die Farben werden dann entsprechend diesem Farbraum am Bildschirm korrekt dargestellt.

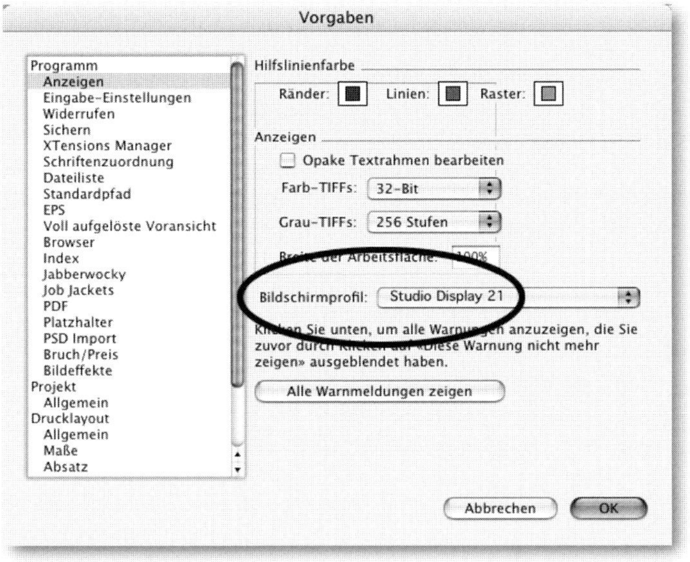

Das Bildschirmprofil sollte zuerst kontrolliert bzw. eingestellt werden.

Die nächste Einstellung, die Sie kontrollieren bzw. bearbeiten müssen, finden Sie in der Kategorie *Farbmanager.* Im Pop-up-Menü *Farbmanagement-Modul* wählen Sie die Color Engine aus, die für das Transformieren der Farben zuständig ist. Sie haben die Auswahl zwischen *Automatisch, Kodak* und *LogoSync.* Macintosh-Anwender haben zusätzlich noch die Auswahlmöglichkeit *ColorSync.* Mac-Anwender sollten mit ColorSync arbeiten und Windows-Anwender mit LogoSync. Mit der Option *Automatisch* werden die Einstellungen des Betriebssystems verwendet.

Mit der Funktion *Tiefenkompensierung* werden die Schwarzwerte von QuarkXPress so abgestimmt, dass sie in den Ausgabefarbraum passen, was allerdings nur das Modul LogoSync kann.

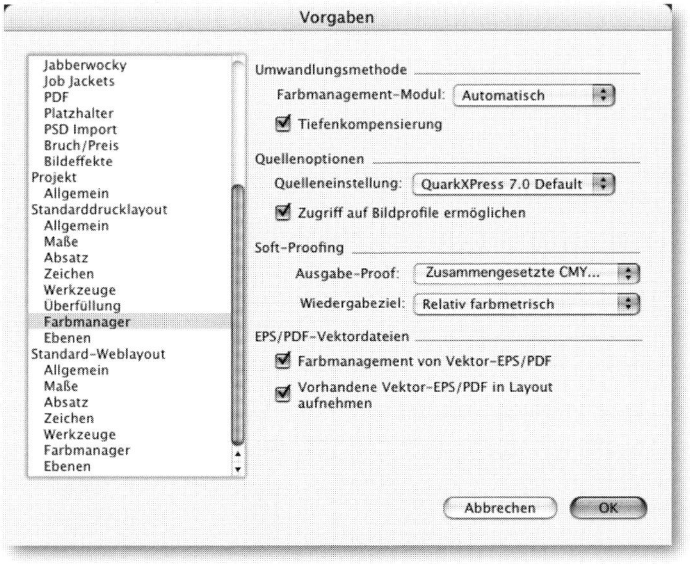

Im „Farbmanager" werden die Voreinstellungen für das Farbmanagement definiert.

Im Bereich *Quellenoptionen* werden die Einstellungen für die Darstellung der einzelnen Farbräume am Monitor angegeben. Das Menü *Quelleneinstellung* enthält gespeicherte Einstellungen für die Farbquellen, also für RGB, CMYK, LAB und Graustufen. Standardmäßig sind allerdings nur die Optionen *QuarkXPress 7.0 Default* (Standardeinstellungen von QuarkXPress 7) und *QuarkXPress Emulate Legacy* (simuliert das Farbmanagement von älteren QuarkXPress-Versionen). Etwas weiter hinten in diesem Kapitel erfahren Sie, wie Sie neue Quelleneinstellungen erstellen können.

Durch das Einschalten der Option *Zugriff auf Bildprofile ermöglichen* können Sie die Profile von Bildern im Layout nachträglich ändern (siehe Abschnitt weiter hinten in diesem Kapitel).

Im Bereich *Soft-Proofing* werden die Grundeinstellungen für die Simulation von verschiedenen Ausgabequellen am Monitor eingestellt. Welche Ausgabeeinstellung standardmäßig verwendet wird, können Sie im Pop-up-Menü *Ausgabe-Proof* festlegen. Diese Einstellung kann jederzeit über das *Menü Ansicht* in der Funktion *Ausgabe-Proof* geändert werden (siehe Abschnitt weiter hinten in diesem Kapitel).

Das Konvertieren von Farben in einen anderen Farbraum umfasst normalerweise das Anpassen der Farben an den Farbumfang des Zielfarbraums. Bei der Konvertierung kann es aber passieren, dass der Zielfarbraum kleiner ist als der Quellfarbraum. Farben, die außerhalb des Zielfarbraums liegen, müssen nun angepasst bzw. übersetzt werden. Für die Übersetzung solcher Farben werden verschiedene Methoden verwendet. Die Übersetzungsmethoden werden *Renderprioritäten* bzw. im Falle von QuarkXPress *Wiedergabeziel* genannt, da jede Methode für einen ganz bestimmten Verwendungszweck von Farbgrafiken optimiert ist.

Das Ergebnis einer Renderpriorität hängt von den Inhalten der Dokumente und von den verwendeten Profilen ab. Manche Profile führen bei unterschiedlichen Renderprioritäten zu identischen Ergebnissen. Die Unterschiede zwischen den Renderprioritäten werden sichtbar, wenn Sie ein Dokument drucken oder in einen anderen Arbeitsfarbraum umwandeln. Auch bei einem Soft-Proof oder einem Probedruck sind die Unterschiede zu sehen.

Hier nun die verschiedenen Wiedergabeziele im Einzelnen:

Perzeptiv
Diese Renderpriorität erhält die optische Beziehung zwischen Farben, wie sie vom menschlichen Auge wahrgenommen werden, selbst wenn die eigentlichen Farbwerte geändert werden.

Sättigung
Diese Renderpriorität ist für Büro- und Präsentationsgrafiken geeignet und zielt vor allem auf leuchtende Farben und weniger auf genaue Farbwiedergabe. Dabei wird der Quellfarbumfang auf den Zielfarbumfang skaliert, aber statt der Farbtöne wird die relative Sättigung beibehalten, sodass sich beim Übersetzen in kleinere Farbräume die Farbtöne ver-

schieben können. Diese Renderpriorität eignet sich für Dokumente, bei denen die exakten optischen Beziehungen zwischen den Farben weniger wichtig sind als die Darstellung leuchtender Farben.

Absolut farbmetrisch
Farben, die innerhalb des Zielfarbraums liegen, bleiben unverändert. Diese Renderpriorität zielt mehr auf Farbgenauigkeit als auf Beibehaltung der optischen Beziehungen ab. Beim Übersetzen in einen kleineren Farbumfang können zwei Farben, die sich im Quellfarbraum unterscheiden, im Zielfarbraum derselben Farbe zugeordnet werden.

Relativ farbmetrisch
Diese Renderpriorität entspricht fast der Priorität „Absolut farbmetrisch" mit folgendem Unterschied: Bei „Relativ farbmetrisch" wird der Weißpunkt (maximale Helligkeit) des Quellfarbraums mit dem des Zielfarbraums verglichen und alle Farben werden entsprechend verschoben. Die Priorität „Relativ farbmetrisch" führt zu präziseren Ergebnissen, wenn im Bildprofil korrekte Weißpunktinformationen enthalten sind. Diese Einstellung führt zu den besten Ergebnissen für die Druckausgabe.

Der letzte Bereich *EPS/PDF-Vektordaten* ist für importierte EPS- bzw. PDF-Vektorgrafiken wichtig. EPS- und PDF-Bilder können unterschiedliche Farbräume enthalten. So kann z. B. eine Vektorgrafik sowohl RGB- als auch CMYK-Daten enthalten. Damit QuarkXPress solche Bilder mit dem Farbmanagement erfassen kann, muss die Option *Farbmanagement von Vektor-EPS/PDF* aktiviert werden.

Falls Sie ein Laie im Bereich Farbmanagement sind, dann arbeiten Sie mit den Standardeinstellungen von QuarkXPress. Diese Einstellungen sind für die meisten Situationen geeignet.

Soft-Proof

Unter *Soft-Proof* versteht man das Simulieren des Druckergebnisses am Monitor. In QuarkXPress bedeutet dies, dass Sie verschiedene Ausgabemedien am Monitor simulieren und das Dokument entsprechend korrigieren können. Das Programm nimmt dabei die *Quelleneinstellungen* und *Ausgabeeinstellungen* als Grundlage für die Darstellung. Es kann die Farben also nur so gut darstellen, wie das Farbmanagement eingestellt ist.

Der Soft-Proof befindet sich im Menü *Ansicht* und heißt *Ausgabe-Proof.* Dieser Menüpunkt enthält alle im Programm gesicherten Ausgabeeinstellungen. Auf Basis der Vorgaben (siehe vorherigen Abschnitt) werden die Farben im gesamten Dokument im gewählten Farbraum angezeigt, sogar die Farben in der Farbpalette. Die Option *Kein* deaktiviert den Soft-Proof.

Die Farben ändern nur ihre Darstellung, nicht die Farbmischung. Ein Orange mit 100 Prozent Gelb und 40 Prozent Magenta behält diese Mischung, egal welcher Farbraum verwendet wird.

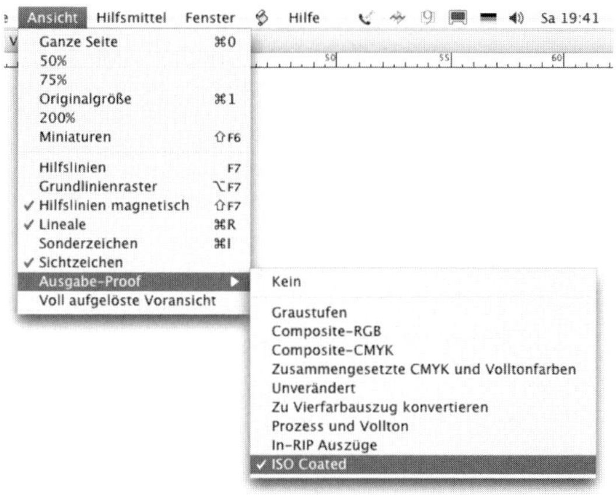

Für einen Soft-Proof kann zwischen verschiedenen Farbräumen ausgewählt werden.

Quelleneinstellungen

Die Standardeinstellungen von QuarkXPress sind nicht für jeden Workflow geeignet, deswegen können Farbmanagementexperten die Quellen- und Ausgabeeinstellungen selbst definieren. Diese können dann sogar exportiert und an Kunden bzw. andere Arbeitsplätze verteilt werden. Druckereien könnten z. B. Quellen- und Ausgabeeinstellungen speziell für bestimmte Druckmaschinen erstellen und via Internet zum Download zur Verfügung stellen. Der Kunde braucht dann nur noch die Einstellungen zu laden und in QuarkXPress zu importieren. So einfach kann das gehen.

Zuerst wollen wir uns den Quelleneinstellungen zuwenden. Die Quelleneinstellungen beschreiben Farben in einem Dokument, wie sie vor der Ausgabe aussehen – anders gesagt, woher die Farben stammen. Eine Quelleneinstellung enthält Profile und Wiedergabeziele sowohl für Volltonfarben als auch für Bilder in RGB, CMYK, LAB und Graustufen. Darüber hinaus enthält sie Informationen über den zugrunde liegenden Farbraum für benannte Farben (z. B. Pantone-Coated-Farben) und Druckfarben (z. B. Cyan, Magenta, Gelb, Schwarz und Multi-Inks).

Zum Erstellen einer neuen Quelleneinstellung öffnen Sie das Menü *Bearbeiten* und wählen die Funktion *Farbeinstellungen -> Quelle* aus.

Standardmäßig sind zwei Quelleneinstellungen vorinstalliert. Die Einstellung *QuarkXPress 7.0 Default* ist die Grundeinstellung und verwendet für die verschiedenen Farbräume die Standardprofile von QuarkXPress.

QuarkXPress Emulate Legacy simuliert das Farbmanagement älterer QuarkXPress-Versionen und verwendet dafür spezielle Profile von QuarkXPress.

Mit den beiden Quelleneinstellungen lässt sich gut arbeiten, aber Experten wollen ihre eigenen Profile für RGB und CMYK einstellen, z. B. das Profil ECI-RGB oder ISO Coated von der European Color Initative (www.eci.org). Dafür muss aber erst eine neue Quelleneinstellung erstellt werden.

Das Fenster für die Verwaltung der Quelleneinstellungen

Anlegen

Bevor Sie eine neue Quelleneinstellung anlegen, sollten Sie sicher sein, dass die gewünschten ICC-Profile installiert sind. Und zwar nicht nur im Betriebssystem, sondern auch in QuarkXPress (siehe Abschnitt „Profimanager").

Klicken Sie auf die Schaltfläche *Neu* und das Fenster für die Quelleneinstellungen wird geöffnet. Zuerst sollten Sie einen Namen eingeben, damit die Quelleneinstellungen besser unterschieden und verwaltet werden können.

Register RGB

Im Register *RGB* stellen sie die ICC-Profile für RGB-Quellen ein. Das Register ist in zwei Bereiche unterteilt. Der Bereich *Normalfarben* ist für alle Farben zuständig, die in QuarkXPress angelegt werden, also z. B. Rahmen mit Farbflächen oder farbigem Randstil. Der Bereich *Bilder* ist dementsprechend für importierte Bilder zuständig, die keine eigenen Farbprofile enthalten.

Im Pop-up-Menü *Profil* geben Sie die gewünschten ICC-Profile an. Für das Register RGB werden natürlich nur alle RGB-Profile angezeigt. *Wiedergabeziel* für die Renderpriorität zuständig (siehe weiter vorne).

Aktivieren Sie *Farbmanagement der RGB-Quellen für RGB-Zielgeräte,* wenn Sie Farbmanagementtransformationen auch innerhalb eines Farbraums zulassen wollen.

Die Einstellungen für die RGB-Quelle.

Register CMYK

Dieses Register ist genauso aufgebaut wie das Register RGB. Der einzige Unterschied besteht in der Auswahl der verfügbaren ICC-Profile. Für das Register *CMYK* werden natürlich nur CMYK-Profile zur Verfügung gestellt. Die restlichen Einstellungen sind die gleichen wie im anderen Register.

Das Register „CMYK" für die Einstellungen der CMYK-Quellen.

Register LAB

Es gibt sehr viele Anwender, die für Bilder mit dem LAB-Farbraum arbeiten und dafür werden natürlich Einstellungen für den LAB-Farbraum benötigt. QuarkXPress stellt als eines der wenigen Programme die Einstellungen dafür zur Verfügung. Die Vorgehensweise ist genauso wie bei den anderen Registern. Im Pop-up-Menü *Profil* muss nur das gewünschte ICC-Profil ausgewählt werden.

Die Einstellungen für den LAB-Farbraum.

Register Grau

Auch für Graustufenbilder bzw. einfarbige Layouts hat QuarkXPress Einstellungen für das Farbmanagement. Wie bei den anderen Registern müssen Sie nur wieder die gewünschten Profile auswählen. Beachten Sie bitte wieder, dass hier nur Profile ausgewählt werden können, die installiert und von QuarkXPress aktiviert worden sind.

Sogar für das Arbeiten mit Graustufen gibt es Profileinstellungen.

Register Benannte Farben

Mit diesem Register werden die Farbmanagementeinstellungen für Benannte Farben definiert. Unter Benannte Farben stellt man sich normalerweise Farben vor, die man selbst gemischt und benannt hat, oder Farben aus speziellen Farbsystemen wie Pantone. Das stimmt aber im Fall von QuarkXPress nicht ganz. Zu den benannten Farben zählen nur Farben aus den Systemen PANTONE PROCESS, FOCOLTONE, TRUMATCH und WEB-Farben.

In dem Register wird der Quellfarbraum für die Farben aus den aufgezählten Farbsystemen eingestellt. Mit *Automatisch* wird der größte verfügbare Farbraum für die Beschreibung der Farbe herangezogen. *Automatisch* ist auch die Standardeinstellung für jede neue Farbe, die hinzugefügt wird.

Nicht jede hinzugefügte Vollton- oder CMYK-Farbe zählt zu den „Benannten Farben".

Register Druckfarben

In diesem Register wird der Quellfarbraum für alle Farben eingestellt, die einen eigenen Farbauszug bei der Ausgabe ergeben. Hier tauchen also auch selbst gemischte Volltonfarben und Pantone-Farben auf. Die Einstellung *Automatisch* verwendet zur Beschreibung der Farbe den größten verfügbaren Farbraum, wobei zunächst LAB, dann RGB und schließlich CMYK in Betracht gezogen werden.

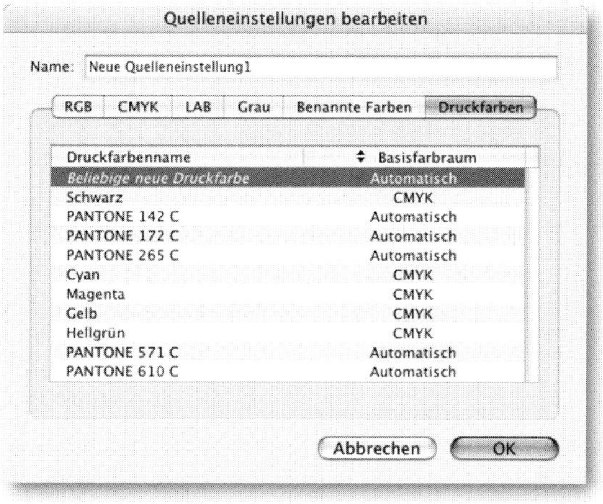

Die Einstellungen für Farben, die einen eigenen Farbauszug bei der Ausgabe ergeben.

Einstellungen importieren

Quelleneinstellungen können auch aus anderen Dokumenten übernommen bzw. importiert werden. Dazu müssen Sie im Fenster *Quelleneinstellungen* auf die Schaltfläche *Anfügen* klicken. Danach wählen Sie das QuarkXPress-Dokument aus, von dem die Einstellungen importiert werden sollen. Damit nicht alle Einstellungen importiert werden, öffnet sich noch ein zusätzliches Fenster. Auf der linken Seite befinden sich die Quelleneinstellungen, die importiert werden können. Ein Doppelklick auf die gewünschte Einstellung stellt diese auf der rechten Seite zum Import bereit. Im unteren Bereich können Sie die Parameter der Quelleneinstellungen ablesen. Jetzt nur noch die Eingabe bestätigen und Sie können die Quelleneinstellungen in den Vorgaben verwenden.

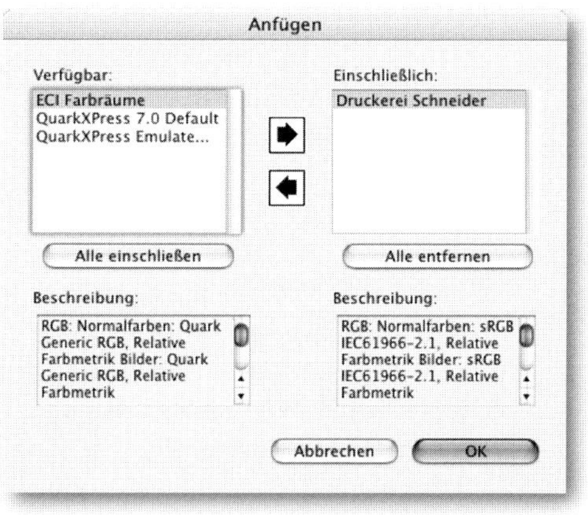

Das Dialogfenster zum Importieren von Quelleneinstellungen aus anderen QuarkXPress-Dokumenten.

Quelleneinstellungen verwenden

Nachdem Sie nun eine eigene Quelleneinstellung erstellt oder importiert haben, müssen Sie QuarkXPress auch mitteilen, dass es diese Einstellung verwenden soll. In den *Vorgaben (Apfel/Strg + Alt + Shift + Y)* wird in der Kategorie *Farbmanager* die gewünschte *Quelleneinstellung* vorgenommen. Wenn Sie alles richtig gemacht haben, dann muss im Pop-up-Menü *Quelleneinstellung* auf der rechten Seite die importierte bzw. erstellte Einstellung aufgelistet sein.

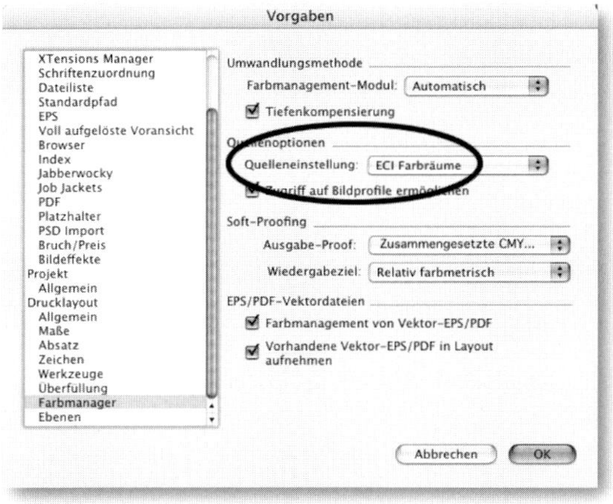

In den „Vorgaben" wird festgelegt, mit welchen Quelleneinstellungen gearbeitet wird.

Ausgabeeinstellungen

Der zweite wichtige Punkt für ein korrektes Farbmanagement in QuarkXPress sind die richtigen Ausgabeeinstellungen. Die Ausgabeeinstellung beschreibt die Fähigkeiten unterschiedlicher Arten von Ausgabegeräten, also z. B. die Ausgabe auf einer Druckmaschine, einem Farblaserdrucker oder sogar im Internet. Sie können Ausgabeeinstellungen für die Simulation am Bildschirm (Soft-Proof) und für die tatsächliche Ausgabe im Druck, als PDF oder EPS, erstellen.

Im Menü *Bearbeiten* wählen Sie die Funktion *Farbeinstellungen -> Ausgabe,* um das Fenster für die Verwaltung der Ausgabeeinstellungen zu öffnen.

Das Fenster für die Verwaltung der Ausgabeeinstellungen.

Standardmäßig sind bereits einige Optionen installiert. Zum besseren Verständnis haben wir Ihnen die Eigenschaften der Standardeinstellungen aufgelistet.

Graustufen konvertiert alle Farben in eine Graustufen-Darstellung innerhalb des Gamuts (Farbumfang) des Graustufen-Zielprofils, das in der Ausgabeeinstellung festgelegt wurde. Eine Composite-Ausgabeeinstellung.

Composite-RGB konvertiert alle CMYK-Bilder und QuarkXPress-Objekte, die nicht im EPS-Format vorliegen, in das RGB-Farbmodell und lässt RGB-Bilder und -Objekte unverändert. In manchen Fällen können auch EPS-Dateien konvertiert werden. Wenn *Farbmanagement der RGB-Quellen für RGB-Zielgeräte* in der Quelleneinstellung markiert ist, werden möglicherweise sogar RGB-Farben umgewandelt.

Composite-CMYK konvertiert alle RGB-Bilder und QuarkXPress-Objekte, die nicht im EPS-Format vorliegen, in das CMYK-Farbmodell und lässt CMYK-Bilder und -Objekte unverändert. In manchen Fällen können auch EPS-Dateien konvertiert werden. Wenn *Farbmanagement der CMYK-Quellen für CMYK-Zielgeräte* in der Quelleneinstellung markiert ist, werden möglicherweise sogar CMYK-Farben umgewandelt.

Zusammengesetzte CMYK und Volltonfarben verwendet DeviceN als Ausgabefarbmodell.

Unverändert

Verwenden Sie dieses Modell, wenn Sie möchten, dass das Farbmanagement des Layouts vom endgültigen Ausgabegerät bestimmt wird. Das bedeutet, dass jede Farbe im Layout in dem Farbraum beschrieben wird, in dem die Farbe erstellt wurde. Mit dieser Ausgabeeinstellung können Sie Volltonfarben erhalten und geräteunabhängige Optionen nutzen. Beachten Sie, dass Transparenz möglicherweise Farbkonvertierungen erzwingen kann. Wenn zum Beispiel ein halbtransparentes RGB-Bild über ein CMYK-Bild gelegt wird, konvertiert QuarkXPress während des Reduzierungsprozesses beide Bilder in den CMYK-Farbraum. Eine Composite-Ausgabeeinstellung.

Zu Vierfarbauszug konvertieren konvertiert alle Farben in den CMYK-Farbraum. Eine Farbauszug-Ausgabeeinstellung.

Prozess und Vollton unterstützt sowohl Prozess- als auch Volltonauszüge. Eine Farbauszug-Ausgabeeinstellung.

In-RIP Auszüge sendet Composite-Daten an den RIP zur Ausgabe von Auszügen unter Verwendung des DeviceN-Farbmodells. Dieser Prozess benötigt weniger Zeit als die Erstellung von Host-basierten Auszügen. Eine Farbauszug-Ausgabeeinstellung.

Anlegen

Ein Klick auf die Schaltfläche *Neu* öffnet ein weiteres Fenster, in dem die Parameter für eine neue Ausgabeeinstellung definiert werden. Zuerst sollten Sie wieder einen Namen eingeben, der den Zweck der Einstellung eindeutig kennzeichnet.

Im Pop-up-Menü *Modus* wird der Ausgabetyp festgelegt, entweder *Composite* oder *Auszüge.* Wenn Sie den Typ *Composite* einstellen, dann können Sie im Pop-up-Menü *Modus* zwischen *RGB, CYMK, Graustufen,*

Unverändert und *DeviceN* wählen. Haben Sie allerdings den Typ *Auszüge* gewählt, dann sind im Menü *Modus* die Optionen *Host-basierte Auszüge* und *In-RIP-Auszüge* aufgeführt. Host-basierte Auszüge sind Farbauszüge, die von QuarkXPress erstellt werden, man sagt auch vorsepariert dazu. In-RIP-Auszüge sind Farbauszüge, die erst im RIP (Raster Image Prozessor) separiert werden, also nicht von QuarkXPress.

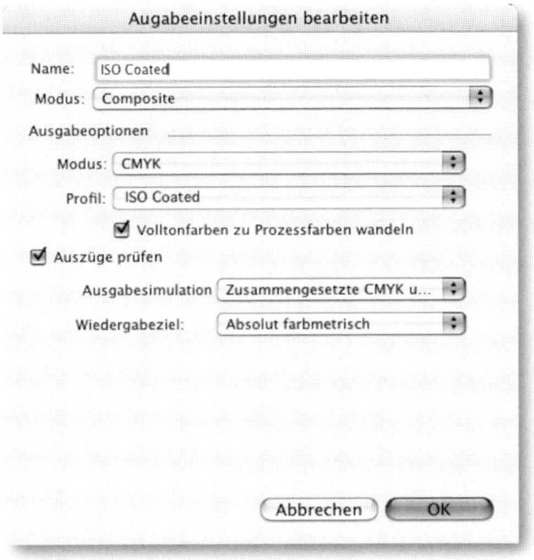

Das Fenster für das Erstellen einer neuen „Ausgabeeinstellung".

Im Pop-up-Menü *Profil* wird nun das ICC-Profil für die Ausgabe eingestellt. Beim Ausgabetyp *Auszüge* werden nur CMYK-Profile aufgelistet. Bei *Composite* werden nur die ICC-Profile des gewählten Farbmodus aufgeführt.

Mit der Option *Volltonfarben zu Prozessfarben wandeln* werden alle Volltonfarben in CMYK-Farben umgewandelt. Dabei wird das gewählte Profil berücksichtigt.

Die Funktion *Auszüge prüfen* ist nur verfügbar, wenn Sie ein RGB-Composite oder ein CYMK-Composite mit umgewandelten Volltonfarben gewählt haben. Mit dieser Funktion können Sie die Ausgabeeinstellungen so konfigurieren, dass Sie die Ausgabe auf einem speziellen Ausgabegerät und Wiedergabeziel simulieren können. Das könnte für Sie interessant sein, wenn Sie beispielsweise ein RGB-Ausgabegerät benutzen, um das Aussehen eines Layouts, das auf einem CMYK-Drucker ausgegeben werden soll, zu simulieren.

Export und Import

Genauso wie die Quelleneinstellungen können die Ausgabeeinstellungen auch auf anderen Arbeitsplätzen verwendet werden. Dazu müssen Sie allerdings zuerst exportiert werden. Sie können sie entweder einzeln exportieren oder auch mehrere Einstellungen gleichzeitig. Dazu müssen Sie nur die gewünschten Einstellungen auswählen. Ein Klick auf die Schaltfläche *Exportieren* öffnet den Dialog *Speichern.* Nur noch den Speicherort und den Dateinamen festlegen und die Ausgabeeinstellung ist exportiert.

Zum Importieren klicken Sie auf die Schaltfläche *Importieren,* wählen die zuvor exportierte Datei aus und schon ist die Ausgabeeinstellung in QuarkXPress aufgenommen. Bei Namenskonflikten wird ein zusätzliches Fenster geöffnet, in dem Sie über die weitere Vorgehensweise entscheiden müssen.

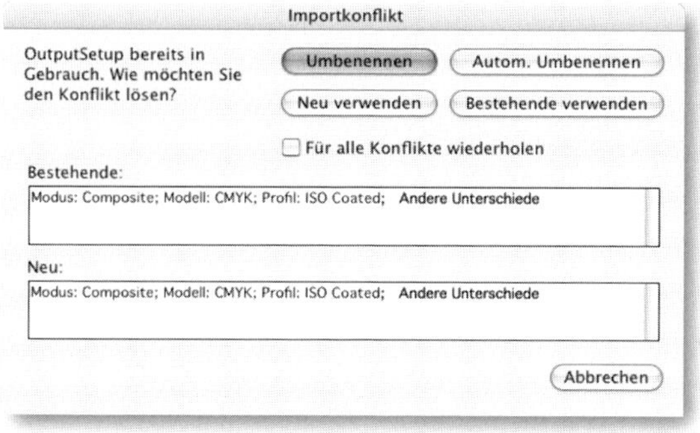

Wenn beim Import Namenskonflikte entstehen, müssen Sie über die weitere Vorgehensweise entscheiden.

Sie haben vier Auswahlmöglichkeiten: *Umbenennen, Automatisch Umbenennen, Neu verwenden* und *Bestehende verwenden.* Die Auswahlmöglichkeiten entsprechen den gleichen wie beim Importieren von Stilvorlagen (siehe Kapitel „Typografie").

Verwendung

Für Ausgabeeinstellungen gibt es zwei Verwendungszwecke: den Soft-Proof und ganz allgemein die Druck-, PDF- oder EPS-Ausgabe. Zur Verwendung als Soft-Proof müssen Sie im Menü *Ansicht* bei der Funktion *Ausgabe-Proof* nur die gewünschte Ausgabeeinstellung auswählen (siehe Abschnitt „Soft-Proof").

Wenn Sie eine bestimmte Ausgabeeinstellung als Standard für den Soft-Proof verwenden wollen, dann öffnen Sie die ***Vorgaben*** *und wählen die Kategorie* ***Farbmanager*** *aus. Dort kann im Pop-up-Menü* ***Ausgabe-Proof*** *die Standard-Ausgabeeinstellung gewählt werden.*

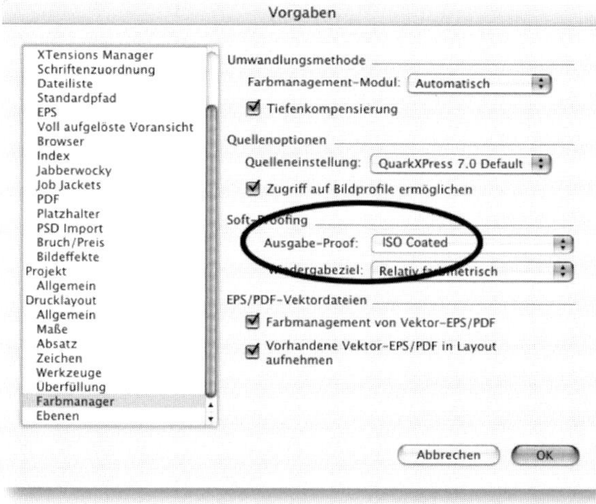

In den „Vorgaben" kann eine Ausgabeeinstellung standardmäßig für den Soft-Proof eingestellt werden.

Eine Ausgabeeinstellung kann auch für die Druck-, PDF- oder EPS-Ausgabe verwendet werden. Sie müssen nur die Kategorie *Farben* des jeweiligen Ausgabedialogs öffnen. Dort kann dann im Pop-up-Menü *Einstellungen* die Ausgabeeinstellung gewählt werden.

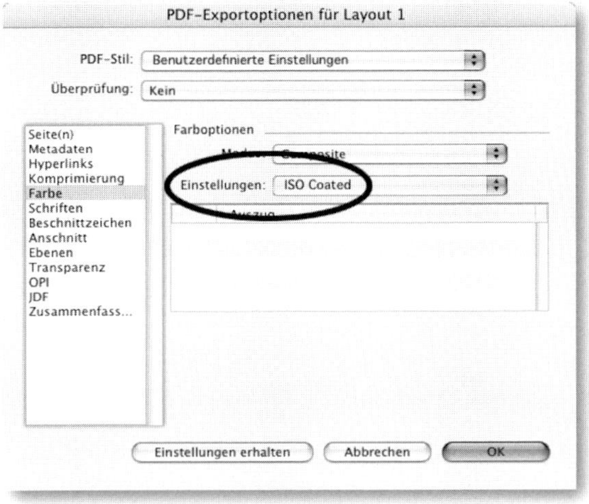

Auch beim PDF-Export kann eine eigene Ausgabeeinstellung verwendet werden.

Farbmanagement für Bilder

Grundsätzlich wird das Farbmanagement auf alle Objekte im Layout angewendet. Dabei werden die Profile der Quelleneinstellungen und die eingebetteten Profile der importierten Bilder berücksichtigt. Bilder, die keine eingebetteten ICC-Profile besitzen, werden mit den Profilen der Quelleneinstellung angezeigt. Sie können aber auch jedem Bild ein spezielles Profil und sogar eine Renderpriorität (Wiedergabeziel) zuweisen. So ist es z. B. möglich, einem EPS-Logo das Wiedergabeziel „Sättigung" zuzuweisen, obwohl der Rest des Layouts mit „Relativ farbmetrisch" arbeitet.

Es gibt zwei Wege, um einem Bild ein anderes Profil oder Wiedergabeziel zuzuweisen. Der erste Weg führt uns zu *Bild importieren (Apfel/Strg + E).* Wenn Sie im Importdialog eine Bilddatei auswählen, dann wird im Register *Farbmanagement* angezeigt, welches ICC-Profil in dem Bild eingebettet ist (gekennzeichnet durch ein kleines Pluszeichen). Bei Bildern, die kein Profil enthalten, wird *Standard* angezeigt. Dies bedeutet, für dieses Bild werden die Profile in den Quelleneinstellungen von QuarkXPress verwendet. Um ein anderes Profil oder Wiedergabeziel zu verwenden, müssen Sie nur das Pop-up-Menü *Profil* bzw. *Wiedergabeziel* öffnen und die gewünschte Einstellung auswählen.

Keine Angst, das ICC-Profil für ein Bild kann jederzeit auch nachträglich gewechselt werden. Selbst wenn Sie beim Import ein falsches Profil erwischt haben, kann es jederzeit geändert werden.

Aktivieren Sie die Option *Farbmanagement für die CMYK-Zielgeräte,* um das Farbmanagement auch dann anzuwenden, wenn der Quellenfarbraum und der Ausgabefarbraum identisch sind.

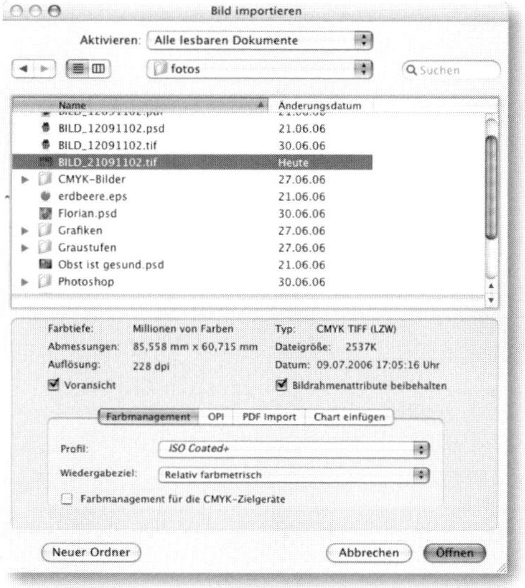

Das Register „Farbmanagement" beim Importieren von Bildern kann den Bildern Profile zuweisen.

Der zweite Weg, um das ICC-Profil oder das Wiedergabeziel eines Bildes zu ändern, ist eine Palette. Die Palette *Profildaten* aus dem Menü *Ansicht* hält die Funktionen dafür bereit. Wenn ein Bild ausgewählt ist, dann wird in der Palette angezeigt, welches Profil bzw. Wiedergabeziel für das Bild verwendet wird. Genauso wie beim Import können Sie nun das Profil bzw. das Wiedergabeziel wechseln.

Profile, die in den Bildern eingebettet sind, werden mit einem Pluszeichen hinter dem Profilnamen gekennzeichnet.

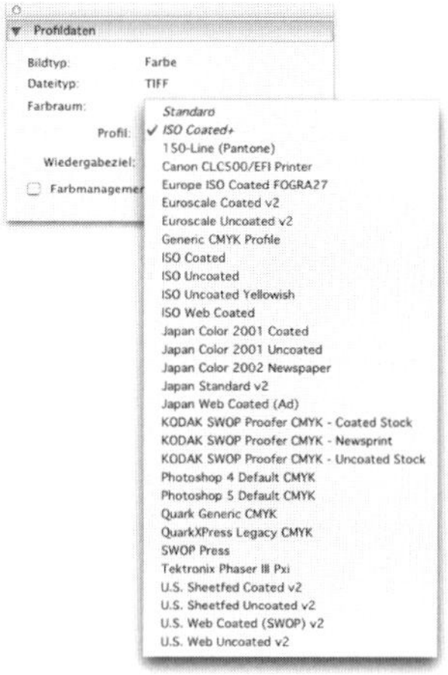

Die Qual der Wahl.

*Sie können die Profile von Bildern nur dann ändern, wenn in den **Vorgaben (Apfel/Strg + Alt + Shift + Y)** bei der Kategorie **Farbmanager** die Option **Zugriff auf Bildprofile ermöglichen** aktiviert ist. Ist diese Option ausgeschaltet, kann weder beim Bildimport noch in der Palette das ICC-Profil bzw. Wiedergabeziel geändert werden.*

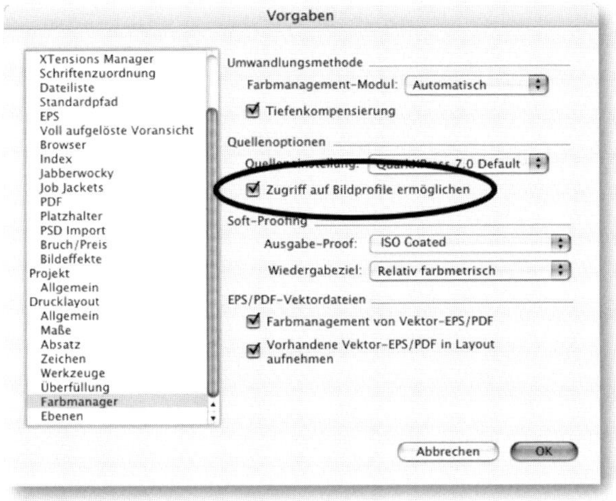

Nur wenn die markierte Option aktiviert ist, lassen sich die Profile und das Wiedergabeziel von Bildern nachträglich ändern.

Profil-Manager

Da das Farbmanagement weitgehend auf ICC-Profilen basiert, müssen die Profile zuerst installiert werden, bevor sie in QuarkXPress verwendet werden können. Im Abschnitt „ICC-Profile hinzufügen“ am Beginn dieses Kapitel haben wir Ihnen beschrieben, wo Sie die Profile ablegen müssen, damit sie vom Betriebssystem erkannt werden. QuarkXPress überprüft beim Starten automatisch, ob neue Profile installiert wurden, und nimmt diese mit ins Programm auf. Allerdings kann es sehr irreführend sein, wenn zu viele Profile zur Auswahl stehen bzw. Profile ausgewählt werden können, die Sie gar nicht brauchen. Für solche Zwecke hat QuarkXPress den *Profil-Manager* (Menü *Hilfsmittel -> Profil-Manager).*

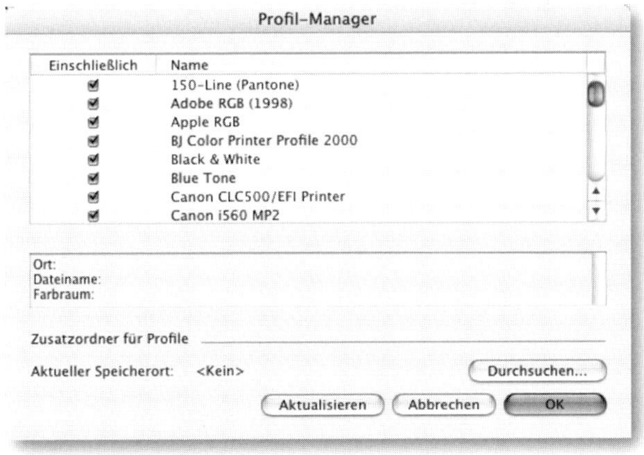

Der Profil-Manager von QuarkXPress.

Der *Profil-Manager* funktioniert so ähnlich wie der *PPD-Manager* (siehe Kapitel „Ausgabe“). Darin werden alle installierten Profile aufgelistet. Wenn Sie nun einige Profile deaktivieren wollen, dann klicken Sie nur auf das entsprechende Kästchen vor dem Namen. Deaktivierte Profile tauchen weder in den *Quelleneinstellungen* noch in den *Ausgabeeinstellungen, Bildimport* und der *Profildaten-Palette* auf.

Um mehrere Profile gleichzeitig zu deaktivieren, wählen Sie diese mit gedrückter Shift- oder Apfel-/Strg-Taste aus. Danach klicken Sie mit gedrückter Apfel-/Strg- + Alt-Taste auf ein Kästchen der ausgewählten Profile. Dadurch werden alle markierten Profile deaktiviert.

Falls Sie einen weiteren Ordner als Profilquelle angeben wollen, dann klicken Sie auf die Schaltfläche *Durchsuchen* und wählen den Ordner aus.

Der Profil-Manager zeigt alle Profile an, die verwendet werden können. Es wäre aber doch ganz interessant zu wissen, welche Profile in einem Layout verwendet werden. Das ist ganz wichtig und interessant, wenn Sie Dokumente von Kunden bekommen und genau wissen wollen, welche Profile das Dokument verwendet.

Das Fenster *Verwendung* aus dem Menü *Hilfsmittel* listet nicht nur alle importierten Bilder oder Tabellen auf, sondern auch die verwendeten Profile. Sie müssen nur die Kategorie *Profile* anklicken. Wenn Sie nun auf der rechten Seite das Pop-up-Menü *Profile* öffnen, sehen Sie alle Profile, die im Dokument verwendet werden. Im unteren Bereich wird angezeigt, welche Objekte mit dem ausgewählten Profil arbeiten. Durch einen Klick auf die Schaltfläche *Zeigen* können Sie sogar die Objekte im Layout anzeigen lassen.

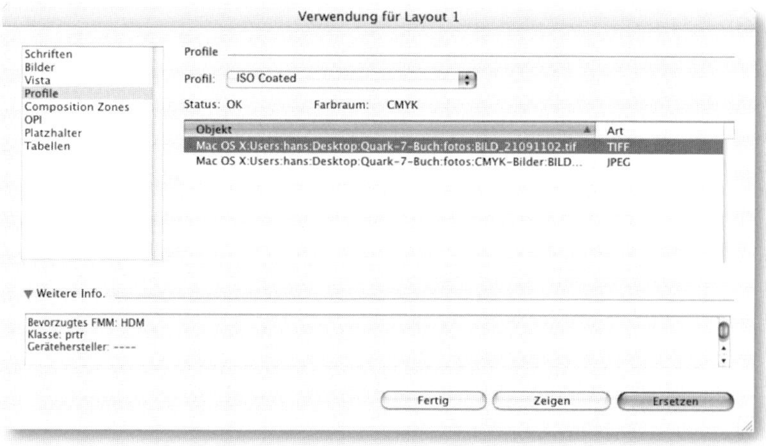

Im Fenster „Verwendung" können auch die verwendeten Profile aufgelistet werden.

Im Fenster *Verwendung* können Sie auch die Profile für importierte Bilder austauschen. Wählen Sie das gewünschte Bild in der Liste aus und klicken Sie auf die Schaltfläche *Ersetzen.* Dadurch wird ein weiteres Fenster geöffnet, in dem das Ersatzprofil ausgewählt werden kann. Damit das Ganze funktioniert, muss in den Vorgaben die entsprechende Option aktiviert sein (siehe Abschnitt „Farbmanagement für Bilder").

Die Profile für Bilder können direkt ausgetauscht werden.

Kapitel 11

Weblayouts – der schnelle Weg ins Internet

Weblayouts – der schnelle Weg ins Internet

Das Erstellen von Internetseiten war sehr lange Zeit den technisch versierten HTML-Profis vorbehalten. Der manchmal sehr umfangreiche HTML-Code gab vielen Grafikern Rätsel auf. Warum kann man eine Internetseite nicht so einfach erstellen wie ein Layout in QuarkXPress? Das Platzieren von Bildern und Texten auf einer Internetseite kann doch nicht so kompliziert sein? Die Firma Quark hat diese Fragen mit der Version 5 von QuarkXPress beantwortet. Nun konnte man, ohne HTML-Kenntnisse zu besitzen, sehr einfach und schnell eine Website erstellen – und das mit den Werkzeugen und Funktionen, die man von QuarkXPress kennt. Sie können sogar ein fertiges Printlayout mit einem Arbeitsschritt in ein Weblayout umwandeln oder die Inhalte zwischen Print- und Weblayout synchronisieren.

Die Version 7 von QuarkXPress wurde auch in diesem Bereich verbessert. Nun können sogar SWF-Dateien (Shockwave Flash) ohne Probleme in ein Weblayout in QuarkXPress eingebaut oder die QuarkXPress-Objekte als statische SWF-Dateien exportiert werden. In diesem Kapitel erfahren Sie alles, was Sie für die Produktion einer Website in QuarkXPress benötigen.

Einführung

Zu Beginn sollten Sie etwas über den Unterschied zwischen Print- und Weblayout erfahren. Wenn Sie ein Weblayout in QuarkXPress erstellen, benötigen Sie keine HTML-Kenntnisse. Die Grundbegriffe wie Hyperlink oder Website sollten Ihnen allerdings geläufig sein.

Das Arbeiten in einem Weblayout unterscheidet sich ein bisschen vom Arbeiten in einem Printlayout. Das liegt daran, dass einige Dinge, die in einem Printlayout selbstverständlich sind, in einem Weblayout nicht funktionieren. Daran ist aber nicht QuarkXPress schuld, sondern HTML. So können Sie z. B. in einem Printlayout ganz einfach das Spationieren verwenden, in einem Weblayout gibt es diese Funktion nicht, da HTML das Spationieren nicht unterstützt. Das Gleiche trifft auf die Anwendung von Schriften zu. In einem Printlayout kann jede beliebige Schrift verwendet werden. Bei einem Weblayout sollten Sie nur auf einige Standardschriften wie z. B. Verdana oder Arial zurückgreifen, da diese Schriften auf jedem Betriebssystem und damit beim Betrachter der Internetseiten vorinstalliert sind. Wie Sie bereits merken, müssen Sie in einem Weblayout etwas anders arbeiten als in einem Printlayout.

Ihnen muss beim Arbeiten in einem Weblayout auch klar sein, dass es kein HTML-Dokument ist. Sie können auch den HTML-Code während des Arbeitens nicht sehen bzw. bearbeiten. Der HTML-Code entsteht erst, wenn das Weblayout exportiert wird. Darin unterscheidet sich QuarkXPress von HTML-Editoren wie Dreamweaver oder GoLive.

Weblayouts anlegen

Ein neues Weblayout anzulegen, ist genauso einfach wie ein Printlayout. Sie wählen aus dem Menü *Datei/Ablage* die Funktion *Neu -> Projekt* oder verwenden das Tastenkürzel *Apfel/Strg + N*. Das Fenster für das Erstellen eines neuen Projekts wird dadurch geöffnet. Anschließend wählen Sie aus dem Pop-up-Menü *Art des Layouts* die Option *Web*. Nun sind auch die Einstellungen für das Weblayout verfügbar.

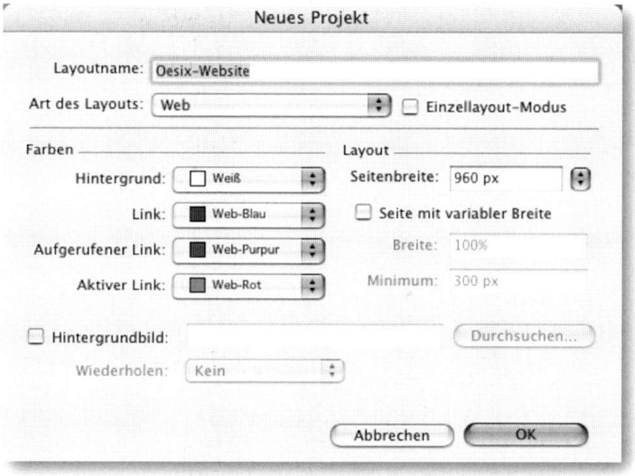

Das Fenster zum Erstellen eines neuen Weblayouts unterscheidet sich erheblich von dem für ein Printlayout.

Da ein Weblayout andere Eigenschaften als ein Printlayout hat, müssen auch andere Einstellungen vorgenommen werden. Zuerst sollten Sie allerdings im Feld *Layoutname* einen Namen für das Layout vergeben. Falls Sie vorhaben, nur ein Weblayout im Projekt anzulegen, dann aktivieren Sie die Option *Einzellayout-Modus* (siehe Kapitel „Projektfunktion“).

Wenn Sie den Einzellayout-Modus deaktivieren, dann können Sie mehrere Layouts innerhalb der Projektdatei anlegen. Sie können mehrere Weblayouts oder auch ein Weblayout mit einem Printlayout innerhalb des Projekts erstellen (siehe Kapitel „Projektfunktion“).

Im Bereich *Farben* werden die Standardfarben für den *Hintergrund* der Seite, die *Hyperlinks (Link)*, die *aufgerufenen Links* und die *aktivierten Links* angegeben. Die Farben können auch später noch eingestellt bzw. geändert werden.

Im Bereich *Layout* wird die Seitenbreite eingestellt. Im Gegensatz zu einem Printlayout besitzt ein Weblayout keine definierte Höhe, es gibt aber eine maximale Höhe von 3.456 Pixeln. Das Feld *Seitenbreite* enthält die Breite der Internetseite, auch sie wird in Pixeln angegeben. Wenn Sie die Option *Seite mit variabler Breite* aktivieren, können Sie einen Prozentwert für die Breite angeben. Dadurch wird die Seitenbreite abhängig von der Fensterbreite im Internetbrowser. Im Feld *Minimum* müssen Sie dann noch eine minimale Breite für die Seite angeben.

Die Seitenbreite kann jederzeit nachträglich geändert werden. Sie kann sogar für jede Seite einzeln eingestellt werden. Dazu müssen Sie die Seite öffnen und im ***Menü Seite*** *die Option* ***Seiteneigenschaften (Apfel/Strg + Alt + Shift + A)*** *öffnen.*

Als letzte Einstellung können Sie im Feld *Hintergrundbild* ein Bild festlegen, das automatisch im Hintergrund der Seite abgebildet wird. Mit dem Pop-up-Menü *Wiederholen* wird eingestellt, wie oft das Bild im Hintergrund platziert wird.

Mit der Option *Kein* wird das Bild nur einmal links oben in der Seite platziert und die restliche Fläche der Seite wird mit der gewählten Hintergrundfarbe dargestellt.

Die Option *Unterteilen* wiederholt das Bild horizontal und vertikal. Das Bild wird also über die gesamte Breite und Höhe der Seite wiederholt bzw. gekachelt.

Mit *Horizontal* wird das Bild nur in der Horizontalen wiederholt. Es entsteht also nur eine „Zeile", in der das Bild wiederholt wird.

Mit *Vertikal* wird das Bild nur in der Vertikalen gekachelt. Damit entsteht eine „Spalte" über die Höhe der Seite, in der das Bild wiederholt wird.

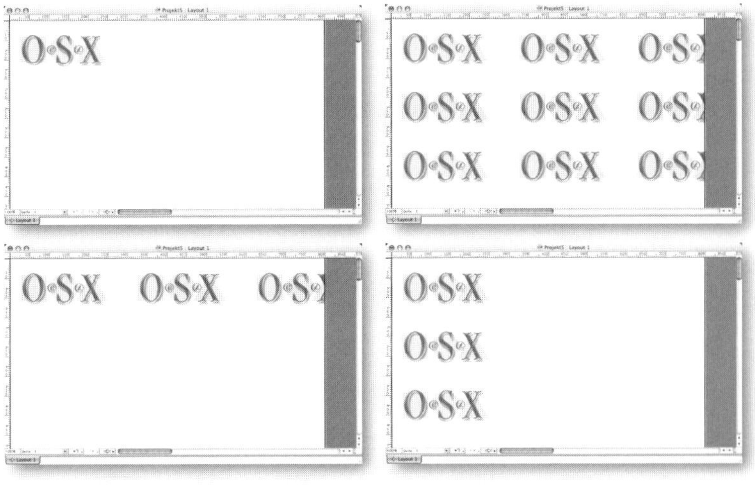

Die Abbildungen zeigen links oben die Option „Kein", rechts oben die Option „Verteilen", links unten die Option „Horizontal" und rechts unten die Option „Vertikal".

Wie die Seitenbreite kann auch das Hintergrundbild jederzeit nachträglich definiert bzw. geändert werden. Sie können auch für jede Seite ein anderes Hintergrundbild verwenden.

Seiteneigenschaften

Jede Seite in einem Weblayout kann individuell eingerichtet werden und kann unterschiedliche Hintergrundfarben oder Hintergrundbilder enthalten. Auch die Farbe für die Hyperlinks kann pro Seite eingestellt werden. Was aber noch wichtiger ist: Für jede Seite kann ein *Seitentitel* angegeben werden. Der Seitentitel ist wichtig für den Internetbrowser, er wird in der Fensterleiste des Browsers angezeigt und für die Lesezeichen (Bookmarks bzw. Favoriten) verwendet.

Der Seitentitel ist ganz wichtig für eine Internetseite und sollte immer zuerst angegeben werden, wenn Sie eine neue Seite in das Weblayout einfügen.

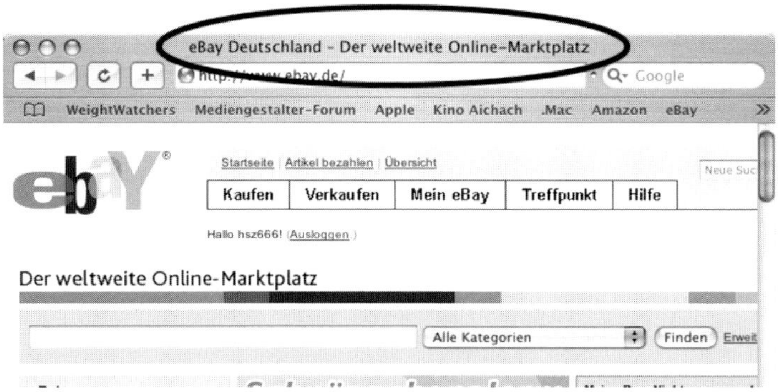

Der „Seitentitel" wird in der Fensterleiste des Browsers angezeigt und auch in die Lesezeichen übernommen.

Um nun die Eigenschaften einer Seite zu ändern, müssen Sie die Seite zuerst aufrufen. Danach wählen Sie die Funktion *Seiteneigenschaften* aus dem Menü *Seiten.* Sie können auch das Tastenkürzel *Apfel/Strg + Alt + Shift + A* verwenden.

Das Fenster enthält im unteren Teil die gleichen Einstellungen wie beim Anlegen eines neuen Layouts (siehe Abschnitt weiter vorne). Im oberen Bereich des Fensters befindet sich das Feld *Seitentitel,* in dem Sie unbedingt den Text für den Titel eingeben sollten.

Der gekennzeichnete Teil im Fenster „Seiteneigenschaften" ist sehr wichtig für die Funktionsweise im Internetbrowser.

Ein weiterer wichtiger Punkt im Fenster *Seiteneigenschaften* ist das Feld *Name der Exportdatei.* Dort wird der Dateiname für die HTML-Datei angegeben, die von der Seite entsteht, wenn das Weblayout als HTML exportiert wird.

Der Dateiname für die HTML-Datei darf keine Umlaute, Sonderzeichen oder Zwischenräume enthalten und sollte immer klein geschrieben werden. Wenn Sie diese Regeln nicht beachten, kann es zu Problemen mit den Hyperlinks und mit der Anzeige der Seite im Browser kommen.

Das Pop-up-Menü *Meta-Tag-Gruppe* enthält eine Auswahl von Meta-Tag-Gruppen, die für die Kennzeichnung der Seite für die Suchmaschinen gebraucht werden. Näheres erfahren Sie im Abschnitt „Meta-Tags" etwas weiter hinten in diesem Kapitel.

HTML-Vorschau im Browser

Ein großes Problem für Webdesigner ist die unterschiedliche Darstellung einer HTML-Seite in den verschiedenen Browsern. So kann z. B. eine Seite, die im Internet Explorer ohne Probleme angezeigt wird, in einem anderen Browser wie Firefox einen anderen Zeilenumbruch haben. Solche Probleme können Sie nur umgehen, wenn Sie eine Website in den verschiedenen Browsern kontrollieren.

Vorgaben

QuarkXPress stellt Ihnen eine Möglichkeit zur Verfügung, um das Weblayout jederzeit in einem gewünschten Browser zu kontrollieren. Dazu müssen Sie allerdings zuerst in den *Vorgaben (Apfel/Strg + Alt + Shift + Y)* von QuarkXPress angeben, mit welchen Internetbrowsern Sie arbeiten.

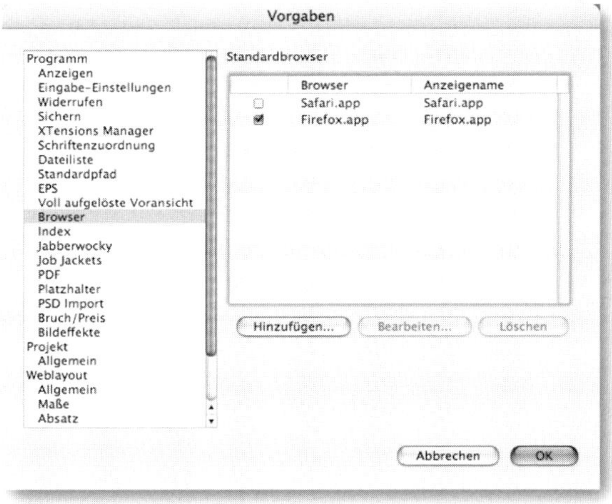

Bevor Sie ein Weblayout im Browser betrachten können, müssen Sie in den Vorgaben einen Browser hinzufügen.

In der Kategorie *Browser* können Sie durch einen Klick auf die Schaltfläche *Hinzufügen* einen Browser Ihres Systems hinzufügen. Sie können natürlich nur Browser verwenden, die auf Ihrem System installiert sind. Wenn Sie mit mehreren Browsern arbeiten, fügen Sie einfach einen nach dem anderen der Liste hinzu. Durch einen Klick auf das Auswahlkästchen vor dem Browser können Sie einen *Standard-Browser* definieren. Der Standard-Browser wird verwendet, wenn Sie im Projektfenster auf die Schaltfläche *HTML-Vorschau* klicken.

HTML-Vorschau aktivieren

Nachdem Sie in QuarkXPress die gewünschten Browser angegeben haben, können Sie auf zwei verschiedene Arten die HTML-Vorschau aktivieren. Der erste Weg führt zum Menü *Seite,* dort finden Sie die Funktion *Voransicht HTML.* In einem Untermenü können Sie dann aus den aufgelisteten Browsern auswählen. QuarkXPress erstellt für die Vorschau temporäre HTML-Dateien, um die Funktionalität der Seite im Browser überprüfen zu können.

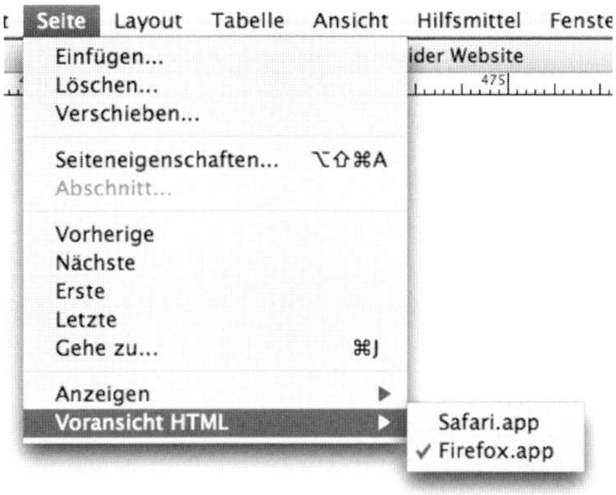

Über das Menü „Seite" kann die HTML-Vorschau aktiviert werden.

Der zweite und etwas schnellere Weg führt zum unteren Bereich des Projektfensters. Dort finden Sie neben der Anzeige der Protokollfunktion eine Schaltfläche für die *HTML-Voransicht.* Wenn Sie nur auf die Schaltfläche klicken, dann wird automatisch die aktuelle Seite im *Standard-Browser* geöffnet. Wollen Sie einen ganz bestimmten Browser verwenden, dann klappen Sie die Schaltfläche aus und wählen den gewünschten Browser.

In der unteren Leiste des Projektfensters kann sehr einfach und schnell die HTML-Voransicht aktiviert werden.

Browser umbenennen

Standardmäßig werden die Internetbrowser in den Menüs mit dem Programmnamen und dem Suffix aufgelistet. Der Programmname sagt aber z. B. nichts über die Version des Browsers aus, was für die Kontrolle wichtig ist. Die Browsernamen lassen sich in QuarkXPress noch nachträglich ändern. Dazu müssen Sie die *Vorgaben (Apfel/Strg + Alt + Shift + Y)* öffnen und in der Kategorie *Browser* den Browser auswählen. Danach klicken Sie auf die Schaltfläche *Bearbeiten.* In dem Fenster, das daraufhin geöffnet wird, tippen Sie den neuen Namen ein und bestätigen die Eingabe. Ab sofort wird der Browser mit den von Ihnen bestimmten Namen in den verschiedenen Menüs angezeigt.

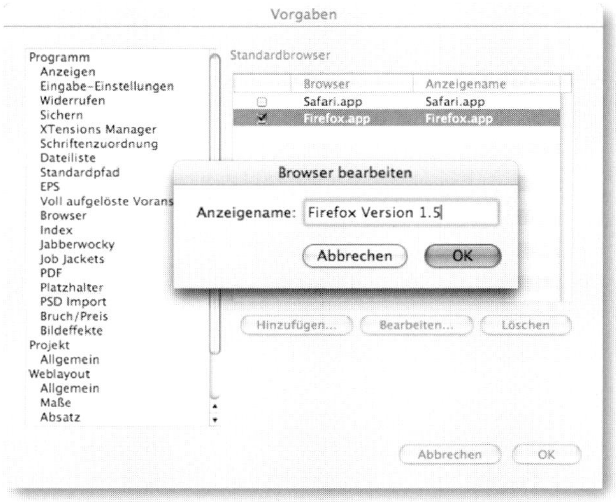

Die Namen der Browser in den QuarkXPress-Menüs können in den „Vorgaben" geändert werden.

Textrahmen

Das Arbeiten mit Textrahmen in Weblayouts gestaltet sich genauso einfach wie in einem Printlayout. Rahmen mit dem Werkzeug aufziehen und den Text einfügen. Allerdings unterliegen die Textrahmen in einem Weblayout einigen Beschränkungen. Das Gleiche gilt für die Textformatierung. Textrahmen in einem Weblayout werden in zwei Kategorien unterteilt: in *Rastertextrahmen* und *HTML-Textrahmen.* Der Unterschied liegt beim Export der Rahmen in HTML. Rastertextrahmen werden beim Exportieren in ein Pixelbild umgewandelt, während bei HTML-Textrahmen der Text in HTML-Text umgewandelt wird.

Ansonsten haben Sie beim Textrahmen die gleichen Einstellungsmöglichkeiten (Spalten, Textabstand, Randstil usw.) wie in einem Printlayout. Die Werkzeuge bzw. Funktionen für das Bearbeiten eines Textrahmens sind auch gleich. Sie arbeiten praktisch so, wie Sie es in einem Printlayout gewohnt sind.

Rastertextrahmen

Rastertextrahmen sind dazu da, Texte, die grafisch oder typografisch bearbeitet wurden (Unterschneidung, Grundlinienversatz, Linie oben/unten, Unterstreichungsstile usw.) auch auf der Internetseite zu behalten. In HTML sind viele grafische bzw. typografische Elemente optisch nicht umsetzbar, weil HTML dies nicht unterstützt. Um aber das Erscheinungsbild eines gestalteten Textes auch auf einer Internetseite zu bekommen, muss man den Text als Bild exportieren. Alle Texte, die von der HTML-Norm abweichen, müssen in einem *Rastertextrahmen* platziert werden.

Es gibt zwei Möglichkeiten, um einen normalen Textrahmen in einen Rastertextrahmen umzuwandeln. Zum einen über die *Maßpalette (Taste F9).* Dort befindet sich an der rechten Seite die Funktion zum Aktivieren des Rastertextrahmens. Diese Funktion ist in jedem Register der Maßpalette sichtbar.

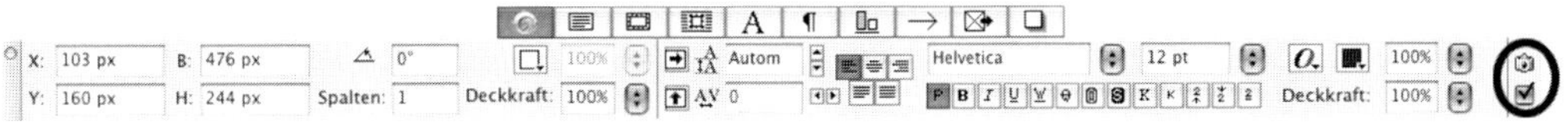

Am rechten Rand der Maßpalette können Sie die Funktion für einen „Rastertextrahmen" aktivieren.

Zum anderen kommen sie zu einem Rastertextrahmen über das Fenster *Modifizieren (Apfel/Strg + M)*. Dort finden Sie am unteren Rand des Fensters die Option *Bei Export in Grafik konvertieren*. Wird diese Option aktiviert, dann wird der Textrahmen in einen Rastertextrahmen umgewandelt.

Die Umwandlung eines Textes in eine Grafik findet immer erst beim HTML-Export statt. Ein Rastertextrahmen kann in QuarkXPress ganz normal bearbeitet werden und auch wieder in einen HTML-Textrahmen umgewandelt werden.

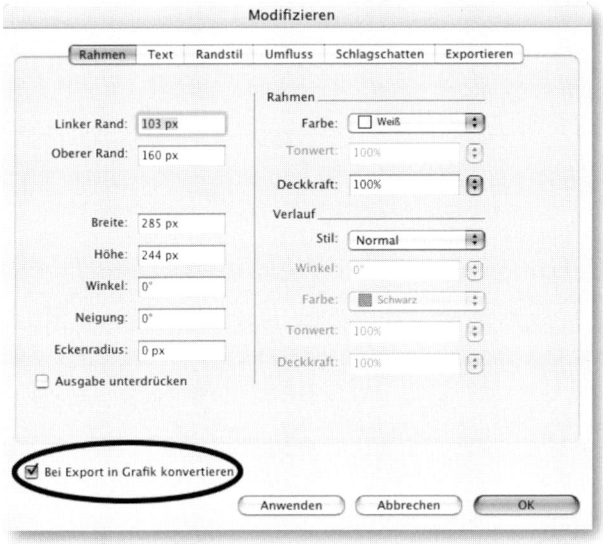

Auch im Fenster „Modifizieren" kann ein Rastertextrahmen erstellt werden.

Rastertextrahmen werden auf der Seite speziell gekennzeichnet, damit Sie immer einen Überblick über die Textrahmen haben. In der rechten oberen Ecke eines Rastertextrahmens wird das Symbol einer Kamera angezeigt. Dies ist der Hinweis auf einen Rastertextrahmen.

Sollte das Symbol für einen Rastertextrahmen nicht erscheinen, dann aktivieren Sie die Funktion **Sichtzeichen** *aus dem Menü* **Ansicht.** *Dadurch wird das Symbol permanent eingeblendet.*

Rastertextrahmen – Exporteinstellungen

Da Rastertextrahmen beim Exportieren in eine Grafik umgewandelt werden, braucht QuarkXPress von Ihnen noch einige Parameter für das Generieren der Grafikdatei. Diese Parameter können Sie entweder in der *Maßpalette (Taste F9)* oder im Fenster *Modifizieren (Apfel/Strg + M)* einstellen. In beiden Fällen müssen Sie dann das Register *Exportieren* auswählen.

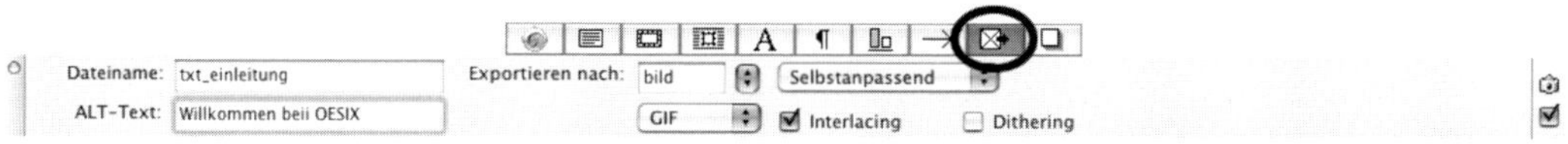

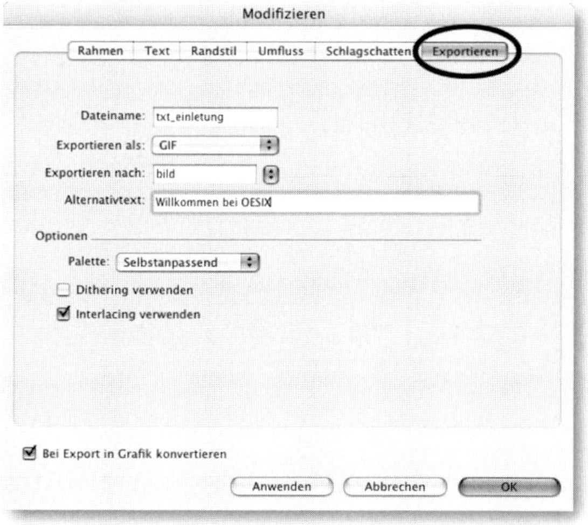

In der Maßpalette und im Fenster „Modifizieren" gibt es im Register „Exportieren" die Einstellungen für den Export von Rastertextrahmen.

Zuerst sollten Sie einen *Dateinamen* für die Grafikdatei festlegen. Beachten Sie bei der Namensvergabe die nachfolgend aufgelisteten Regeln.

Der Name sollte klein geschrieben sein und keine Umlaute, Sonderzeichen oder Zwischenräume enthalten. Diese Regel für die Benennung von Dateinamen für eine Internetseite gilt nicht nur bei Rastertextrahmen, sondern auch bei jeder Art von Datei.

Als Nächstes sollten Sie das Bildformat im Pop-up-Menü *Exportieren als* einstellen. Sie haben die Auswahl zwischen *GIF, JPEG, PNG* und *SWF*. Näheres zu den verschiedenen Bildformaten erfahren Sie im Abschnitt „HTML-Export" etwas weiter hinten in diesem Kapitel. Je nach gewähltem Bildformat ändern sich die Einstellungsmöglichkeiten im Bereich *Optionen*.

Im Feld *Exportieren nach* wird der Ordner angegeben, in dem die Bilddatei beim Exportieren gespeichert werden soll. Standardmäßig steht dort der Ordner, der für den Bildexport in den *Vorgaben (Apfel/Strg + Alt + Shift + Y)* definiert wurde. Wenn Sie einen anderen Ordner verwenden wollen, dann müssen Sie nur den Namen überschreiben. Beachten Sie dabei wieder die Regeln für die Benennung von Dateien fürs Internet.

Das Feld *Alternativtext* sollten Sie nicht vernachlässigen, da dieser Text im Browser angezeigt wird, wenn die Bilder ausgeblendet sind oder es Probleme mit der Darstellung der Bilder gibt. Der Alternativtext ist auch für ein barrierefreies Webdesign wichtig, da sehbehinderte Internetanwender ihn fürs Vorlesen brauchen.

Wenn Sie einen Textrahmen in einen Rastertextrahmen umwandeln, dann werden automatisch die ersten 63 Zeichen des Textrahmens als Alternativtext definiert.

HTML-Textrahmen

Im Gegensatz zu Rastertextrahmen werden HTML-Textrahmen beim Export nicht in ein Bild umgewandelt. Der Text in diesen Rahmen wird als HTML-Text exportiert. Falls nicht anders eingestellt, ist jeder Textrahmen, den Sie aufziehen, immer ein HTML-Textrahmen. Während bei einem Rastertextrahmen jede Art von Formatierung verwendet werden kann, unterliegen die HTML-Textrahmen einigen Beschränkungen.
Zu den Beschränkungen gehören folgende Punkte:

- HTML-Textrahmen müssen rechteckig sein. Wenn Sie einen nicht rechteckigen Textrahmen aufziehen, wird dieser beim Export in eine Grafik umgewandelt.
- HTML-Textrahmen dürfen nicht gedreht sein.
- HTML-Textrahmen dürfen Spalten enthalten, diese werden beim Export in eine HTML-Tabelle umgewandelt.
- HTML-Textrahmen können nur proportional vergrößert bzw. verkleinert werden. Falls Sie versuchen, bei gedrückter *Apfel-/Strg-Taste* einen HTML-Textrahmen zu dehnen oder zu stauchen, funktioniert es nicht. Der Rahmen wird dadurch nur breiter bzw. schmäler. Nur mit der Tastenkombination *Apfel/Strg + Alt + Shift* kann ein HTML-Textrahmen skaliert werden.
- Text in HTML-Textrahmen muss eine ganzzahlige Punktgröße besitzen.
- Das Umfließen eines Objekts, das auf einem HTML-Textrahmen liegt, funktioniert nur, wenn das Objekt innerhalb der Begrenzungen des HTML-Textrahmens liegt. Liegt das Objekt nur teilweise auf dem HTML-Textrahmen, dann wird es nicht umflossen.
- HTML-Textrahmen können nicht von Seite zu Seite verkettet werden.

Die hier aufgelisteten Beschränkungen betreffen den Rahmen selbst. Es gibt noch zusätzliche Beschränkungen für den Inhalt eines HTML-Textrahmens. An diesen Beschränkungen ist wieder HTML schuld.

Folgende Formatierungen können für den Inhalt eines HTML-Textrahmens nicht verwendet werden bzw. sind nicht einstellbar:

- Blocksatz und erzwungener Blocksatz
- Zeichenausrichtung
- Definitionen für Silbentrennung und Blocksatz (S&B)
- Erstzeileneinzug
- Am Grundlinienraster ausrichten
- Tabulatoren
- Einstellungen für „Erste Grundlinie" und vertikale Textausrichtung „Blocksatz"
- Grundlinienversatz
- Unterschneiden und Spationieren
- Horizontales und vertikales Skalieren (Schriftbreite und -höhe)
- Die Schriftstile *Konturiert, Schattiert, Kapitälchen, Index, Wort unterstrichen, Betonungspunkte* und *Hochkomma*
- Horizontales Spiegeln und vertikales Spiegeln

Wie Sie sehen, gibt es einige Dinge zu beachten, wenn Sie mit HTML-Textrahmen arbeiten. HTML-Textrahmen bieten aber einige Vorteile. Sie benötigen wesentlich weniger Speicherplatz, was für das Internet sehr wichtig ist. Ein weiterer Vorteil ist die Erfassung der Texte in einer Suchmaschine. Einige Suchmaschinen nehmen nicht nur die Schlüsselwörter in den Meta-Tags in den Index mit auf, sondern auch sehr oft den Inhalt einer Internetseite. Wenn Sie nun eine Seite nur mit Rastertextrahmen aufgebaut haben, kann der Inhalt von der Suchmaschine nicht erfasst werden. Auch die Druckqualität ist besser, wenn der Anwender die Seite im Browser ausdruckt.

Mit welcher Art von Textrahmen Sie arbeiten, bleibt letztendlich Ihnen überlassen. Wenn Sie eine möglichst getreue Umsetzung einer Internetseite nach einer Corporate Identity wollen, dann müssen Sie mit Rastertextrahmen arbeiten. Brauchen Sie sehr textlastige Seiten oder Seiten, die sehr schnell geladen werden sollen, dann empfiehlt sich das Arbeiten mit HTML-Textrahmen.

Textformatierung für HTML-Textrahmen

Die Formatierung von Texten in einem Weblayout funktioniert genauso wie bei einem Printlayout. Sie können die Texte manuell formatieren oder auch mit Stilvorlagen arbeiten. Allerdings sollten Sie einige Dinge bei der Formatierung beachten, besonders was die Schrift betrifft, die Sie verwenden.

Stilvorlagen können ganz normal eingesetzt werden. Das Erstellen der Stilvorlagen funktioniert genauso wie in einem Printlayout. Die Stilvorlagen werden beim HTML-Export in ein Cascading Stylesheet (CSS) umgewandelt.

Für einen HTML-Textrahmen sollten Sie nicht jede beliebige Schrift verwenden. Da der Text als HTML-Text exportiert wird, werden auch Informationen über die verwendete Schrift in den HTML-Code geschrieben. Wenn Sie also z. B. die Schriftart „Linotype Futura light" verwenden, wird dies im HTML-Code vermerkt. Der Anwender, der die Internetseite im Browser öffnet, müsste dann genau dieselbe Schrift auf seinem Rechner installiert haben, um die Seite richtig anzuzeigen. Hat der Anwender diese Schrift nicht installiert, wird automatisch eine Ersatzschrift verwendet und dadurch werden natürlich der Zeilenumbruch und das Layout verändert. Die Auswahl der Schrift ist also sehr wichtig.

Für die Formatierung von HTML-Textrahmen sollten Sie nur eine Standardsystemschrift verwenden. Zu diesen Schriften gehören *Arial, Verdana, Times New Roman* und *Courier.* Diese vier Schriften sind in jedem Betriebssystem, egal ob Macintosh oder Windows, installiert und können ohne Probleme verwendet werden.

Falls Sie sich nicht diesen Schriftbeschränkungen beugen wollen, steht Ihnen noch die Möglichkeit offen, nur mit Rastertextrahmen zu arbeiten oder mithilfe der *CSS-Schriftfamilien* Ersatzschriften zu definieren. Mit den *CSS-Schriftfamilien* können Sie Ersatzschriften einstellen, die automatisch verwendet werden, wenn der Anwender die „Hauptschrift" nicht installiert hat. Dabei kann nicht nur eine Ersatzschrift angegeben werden, sondern mehrere. Die Schriften werden dabei in einer Hierarchie angegeben. Wenn die „Hauptschrift" fehlt, wird die erste Ersatzschrift verwendet, fehlt diese auch, kommt die zweite Ersatzschrift zum Einsatz. Das geht so lange, bis auf der untersten Hierarchieebene eine Schrift steht, die auf jedem System verwendet wird.

Die Funktion *CSS-Schriftfamilien* befindet sich im Menü *Bearbeiten* fast ganz unten. In einem eigenen Fenster werden die Schriftfamilien verwaltet. Sie werden auch bereits einige CSS-Schriftfamilien vorfinden. Diese sind standardmäßig angegeben und können von Ihnen auch geändert werden. Wenn Sie eine Familie anklicken, werden im unteren Bereich die verschiedenen Hierarchieebenen der Ersatzschriften angezeigt.

In diesem Fenster werden die „CSS-Schriftfamilien" verwaltet.

Um eine neue Schriftfamilie zu erstellen, klicken Sie auf die Schaltfläche *Neu*. Sie können aber auch mit der Schaltfläche *Anfügen* die Schriftfamilien aus anderen QuarkXPress-Projekten importieren, ähnlich wie bei Stilvorlagen.

Im Fenster für das Anlegen einer neuen Schriftfamilie sollten Sie zuerst die *Allgemeine Schrift* angeben. Diese allgemeine Schrift wird als unterste Ebene der Ersatzschriften eingesetzt. Hier wird keine gezielte Schrift angegeben, sondern vielmehr ein Schrifttyp. Durch die Wahl von *Serif* wird festgelegt, dass die Standardschrift eine beliebige Serifenschrift sein soll, aber erst dann, wenn die anderen Ersatzschriften nicht auf dem System vorhanden sind. Mit *Sans Serif* wird festgelegt, dass die Standardschrift eine beliebige serifenlose Schrift sein soll. Durch die Wahl von *Kursiv* wird definiert, dass die Standardschrift eine Scriptschrift sein soll. Die Option *Fantasy* legt fest, dass die Standardschrift eine beliebige Spezialschrift ist. Mit der letzten Option *Monospace* wird eine beliebige Monospace-Schrift als Standard festgelegt.

Im Feld *Schriften in Schriftenfamilie* können nun die Ersatzschriften angegeben werden. Die Liste auf der linken Seite zeigt alle verfügbaren Schriften Ihres Systems an. Wählen Sie eine Schrift aus und klicken auf den schwarzen Pfeil in der Mitte, der nach rechts zeigt, um die Schrift in die Ersatzschriften aufzunehmen. Fügen Sie danach weitere Ersatzschriften hinzu. Sie können bis zu 29 Schriften der Liste hinzufügen. Mit den Schaltflächen *Nach oben* und *Nach unten* können Sie die Hierarchieebenen noch verändern. Ein Klick auf *OK* und anschließend auf *Sichern* speichert die neue Schriftfamilie.

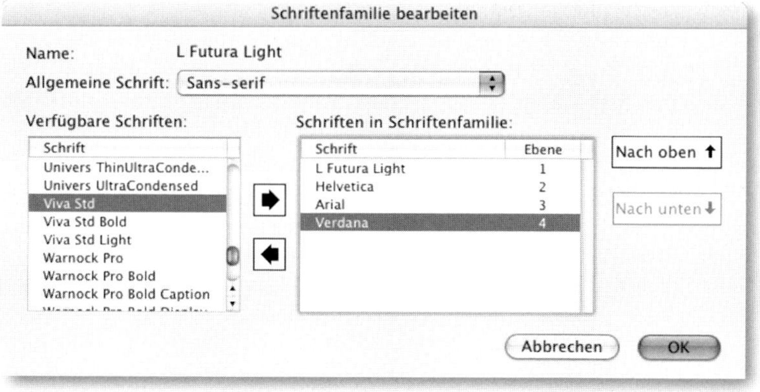

Mit ein paar Mausklicks können Sie Ersatzschriften für eine Website definieren.

Damit die Ersatzschriften auf der Seite auch verwendet werden, müssen Sie nichts tun. Sobald Sie mit der „Hauptschrift" arbeiten, fügt QuarkXPress beim Export automatisch die Ersatzliste den HTML-Code hinzu.

Bildrahmen

Bilder sind wichtige Bestandteile einer Internetseite. In einem Weblayout von QuarkXPress lassen sich die Bilder genauso einfach platzieren wie in einem Printlayout: Mit dem Bildrahmenwerkzeug nur einen Rahmen aufziehen und danach das Bild in den Rahmen laden.

Bildformate

Für die Bilder in einem Weblayout brauchen Sie beim Platzieren kein bestimmtes Bildformat. Sie können die gleichen Formate wie bei einem Printlayout verwenden. Diese sind *TIFF, EPS, JPEG, PDF* und *PSD.* Natürlich können Sie auch Formate wie *GIF, PNG* und ganz neu auch *SWF* platzieren. Sie unterliegen also bei Bildrahmen keinerlei Beschränkung wie bei Textrahmen. Sogar Photoshop-Bilder mit Ebenen können ganz normal verwendet werden. Sie verfügen über den gleichen Funktionsumfang wie in einem Printlayout. Dies gilt auch für die *Bildeffekte* von *Quark Vista* und die Transparenzfunktionen.

Die platzierten Bilder werden beim HTML-Export in RGB umgewandelt. Zur besseren Beurteilung des Weblayouts in QuarkXPress ist es günstiger, wenn Sie RGB-Bilder fürs Platzieren verwenden, es ist aber nicht unbedingt nötig.

Export

Beim Platzieren von Bildern in einem Weblayout muss normalerweise nichts beachtet werden, weder der Farbmodus noch die Auflösung der Bilder. Dies gilt allerdings nicht für den Export der Bilder. Alle platzierten Bilder werden beim HTML-Export umgewandelt, dabei werden die Bilder in den RGB-Modus konvertiert und auf 72 ppi (Monitorauflösung) umgerechnet. Auf diese beiden Faktoren haben Sie keinen Einfluss.

Worauf Sie allerdings Einfluss haben ist das Format, in dem die Bilder exportiert werden. Genauso wie bei den Rastertextrahmen können Sie für die Bilder ein Exportformat angeben. Dies können Sie im Register *Exportieren* entweder in der *Maßpalette (Taste F9)* oder im Fenster *Modifizieren (Apfel/Strg + M)* tun.

Das Export-Register sieht genauso aus wie bei einem Rastertextrahmen und hat auch die gleichen Einstellungsmöglichkeiten. Bitte lesen Sie im Abschnitt „Rastertextrahmen" etwas weiter vorne in diesem Kapitel die verschiedenen Einstellungen nach.

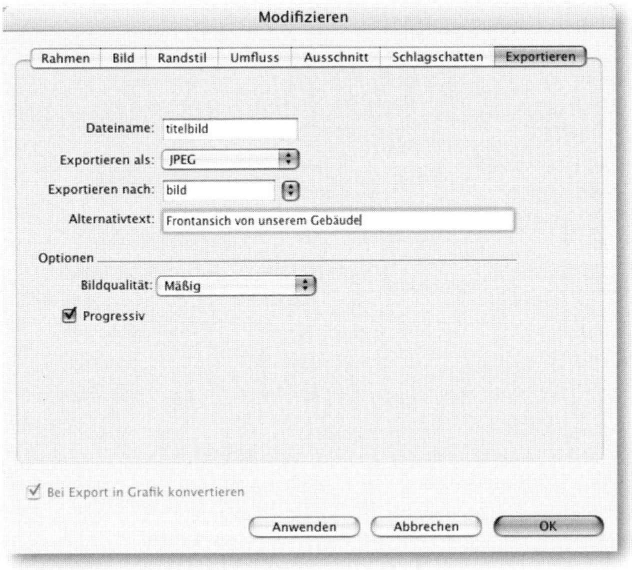

Für den Bildexport gibt es die gleichen Einstellungen wie bei einem Rastertextrahmen.

Hyperlinks

Das Tolle an einer Internetseite ist die Interaktivität. Man klickt ein Bild oder einen Text an und schon wird eine andere Seite geöffnet, in der man wiederum auf eine andere Seite weitergeleitet wird. Dadurch kann der Anwender sich beliebig durch das Angebot einer Website vorwärts, rückwärts, kreuz und quer bewegen. Für diese Funktionalität einer Internetseite werden die Hyperlinks benötigt.

Hyperlinks können verschiedene Aktionen auf einer Internestseite auslösen. Sie können dafür verwendet werden, auf eine andere Seite bzw. Internetadresse zu verweisen, eine ganz bestimmte Stelle innerhalb der Seite anzuspringen, den Download von Dateien zu starten oder auch das E-Mail-Programm zu öffnen, um unkompliziert Kontakt zum Betreiber der Seite aufzunehmen. Alle diese Aktionen können in QuarkXPress auf einen Hyperlink gelegt werden.

Auf einer Internetseite wird zwischen verschiedenen Arten von Hyperlinks unterschieden. Es gibt die normalen Text- und Bild-Hyperlinks, die Anker und die Hotspots einer Imagemap. Für das Erstellen dieser Arten benötigen Sie verschiedene Funktionen in QuarkXPress. Was aber alle gemeinsam haben, ist die *Hyperlinks-Palette.* In ihr werden die Hyperlinks verwaltet und erstellt.

Text- und Bild-Hyperlink

Die einfachsten und am häufigsten auftretenden Formen eines Hyperlinks sind der Textlink und der Bildlink. Einen Textlink zu erstellen, ist sehr einfach. Zuerst müssen Sie die Palette *Hyperlink* aus dem Menü *Fenster* öffnen. Danach markieren Sie mit dem Inhaltswerkzeug die gewünschte Textstelle, die einen Hyperlink erhalten soll.

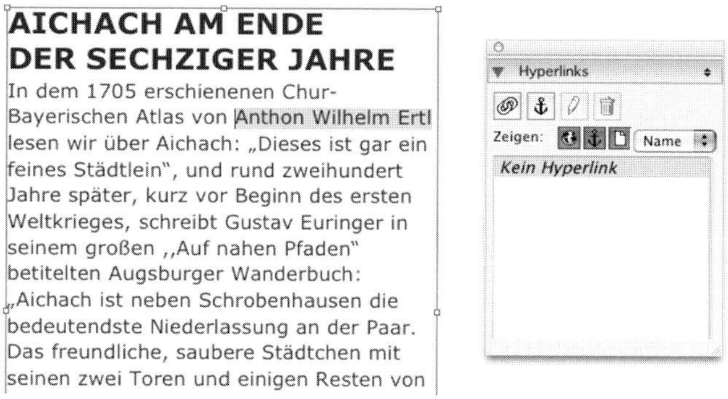

Für einen Text-Hyperlink muss zuerst die gewünschte Textstelle ausgewählt werden.

Nachdem Sie den Text ausgewählt haben, klicken Sie auf die Schaltfläche *Neuer Hyperlink* in der Hyperlink-Palette. Damit wird ein Fenster geöffnet, in dem Sie nun den Namen und das Ziel des Hyperlinks angeben müssen.

Der *Name* ist wichtig für die Verwaltung der Hyperlinks und sollte unbedingt angegeben werden. Die Verwaltung der Hyperlinks muss man sich so ähnlich wie bei Farben vorstellen. Jede neue Farbe, die Sie im Layout anlegen, braucht ja auch einen Namen, um verwaltet zu werden. Das Gleiche trifft auf die Hyperlinks zu.

Im Pop-up-Menü *Typ* geben Sie an, welche Art von Hyperlinks Sie haben wollen. Sie haben die Auswahl zwischen *Seite, Anker* und *URL.*

Die Option *Seite* legt als Hyperlink-Ziel eine von Ihnen gewählte beliebige andere Seite innerhalb des Weblayouts fest. Damit Sie diese Option verwenden können, müssen allerdings diese Seite im Weblayout existieren. Im Pop-up-Menü *Seite* können Sie zwischen den Seiten des Weblayouts auswählen.

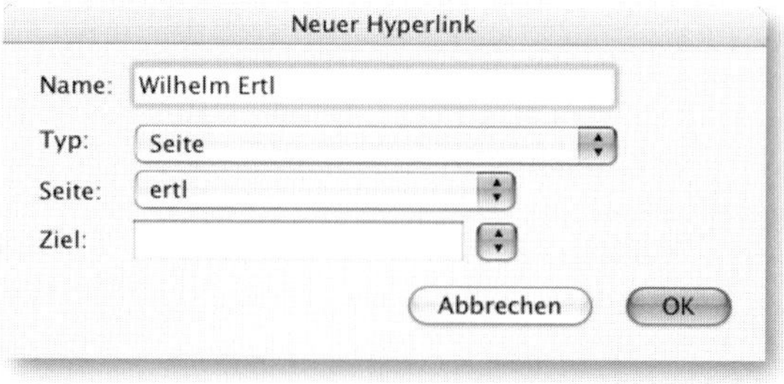

Dieser Hyperlink hat als Ziel die Seite „ertl" des Weblayouts.

Mit der Option *Anker* wird auf eine bestimmte Stelle innerhalb der aktuellen oder einer anderen Seite verwiesen (siehe Abschnitt „Anker").

Die Option *URL (Uniform Ressource Locator)* müssen Sie verwenden, wenn Sie als Hyperlink-Ziel eine andere Internetadresse oder eine E-

Mail-Adresse verwenden wollen. Im Feld *URL* können Sie die gewünschte Internetadresse, z. B. „http://www.oesix.de", eingeben. Im Pop-up-Menü neben dem Feld *URL* können Sie das *Protokoll* für den Hyperlink auswählen. Sie haben die Auswahl zwischen *HTTP (Hypertext Transfer Protocol), HTTPS (Hypertext Transfer Protocol Secure), FTP (File Transfer Protocol)* und *mailto (E-Mail-Link).* Das gewählte Protokoll wird im Feld *URL* vor das Hyperlink-Ziel gestellt.

Für einen URL-Link müssen Sie unbedingt eines der Protokolle auswählen, da ansonsten der Link im Internetbrowser nicht funktioniert.

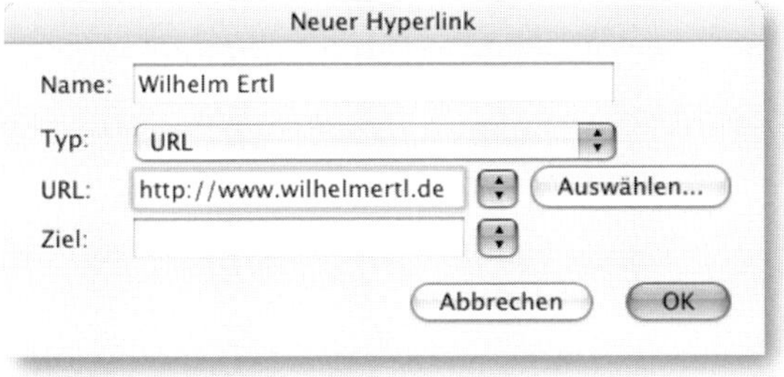

Dieser Hyperlink führt zu einer Internetadresse.

Das Feld *Ziel* ist für alle Arten der Hyperlinks verfügbar. In diesem Feld können Sie bei der Verwendung von Framesets den Zielframe angeben, also den Frame, in dem der Hyperlink geöffnet wird. Es reicht aus, wenn Sie den Namen des Frames eingeben. Achten Sie dabei auf die Schreibweise. Als *Ziel* kann aber auch eine der Standardoptionen rechts im Pop-up-Menü gewählt werden. Die Standardoptionen lauten *_self, _parent, _blank* und *_top.*

Die Option *_self* öffnet das Ziel des Hyperlinks im gleichen Frame, in dem der Hyperlink angelegt wurde. Diese Option gilt automatisch als Standard, wenn Sie kein Ziel angegeben haben.

Die Option *_parent* öffnet das Ziel des Hyperlinks in einem übergeordneten Frameset. Ist kein solches Frameset vorhanden, dann funktioniert diese Option wie *_self.*

Mit *_blank* wird das Hyperlink-Ziel in einem neuen Fenster geöffnet. Das Fenster mit dem Hyperlink bleibt im Hintergrund geöffnet.

Die Option *_top* öffnet das Ziel des Hyperlinks im aktuellen Fenster, wobei vorhandene Frames bzw. Framesets ersetzt werden. Die Seite wird dann ohne Frames angezeigt.

Nachdem nun alle Einstellungen für den Hyperlink festgelegt wurden, klicken Sie auf *OK* und der Hyperlink wird in der Palette aufgelistet und der ausgewählte Text blau und unterstrichen.

Wird ein Hyperlink auf einen Text gelegt, färbt sich die entsprechende Textstelle automatisch blau und wird unterstrichen. Die Farbe des Standard-Hyperlinks kann in den ***Seiteneigenschaften (Apfel/Strg + Alt + Shift + A)*** *geändert werden. Wenn Sie nur einen Hyperlink umfärben wollen, dann wählen Sie die Textstelle aus und färben den Text mithilfe der Farb- oder Maßpalette ein.*

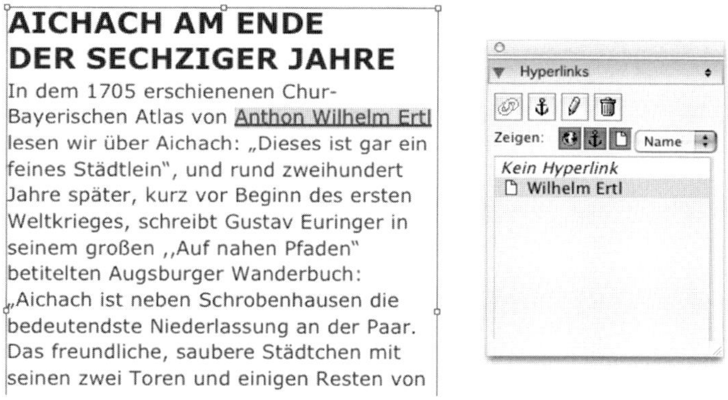

Nachdem der Hyperlink erstellt wurde, ist der ausgewählte Text farbig und unterstrichen. In der Palette ist der Hyperlink aufgelistet.

Der Hyperlink auf einem Bild funktioniert fast genauso wie bei einem Text. Sie wählen das Bild aus und legen dann in der Hyperlink-Palette einen neuen Hyperlink an. Dabei gelten die gleichen Einstellungsmöglichkeiten wie bei einem Textlink.

Der Hyperlink auf einem Bild wird nicht farblich gekennzeichnet, sondern das Bild mit dem Hyperlink erhält rechts oben in der Ecke ein spezielles Symbol in Form einer Kette. An diesem Symbol lassen sich sehr leicht und schnell Bilder mit Hyperlinks identifizieren.

Sollte das Hyperlinksymbol in einem Bild einmal nicht erscheinen, dann aktivieren Sie die Funktion **Sichtzeichen** *aus dem Menü* **Ansicht.** *Damit wird das Symbol eingeblendet.*

Ein Symbol in der rechten oberen Ecke kennzeichnet ein Bild mit einem Hyperlink.

Ein Hyperlink bzw. dessen Ziel kann auch mehrfach verwendet werden. Um z. B. eine Textstelle und ein Bild mit dem gleichen Hyperlink-Ziel zu verknüpfen, müssen Sie nur den Hyperlink anlegen und danach den Text bzw. das Bild auswählen und in der Palette auf den Hyperlink klicken. Dadurch wird der ausgewählten Textstelle bzw. dem Bild der Hyperlink zugewiesen.

Hyperlinks bearbeiten

Ein Hyperlink kann jederzeit noch nachbearbeitet werden. Unter Nachbearbeitung versteht man in QuarkXPress das Ändern des Hyperlink-Ziels. Zum Bearbeiten müssen Sie nur den gewünschten Hyperlink in der Palette auswählen und danach auf die Schaltfläche *Bearbeiten* klicken.

Ein Doppelklick auf einen Hyperlink öffnet nicht das Fenster zum Bearbeiten. Ein Doppelklick öffnet das Ziel des Hyperlinks, also z. B. eine Internetadresse oder das E-Mail-Programm.

Da ein Hyperlink mehrfach verwendet werden kann, öffnet sich vor dem Bearbeiten noch ein Dialogfenster. In diesem Fenster werden Sie darauf hingewiesen, dass eine Änderung alle Vorkommnisse des Hyperlinks ändert. Erst wenn Sie die Warnung bestätigen, kommen Sie in das Fenster zum Bearbeiten des Hyperlinks.

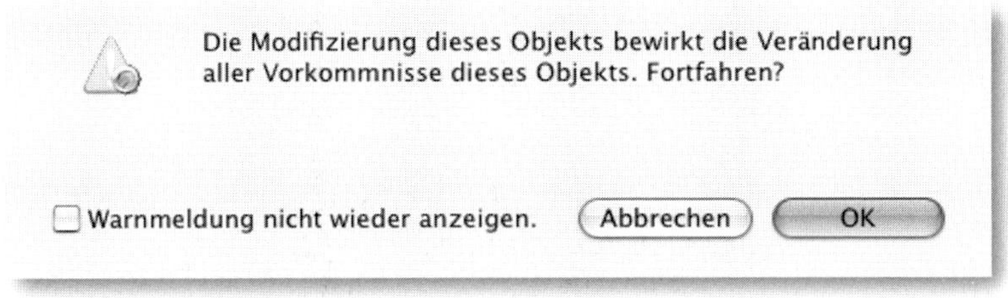

Dieses Dialogfenster erscheint, wenn Sie einen Hyperlink nachträglich bearbeiten wollen.

Die Art eines Hyperlinks kann nachträglich nicht geändert werden. Sie können also aus einem URL-Link keinen Hyperlink für eine Seite machen. Sie müssten zuerst den alten Hyperlink löschen und einen neuen anlegen.

Hyperlinks löschen

Das Löschen eines Hyperlinks ist eine sehr einfache Sache. Sie wählen den gewünschten Link in der Hyperlink-Palette aus und klicken anschließend auf die Schaltfläche *Löschen* .

Ein Dialogfenster weist Sie darauf hin, dass alle Vorkommnisse des Hyperlinks im Layout entfernt werden. Nach Bestätigung der Warnung ist der Hyperlink aus der Palette gelöscht und aus allen Texten und Bildern entfernt. Die Texte werden auch wieder ohne Unterstreichung und mit normaler Textfarbe dargestellt.

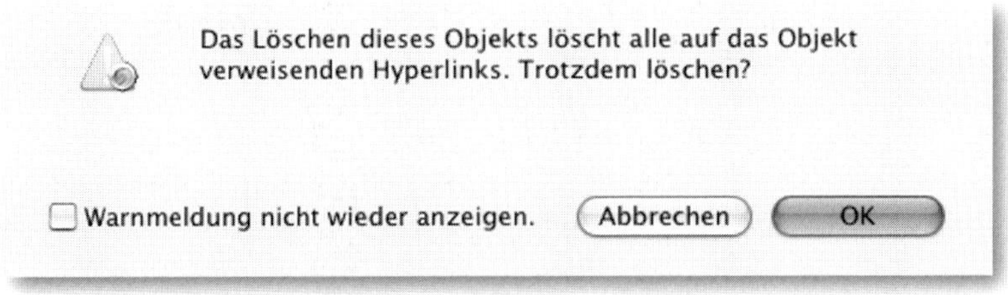

Beim Entfernen eines Hyperlinks wird dieses Dialogfenster geöffnet.

Es gibt noch eine weitere Möglichkeit, einen Hyperlink in einem Text oder Bild zu entfernen. Bei dieser Methode wird zwar der Hyperlink aus dem Text oder Bild entfernt, aber er bleibt noch in der Palette erhalten.

Wählen Sie den gewünschten Text bzw. das Bild mit dem Hyperlink im Layout aus und klicken anschließend in der Hyperlink-Palette auf *Kein Hyperlink.* Der Textstelle bzw. dem Bild ist nun kein Hyperlink mehr zugewiesen, aber der Link ist immer noch in der Palette vorhanden. Mit dieser Methode können Sie also bei einzelnen Textstellen bzw. Bildern den Hyperlink entfernen. Alternativ zur Palette können Sie auch den Text bzw. das Bild mit dem Hyperlink auswählen und danach im Menü *Stil* die Funktion *Hyperlink -> Entfernen* wählen.

Anker

Ein normaler Hyperlink öffnet eine Seite bzw. eine Internetadresse immer mit dem Beginn der Seite. Mithilfe von Ankern kann eine ganz bestimmte Stelle innerhalb der Seite geöffnet werden. Wenn z. B. zu Beginn der Seite einige Themenpunkte aufgelistet sind, dann könnte man mithilfe der Anker durch einen Klick auf eines der Themen in den unteren Bereich der Seite springen. Ein Anker wird immer im Zusammenhang mit einem Hyperlink verwendet. Der Anker stellt immer das Ziel dar, das mit einem Hyperlink angesprungen bzw. geöffnet werden kann.

Um nun einen Anker anzulegen, brauchen Sie die Hyperlink-Palette. Zuerst platzieren Sie den Textcursor auf die gewünschte Stelle in der Seite, die später mit einem Hyperlink angesprungen werden soll. Danach klicken Sie auf das Symbol *Neuer Anker* ⚓ in der Hyperlink-Palette. In dem Fenster, das daraufhin geöffnet wird, müssen Sie einen Namen für den Anker eingeben.

Den Namen des Ankers sollten Sie nur klein schreiben und keine Umlaute oder Sonderzeichen verwenden. Wenn Sie diese Regeln nicht beachten, kann es zu Problemen im Browser kommen. Der Anker kann dann z. B. nicht angesprungen werden.

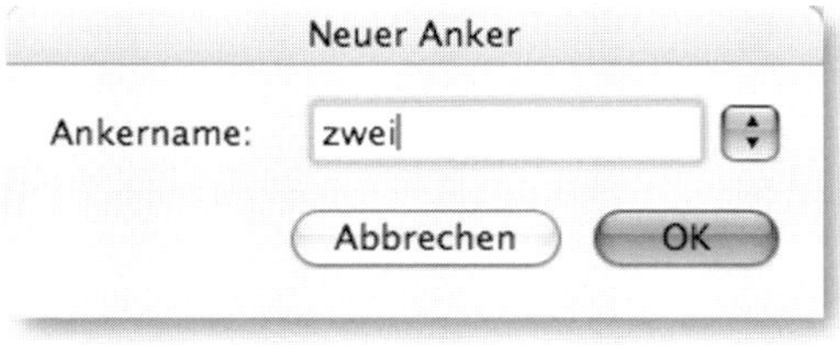

Ein Anker muss immer einen Namen haben.

Nachdem Sie die Namenseingabe bestätigt haben, erscheint an der Stelle des Textcursors ein neues Symbol in Form eines Pfeils. Dieser Pfeil steht für den Anker bzw. die Stelle, die mit einem Hyperlink geöffnet werden kann.

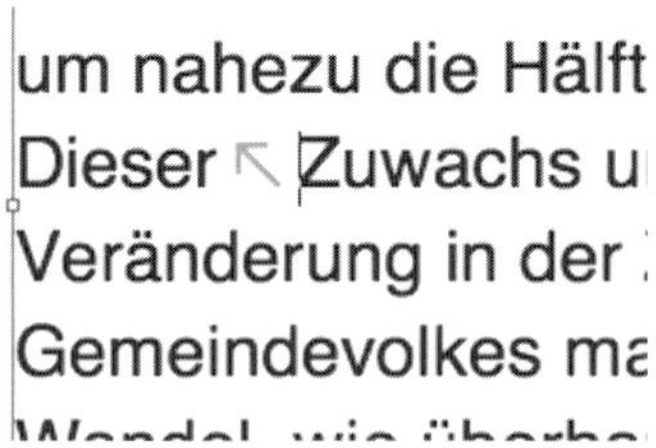

Ein Anker wird im Text mit einem Pfeilsymbol gekennzeichnet.

Ist der Anker platziert, kann er nun mit einem Hyperlink angesprungen werden. Dafür erstellen Sie ganz normal einen neuen Hyperlink in der Palette. Anstatt dem Typ *URL* oder *Seite* wählen Sie nun die Option *Anker* und danach den gewünschten Anker im Pop-up-Menü *Anker* direkt darunter. Fertig!

Um einen Anker zu löschen, müssen Sie zwei Dinge tun: den Anker aus der Palette löschen und zusätzlich den Anker aus der Seite entfernen. Um den Anker in der Palette zu löschen, wählen Sie ihn aus und klicken auf die Schaltfläche *Löschen*. Damit ist der Anker aus der Hyperlink-Palette entfernt. Danach platzieren Sie den Textcursor im Text beim Ankersymbol und wählen aus dem Menü *Stil* die Funktion *Anker -> Entfernen*. Dadurch wird das Ankersymbol aus der Seite entfernt.

Imagemaps und Hotspots

Bilder können mit Hyperlinks versehen werden, dabei muss der Anwender später nur auf das Bild klicken, damit der Hyperlink geöffnet wird. Mithilfe einer Imagemap können Sie den Hyperlink-Bereich innerhalb des Bildes genau festlegen, d. h. der Anwender muss dann später auf eine ganz genaue definierte Stelle im Bild klicken, damit der Hyperlink geöffnet wird. Das beste Beispiel dafür sind Karten. Bei einer Deutschlandkarte soll ja bei einem Klick auf Bayern die Internetseite von Bayern geöffnet werden, das Gleiche gilt für die anderen Bundesländer. Man könnte das Problem mit Einzelbildern für die Bundesländer lösen, aber es geht viel einfacher und komfortabler mit einer Imagemap.

Zum Erstellen einer Imagemap platzieren Sie das Bild ganz normal in einen Bildrahmen und erstellen danach mit den Werkzeugen für eine Imagemap die sensitiven Bereiche innerhalb des Bildes. Diese sensitiven Bereiche werden auch als *Hotspots* bezeichnet. Sie können rechteckige, ovale und polygonförmige Hotspots in einem Bild anlegen. Einfach das Bild auswählen und mit dem entsprechenden Werkzeug einen Hotspot im Bild aufziehen. Natürlich kann eine Imagemap mehrere Hotspots enthalten. Die Hotspots lassen sich auch jederzeit noch nachträglich verändern.

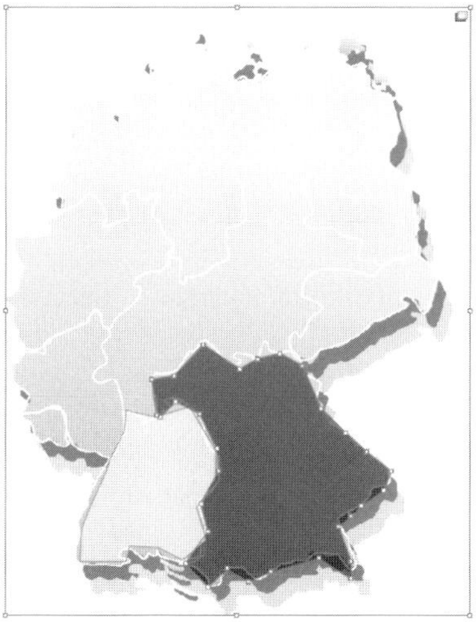

In einem Bild bzw. einer Imagemap können Hotspots für Hyperlinks angelegt werden.

Sobald Sie einen Hotspot im Bild aufgezogen haben, wird die Hotspotfläche farbig hervorgehoben. Diese farbigen Flächen sind später auf der Internetseite nicht sichtbar. Also keine Angst. Vielleicht haben Sie auch bemerkt, dass im Bildrahmen rechts oben ein Symbol eingeblendet wurde. An diesem Symbol können Sie erkennen, dass das Bild eine Imagemap bzw. Hotspots enthält.

Die Hotspots werden ausgeblendet, sobald Sie den Bildrahmen deaktivieren. Erst durch einen Klick auf das Bild werden die Hotspots wieder eingeblendet.

Nachdem Sie den Hotspot-Bereich erstellt haben, können Sie damit beginnen, ihn mit einem Hyperlink zu verknüpfen. Dazu markieren Sie den gewünschten Hotspot und erstellen in der Hyperlink-Palette einen neuen Hyperlink oder klicken auf einen Hyperlink in der Liste. Der ausgewählte Hotspot hat nun einen Hyperlink.

Zum Löschen eines Hotspots brauchen Sie ihn nur auszuwählen und die *Löschen-Taste* zu betätigen. Wenn Sie alle Hotspots aus dem Bild entfernt haben, dann verschwindet auch das Symbol für die Imagemap.

Rollovers

Wenn Sie schon mal im Internet gesurft haben, dann kennen Sie das Phänomen: Wenn Sie mit der Maus auf eine Schaltfläche zeigen, verändert die Schaltfläche ihr Aussehen. Diese Funktion wird als *Rollover* bezeichnet. In einem QuarkXPress-Weblayout können Sie selbst Rollover-Schaltflächen einfach und schnell erstellen. Es gibt zwei verschiedene Arten von Rollover, das *Einfache Rollover* und das *2-Positionen-Rollover.*

Einfaches Rollover erstellen

Ein einfaches Rollover ist meistens eine Schaltfläche, die sich bei Berührung mit der Maus ändert. Diese Art von Rollover wird sehr häufig für Navigationsleisten verwendet. Um ein einfaches Rollover zu erstellen, benötigen Sie zwei Bilddateien. Das erste Bild zeigt die Schaltfläche im Normalzustand und das zweite Bild zeigt die Schaltfläche beim Rollover.

Um nun ein Rollover zu erstellen, platzieren Sie das erste Bild ganz normal in einen Bildrahmen. Danach wählen Sie aus dem Menü *Objekt* die Funktion *Einfaches Rollover –> Rollover erstellen.* Dadurch wird ein Fenster geöffnet, in dem Sie nun das zweite Bild als *Rolloverbild* angeben müssen. Als *Standardbild* ist bereits das zuvor importierte Bild des Bildrahmens aufgeführt. Im Feld *Hyperlink* können Sie gleich einen Hyperlink für die Schaltfläche festlegen, Sie können das aber auch jederzeit nachträglich machen.

Bestätigen Sie die Eingaben, um das Fenster zu schließen, und probieren Sie es gleich einmal im Browser aus. Wählen Sie dafür aus dem Menü *Seite* die Funktion *Voransicht HTML – > Browser* oder klicken auf die *HTML-Voransicht* in der unteren Leiste des Layoutfensters.

Für ein einfaches Rollover müssen Sie ein „Standardbild" und ein „Rolloverbild" angeben.

Nachdem Sie ein Rollover erstellt haben, erscheinen rechts oben im Bildrahmen drei Symbole als Kennzeichen für ein Rollover und einen Hyperlink.

Bilder mit einem Rollover werden mit speziellen Symbolen rechts oben im Rahmen gekennzeichnet.

Ein Rollover kann auch jederzeit noch mal nachbearbeitet werden, um z. B. ein anderes Standard- oder Rolloverbild anzugeben. Sie müssen nur den Rahmen mit dem Rollover markieren und danach aus dem Menü *Objekt* die Funktion *Einfaches Rollover -> Rollover bearbeiten* wählen. Damit wird das gleiche Fenster wie beim Erstellen eines neuen Rollovers geöffnet.

Im gleichen Menüpunkt finden Sie auch die Funktion *Rollover entfernen.* Dadurch wird die Funktionalität als Rollover entfernt und im Rahmen wird nur noch das Standardbild angezeigt.

Ein Rollover muss nicht aus Bildern bestehen, Sie können auch Texte mit Rollover-Effekten belegen. Dazu erstellen Sie einen Textrahmen, geben den gewünschten Text ein und wandeln den Textrahmen in einen Rastertextrahmen um (siehe Abschnitt weiter vorne). Danach erstellen Sie für den Rastertextrahmen ein Rollover. Das Feld *Rolloverbild* im Fenster *Rollover* lassen Sie einfach leer. Nach der Bestätigung des Rollovers wählen Sie aus dem Menü *Objekt* die Funktion *Einfaches Rollover -> Rolloverbild* aus. Damit wird das Rolloverbild für die Bearbeitung aktiviert. Anschließend wählen Sie aus dem Menü *Objekt* die Funktion *Inhalt -> Text.* Dadurch wird der Rahmen für das Rolloverbild in einen Textrahmen umgewandelt. Nun können Sie den Text für den Rollover eingeben bzw. einfügen, wenn Sie ihn vorher kopiert haben. Der Text im Rollover kann von Ihnen beliebig bearbeitet werden.

Damit das Ganze richtig funktioniert, muss der Textrahmen unbedingt die Option ***Bei Export in Grafik konvertieren*** *aktiviert haben.*

Der normale Textrahmen kann mit dem Rollover-Textrahmen auch synchronisiert werden, damit eine Änderung des Inhalts im normalen Textrahmen automatisch auf den Rollover-Textrahmen übertragen wird. Sie benötigen dazu die Palette ***Mehrfach genutzte Inhalte.***

2-Positionen-Rollover

Im Gegensatz zu einem einfachen Rollover können 2-Positionen-Rollover die Bilder auch in anderen Rahmen austauschen. Damit können Sie z. B. einen Text einblenden lassen, wenn der Anwender mit der Maus auf ein Bild zeigt. Die Vorgehensweise ist vergleichbar mit der bei einem einfachen Rollover.

Zuerst wählen Sie den Bildrahmen aus, der den Rollover-Effekt auslösen soll. Sie können auch Textrahmen dafür verwenden, allerdings muss der Textrahmen als Grafik exportiert werden. Dazu aktivieren Sie im Fenster *Modifizieren (Apfel/Strg + M)* die Option *Als Grafik exportiernen*. Danach erstellen Sie einen *Zielrahmen*. Dieser enthält das Bild oder den Text, der später durch das Rollover eingeblendet werden soll. Der Zielrahmen kann ein *Standardbild* und ein *Rolloverbild* enthalten oder auch nur ein Rolloverbild. Dazu lassen Sie den Rahmen ganz einfach leer. Um nun ein Rolloverbild anzugeben, wählen Sie im Menü *Objekt* die Funktion *2-Positionen-Rollover -> 2-Positionen-Ziel erstellen*. Damit erhält der Rahmen ein Symbol rechts oben als Kennzeichen für ein Rollover. Jetzt importieren Sie einfach das gewünschte Rolloverbild.

Als letzten Arbeitsschritt müssen Sie mit dem *Rollover-Verknüpfungswerkzeug* den Rolloverrahmen mit dem Zielrahmen verketten. Wählen Sie das Werkzeug aus und klicken zuerst auf den Rolloverrahmen und danach auf den Zielrahmen. Das war's! Testen Sie am besten gleich im Browser, ob alles richtig funktioniert.

Sie können mit einem 2-Positionen-Rollover auch mehrere Bildrahmen einblenden lassen. Dazu erstellen Sie einfach mehrere Zielrahmen wie zuvor beschrieben und verknüpfen nacheinander den Rolloverrahmen mit den einzelnen Zielrahmen. Dafür brauchen Sie das Rollover-Verknüpfungswerkzeug.

Die Verknüpfung eines Rollovers mit einem Zielrahmen kann auch wieder gelöst werden. Dazu müssen Sie das *Rollover-Entknüpfungswerkzeug* verwenden. Klicken Sie mit diesem Werkzeug zuerst den Rollover-Rahmen und dann den Zielrahmen an. Auf diese Weise wird die Verknüpfung zwischen den beiden Rahmen gelöst. Die Inhalte der Rahmen bleiben dabei erhalten.

Meta-Tags

Meta-Tags sind zusätzliche Informationen, die in einer Internetseite enthalten sein können. Sie sind nicht auf der Seite sichtbar und können es z. B. Suchmaschinen erleichtern, eine Internetseite in den Index aufzunehmen.

Es gibt zwei verschiedene Varianten von Meta-Tags. Die Variante *Name* bietet Anwendern und Suchmaschinen Informationen über die jeweilige Seite. Sie können in einem QuarkXPress-Weblayout eigene Meta-Tags der Variante Name definieren oder eine Auswahl aus den folgenden treffen: *author, copyright, description, distribution, generator, keywords, resource-type, revisit-after* und *robots.*

Meta-Tags der Variante *http-equiv* weisen den Internetbrowser an, bestimmte Aktionen auszuführen, wenn er die Seite anzeigt, darunter das „Caching“ und „Refreshing“ und die Entscheidung über die Sprache, in der eine Seite angezeigt wird. Sie haben die Möglichkeiten, eigene Meta-Tags der Variante *http-equiv* zu definieren oder eine Auswahl aus den folgenden Standard-Tags zu treffen: *charset, cache-control, content-language, refresh* und *set cookie.*

Meta-Tag-Gruppen erstellen

Um nun Meta-Tags in einer Seite zu verwenden, müssen Sie in QuarkXPress zuerst eine *Meta-Tag-Gruppe* erstellen. Im Menü *Bearbeiten* finden Sie die Funktion *Meta-Tags*, die ein Fenster für die Verwaltung der Gruppen öffnet. Ein Klick auf die Schaltfläche *Neu* öffnet ein weiteres Fenster, in dem Sie nun eine neue Meta-Tag-Gruppe definieren können.

Das Fenster für die Verwaltung der Meta-Tag-Gruppen.

Zuerst sollten Sie einen *Namen* für die Gruppe vergeben. Im unteren Bereich werden die verschiedenen Meta-Tags angezeigt, die in der Gruppe enthalten sind. Ein Klick auf die Schaltfläche *Neu* öffnet ein drittes Fenster, in dem nun endlich der Meta-Tag angegeben werden kann.

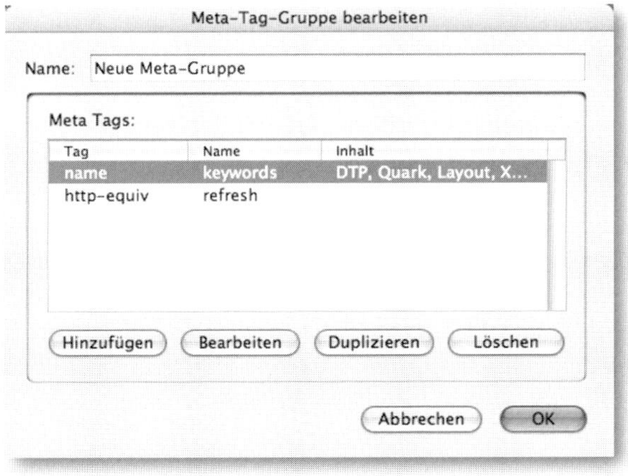

In diesem Fenster können der Name einer Meta-Tag-Gruppe geändert und die Meta-Tags angegeben werden.

Im Feld *Meta-Tag* können Sie den Typ des Tags angeben oder auch rechts im Pop-up-Menü zwischen dem Tag *name* und *http-equiv* wählen. Das Feld *Name* enthält den Namen bzw. die Funktion des Tags. Auch hier können Sie wieder einen eigenen Namen angeben oder rechts aus dem Pop-up-Menü einen Namen wählen. Im Feld *Inhalt* werden schließlich die Parameter des Tags angegeben. So können z. B. beim Tag *keywords* in diesem Feld mehrere Schlüsselwörter, die durch ein Komma getrennt werden müssen, eingegeben werden.

In diesem Fenster werden der Typ, der Name und die Parameter des Tags eingestellt.

Haben Sie alle Einstellungen vorgenommen und die Eingaben bestätigt, befinden Sie sich wieder im Fenster der Meta-Tag-Gruppe. Sie können nun weitere Meta-Tags in die Gruppe aufnehmen. Sind alle gewünschten Tags in der Gruppe enthalten, dann bestätigen Sie wieder die Eingaben und sichern die erstellte Meta-Tag-Gruppe.

Eine Meta-Tag-Gruppe kann jederzeit noch geändert werden. Dazu brauchen Sie nur das Fenster **Meta-Tags** *aus dem Menü* **Bearbeiten** *zu öffnen und auf die Gruppe doppelzuklicken.*

Meta-Tag-Gruppen auf eine Seite anwenden

Nachdem Sie nun eine Meta-Tag-Gruppe erstellt haben, müssen Sie QuarkXPress auch mitteilen, dass diese Gruppe für Ihre Internetseite verwendet werden soll. Dies können Sie in den *Seiteneigenschaften (Apfel/Strg + Alt + Shift + A)* im Menü *Seite* machen. Dort befindet sich ein Pop-up-Menü mit dem Namen *Meta-Tag-Gruppe.* Wenn Sie es aufklappen, finden Sie alle im Weblayout erstellen Meta-Tag-Gruppen. Sie brauchen nur noch die gewünschte auszuwählen und die Eingabe zu bestätigen.

Jeder einzelnen Seite Ihres Weblayouts kann eine andere Meta-Tag-Gruppe zugewiesen werden. Sie müssen nur die Seite öffnen und in den Seiteneigenschaften die Gruppe angeben.

Formulare

Ein wichtiger Bestandteil einer Website sind Formulare. Sie ermöglichen es dem Anwender, Kontakt mit dem Betreiber der Internetseiten aufzunehmen. Formulare werden auch für Fragebögen und Bestellungen im Internet genutzt. QuarkXPress enthält alle nötigen Funktionen, damit Sie in einem Weblayout ein Formular erstellen können.

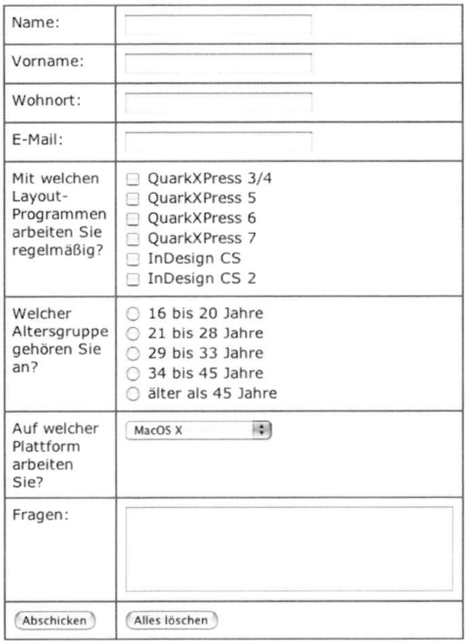

So könnte ein Formular für eine Internetseite aussehen. QuarkXPress hat alle nötigen Werkzeuge, um ein solches Formular zu erstellen.

Formularrahmen

Voraussetzung für ein Formular ist immer ein *Formularrahmen.* Innerhalb dieses Rahmens können die verschiedenen Formularobjekte platziert werden. Der Formularrahmen enthält Einstellungen, die für das Versenden der Einträge im Formular wichtig sind.

Zum Erstellen eines Formulars in QuarkXPress benötigen Sie das *Formularrahmen-Werkzeug*, das Sie in der HTML-Werkzeugpalette finden. Mit dem Werkzeug ziehen Sie einen Rahmen auf der Seite auf. Dieser Rahmen definiert den Formularbereich auf der Seite.

Die Formularobjekte müssen unbedingt innerhalb des Formularrahmens erstellt werden, da sie sonst im Internetbrowser nicht funktionieren. Eingaben, die der Anwender in solchen Objekten vornimmt, werden beim Abschicken des Formulars nicht übertragen und laufen ins Leere.

Ist der Formularrahmen aufgezogen, sollten Sie im nächsten Arbeitsschritt das Fenster *Modifizieren (Apfel/Strg + M)* öffnen, um die Parameter für das Formular festzulegen. Im Register *Formular* befinden sich verschiedene Einstellungen, die u. a. Einfluss auf das Versenden des Formulars haben.

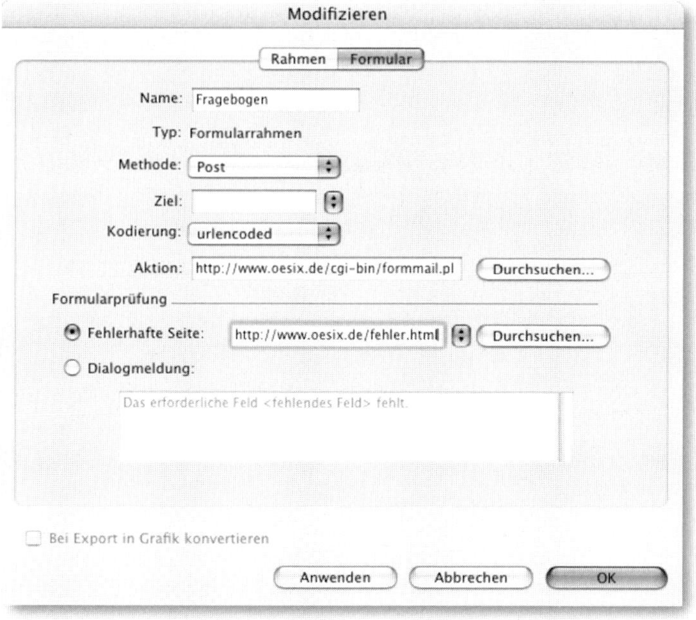

Damit ein Formular auch den richtigen Empfänger erreicht, müssen in diesem Fenster verschiedene Einstellungen definiert werden.

Zuerst sollten Sie einen *Namen* für das Formular vergeben. Das hilft Ihnen, die Formulare zu unterscheiden, wenn Sie mehr als eines im Weblayout verwenden.

Mit dem Pop-up-Menü *Methode* wird die Art des Versandverfahrens eingestellt. Die Option *Get* legt fest, dass der Internetbrowser die Daten aus dem Formular an das Ende der URL des Zielscripts oder der Zielanwendung anfügen soll. Beachten Sie, dass *Get* die Menge der übertragenen Formulardaten begrenzt. Die Option *Post* legt fest, dass der Webbrowser die Formulardaten als separate HTTP-Transaktion an das Zielscript oder an die Zielanwendung sendet.

Im Feld *Ziel* können Sie den Zielframe für die Antwortseite des Formulars angeben. Damit ist die Seite gemeint, die nach erfolgreichem Absenden des Formulars geöffnet werden soll. Es stehen die gleichen Optionen wie bei einem normalen Hyperlink zur Verfügung (siehe Abschnitt „Hyperlinks“).

Ob eine Antwortseite nach dem Absenden geöffnet wird, hängt vom verwendeten Skript im Feld **Aktion** *ab. Nicht alle Skripte enthalten die Option zum Öffnen einer Antwortseite.*

Das Pop-up-Menü *Kodierung* steht Ihnen nur zur Verfügung, wenn Sie als Versandmethode *Post* verwendet haben. In diesem Menü legen Sie die Art der Kodierung für die versendeten Daten fest.

Die Option *urlencoded* bedeutet, dass die an den Webserver übergebenen Formulardaten *URL-kodiert* sein sollen. URL-Kodierung ist eine Standardspezifikation, die es ermöglicht, URL-Daten zu kodieren und sie mit den meisten Hardwareplattformen und Softwareanwendungen zu verwenden.

Die Option *form-data* bedeutet, dass Formulardaten mit angefügten Dateien als *multipart/form-data* kodiert werden. Dieses Kodierverfahren stellt sicher, dass jeder Teil der mehrteiligen Übertragung vom Webserver verstanden wird.

Die Option *plain* bedeutet, dass die an den Webserver übergebenen Formulardaten nicht kodiert sein sollen.

Das Eingabefeld *Aktion* ist ganz besonders wichtig. Dort geben Sie die Adresse bzw. den Speicherort des Skripts an, das die Formulardaten sammeln und verschicken soll. Sehr oft werden hierfür CGI-Skripte verwendet. Solche Skripte erhalten Sie von Ihrem Internetprovider.

Im Bereich *Formularprüfung* legen Sie fest, was geschehen soll, wenn ein Anwender versucht, ein Formular abzusenden, in dem eines der erforderlichen Felder nicht ausgefüllt ist. Solche erforderlichen Felder können in QuarkXPress erstellt werden. Mit *Fehlerhafte Seite* wird eine Internetseite angegeben, die geöffnet wird, wenn der Anwender vergessen hat, eines der Pflichtfelder auszufüllen.

Wählen Sie *Dialogmeldung*, wenn eine Warnmeldung in einer Dialogbox angezeigt werden soll. Geben Sie die Warnmeldung in den Textrahmen ein. Wenn der Name des ersten leeren, erforderlichen Feldes in der Warnmeldung erscheinen soll, verwenden Sie <*fehlendes Feld*>. Wenn die Warnmeldung angezeigt wird, wird dieser „Platzhalter" durch die Namen der entsprechenden Felder ersetzt. Sie können <*fehlendes Feld*> mehr als einmal verwenden, wenn die Warnmeldung mehrere Feldnamen enthalten soll.

Der Bereich ***Formularprüfung*** *hat keine Auswirkung, wenn Sie im Formular keine Pflichtfelder verwenden. Nur wenn mindestens ein Pflichtfeld angelegt wurde, greift die Formularprüfung ein.*

Nachdem Sie nun alle erforderlichen Parameter für das Versenden des Formulars angegeben haben, können Sie damit beginnen, die verschiedenen Formularobjekte zu platzieren.

Textfelder

Textfelder sind Eingabefelder in einem Formular, in denen z. B. der Anwender seinen Namen oder die E-Mail-Adresse eingeben kann. Textfelder können einzeilig oder auch mehrzeilig sein. Man kann Textfelder auch in ein Passwortfeld umwandeln. Dadurch wird die Eingabe des Anwenders in dieses Feld nicht in Klartext im Browser angezeigt, sondern durch Punkte.

Um ein Textfeld zu erstellen, verwenden Sie das *Textfeld-Werkzeug* aus der Web-Werkzeugpalette. Damit können Sie einen Rahmen innerhalb des Formulars aufziehen. Danach müssen Sie das Fenster *Modifizieren (Apfel/Strg + M)* öffnen, um die Parameter des Textfeldes einzustellen.

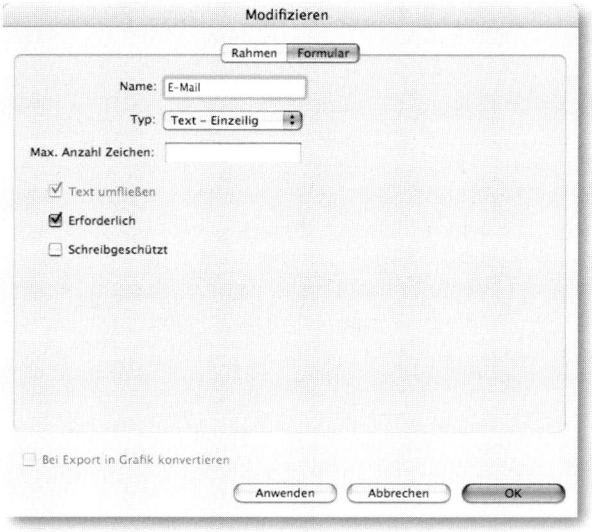

Die Einstellungsmöglichkeiten für ein Textfeld.

Zuerst sollte wieder der Name geändert werden. Jedes Formularobjekt muss einen Namen haben. QuarkXPress verwendet Standardnamen, die aber nicht unbedingt dem Zweck des Formularobjekts entsprechen. Sie sollten also unbedingt den Namen ändern.

Im Pop-up-Menü *Typ* können Sie zwischen *Text – Einzeilig, Text – Mehrzeilig, Passwort* und *Verstecktes Feld* wählen. Versteckte Felder werden für die Steuerung des Skripts für den Versand verwendet. In versteckten Feldern wird z. B. die E-Mail-Adresse des Empfängers eingetragen.

Mit dem Feld *Maximale Anzahl Zeichen* können Sie die Anzahl der eingegebenen Zeichen beschränken. So können Sie z. B. für ein Postleitzahlenfeld die Eingabe auf fünf Ziffern beschränken lassen.

Die Option *Text umfließen* ist nur bei mehrzeiligen Textfeldern verfügbar. Sie regelt den automatischen Zeilenumbruch innerhalb des Textfeldes. Wenn Sie diese Option deaktivieren, dann wird der eingegebene Text im Textfeld nicht automatisch umbrochen. Der Anwender muss die Zeilenumbrüche manuell vornehmen.

Durch das Aktivieren der Option *Erforderlich* wird das Textfeld in ein Pflichtfeld umgewandelt. Der Anwender muss also dieses Textfeld ausfüllen, da ansonsten das Formular nicht verschickt werden kann.

Mit der Option *Schreibgeschützt* wird das Textfeld für die Eingabe durch den Anwender gesperrt. Der Anwender kann also den Inhalt des Textfeldes nicht ändern bzw. überschreiben.

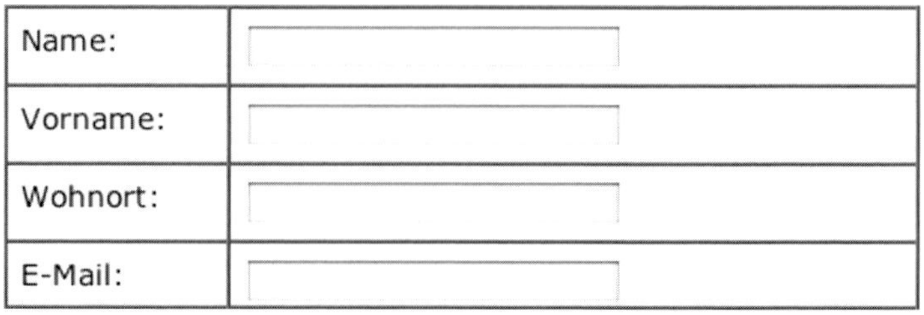

Ein Beispiel für den Einsatz von einzeiligen Textfeldern.

Checkboxen

Eine Checkbox ist ein Formularobjekt, mit dem der Anwender eine mehrfache Auswahl treffen kann. Sie wird sehr häufig verwendet, wenn der Anwender auf der Internetseite eine Frage beantworten soll und dabei mehrere Antworten wählen kann.

Zum Erstellen einer Checkbox benötigen Sie das *Checkbox-Werkzeug*  aus der Web-Werkzeugpalette. Damit wird ein Rahmen aufgezogen, der die Checkbox enthält. Beachten Sie dabei wieder, dass die Checkbox nur innerhalb eines Formularrahmens platziert werden kann.

Nach dem Platzieren müssen Sie wieder das Fenster *Modifizieren (Apfel/Strg + M)* öffnen. Im Register *Formular* befinden sich auch hier die Einstellungsmöglichkeiten für das Objekt. Wie bei allen Formularobjekten sollten Sie als erstes den Namen ändern.

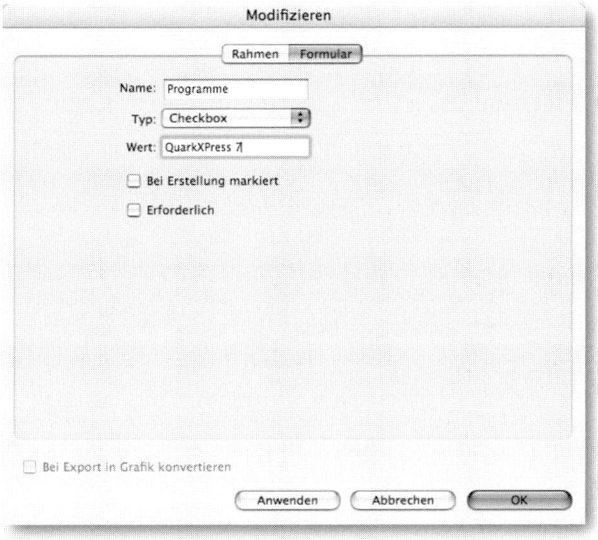

Die Einstellungen für das Formularobjekt „Checkbox".

Im Pop-up-Menü *Typ* können Sie die Checkbox in eine *Optionsschaltfläche* umwandeln (siehe Abschnitt „Optionsschaltfläche").

Das Feld *Wert* enthält den Wert, für den die Checkbox im Formular steht. Der eingetragene Wert wird beim Versenden des Formulars mitverschickt, wenn der Anwender die Checkbox aktiviert hat. Wenn also im Formular z. B. die Frage „Welches DTP-Programm benutzen Sie?" gestellt wird und der Anwender die Checkbox mit der Antwort „QuarkXPress 7" angeklickt hat, dann wird folgende Information beim Abschicken an den Empfänger übertragen: „Programm = QuarkXPress 7". Somit kann der Empfänger des Formulars erkennen, welche der Checkboxen der Anwender aktiviert hat.

Wenn Sie wollen, dass die Checkbox bereits beim Öffnen der Seite im Browser ausgewählt sein soll, dann aktivieren Sie die Option *Bei Erstellung markiert.*

Die Option *Erforderlich* macht aus der Checkbox ein Pflichtfeld, das der Anwender aktiviert haben muss, damit das Formular versendet werden kann.

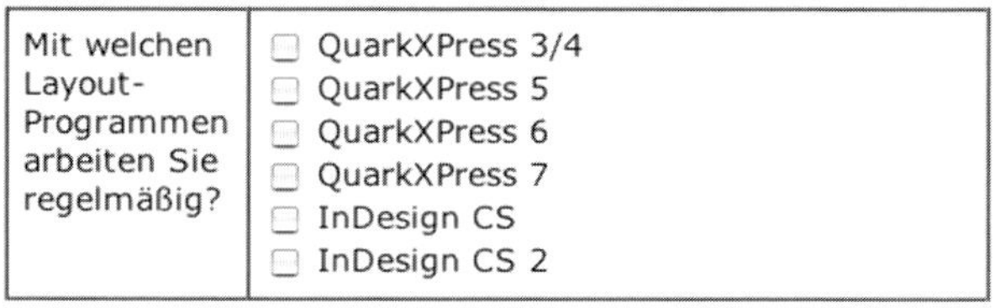

Ein Beispiel für den Einsatz von Checkboxen. Der Anwender kann mehr als eine Option wählen.

Optionsschaltfläche

Im Gegensatz zur Checkbox, die dem Anwender die Möglichkeit gibt, mehrere der aufgelisteten Optionen auszuwählen, findet bei einer Optionsschaltfläche eine „Entweder-Oder"-Auswahl statt. Von den aufgelisteten Optionen bzw. Antworten kann der Anwender also immer nur eine auswählen. Das beste Beispiel ist die Frage nach dem Geschlecht. Dort gibt es nur eine Antwortmöglichkeit.

Die Optionsschaltfläche wird mit dem *Optionsschaltflächen-Werkzeug* aufgezogen. Im Fenster *Modifizieren (Apfel/Strg + M)* werden im Register *Formular* die Einstellungen für die Optionsschaltfläche geändert.

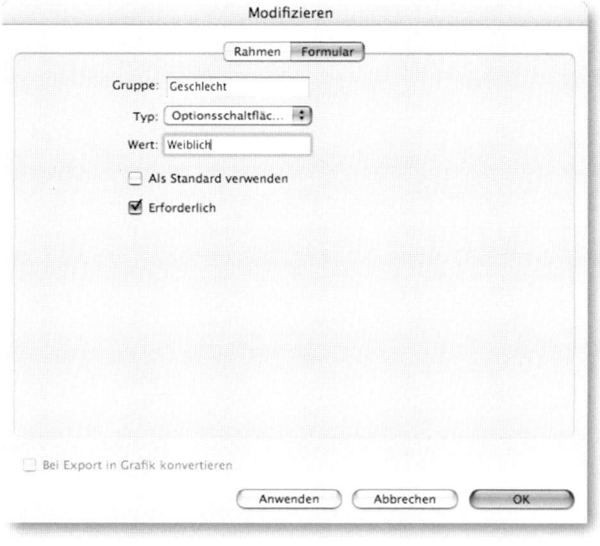

Das Fenster mit den Einstellungen für eine Optionsschaltfläche.

Der Name ist bei Optionsschaltflächen ganz besonders wichtig, denn durch den Namen werden die Optionsschaltflächen in Gruppen eingeteilt. Schaltflächen mit dem gleichen Namen sind in einer Gruppe zusammengefasst. Die Schaltflächen innerhalb einer Gruppe kontrollieren sich gegenseitig auf eine Aktivierung. Ist eine Optionsschaltfläche in der Gruppe angeklickt, so sind automatisch alle anderen deaktiviert. Die Zusammenfassung in Gruppen ist auch wichtig, wenn Sie auf der Seite die Optionsschaltflächen mehrmals verwenden wollen.

Die restlichen Eingabefelder und Optionen entsprechen denen für die Checkbox.

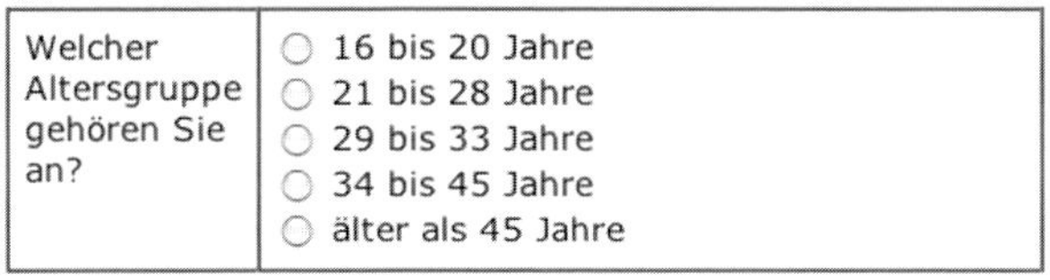

Ein Beispiel für den Einsatz von Optionsschaltflächen: Von den verfügbaren Optionen kann immer nur eine gewählt werden.

Dropdown-Liste und Listenfeld

Alternativ zur Checkbox und der Optionsschaltfläche können Sie auch Dropdown-Listen oder Listenfelder verwenden. Besonders mit der Dropdown-Liste kann auf der Seite sehr viel Platz gespart werden, da die Auswahlmöglichkeiten erst durch Aufklappen der Liste angezeigt werden.

Für eine Dropdown-Liste verwenden Sie das *Dropdown-Listen-Werkzeug* und für ein Listenfeld das *Listenfeld-Werkzeug* aus der Web-Werkzeugpalette. Mit den Werkzeugen ziehen Sie einen Rahmen innerhalb des Formularrahmens auf und öffnen danach das Fenster *Modifizieren (Apfel/Strg + M).* Im Register *Formular* befinden sich die verschiedenen Einstellungen für die beiden Objekte.

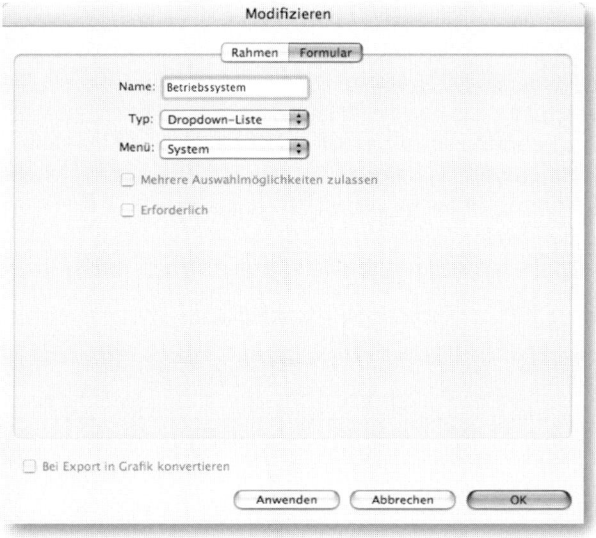

Das Fenster für die Einstellungen einer Dropdown-Liste und eines Listenfeldes.

Wie bei jedem Formularobjekt ist der Name wieder wichtig und sollte zuerst geändert werden.

Mit dem Pop-up-Menü *Typ* können Sie zwischen einer *Dropdown-Liste* und einem *Listenfeld* wechseln. Bei einer Dropdown-Liste sind die Optionen *Mehrere Auswahlmöglichkeiten zulassen* und *Erforderlich* nicht verfügbar.

Im Pop-up-Menü *Menü* wird der Inhalt der Listen bestimmt. In diesem Menü sind alle Menüs aufgelistet, die Sie mit der Funktion *Menü* aus dem Menü *Bearbeiten* erstellt haben. Mit der Option *Neu* können Sie aber auch direkt ein neues Menü erstellen. Dafür öffnet sich ein Fenster, in dem Sie zuerst den Namen des Menüs angeben müssen.

Das Fenster zum Erstellen und Bearbeiten von Menülisten.

Durch Aktivieren der Option *Navigationsmenü* können Sie den einzelnen Listeneinträgen Hyperlinks zuweisen. Wenn der Anwender dann einen der Listeneinträge auswählt, wird er sofort auf den angegebenen Hyperlink weitergeleitet. Somit lassen sich in einfacher Weise Navigationsmenüs erstellen.

Für einen neuen Listeneintrag klicken Sie auf die Schaltfläche *Hinzufügen*. Dadurch wird ein weiteres Fenster geöffnet, wo Sie im Feld *Name* den Namen des Eintrags eingeben. Dieser Name ist dann auch später im Menü aufgelistet. Das Feld *Wert* entspricht der gleichen Funktion wie bei einer Checkbox oder einer Optionsschaltfläche. Mit der Option *Als Standard verwenden* ist der Menüeintrag standardmäßig ausgewählt, wenn der Anwender im Browser die Internetseite öffnet.

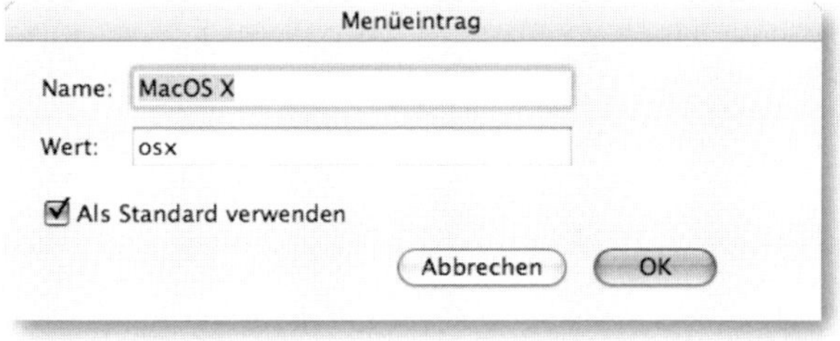

Für einen neuen Menüeintrag muss immer ein Name und ein Wert eingestellt werden.

Nachdem Sie die Angaben für den neuen Menü- bzw. Listeneintrag bestätigt haben, können Sie weitere Einträge hinzufügen. Dabei gibt es keine Beschränkung in der Anzahl der Einträge.

Wenn Sie alle Einträge festgelegt und das Fenster geschlossen haben, dann können Sie bei der Verwendung eines Listenfeldes noch die Option *Mehrere Auswahlmöglichkeiten zulassen* aktivieren. Damit kann der Anwender in der Liste mehr als eine Auswahl treffen. Dazu muss er aber die *Apfel-/Strg-Taste* oder die *Shift-Taste* verwenden. Sie sollten dem Anwender also noch den Hinweis geben, dass er diese Tasten verwenden muss, um mehr als eine Auswahl zu treffen.

Die Option *Erforderlich* ist auch nur für ein Listenfeld verfügbar und zwingt den Anwender, etwas in der Liste auszuwählen, da ansonsten das Formular nicht verschickt wird.

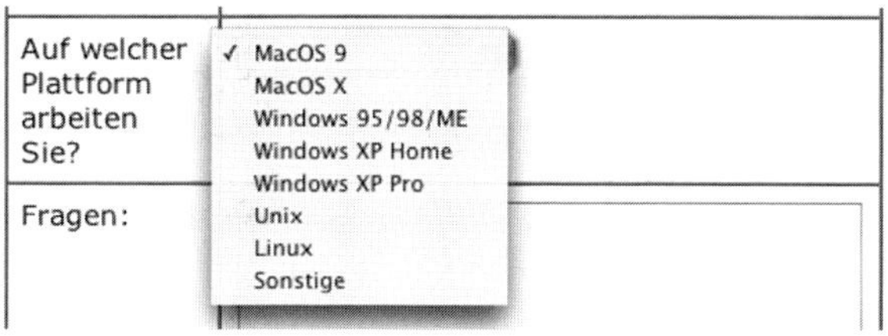

Die obere Abbildung zeigt ein Dropdown-Menü und in der unteren Abbildung ist ein Listenfeld abgebildet, in dem eine Mehrfachauswahl möglich ist.

Schaltflächen und Bildschaltflächen

Damit die Eingaben des Anwenders im Formular auch verschickt werden, benötigt es mindestens eine Schaltfläche. Sie können dazu eine Standardschaltfläche verwenden oder auch ein Bild. Mit dem *Schaltflächen-Werkzeug* wird eine Standardschaltfläche platziert. Mit dem *Bildschaltflächen-Werkzeug* kann ein Bild als Schaltfläche platziert werden. Bei beiden Werkzeugen muss ein Rahmen innerhalb des Formularrahmens aufgezogen werden.

Bei einer Standardschaltfläche können Sie danach mit dem *Inhaltswerkzeug* die Bezeichnung der Schaltfläche eingeben. Bei einer Bildschaltfläche müssen Sie nach dem Aufziehen ein *Bild importieren (Apfel/Strg + E).*

Nach dem Platzieren sollten Sie wieder das Fenster *Modifizieren (Apfel/Strg + M)* öffnen, um den Schaltflächen einen Namen zuzuweisen. Eine Bildschaltfläche hat immer die Funktion des Versendens eines Formulars, während Sie bei einer Standardschaltfläche auch die Option *Zurücksetzen* auswählen können. Damit werden alle Eingaben des Anwenders im Formular wieder gelöscht bzw. zurückgesetzt.

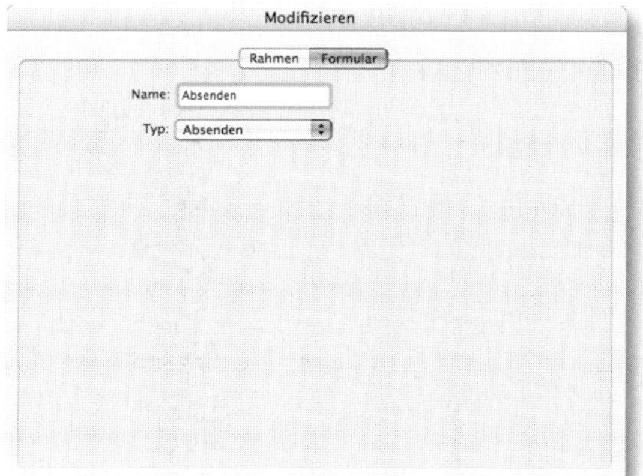

Die Funktion einer Standardschaltfläche kann im Pop-up-Menü „Typ" geändert werden.

Ein Beispiel für den Einsatz von Standardschaltflächen.

Dateiauswahl

Neben den Standard-Formularwerkzeugen hat QuarkXPress auch noch ein Werkzeug zum Platzieren eines Feldes zur Dateiauswahl. Solche Felder werden dazu verwendet, um Dateien auf einer Internetseite für den Upload auszuwählen. Ein Beispiel wäre die Auswahl von Bilddateien zur Übertragung an eine Bildagentur.

Mit dem *Dateiauswahl-Werkzeug*, das sich im *Formularrahmen-Werkzeug* befindet, wird ein Rahmen aufgezogen, der das Feld für die Dateiauswahl definiert. Nach dem Aufziehen sollten Sie wieder das Fenster *Modifizieren (Apfel/Strg + M)* öffnen, um die Parameter festzulegen.

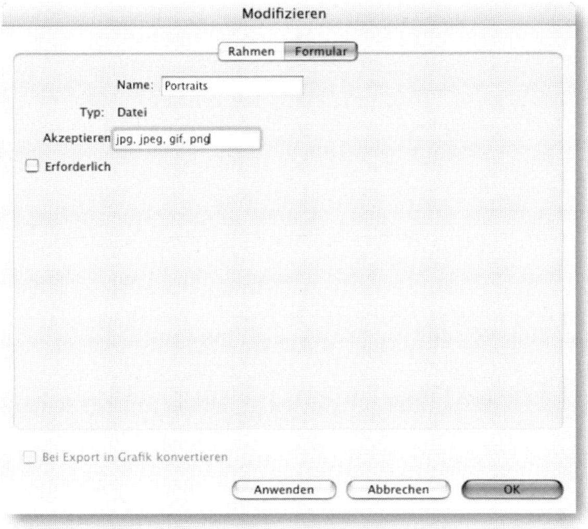

Das Fenster für die Einstellungen des Formularobjekts „Dateiauswahl".

Wie bei allen anderen Formularobjekten sollten Sie wieder einen Namen eingeben. Im Feld *Akzeptieren* können Sie durch Eingabe der Dateitypen die Art der Dateien beschränken, die verschickt werden können. Sie können einen oder durch Verwendung eines Kommas als Trennzeichen auch mehrere Dateitypen eingeben.

Die Option *Erforderlich* macht dieses Formularobjekt wieder zu einem Pflichtfeld, das der Anwender unbedingt ausfüllen muss.

Testen des Formulars

Formulare kann man leider nicht so einfach testen wie eine normale Internetseite. Um die Funktionalität eines Formulars zu überprüfen, muss es auf einen Webserver übertragen werden. Die benötigten Skripte für das Versenden des Formulars müssen auch auf dem Webserver im richtigen Verzeichnis installiert sein. Nur wenn diese Bedingungen gegeben sind, kann ein Formular getestet werden.

HTML-Export

Irgendwann sollte das Weblayout, das Sie in QuarkXPress erstellt haben, auch ins Internet kommen. Dazu muss das Weblayout in HTML umgewandelt werden und dafür benötigen Sie den HTML-Export. Beim Exportieren werden die Stilvorlagen in Cascading Style Sheets übernommen, die Hyperlinks in HTML-Code generiert, die Texte in HTML-Text und die Bilder in RGB und 72 dpi umgewandelt. Bevor Sie exportieren, sollten Sie allerdings noch einige Dinge kontrollieren bzw. einstellen.

Printlayouts

Printlayouts können in QuarkXPress auch als HTML exportiert werden. Sie sollten aber vor dem Export ein Duplikat des Printlayouts machen und dabei das Printlayout in ein Weblayout umwandeln. Dazu müssen Sie nur die Funktion *Duplizieren* aus dem Menü *Layout* wählen. Durch die Umwandlung in ein Weblayout gehen einige Objekteigenschaften verloren, was auch nicht mehr rückgängig gemacht werden kann. Wenn Sie von dem Printlayout ein Duplikat machen, dann haben Sie immer noch das Original zur Verfügung, falls bei der Konvertierung etwas schief geht.

Vorgaben

Das erste, was Sie vor dem HTML-Export überprüfen sollten, sind der Name des Bilderordners und der Speicherort der ganzen Website. In den *Vorgaben (Apfel/Strg + Alt + Shift + Y)* werden in der Kategorie *Weblayout –> Allgemein* der Name für das *Bildexportverzeichnis* und das *Site-Stammverzeichnis* angegeben. Im Bilderordner werden die exportierten und für das Internet optimierten Bilder gespeichert. Das Site-Stammverzeichnis ist der Ordner, in dem der Bilderordner und alle HTML-Seiten gesammelt werden.

Die Vorgaben sollten vor dem Exportieren eingestellt werden, da ansonsten die Bilder und HTML-Dateien in einem falschen Ordner landen.

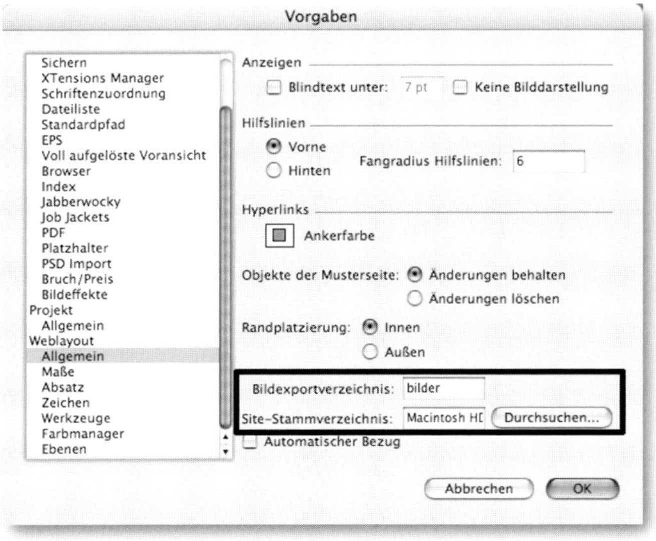

In den Vorgaben müssen der Name des Bildexportverzeichnisses und der Ort des Site-Stammverzeichnisses vor dem Export angegeben werden.

Bilder und Texte vorbereiten

Platzierte Bilder können nicht einfach so wie sie sind ins Internet übernommen werden. Bilder fürs Internet müssen bestimmte Bedingungen erfüllen. Sie dürfen nur im RGB-Farbmodus oder mit indizierten Farben vorliegen und sollten eine Auflösung von 72 ppi haben. Damit Sie nicht jedes platzierte Bild einzeln in Photoshop auf die zuvor aufgeführten Attribute ändern müssen, hat QuarkXPress automatische Funktionen integriert, die diese Aufgabe für Sie erledigen. Das bedeutet, dass Sie nicht aufpassen müssen, ob Sie z. B. ein RGB-Bild oder ein CMYK-Bild verwenden. QuarkXPress rechnet beim Export das Bild in den entsprechenden Farbmodus um. Sie dürfen auch jedes importierbare Bildformat wie Photoshop verwenden und sind nicht auf JPEG- oder GIF-Bilder beschränkt.

Damit nun QuarkXPress bei der Umwandlung der platzierten Bilder die besten Ergebnisse erzielt, sollten Sie die Einstellungen für die Bilder kontrollieren bzw. ändern. Die Einstellungen finden Sie im Fenster *Modifizieren (Apfel/Strg + M)* im Register *Export.* Alternativ dazu können Sie auch über die *Maßpalette (Taste F9)* im Register *Export* die Einstellungen vornehmen.

Die Exporteinstellungen sind für Bilder und Texte, die als Grafik exportiert werden, gleich. Es gelten deswegen auch die gleichen Bedingungen.

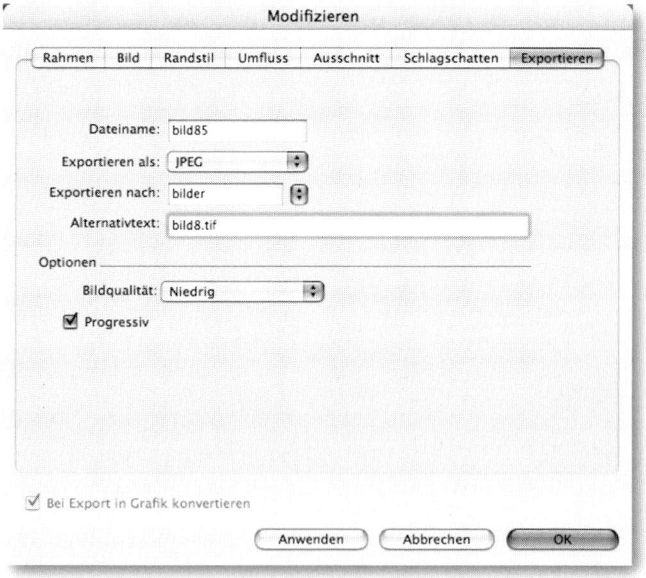

Die Exporteinstellungen für eine JPEG-Datei im Fenster „Modifizieren".

Im Register *Export* befindet sich das Pop-up-Menü *Exportieren als.* Mit diesem Menü können Sie einstellen, in welchem Dateiformat das Bild bzw. der Rastertext gespeichert werden soll. Sie können zwischen *JPEG, GIF, PNG* und *SWF* wählen. Jedes dieser Formate hat seine Vor- und Nachteile und wird für die unterschiedlichsten Arten von Bildern und Grafiken eingesetzt. Je nach gewähltem Dateiformat erhalten Sie im

Bereich *Optionen* verschiedene Einstellungen. Zum besseren Verständnis hier nun eine Erläuterung der verschiedenen Formate und Einstellungen.

JPEG

Das JPEG-Format (Joint Photographic Expert Group) gehört neben dem GIF-Format zu den am häufigsten verwendeten Bildformaten im Internet. Der große Vorteil von JPEG liegt in der kleinen Datenmenge, die mit diesem Format erzielt werden kann. Es hat allerdings auch einen großen Nachteil: Je kleiner die Datenmenge, desto schlechter die Qualität des Bildes. JPEG komprimiert die Bilder nicht verlustfrei, deswegen wird bei einer stärkeren Komprimierung auch die Bildqualität schlechter. Das JPEG-Format können Sie für jede Art von Fotos verwenden. Für Rastertext ist dieses Format allerdings ungeeignet, da im Text „Artefakte" bzw. Störungen durch die Komprimierung entstehen. Sie sollten es auch nicht für Grafiken verwenden, die große farbige Flächen haben, wie ein Logo oder ein Schriftzug. Wie beim Text entstehen Störungen im Bild durch die Komprimierung.

Das JPEG-Format bietet als Option das Pop-up-Menü *Bildqualität,* in dem Sie die Qualität und damit die Stärke der Komprimierung einstellen können. Die Option *Progressiv* sollten Sie für große Bilder aktivieren, da dadurch das Bild im Internetbrowser in mehreren Stufen geladen wird. Zuerst erscheint das Bild unscharf und wird je nach Ladezustand immer schärfer, bis es komplett im Speicher geladen ist.

GIF

Das GIF-Format (Graphics Interchange Format) ist das zweite wichtige Bildformat im Internet. GIF-Bilder können maximal 256 Farben enthalten, dadurch sind sie ungeeignet für Fotos, die 16,7 Mio. Farben benötigen. Allerdings sind GIF-Bilder bestens für farbige Flächen oder Logos und Schriftzüge geeignet, da es keine Störungen durch eine Komprimierung gibt. Auch für Rastertext ist es sehr gut geeignet.

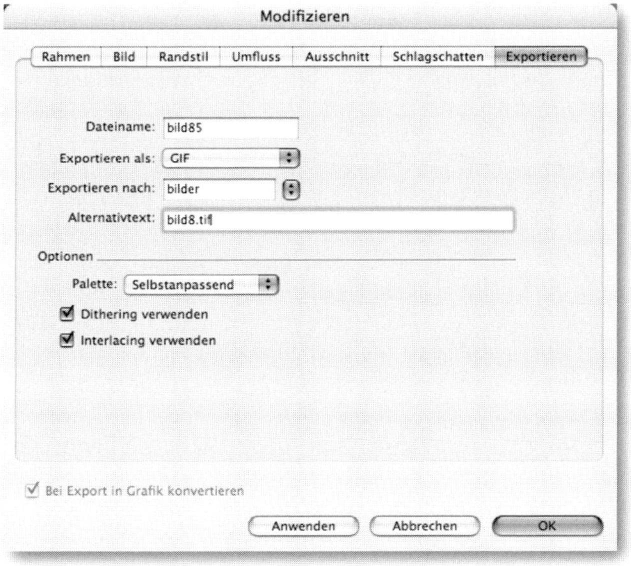

Die Exporteinstellungen für ein GIF-Bild im Fenster „Modifizieren".

Im Bereich *Optionen* kann im Pop-up-Menü *Palette* eine Farbpalette eingestellt werden, die das GIF-Bild verwenden soll. Die Farbpalette bestimmt, welche Farben das GIF-Bild enthalten soll. Sie haben die Auswahl zwischen *Selbstanpassend, Web-safe, Windows* und *MacOS*. Die Palette *Selbstanpassend* liefert die besten Ergebnisse und kleinsten Dateien, da für das GIF-Bild eine eigene Farbpalette generiert wird, welche die häufigsten im Bild vorkommenden Farben enthält.

Mit der Option *Dithering verwenden* können weiche Farbübergänge im Bild geglättet werden. Es verhindert, dass stufige Farbübergänge entstehen. Die Option liefert auf alle Fälle bessere Bilder, erhöht aber die Datenmenge geringfügig.

Die Option *Interlacing verwenden* ist vergleichbar mit der Option *Progressiv* bei einem JPEG-Bild. Damit wird das Bild im Browser in mehreren Stufen geladen.

QuarkXPress kann auch animierte GIF-Bilder platzieren und exportieren. Damit animierte GIF-Bilder mit der Animation auch exportiert werden, muss der Bildrahmen des GIF-Bildes unbedingt an den Inhalt angepasst werden. Dafür wählen Sie die Funktion ***Rahmen an Bild anpassen*** *aus dem Menü* ***Stil.***

PNG

Das PNG-Format (Portable Network Graphic) fristet leider ein wenig beachtetes Dasein. Es wurde viel später als JPEG und GIF entwickelt und hat sich nicht so recht im Internet durchgesetzt, obwohl es bessere Eigenschaften als die anderen Bildformate hat. Im PNG sind die Vorteile von JPEG und GIF vereint worden, ohne einen der Nachteile dieser Formate zu haben. PNG-Bilder können sowohl mit 16,7 Mio. Farben als auch nur mit 256 Farben gesichert werden, wobei bei beiden Möglichkeiten keinerlei Qualitätsverlust im Bild auftritt. Deswegen kann das PNG-Format sowohl für Fotos als auch für Text oder Logos und Schriftzüge verwendet werden.

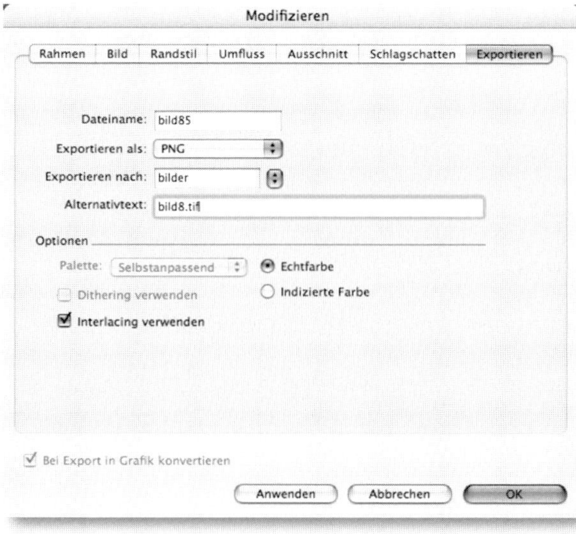

Die Einstellungen für ein PNG-Bild im Fenster „Modifizieren“.

Als Optionen stehen Ihnen die Einstellungen *Echtfarben* (16,7 Mio. Farben wie beim JPEG) und *Indizierte Farbe* (max. 256 Farben wie beim GIF) zur Verfügung. Die Optionen *Palette* und *Dithering* stehen nur zur Verfügung, wenn Sie das PNG mit indizierten Farben speichern. Die Auswirkung der Optionen ist gleichzusetzen mit den Optionen bei einem GIF-Bild.

SWF

Das SWF-Format (Shockwave Flash) ist kein Pixelformat wie JPEG, GIF oder PNG, sondern ein Vektorformat. Dieses Format wird dann verwendet, wenn Vektordaten im Internetbrowser dargestellt werden sollen. Die Vorteile liegen auf der Hand, immer beste Darstellungsqualität und geringste Datenmenge. Es gibt allerdings auch einen Nachteil: Der Anwender muss das Flash-Plugin in seinem Internetbrowser installiert haben. Da es ein Vektorformat ist, eignet es sich in QuarkXPress am besten für Rastertext oder ganz allgemein für platzierte Vektorgrafiken.

Die Optionen sind für das SWF-Format beschränkt. Sie können nur im Pop-up-Menü *Hintergrund* die Art des Hintergrunds bestimmen. Mit *Opak* wird der Hintergrund des Bildes deckend im Browser angezeigt. Die Option *Transparent* macht den Hintergrund im Browser durchsichtig. Mit der Option *Fenster* wird die SWF-Datei in einem eigenen Fenster angezeigt.

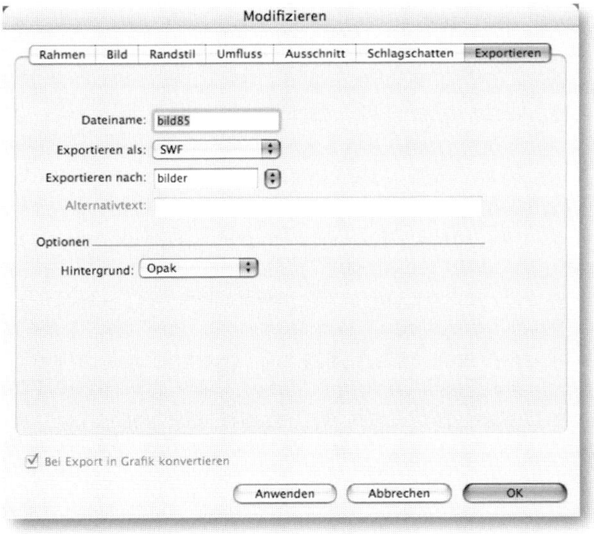

Die Exporteinstellungen für das SWF-Format.

HTML-Export

Wenn das Weblayout für den HTML-Export vorbereitet ist, dann können Sie im Menü *Datei/Ablage* die Funktion *Exportieren –> HTML* ausführen. Das Ausgabefenster wird automatisch mit dem Ordner geöffnet, der als *Site-Stammverzeichnis* (siehe Abschnitt „Vorgaben") festgelegt wurde.

Im unteren Bereich des Fensters finden Sie noch verschiedene Einstellungen. Das Pop-up-Menü *Exportieren als* entscheidet über das Exportformat. Sie haben die Auswahl zwischen *HMTL, XHTML 1.1* und *XSLT 1.0.*

Im Feld *Seiten* können Sie angeben, welche der Seiten des Weblayouts exportiert werden sollen. Geben Sie entweder einen Seitenbereich ein oder wählen aus dem Pop-up-Menü die Seiten aus.

Mit dem Pop-up-Menü *Kodierung* wird die Kodierungsart für die HTML-Seiten festgelegt. Die Kodierungsart ist besonders wichtig, wenn Sie ein Weblayout mit Fremdsprachen erstellt haben. In den Kodierungsarten finden sich u. a. auch Kodierungen für Kyrillisch, Japanisch oder Russisch.

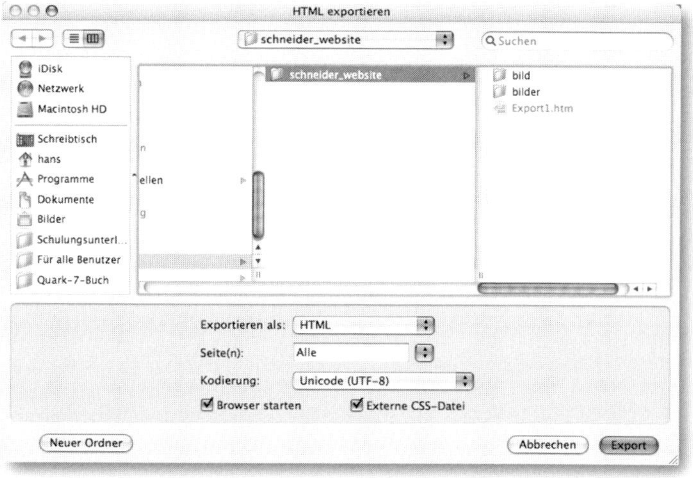

Das Exportfenster wird automatisch mit dem „Site-Stammverzeichnis" geöffnet.

Durch das Aktivieren der Option *Browser starten* wird nach dem Export automatisch der Internetbrowser gestartet und die erste Seite angezeigt.

Die Option *Externe CSS-Datei* speichert die Stilinformationen (Schriftart, Schriftgröße, Farbe usw.) der Website in einer eigenen Datei. Dadurch wird der HTML-Code auf den einzelnen Seiten reduziert und damit auch die Datenmenge.

Nachdem Sie die Angaben und den Speicherort bestätigt haben, beginnt QuarkXPress mit dem Export. Die einzelnen Layoutseiten werden dabei in HTML-Seiten umgewandelt und alle platzierten Bilder werden für das Internet optimiert. Ist der Export fertig, dann finden Sie im Exportordner die exportierten HTML-Dateien und Bilder.

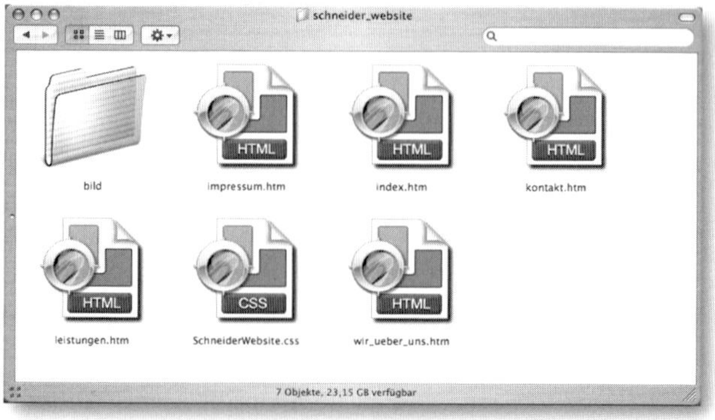

So kann ein Ordner mit den erstellten HTML-Seiten aussehen

Kapitel 12

Was es sonst noch zu sagen gibt!

Was es sonst noch zu sagen gibt

In diesem Kapitel finden Sie Dinge, die in den anderen Kapiteln nicht untergebracht werden konnten: Ebenenfunktionen, Listen bzw. Inhaltsverzeichnisse, Indexfunktion, Buchfunktion, den XTension-Manager, den Hilfslinien-Manager und die Vorgaben.

Ebenen

Seit Version 5 von QuarkXPress gibt es die Ebenen, dabei sind allerdings nicht Photoshop-Ebenen gemeint. Was sind Ebenen? Ebenen muss man sich wie transparente Folien vorstellen, die über dem Layout liegen. Jede Folie/Ebene kann dabei beliebige Objekte oder Bilder enthalten. Die Ebenen sind aber nicht zu verwechseln mit den „Objekt-Schichten" von QuarkXPress 3 und 4.

Das Einsatzgebiet von Ebenen ist groß. Sie können z. B. verschiedene Sprachversionen eines Prospekts auf mehrere Ebenen teilen und je nach Bedarf die gewünschte Ebene ausdrucken. Oder Sie benutzen Ebenen für verschiedene Designs eines Layouts. Die Ebenen können auch dazu verwendet werden, um mehrere Objekte für die Bearbeitung zu sperren. Man kann sie auch für den Einsatz von Objekten verwenden, die nur auf dem Bildschirm erscheinen sollen, aber nicht im Ausdruck, z. B. Satz- oder Druckanweisungen. Wie Sie sehen, können Ebenen für sehr viele Zwecke eingesetzt werden.

Wo findet man nun die Ebenen? Die Palette *Ebenen* finden Sie im Menü *Fenster*. Sie hält alle Funktionen für das Arbeiten mit Ebenen bereit. Über das Palettenmenü können Ebenen erstellt, gelöscht, dupliziert, bearbeitet, ein- und ausgeblendet, gesperrt und entsperrt werden.

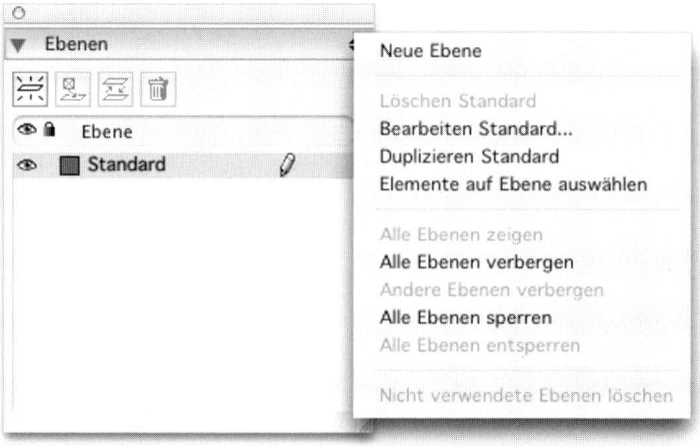

Die „Ebenenpalette" hält alle Funktionen für das Arbeiten mit Ebenen bereit.

Neue Ebenen erstellen

Eine Ebene enthält jedes Dokument: die *Standardebene.* Diese kann auch nicht gelöscht werden. Wenn Sie eine neue Ebene anlegen wollen, können Sie entweder die Funktion *Neue Ebene* aus dem Palettenmenü wählen oder auf das Symbol im oberen Bereich der Palette klicken. Die neue Ebene wird vor der aktuell gewählten Ebene eingesetzt. Sie wird auch automatisch mit einer fortlaufenden Nummer versehen und erhält eine neue Farbe. Der Name und die Auswahlfarbe der Ebene können noch nachträglich geändert werden (siehe Abschnitt „Ebeneneigenschaften bearbeiten"). Die neue Ebene wird auch sofort als aktive Ebene verwendet, d. h. alle neu erstellten Objekte werden auf dieser Ebene angelegt.

Ein Layout kann bis zu 256 Ebenen enthalten. Dies sollte für die meisten Zwecke wohl reichen.

Ebenen löschen

Das Löschen einer Ebene ist genauso einfach wie das Erstellen. Sie markieren die Ebene in der Palette und wählen die Funktion *Löschen* aus dem Palettenmenü oder klicken auf das Symbol im oberen Bereich der Palette. Wenn die Ebene irgendwelche Objekte enthält, wird in beiden Fällen ein Fenster geöffnet, in dem Sie auswählen müssen, was mit den Objekten passieren soll. Mit der Option *Objekte in den gewählten Ebenen löschen* wird nicht nur die Ebene entfernt, sondern auch jedes Objekt, das die Ebene enthält. Als Alternative können Sie die Option *Objekte verschieben in Ebene* wählen, um die Ebene zu löschen und die enthaltenen Objekte auf eine andere Ebene zu verschieben.

Wenn Sie mehr als eine Ebene löschen wollen, dann wählen Sie zuerst die Ebenen mit gedrückter Shift- oder Apfel-/Strg-Taste und führen danach die Löschfunktion aus.

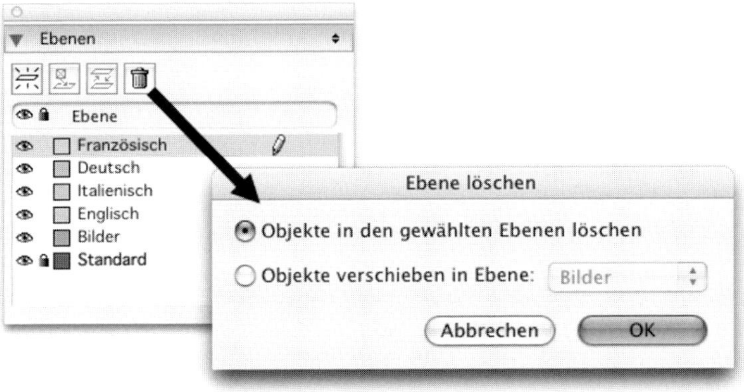

Was mit den Objekten der gelöschten Ebene passieren soll, entscheiden Sie hier.

Die Ebene ***Standard*** *kann nicht gelöscht werden!*

Ebeneneigenschaften bearbeiten

Zu den Ebeneneigenschaften zählen der Name, die Auswahlfarbe, die Sichtbarkeit, die Ausgabe, das Sperren und das Umfließen. Alle diese Eigenschaften einer Ebene können jederzeit geändert bzw. bearbeitet werden. Dazu doppelklicken Sie entweder auf die gewünschte Ebene oder verwenden die Funktion *Bearbeiten* aus dem Palettenmenü. In beiden Fällen wird ein Fenster mit den Attributen geöffnet.

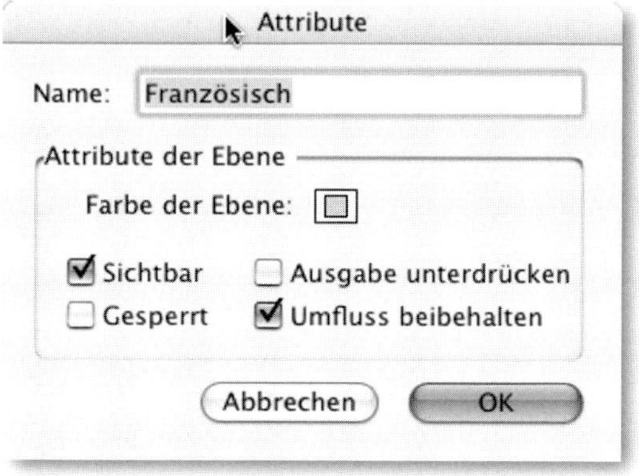

Die einstellbaren Attribute einer Ebene.

Das Feld *Name* ist selbsterklärend und muss nicht näher erläutert werden. Die Option *Farbe der Ebene* bestimmt nicht nur die Farbe in der Ebenenpalette, sondern vor allen Dingen die Auswahlfarbe der Objekte, die auf der Ebene liegen. Wenn also z. B. eine Ebene die Farbe Grün hat, dann bekommen alle Objekte auf dieser Ebene eine grüne Auswahlbegrenzung und grüne Rahmenanfasser. Dadurch wissen Sie sehr schnell und einfach, auf welcher Ebene die Objekte liegen.

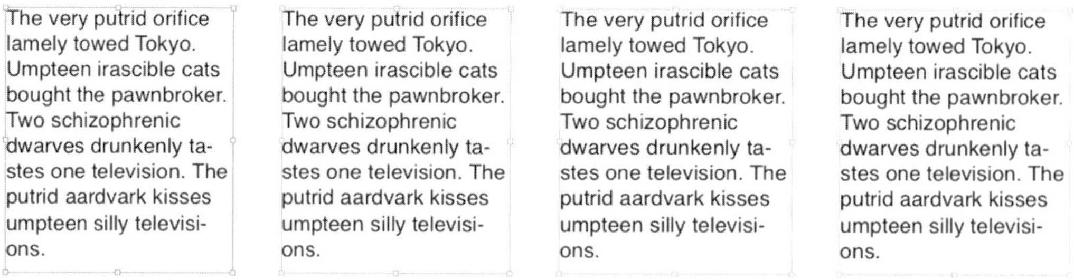

Die Auswahlrahmen der Objekte erhalten die Farbe der Ebene.

Um eine Ebene auszublenden, müssen Sie die Option *Sichtbar* deaktivieren. Damit ist die Ebene zwar am Bildschirm ausgeblendet, kann aber trotzdem noch ausgedruckt werden (siehe Abschnitt „Ebenen drucken"). Das Ein- und Ausblenden einer Ebene kann genauso durch das Anklicken des Augensymbols vor der Ebene in der Ebenenpalette durchgeführt werden. Ausgeblendete Ebenen haben nicht nur kein Augensymbol, der Name wird außerdem kursiv geschrieben.

Das Einschalten der Option *Gesperrt* sperrt die Objekte der Ebene. Die Objekte können also nicht mehr bearbeitet werden. Das Sperren einer Ebene unterscheidet sich von der Sperrfunktion im Menü *Objekt.* Durch das Sperren einer Ebene werden mit einem Arbeitsschritt alle Objekte der Ebene gesperrt, man muss die Objekte nicht erst auswählen. Natürlich wird auch die Ebene selbst gesperrt, es können weder Objekte verschoben, hinzugefügt noch gelöscht werden. Etwas schneller geht das Sperren der Ebene durch einen Klick links neben der Kennfarbe der Ebene in der Palette. Gesperrte Ebenen werden mit einem Schloss vor dem Farbkästchen gekennzeichnet. Ein Klick auf das Schlosssymbol entsperrt die Ebene wieder.

Ausgeblendete Ebenen werden kursiv dargestellt und gesperrte Ebenen haben ein Schloss vor der Kennfarbe.

Mit der Option *Ausgabe unterdrücken* wird die Ebene zwar am Bildschirm angezeigt, allerdings nicht ausgedruckt. Dies kann z. B. für Ebenen mit Satz- oder Druckanweisungen wichtig sein. Die Ausgabe der Ebenen kann allerdings in den verschiedenen Export- und Ausgabefenstern noch geändert werden (siehe Abschnitt „Ebenen drucken").

Durch die Option *Umfluss beibehalten* werden Objekte auch umflossen, wenn die Ebene, auf der sie sich befinden, ausgeblendet wird.

Ebenenreihenfolge ändern

Wie am Anfang erläutert, muss man sich die Ebenen wie transparente Folien vorstellen, die Objekte enthalten. Jetzt kann es aber passieren, dass die Objekte einer Ebene die Objekte einer anderen Ebene verdecken. In einem solchen Fall muss die Reihenfolge der Ebenen geändert werden. Die Ebenen werden in QuarkXPress von unten nach oben aufgebaut, d. h. die unterste Ebene in der Ebenenpalette ist auch die unterste Schicht.

Die Reihenfolge der Ebenen verändert nicht die Reihenfolge der Objekte innerhalb der Ebene. Die Objekte werden nach wie vor mit den Funktionen ***Ganz nach vorne (Shift + F5), Ganz nach hinten (F5), Weiter nach hinten (Alt + Shift + F5)*** *und* ***Weiter nach vorne (Alt + F5)*** *in der Stapelreihenfolge geändert.*

Um nun die Reihenfolge zu ändern, müssen Sie die Ebene einfach per Drag-and-Drop in der Palette an die gewünschte Position verschieben. Ein grauer Strich hilft Ihnen beim genauen Platzieren der Ebene.

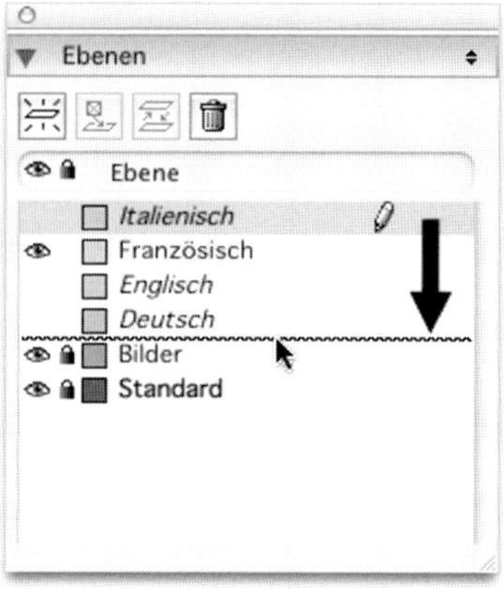

Die Reihenfolge der Ebenen wird einfach per Drag-and-Drop geändert.

Das Ändern der Ebenenreihenfolge kann Auswirkung auf das Umfließen von Objekten haben. In QuarkXPress werden nur Objekte umflossen, die über dem Text liegen. Beachten Sie das bitte, wenn Sie eine Ebene verschieben.

Ebenen vereinen

Sie haben zu viele Ebenen im Layout und wollen nun gerne einige Ebenen zusammenfassen? Kein Problem! Wählen Sie die gewünschten Ebenen mit der *Shift-* bzw. *Apfel-/Strg-Taste* aus und klicken danach auf das Symbol im oberen Bereich der Ebenenpalette. Dadurch wird ein Fenster geöffnet, in dem Sie die Zielebene für die Vereinigung festlegen müssen. Dabei können Sie nur zwischen den zuvor gewählten Ebenen auswählen.

Gesperrte Ebenen können nicht zusammengefügt werden. Entsperren Sie zuvor die Ebenen, die vereinigt werden sollen.

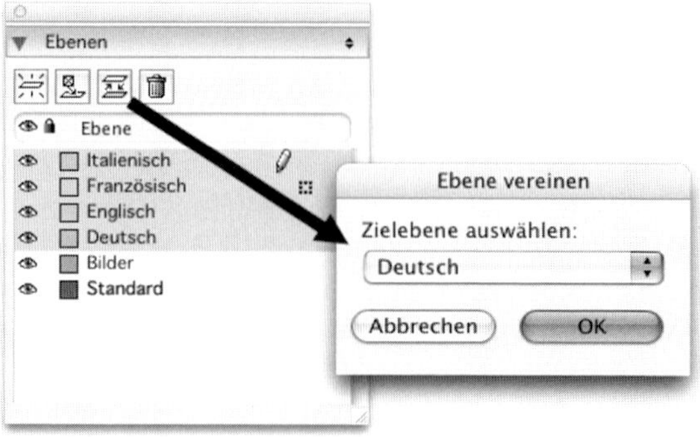

Mehrere Ebenen können auf einer Zielebene vereinigt werden.

Beachten Sie beim Zusammenfügen von Ebenen, dass sich auch das Umfließen der Objekte ändern kann.

Objekte auf andere Ebenen verschieben

Damit das Arbeiten mit Ebenen einen Sinn ergibt, müssen die Objekte auf die verschiedenen Ebenen verteilt werden. Dies kann bereits beim Erstellen der Objekte passieren, indem man zuvor die gewünschte Ebene auswählt. Sie können aber auch jederzeit die Objekte nachträglich auf eine andere Ebene verschieben. Dafür gibt es zwei Möglichkeiten.

Die erste führt über das Symbol im oberen Bereich der Ebenenpalette. Zuerst wählen Sie das (die) gewünschte(n) Objekt(e) im Layout aus und klicken danach auf das Symbol. Dadurch wird ein Fenster geöffnet, in dem Sie nun auswählen, auf welche Ebene die Objekte verschoben werden sollen. Fertig!

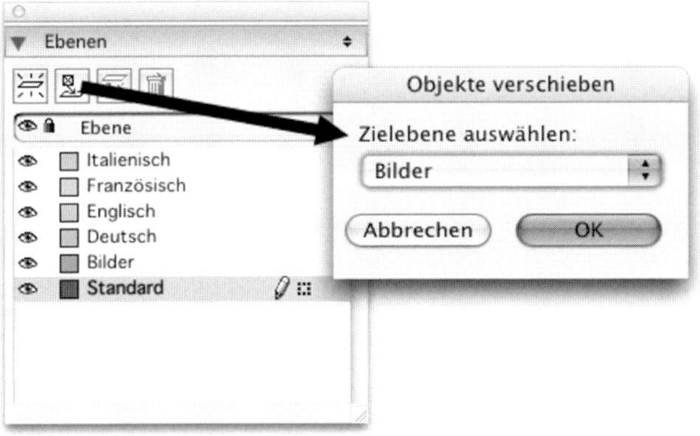

Objekte können jederzeit auf eine andere Ebene verschoben werden.

Die zweite Möglichkeit ist noch einfacher und schneller. Vielleicht haben Sie hinter den Ebenen das folgende Symbol bemerkt: ∷ . Es steht für die ausgewählten Objekte der Ebene. Immer wenn ein Objekt markiert wird, erscheint dieses Symbol hinter der Ebene, auf der das Objekt liegt. Um nun ein Objekt auf eine andere Ebene zu verschieben, nehmen Sie ganz einfach das Symbol und schieben es auf eine andere Ebene. Voilà!

Um alle Objekte einer Ebene auszuwählen, verwenden Sie die Funktion ***Elemente auf Ebene auswählen*** *aus dem Palettenmenü der Ebenenpalette.*

Wenn Sie beim Verschieben von Objekten auf eine andere Ebene die Ctrl-/Strg-Taste drücken, dann erhalten Sie eine Kopie des(der) Objekte(s), die standgenau auf der anderen Ebenen liegen.

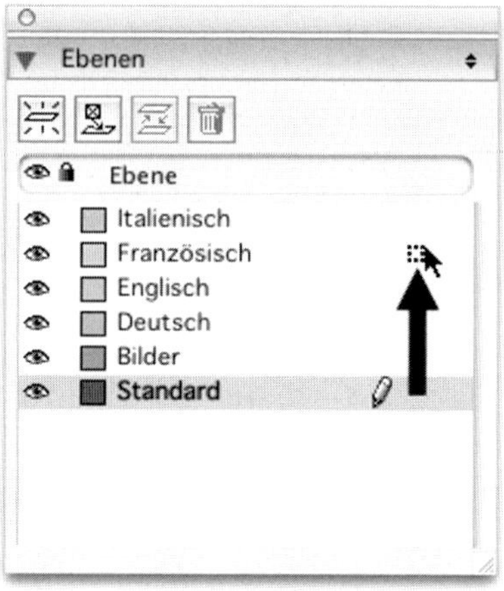

Per Drag-and-Drop lassen sich Objekte mit dem Auswahlsymbol auf eine andere Ebene verschieben.

Wenn Sie ein Objekt mit den Funktionen ***Ausschneiden (Apfel/Strg + X)*** *und* ***Einfügen (Apfel/Strg + V)*** *bzw.* ***An gleicher Stelle einfügen (Apfel/Strg + Alt + Shift + V)*** *auf eine andere Ebene verschieben wollen, dann müssen Sie vor dem Einfügen des Objekts die gewünschte Ebene auswählen.*

Ebenen ausdrucken

Wie Sie ja bereits wissen, kann man die Ebenen bei der Ausgabe unterdrücken. Das Unterdrücken der Ausgabe kann allerdings in den jeweiligen Export- bzw. Ausgabefenstern wieder rückgängig gemacht werden. Sogar ausgeblendete Ebenen lassen sich bei der Ausgabe trotzdem drucken. In der Kategorie *Ebenen* des Druck-, PDF-Export und EPS-Export-Fensters werden alle Ebenen des Layouts aufgelistet und können für die Ausgabe ein- und ausgeschaltet werden. Wenn Sie die Option *Auf Layout anwenden* aktivieren, dann werden die Einstellungen des Ausgabedialogs in die Ebeneneigenschaften in der Ebenenpalette übernommen.

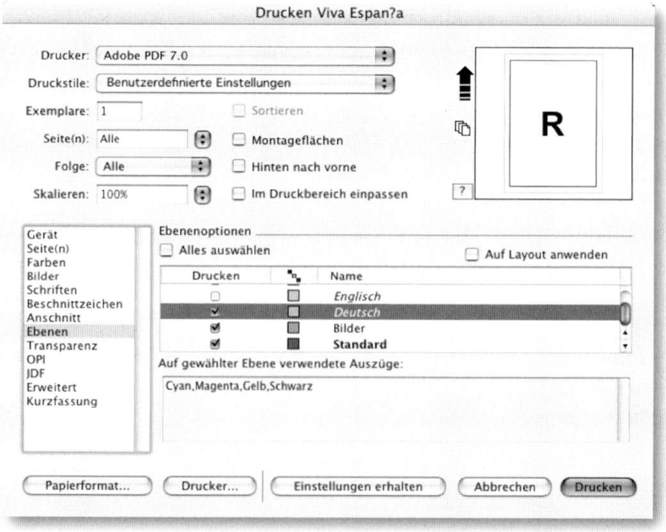

Welche Ebenen gedruckt werden, kann im Ausgabefenster noch geändert werden.

Vorgaben für Ebenen

QuarkXPress hat noch einige Voreinstellungen für das Anlegen von neuen Ebenen für Sie parat. Dabei können Sie festlegen, welche Eigenschaften neue Ebenen im Layout haben sollen. In den *Vorgaben (Apfel/ Strg + Alt + Shift + Y)* finden Sie in der Kategorie *Ebenen* Attribute für neue Ebenen.

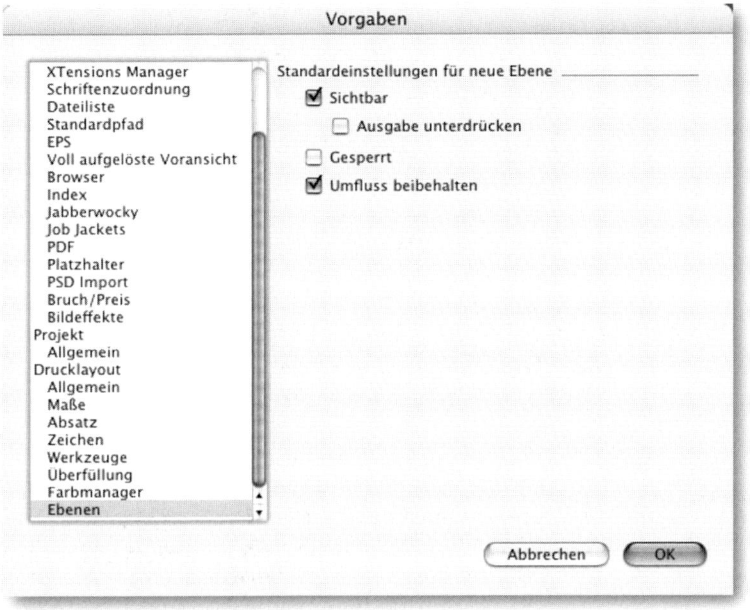

Die Standardeinstellungen für das Hinzufügen neuer Ebenen.

Sperrfunktion

Eine Neuerung in QuarkXPress 7 ist die Erweiterung der Sperrfunktion. Rahmen und deren Inhalte können jetzt unabhängig voneinander für die Bearbeitung gesperrt werden. Mann kann jetzt die *Position* oder den *Inhalt* sperren.

Bei einer Sperrung der *Position* kann der Rahmen weder gelöscht noch verschoben, nicht vergrößert oder verkleinert werden. Weder mit der Maus noch über die Maßpalette, auch nicht mit der Funktion *Löschen (Apfel/Strg + K)* aus dem Menü *Objekt.*

Ist der *Inhalt* gesperrt, dann kann ein Text nicht gelöscht oder bearbeitet werden, allerdings kann er formatiert und kopiert werden. Die gesperrten Inhalte von Bildrahmen lassen sich zwar verschieben oder verändern, aber nicht auswechseln.

Die Funktion *Sperren* finden Sie nach wie vor im Menü *Objekt.* Allerdings hat es jetzt ein Untermenü, in dem ausgewählt werden muss, was gesperrt werden soll.

Position

Das Sperren der *Position (Taste F6)* entspricht der Sperrfunktion der älteren QuarkXPress-Versionen. Die Position der Rahmen wird dadurch gesperrt, die Rahmen können weder vergrößert noch verkleinert oder gelöscht werden. Die Inhalte der jeweiligen Rahmen lassen sich aber nach wie vor noch bearbeiten.

Die Sperrung kann selektiv aufgehoben werden. Wenn Sie z. B. die Position eines Rahmens verändern wollen, aber die Größe soll gesperrt bleiben, können Sie die entsprechenden Funktionen dafür entsperren. Das Ganze passiert im Dialogfeld *Modifizieren (Apfel/Strg + M)* aus dem Menü *Objekt*. Im Register *Rahmen* ist bei einer Sperrung hinter den verschiedenen Funktionen ein Schlosssymbol zu finden. Ein Klick auf das Schloss entsperrt die jeweilige Funktion wieder.

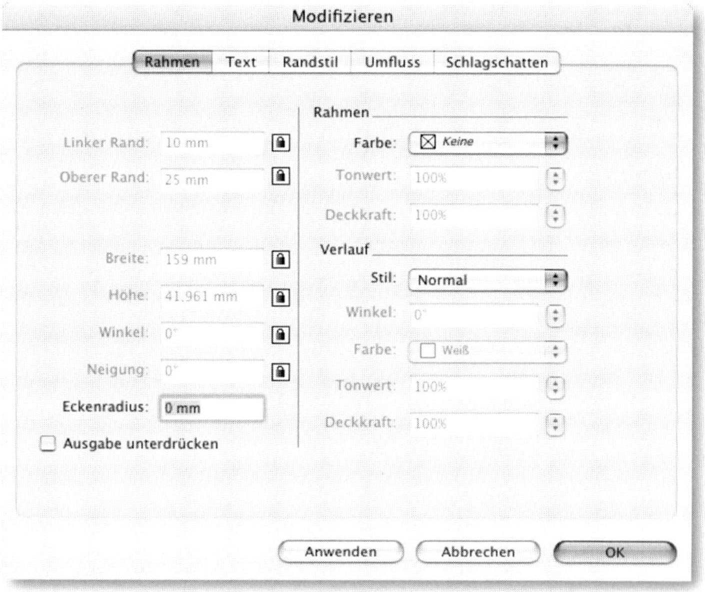

Zum Entsperren müssen Sie nur auf das Schlosssymbol klicken.

Selbst wenn Sie alle Funktionen selektiv entsperren, kann der Rahmen nach wie vor nicht gelöscht werden. Erst wenn die eigentliche Sperrfunktion deaktiviert wurde, kann der Rahmen entfernt werden.

Inhalt

Wird der Inhalt gesperrt, so kann bei einem Textrahmen der Text weder gelöscht noch geändert werden. Er kann aber durch eine selektive Rücknahme der Sperrung formatiert werden. Dasselbe trifft auf Bildrahmen zu.

Die selektive Rücknahme der Sperrung findet sich bei Textrahmen in den *Zeichenattributen (Apfel/Strg + Shift + D)* aus dem Menü *Stil*. Wurde der Inhalt eines Textrahmens gesperrt, dann befindet sich im Dialogfenster *Zeichenattribute* links unten ein Schlosssymbol. Ein Klick darauf entsperrt die Funktionen zur Formatierung des Textes.

Der Text kann nach der selektiven Rücknahme der Sperrung zwar formatiert werden, allerdings nicht gelöscht. Dafür muss erst die eigentliche Sperrung des Rahmeninhalts deaktiviert werden.

Durch einen Klick auf das Schlosssymbol kann der gesperrte Text formatiert werden.

Das selektive Entsperren bei Bildrahmen befindet sich im Dialogfenster *Modifizieren (Apfel/Strg + M)* aus dem Menü *Objekt*. Im Register *Bild* ist bei den einzelnen Attributen wieder ein Schlosssymbol platziert. Ein Klick darauf entsperrt die Funktionen.

Wie beim Text kann nach der selektiven Rücknahme der Sperrung das Bild weder gelöscht noch ausgetauscht werden. Zuerst muss wieder die eigentliche Sperrung des Inhalts ausgeschaltet werden.

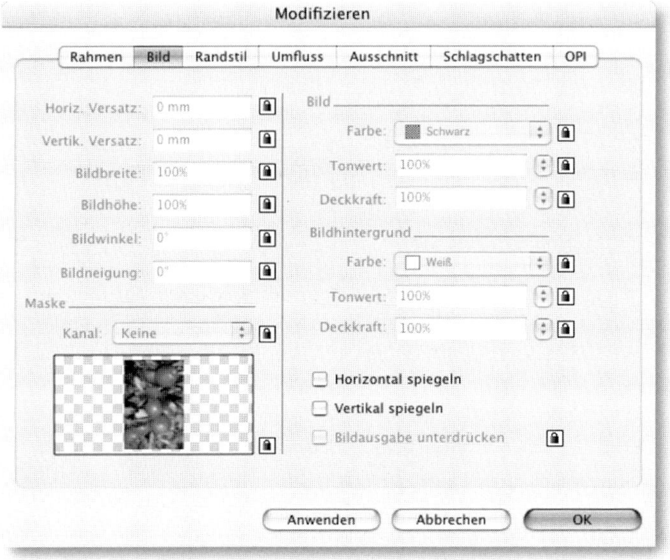

Auch die Inhalte von Bildrahmen können selektiv entsperrt werden.

Bücher

Haben Sie schon mal ein Buch gesetzt? Wenn ja, dann wissen Sie sicherlich, dass die Produktion eines Buchs eine recht aufwändige Sache ist, besonders wenn das Buch sehr viele Seiten umfasst. Man könnte natürlich eine einzige Datei mit z. B. 600 Seiten erstellen (QuarkXPress-Layouts können bis zu 2.000 Seiten enthalten), allerdings wird die Datei dann sehr unübersichtlich. Besser ist es, das Buch auf mehrere Dokumente zu verteilen, etwa eine Datei je Kapitel. Das Verwalten des Buchs wird dadurch aber nicht erleichtert. Besonders wenn man an das Inhaltsverzeichnis oder den Index denkt. Auch die durchgehende Seitennummerierung darf nicht vergessen werden. Die Buchfunktion von QuarkXPress hilft Ihnen beim Verwalten und Organisieren von Büchern.

Buchdatei erstellen

Der erste Schritt zum fertigen Buch besteht darin, eine Buchdatei zu erstellen, in der die einzelnen Dokumente des Buchs aufgenommen werden. Da die Buchdatei unabhängig von den enthaltenen Dokumenten ist, kann sie auch einzeln bearbeitet werden, ohne dass alle Dokumente geöffnet sein müssen. Die Funktion für eine neue Buchdatei befindet sich unter Menü *Ablage/Datei -> Neu -> Buch.*

Über das Menü „Ablage/ Datei" wird eine neue Buchdatei erstellt.

Wenn Sie diesen Menüpunkt ausgeführt haben, werden Sie aufgefordert, einen Speicherort für die Datei zu wählen. Am besten speichern Sie die Buchdatei in den gleichen Ordner, in dem die Dokumente der einzelnen Kapitel liegen. Anhand eines speziellen Icons können Sie Buchdateien sehr schnell identifizieren.

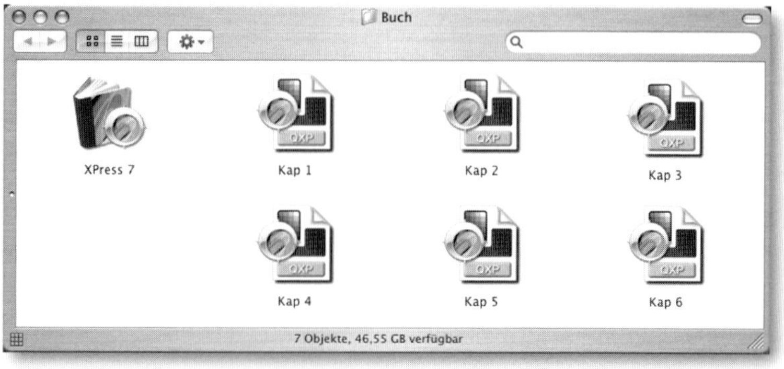

Buchdateien erhalten ein spezielles Icon.

Nachdem Sie eine neue Buchdatei erstellt haben, erhalten Sie eine neue Palette, die den Namen der Datei trägt. Dieser Palette müssen Sie im nächsten Arbeitsschritt die einzelnen Dokumente hinzufügen.

Mit der Buchpalette können Sie keine neuen Dokumente anlegen. Sie müssen diese vorher bereits erstellt haben. Die Palette verwaltet nur die einzelnen Dokumente eines Buchs.

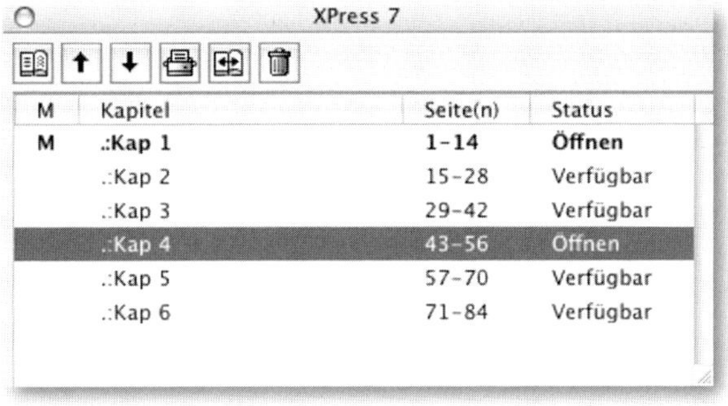

So sieht die Buchpalette in QuarkXPress aus, wenn bereits einige Kapitel hinzugefügt wurden.

Kapitel hinzufügen

Das Hinzufügen von Kapiteln passiert durch einen Klick auf das Symbol im oberen Bereich der Buchpalette. Um die Reihenfolge beim Hinzufügen müssen Sie sich nicht kümmern, sie kann jederzeit nachträglich geändert werden.

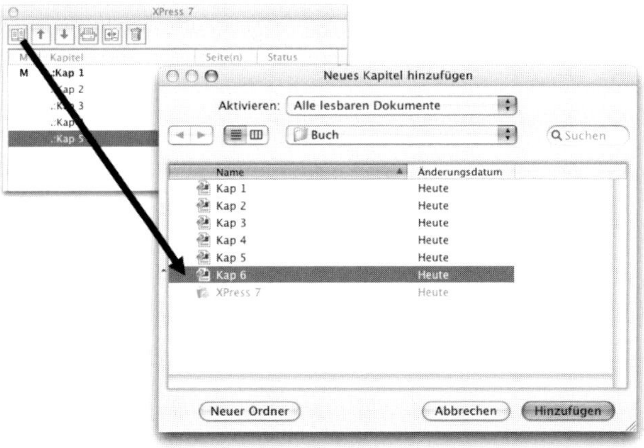

Alle Dokumente für das Buch müssen zuerst hinzugefügt werden.

Nach dem Hinzufügen werden die Dokumente automatisch nummeriert. Standardmäßig erstellt QuarkXPress die Seitenfolgen automatisch. Durch einen Doppelklick auf eines der Dokumente wird es geöffnet. Sie können das am *Status* in der rechten Spalte der Palette erkennen.

Eine QuarkXPress-Datei kann immer nur in einer Buchdatei verwendet werden. Wenn Sie versuchen, eine Datei in zwei verschiedenen Büchern zu verwenden, dann wird die Datei aus dem ersten Buch entfernt. QuarkXPress warnt Sie noch vor dem Hinzufügen einer Datei, die in einem anderen Buch verwendet wird.

Kapitel entfernen

Das Entfernen der Kapitel ist genauso einfach wie das Hinzufügen. Sie markieren das Kapitel, das entfernt werden soll, und klicken auf das Mülleimersymbol im oberen Bereich der Buchpalette. Eine Sicherheitsabfrage stellt sicher, dass ein Kapitel nicht aus Versehen gelöscht wird.

Durch das Entfernen eines Kapitels wird das Buch sofort neu durchnummeriert, wenn Sie mit automatischer Seitennummerierung arbeiten. Beachten Sie das beim Löschen eines Kapitels.

Kapitelreihenfolge ändern

Die Reihenfolge der Kapitel in der Buchpalette bestimmt auch die Seitennummerierung. Wenn nun ein Kapitel an der falschen Stelle eingefügt wurde oder Kapitel vertauscht werden sollen, dann müssen Sie die Reihenfolge ändern.

Zum Ändern der Kapitelreihenfolge gibt es zwei Wege. Der erste Weg ist das Verschieben des Kapitels mit der Maus an die gewünschte Stelle. Wollen Sie es etwas genauer haben, dann können Sie zwei entsprechende Schaltflächen im oberen Bereich der Buchpalette verwenden. Die Schaltfläche ↑ verschiebt das Kapitel nach oben bzw. in der Reihenfolge einen Schritt nach vorne. Mit der Schaltfläche ↓ wird das gewählte Kapitel nach unten bzw. im Buch nach hinten verschoben.

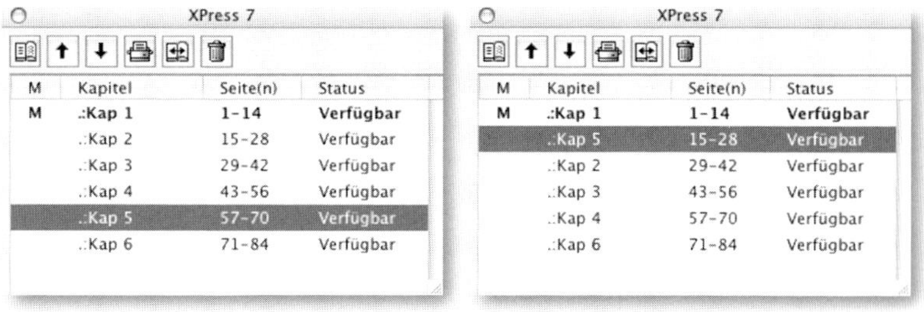

Das Kapitel fünf wurde im Buch weiter nach vorne verschoben. Beachten Sie die sofortige Aktualisierung der Seitennummerierung.

Kapitel synchronisieren

Im Laufe einer Buchproduktion kann es schon mal passieren, dass die Stilvorlagen geändert werden müssen oder die Farben ausgetauscht werden. Nun könnte man denken, die Änderungen müssen in jedem Kapitel des Buchs manuell nachgearbeitet werden. Ganz und gar nicht. QuarkXPress bietet für einen solchen Zweck eine eigene Funktion an, um die Einstellungen der Kapitel zu synchronisieren.

Folgende Eigenschaften bzw. Einstellungen können synchronisiert werden:

- Stilvorlagen
- Farben
- S&B-Einstellungen
- Listenformate
- Striche & Streifen

Damit das Synchronisieren auch richtig funktioniert, müssen Sie zuerst ein Musterkapitel definieren. Vom Musterkapitel ausgehend werden die Einstellungen auf alle anderen Kapitel übertragen. Standardmäßig ist immer das erste Kapitel das Musterkapitel. Sie können es an der etwas dickeren Schrift in der Buchpalette und an dem Buchstaben „M“ in der ersten Spalte erkennen. Um ein anderes Musterkapitel zu definieren, müssen Sie nur in die erste Spalte vor dem gewünschten Kapitel klicken.

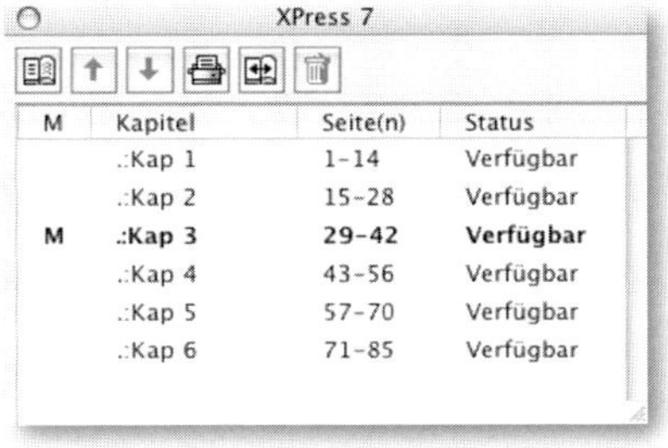

Bei diesem Buch ist das dritte Kapitel als Musterkapitel definiert.

Ist das Musterkapitel bestimmt, müssen Sie nur noch auf das Symbol klicken. Dadurch wird ein Fenster geöffnet, in dem Sie nun auswählen können, welche Eigenschaften synchronisiert werden.

Wenn in der Buchpalette kein Kapitel ausgewählt ist, dann wird das gesamte Buch synchronisiert. Wollen Sie nur ganz bestimmte Kapitel synchronisieren, dann müssen sie zuvor mit gedrückter Shift- oder Apfel-/Strg-Taste ausgewählt werden.

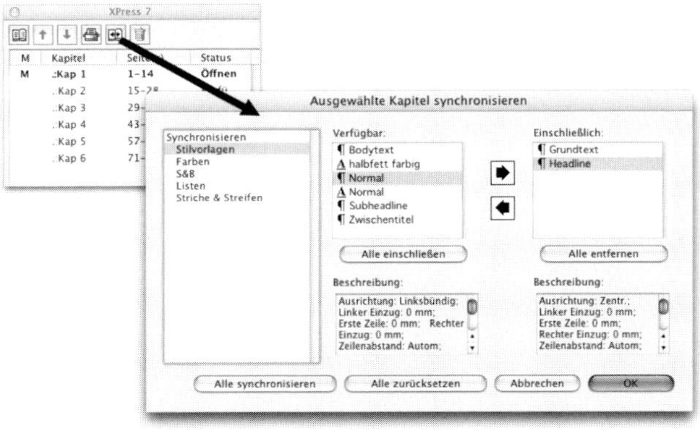

In diesem Dialogfeld werden die Eigenschaften für das Synchronisieren ausgewählt.

In der linken Spalte des Fensters finden Sie die Eigenschaften, die synchronisiert werden können. Wählen Sie eine Kategorie aus und fügen die gewünschten Einstellungen zum Synchronisieren hinzu. Um alle Eigenschaften zu synchronisieren, klicken Sie auf die Schaltfläche *Alle synchronisieren* links unten im Fenster.

Je nach Anzahl der Kapitel kann es einige Sekunden bzw. Minuten dauern, bis alle Kapitel synchronisiert sind. Also, nicht verzagen, wenn's ein bisschen länger dauert.

Kapitelstatus

Jedes Kapitel im Buch erhält automatisch einen *Status*, der den Zustand des Kapitels bzw. Dokuments beschreibt. Der Status wird in der entsprechenden Spalte in der Buchpalette angezeigt. QuarkXPress unterscheidet zwischen den folgenden Statusmeldungen:

- *Verfügbar* bedeutet, dass Sie dieses Kapitel öffnen und bearbeiten können.
- *Offen* bedeutet, dass dieses Kapitel auf Ihrem Computer geöffnet ist.
- *Benutzername* bedeutet, dass ein anderer Benutzer das Kapitel geöffnet hat. Der Benutzername gibt den Namen des Computers des anderen Anwenders wieder.
- *Modifiziert* bedeutet, dass dieses Kapitel unabhängig vom Buch geöffnet und verändert wurde. Um den Status auf *Verfügbar* zu aktualisieren, öffnen Sie das Kapitel über die Buchpalette erneut und schließen es dann wieder.
- *Fehlt* bedeutet, dass dieses Kapitel nach dem Hinzufügen zum Buch verschoben oder umbenannt wurde. Durch Doppelklicken auf den Kapitelnamen rufen Sie ein Dialogfenster auf, in dem Sie die Datei suchen können.
- *Schreibgeschützt* bedeutet, dass das Kapitel geschlossen ist und das Attribut *Schreibgeschützt* besitzt.

Kapitel/Buch drucken

Direkt aus der Buchpalette heraus kann ein einzelnes Kapitel oder das gesamte Buch gedruckt werden. Klicken Sie dazu auf das Drucksymbol im oberen Bereich der Buchpalette. Daraufhin öffnet sich der Druckdialog, wo Sie nur noch den Ausgabestil auswählen bzw. die Einstellungen vornehmen müssen.

Um alle Seiten der gewählten Kapitel bzw. des Buchs auszudrucken, müssen Sie im Eingabefeld ***Seiten*** *im Druckdialog die Option* ***Alle*** *auswählen.*

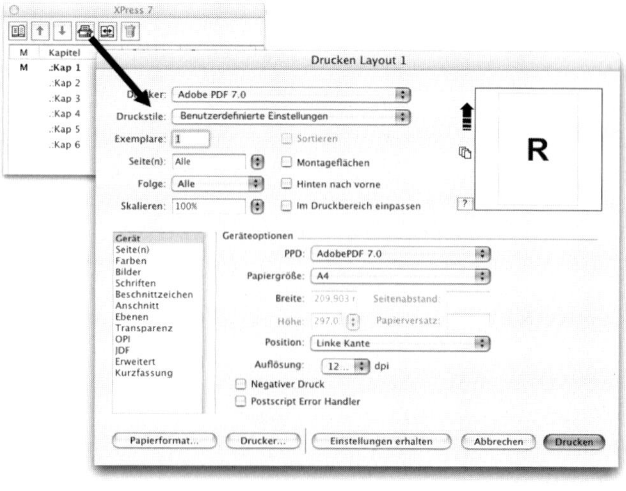

Das gesamte Buch kann mit einem Arbeitsschritt ausgedruckt werden.

Noch einige Tipps

- Die Einstellungen bzw. Änderungen in der Buchpalette müssen nicht extra gesichert werden. QuarkXPress sichert das Buch beim Schließen der Palette bzw. beim Beenden des Programms.
- Dokumente, die aus mehreren Layouts bestehen, können nicht als Kapitel in ein Buch aufgenommen werden. Sie müssen die verschiedenen Layouts zuerst auf einzelne Dateien verteilen.
- Die Buchpalette kann nicht nur für die Produktion von Büchern verwendet werden. Sie kann für jede Art von Produktion verwendet werden, in der einzelne Seiten auf verschiedene Dateien verteilt werden müssen oder mehrere Personen gleichzeitig mit unterschiedlichen Seiten eines Dokuments arbeiten müssen.
- Inhalts- und Indexverzeichnisse lassen sich auch mit den Kapiteln in der Buchpalette generieren.

Listen/Inhaltsverzeichnis

Das Inhaltsverzeichnis ist ein wichtiger Bestandteil eines Buchs, einer Zeitung oder einer Zeitschrift. Es gibt dem Leser einen Überblick über den Inhalt und leitet ihn gezielt zu den Themen. Das Erstellen von Inhaltsverzeichnissen für Bücher war früher eine nervenaufreibende Arbeit, da Änderungen im Seitenumfang viel Aufwand für die Aktualisierung bedeuteten. Seit dem DTP-Zeitalter ist das Anlegen von Inhaltsverzeichnissen wesentlich einfacher und komfortabler geworden. In QuarkXPress wird ein Inhaltsverzeichnis als Liste bezeichnet.

Voraussetzung für ein Inhaltsverzeichnis sind Stilvorlagen. Anhand der Stilvorlagen erkennt QuarkXPress, welche Themen ins Inhaltsverzeichnis aufgenommen werden und auf welchen Seiten sich die Themen befinden. Um also ein Inhaltsverzeichnis zu erhalten, müssen Sie unbedingt mit Stilvorlagen arbeiten.

Listen erstellen

Für das Erstellen einer Liste gibt es zwei Möglichkeiten, entweder über die Funktion *Bearbeiten -> Listen* oder über die Palette *Listen* aus dem Menü *Fenster.* Die Vorgehensweise ist die gleiche. An dieser Stelle wollen wir allerdings die erste Möglichkeit beleuchten, da sie zusätzlich die Funktionen für die Verwaltung der Listen beinhaltet.

Wählen Sie also die Funktion *Listen* aus dem Menü *Bearbeiten,* um das Fenster für die Verwaltung der Listen zu öffnen. Grundsätzlich können Sie mehrere Inhaltsverzeichnisse im Dokument anlegen, um z. B. eine grobe Übersicht und eine detaillierte Übersicht zu erhalten.

Wenn Sie ein Inhaltsverzeichnis für ein Buch erstellen wollen, dann öffnen Sie die Buchdatei und wählen in der Palette **Listen** *im Pop-up-Menü* **Listen zeigen für** *die Buchdatei aus. Alle sonstigen Arbeitsschritte funktionieren genau wie bei einem Einzellayout.*

Das Fenster, in dem die Listen verwaltet werden.

Klicken Sie auf die Schaltfläche *Neu*, um ein neue Liste zu erstellen. In dem Fenster, das sich daraufhin geöffnet hat, sollten Sie zuerst einen Namen für die Liste vergeben. Auf der linken Seite im Bereich *Verfügbare Stile* werden alle Stilvorlagen des Dokuments aufgelistet. Um eine Stilvorlage ins Inhaltsverzeichnis aufzunehmen, müssen Sie nur darauf doppelklicken oder die Stilvorlage anwählen und dann auf den schwarzen Pfeil klicken, der nach rechts zeigt.

Für die Liste müssen zuerst die gewünschten Stilvorlagen hinzugefügt werden.

Im rechten Bereich des Fensters können Sie den Listeneinträgen noch verschiedene Eigenschaften zuweisen. In der Spalte *Ebene* legen Sie die Hierarchie der Stilvorlagen fest. Diese Hierarchie wird auch in der Listenpalette angezeigt. Sie erhalten dadurch eine bessere Übersicht über die Einträge.

In der Spalte *Nummerierung* legen Sie die Form des Eintrags fest. Mit *Nur Text* wird nur der Text des Eintrags platziert, ohne Seitennummer. Die Optionen *Text...Seitenzahl* und *Seitenzahl...Text* platzieren nicht nur den Text des Eintrags, sondern auch die Nummer der Seite, auf welcher der Eintrag steht. Dabei können Sie entscheiden, ob die Seitenzahl vor oder hinter den Text gestellt wird.

Die Spalte *Formatieren als* ist für das Aussehen des Eintrags zuständig. Sie können damit dem Eintrag eine Stilvorlage zuweisen. Dadurch kann z. B. der Eintrag in einer kleineren Schrift oder mit punktiertem Tabulator zwischen Text und Seitenzahl erstellt werden.

Den Einträgen des Inhaltsverzeichnisses können nur Absatzstilvorlagen für das Aussehen zugewiesen werden.

Mit der Option *Alphabetisch* werden die Einträge nicht chronologisch, sondern alphabetisch platziert.

Listen platzieren

Nachdem Sie eine oder vielleicht auch mehrere Listen erstellt haben, wird es Zeit, das Inhaltsverzeichnis auf einer Seite zu platzieren. Dazu brauchen Sie die Palette *Listen (Alt + Taste F11)* aus dem Menü *Fenster.*

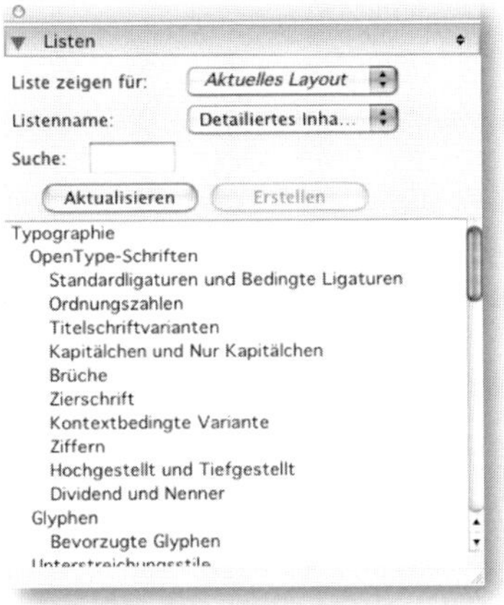

Die Palette „Listen" mit einer detaillierten Auflistung der Einträge. Ein Doppelklick auf einen Eintrag öffnet die Seite dafür.

Im unteren Bereich der Palette werden bereits die Einträge der im Pop-up-Menü *Listenname* gewählten Liste angezeigt. Wenn Sie mit Eintragsebenen gearbeitet haben, werden die Einträge sehr übersichtlich dargestellt. Um die Liste zu wechseln, müssen Sie nur im Menü *Listenname* eine andere Liste auswählen.

Wenn Sie das Inhaltsverzeichnis eines Buchs erstellen, dann öffnen Sie die Buchdatei und wählen in der Listenpalette im Pop-up-Menü ***Liste zeigen für*** *die Buchdatei aus.*

Um nun das Inhaltsverzeichnis zu platzieren, müssen Sie zuerst einen Textrahmen aufziehen bzw. den Textcursor in einem Textrahmen platzieren. Danach klicken Sie in der Listenpalette auf die Schaltfläche *Erstellen.* Damit wird das Inhaltsverzeichnis generiert und in den gewählten Textrahmen eingefügt. Sind den Einträgen beim Erstellen der Liste bereits Stilvorlagen zugewiesen worden, werden sie gleich entsprechend richtig formatiert.

Wenn die Einträge mit Seitenzahl platziert werden, dann setzt QuarkXPress automatisch einen Tabulator zwischen Eintrag und Seitenzahl. Sie müssen dann nur noch die Tabulatoreigenschaften (Apfel/Strg + Shift + T) definieren. Dies kann z. B. in der Stilvorlage geschehen.

Da das platzierte Inhaltsverzeichnis normaler Text ist, kann er von Ihnen jederzeit noch bearbeitet werden. Wenn Sie z. B. die Seitennummern farbig haben wollen oder die Punktierung des Tabulators kleiner gemacht werden soll, formatieren Sie die entsprechenden Stellen einfach neu.

Wenn Sie nachträglich das platzierte Inhaltsverzeichnis umformatieren und später das Inhaltsverzeichnis aktualisiert wird, gehen die nachträglichen Formatierungen wieder verloren.

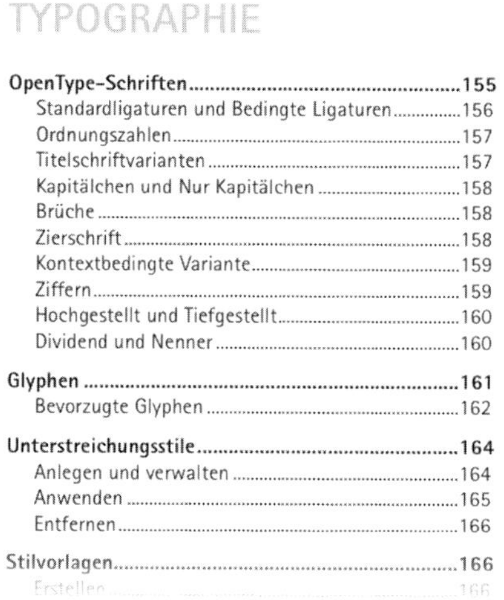

TYPOGRAPHIE

OpenType-Schriften **155**
Standardligaturen und Bedingte Ligaturen 156
Ordnungszahlen 157
Titelschriftvarianten 157
Kapitälchen und Nur Kapitälchen 158
Brüche 158
Zierschrift 158
Kontextbedingte Variante 159
Ziffern 159
Hochgestellt und Tiefgestellt 160
Dividend und Nenner 160

Glyphen **161**
Bevorzugte Glyphen 162

Unterstreichungsstile **164**
Anlegen und verwalten 164
Anwenden 165
Entfernen 166

Stilvorlagen **166**
Erstellen 166

Ein Beispiel für eine Liste, die mit Stilvorlagen und Tabulatoren erstellt wurde.

Die Schaltfläche *Aktualisieren* ist für das Aktualisieren der Einträge in der Listenpalette gedacht. Damit wird also nicht das platzierte Inhaltsverzeichnis im Layout aktualisiert. Dies passiert auf andere Weise.

Listen aktualisieren

Wenn sich die Seitenzahl des Dokuments oder auch die Überschriften bzw. Einträge des Inhaltsverzeichnisses geändert haben, dann muss die Liste aktualisiert werden. Dazu müssen Sie zuerst einen beliebigen Textrahmen auswählen und dann auf die Schaltfläche *Erstellen* in der Listenpalette klicken. QuarkXPress durchsucht daraufhin das gesamte Layout nach einem bereits platzierten Inhaltsverzeichnis und öffnet danach ein Dialogfenster, in dem Sie über die weitere Vorgehensweise entscheiden müssen.

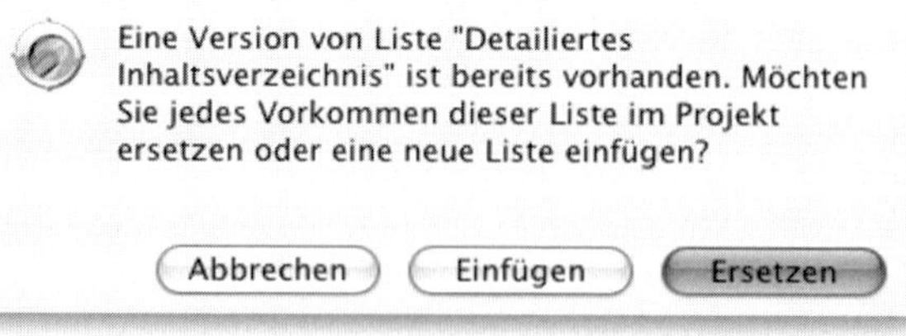

Wird ein Inhaltsverzeichnis aktualisiert, öffnet sich dieses Dialogfeld.

Ein Klick auf die Schaltfläche *Ersetzen* aktualisiert das bereits platzierte Inhaltsverzeichnis. Mit *Einfügen* wird ein zweites Inhaltsverzeichnis erstellt.

Bei der Aktualisierung gehen alle manuellen Formatierung des Inhaltsverzeichnisses verloren, deswegen sollten Sie unbedingt mit Stilvorlagen arbeiten.

Index

Wer schon einmal ein Buch produziert hat, kennt das Problem mit dem Index. Ein Index soll dem Leser helfen, bestimmte Stellen über Schlagwörter sehr schnell und einfach zu finden. Die Problematik beim Erstellen besteht darin, die richtigen Schlagwörter zu verwenden und die Schlagwörter im Index richtig zu gruppieren und zu sortieren. Das Erstellen eines Index ist eine zeitaufwändige Arbeit und sollte deshalb bereits beim Umbruch geplant werden.

Wie soll der Index aussehen? Wie viele Themenstufen sollen enthalten sein? Wird der Leser auf andere relevante Themen verwiesen? Reicht eine Stichwortliste aus oder benötige ich einen komplexeren Index mit Querverweisen zu verwandten Themen und einer sorgfältig recherchierten Synonymliste? Das sind einige Fragen, die Sie sich stellen sollten, wenn Sie einen Index generieren wollen.

Bedenken Sie die unterschiedlichen Methoden, die der Leser beim Suchen nach Informationen einsetzt. Ein Leser sucht vielleicht über das Stichwort „Auto" nach Informationen über Autos, während ein anderer nach dem Begriff „Kfz" sucht. Fügen Sie erst dann Indexeinträge hinzu, wenn die Inhalte Ihres Dokuments endgültig sind. Wenn Sie später große Textpassagen entfernen, verlieren Sie vielleicht Teile des Index.

In einem gut durchdachten Index werden alle Themen konsistent verwendet. Häufige Probleme in Indizes sind inkonsistente Verwendung von Groß- und Kleinschreibung (fahren und Fahren) sowie Singular- und Pluralformen (Auto und Autos). Halten Sie Begriffe durch eine Themenliste konsistent.

Überprüfen Sie den Index mehrere Male, bevor Sie den endgültigen Index generieren. Suchen Sie nach doppelten Einträgen, ungenauen Themen, Tippfehlern und Inkonsistenzen in Groß- und Kleinschreibung und Formulierung. Beispielsweise würden „Auto", „auto" und „Autos" drei separate Einträge ergeben. Sie merken: Die gezielte Planung bei der Generierung eines Index ist die halbe Arbeit.

Indexpalette
Die Schaltzentrale für einen Index in QuarkXPress ist die *Indexpalette* aus dem Menü *Fenster*. In dieser Palette werden die Einträge für den Index hinzugefügt, verwaltet und der Index generiert. Im unteren Bereich sind alle Einträge alphabetisch aufgelistet. Wenn Sie einen Eintrag aufklappen, können Sie sehen, auf welchen Seiten der Eintrag vorkommt. Ist der Eintrag auf der Montagefläche oder im Überlauf, wird vor der Seitenzahl ein Kreuzzeichen † am Macintosh bzw. die Buchstabenkombination „PB" bei Windows gesetzt.

In der Indexpalette wird der Index erstellt und verwaltet.

Einträge hinzufügen

Einen Eintrag dem Index hinzuzufügen ist sehr einfach. Sie markieren den gewünschten Text im Layout und klicken dann in der Indexpalette auf das Symbol *Hinzufügen* . Der markierte Text wird dann in den Index mit aufgenommen.

Standardmäßig wird der ausgewählte Text für den Eintrag verwendet, Sie können aber auch den Text ändern. Dazu müssen Sie im Eingabefeld *Text* nur den eingetragenen Text überschreiben.

Damit Sie die Vorkommnisse eines Wortes nicht immer einzeln hinzufügen müssen, können Sie alle Vorkommnisse eines Wortes im gesamten Dokument automatisch hinzufügen lassen. Wählen Sie das Wort aus und klicken in der Indexpalette auf das Symbol *Alle hinzufügen* . QuarkXPress „scannt" das gesamte Dokument nach dem Wort und nimmt die Vorkommnisse entsprechend in den Index auf.

Die Indexeinträge werden im Text standardmäßig mit einer roten eckigen Klammer versehen. Die Farbe der Indexmarkierung kann in den Vorgaben noch geändert werden (siehe Abschnitt „Index-Vorgaben").

Wenn Sie einen Indexeintrag unter einem anderen Buchstaben einsortieren möchten, müssen Sie nur im Eingabefeld *Sortieren unter* den entsprechenden Buchstaben eingeben. Um z. B. den Begriff „1. Platz" nicht unter der Ziffer 1, sondern unter dem Buchstaben „E" einzusortieren, geben Sie in das Eingabefeld nur den Buchstaben „E" oder „Erster" ein.

Einträge der zweiten, dritten und vierten Ebene

Normalerweise werden Indexeinträge immer in der ersten Indexebene hinzugefügt. Bei sehr detaillierten Indizes ist es aber notwendig, mehrere Indexebenen anzulegen, um dem Leser das Auffinden eines Eintrages zu erleichtern. QuarkXPress kennt bis zu vier Indexebenen.

Um nun einen Eintrag auf der zweiten Indexebene anzulegen, müssen Sie zuvor einige Einstellungen vornehmen. Wenn Sie z. B. den Eintrag „Absatzstilvorlage“ als Unterpunkt von „Stilvorlagen“ haben wollen, dann muss zuerst der Eintrag „Stilvorlagen“ als Hauptpunkt gekennzeichnet werden. Das passiert, wenn Sie vor den Eintrag in der Liste der Indexpalette klicken. Daraufhin wird ein Pfeilsymbol vor den Eintrag gesetzt. Danach wählen Sie den Text im Layout aus, in unserem Beispiel „Absatzstilvorlage“, und öffnen in der Indexpalette das Pop-up-Menü *Ebene* und schalten dort auf die *Zweite Ebene.* Jetzt müssen Sie nur noch auf die Schaltfläche *Hinzufügen* klicken. Der Eintrag „Absatzstilvorlagen“ (zweite Ebene) ist nun ein Unterpunkt von „Stilvorlagen“ (erste Ebene). Die gleiche Vorgehensweise gilt auch für Einträge in die dritte und vierte Indexebene.

Wenn Sie die Einträge nachträglich auf verschiedene Ebenen verteilen wollen, dann verschieben Sie die Einträge einfach mit der Maus auf das Hauptthema.

Das Pfeilsymbol kennzeichnet das Hauptthema zum Anlegen einer weiteren Ebene bzw. eines Unterthemas.

Index generieren

Nachdem alle Einträge dem Index hinzugefügt sind, wird es Zeit, den Index zu generieren bzw. zu platzieren. Voraussetzung zum Platzieren des Index ist eine Musterseite, die einen automatischen Textrahmen oder verkettete Textrahmen enthält. Einen Index einfach in einen aufgezogenen Textrahmen zu platzieren, ist leider nicht möglich. Hier sollte Quark noch nachbessern.

Sind alle Bedingungen erfüllt, dann öffnen Sie das Palettenmenü der *Indexpalette* und wählen die Funktion *Index erstellen* aus. Daraufhin wird ein Fenster geöffnet, in dem Sie nun die Parameter für das Aussehen des Index festlegen müssen.

In diesem Fenster werden die Einstellungen für das Aussehen des Index definiert.

Zuerst müssen Sie entscheiden, ob der Index das Format *Integriert* oder *Fortlaufend* hat. Beim Format *Integriert* wird jeder Eintrag in eine eigene Zeile gesetzt, deshalb ist dieses Format am besten für einen Index mit mehreren Ebenen geeignet. Mit dem Format *Fortlaufend* werden die Einträge nacheinander fortlaufend gesetzt. Dieses Format ist für Indizes mit mehreren Ebenen nicht geeignet. Soll der Index über alle Kapitel eines Buchs generiert werden, dann aktivieren Sie die Option *Gesamtes Buch.* Diese Option ist allerdings nur verfügbar, wenn das aktuelle Dokument Bestandteil eines Buchs ist. Um einen bereits vorhandenen Index zu aktualisieren, können Sie die Option *Bestehenden Index ersetzen* aktivieren.

Wenn Sie einen Index aktualisieren, gehen alle manuellen Formatierungen wie z. B. Tabulatoren, Farbe, Schrift usw. verloren.

Damit im Index die verschiedenen Buchstabenkategorien eine Überschrift bekommen, muss die Option *Überschrift hinzufügen* ausgewählt werden. Sie können dann sogar den Überschriften eine Stilvorlage zuweisen.

Im Pop-up-Menü *Musterseite* müssen Sie eine Musterseite für den Index auswählen. Der Index wird immer am Ende des Dokuments hinzugefügt, beginnend mit einer rechten Seite bei Doppelseitenlayout.

Die Musterseite für den Index muss entweder einen automatischen Textrahmen oder verkettete Textrahmen enthalten. Ist dies nicht der Fall, erhalten Sie eine Fehlermeldung beim Erstellen des Index.

Im Bereich *Ebenenstile* wird den einzelnen Indexebenen eine Stilvorlage zugewiesen.

Nachdem Sie nun alle Einstellungen getroffen haben und die Eingaben bestätigt sind, erstellt Ihnen QuarkXPress am Ende des Dokuments eigene Seiten mit dem generierten Index. Dieser lässt sich nun jederzeit noch manuell bearbeiten. Mit einem kleinen Trick können Sie automatisch einen Tabulator zwischen Eintrag und Seitenzahl setzen lassen. Dazu müssen allerdings die *Vorgaben* geändert werden (siehe nächster Abschnitt).

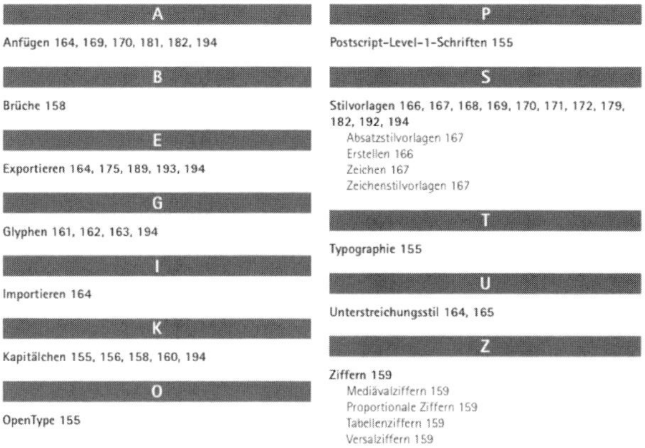

Ein Beispiel für einen Index mit mehreren Ebenen und Überschriften.

Index-Vorgaben

Für das Generieren eines Index muss nicht nur das Aussehen festgelegt werden, sondern auch noch einige andere Einstellungen, z. B. die Trennzeichen zwischen den Seitenzahlen oder den Einträgen. In den *Vorgaben (Apfel/Strg + Alt + Shift + Y)* werden in der Kategorie *Index* die Einstellungen für die Trennzeichen vorgenommen.

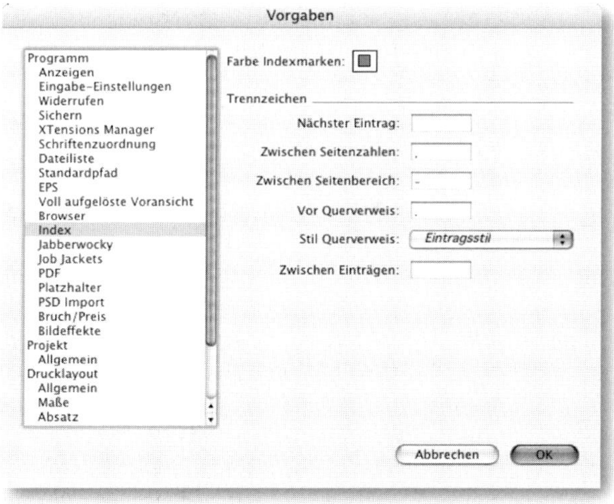

Die Vorgaben für das Erstellen eines Index.

Mit der Option *Farbe Indexmarken* wird die Farbe der Indexmarkierung im Layout bzw. Text festgelegt. Klicken Sie einfach auf das Farbfeld, um den Farbwähler zu öffnen und eine andere Farbe auszuwählen.

Im Bereich *Trennzeichen* befinden sich die verschiedenen Einstellungen für die Verwendung von Trennzeichen bei einem Index.

Nächster Eintrag definiert die unmittelbar auf einen Eintrag folgende Interpunktion. Beispiel: In „Exportieren: 78, 90-96, 124“ kommen ein Doppelpunkt und ein Leerzeichen direkt nach dem Eintrag „Exportieren“.

Wenn Sie einen Tabulator zwischen dem Eintrag und den Seitenzahlen haben wollen, müssen Sie zuvor einen Tabulator aus dem Layout kopieren und in das Feld der ***Vorgaben*** *einfügen. Es erscheint zwar kein Steuerzeichen in dem Feld, aber es funktioniert. Was will man mehr?*

Wenn unmittelbar auf einen Indexeintrag ein Querverweis folgt, werden statt der unter *Nächster Eintrag* angegebenen Zeichen die Zeichen unter *Vor Querverweis* verwendet.

Zwischen Seitenzahlen gibt die Wörter oder Zeichen an, die eine Reihe von Seitenzahlen trennen, in der Regel ein Komma oder Semikolon. Beispiel: In „Exportieren 78, 90-96, 124" werden die Seitenzahlangaben durch ein Komma und ein Leerzeichen getrennt.

Zwischen Seitenbereich definiert die Wörter oder Zeichen, die einen Seitenbereich angeben, in der Regel ein Halbgeviertstrich oder das mit Leerstellen versehene Wort „bis". Beispiel: In „Exportieren 78, 90–96, 124" wird der Seitenbereich mit einem Halbgeviertstrich bezeichnet.

Vor Querverweis bezeichnet die Wörter oder Zeichen, die vor einem Querverweis stehen, in der Regel ein Punkt, ein Semikolon oder ein Leerzeichen. Beispiel: In „Exportieren 78, 90–96, 124. Siehe auch Laden" gehen dem Querverweis ein Punkt und eine Leerstelle voran.

Querverweis-Stil legt die für Querverweise verwendete Stilvorlage fest. Diese Stilvorlage wird dann lediglich auf „Siehe", „Siehe auch" und „Siehe unter" angewendet.

Zwischen Einträgen gibt die Wörter oder Zeichen an, die zwischen Eintragsebenen in einem fortlaufenden Index verwendet werden, in der Regel ein Semikolon oder Punkt.

XTensions-Manager

Das Programm QuarkXPress ist ein offenes, modulares System. Das bedeutet, der Anwender kann den Funktionsumfang des Programms durch die Installation von zusätzlichen Komponenten (XTensions) erweitern. Durch den modularen Aufbau kann das Programm mit Funktionen von anderen Softwareherstellern erweitert werden. Das könnten z. B. Funktionen für eine spezielle Datenbankanbindung oder Funktionen zum Ausschießen sein.

XTensions installieren

Die Installation von zusätzlichen oder fehlenden XTension ist sehr einfach. Am besten wird das Installationsprogramm des jeweiligen Softwareherstellers der XTension aktiviert. Falls es kein Installationsprogramm gibt, können Sie die XTension auch manuell in den *XTension-Ordner* von QuarkXPress legen. Der Ordner befindet sich bei Macintosh unter *Mac HD -> Programme -> QuarkXPress 7.0 -> XTensions* und bei Windows unter *C:/Programme/Quark/QuarkXPress 7.0/XTensions.* In diese Ordner legen bzw. kopieren Sie ganz einfach die XTension.

Nachdem Sie die XTension installiert haben, muss QuarkXPress neu gestartet werden. Erst durch den Neustart wird die neue XTension aktiviert.

Der Speicherort des XTensions-Ordners unter Mac OS X.

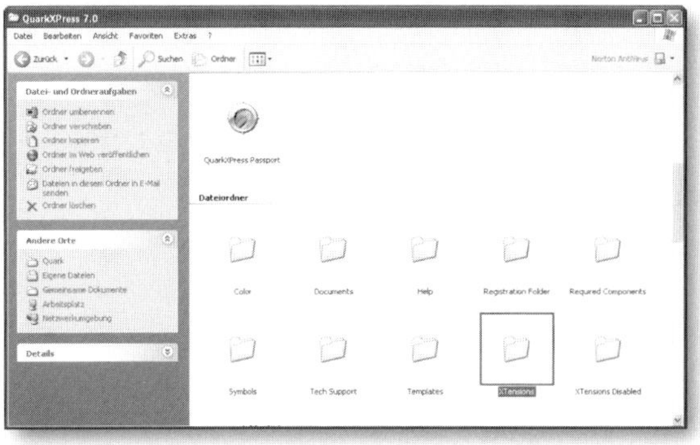

Der Speicherort des XTensions-Ordners unter Windows XP.

XTensions ein- und ausschalten

Durch den modularen Aufbau von QuarkXPress kann der Anwender nicht nur neue Funktionen aktivieren, sondern auch nicht benötigte Funktionen einfach ausschalten. Funktionen, die man gar nicht oder sehr selten braucht, können deaktiviert werden, dadurch benötigt das Programm weniger Ressourcen vom Rechner. Durch das Ein- und Ausschalten der XTensions können QuarkXPress-Arbeitsplätze für verschiedene Einsatzzwecke optimiert werden. So braucht z. B. der QuarkXPress-Arbeitsplatz eines Redakteurs die XTension Quark Vista für die Bildeffekte nicht, aber dafür die XTension für die Glyphen-Palette.

Das Ein- und Ausschalten von XTensions ist sehr einfach. Sie benötigen dafür den *XTensions-Manager* aus dem Menü *Hilfsmittel*. Im Manager werden nun alle XTensions aufgelistet, die ein- und ausgeschaltet werden können. Ein Klick auf das Kästchen in der Spalte *Aktiviert* schaltet die XTension ein bzw. aus.

Nachdem Sie XTensions ein- oder ausgeschaltet haben, müssen Sie QuarkXPress unbedingt neu starten. Erst der Neustart des Programms aktiviert bzw. deaktiviert die XTensions.

Das Deaktivieren einer XTension lädt die XTension beim Neustart des Programms trotzdem, Sie können nur nicht auf die Funktionen der XTension zugreifen. Besser ist es, die XTension aus dem XTensions-Ordner in einen beliebig anderen Ordner, den QuarkXPress nicht kennt, zu verschieben. Dadurch benötigt das Programm weniger Ressourcen des Rechners.

Im XTensions-Manager werden die einzelnen Programmkomponenten verwaltet und können ein- und ausgeschaltet werden.

Die Kombination der aktivierten bzw. deaktivierten XTensions kann als Einstellung mit der Schaltfläche *Sichern unter* gespeichert werden. Die gespeicherte Kombination wird als *XTension-Gruppe* bezeichnet und wird im Pop-up-Menü *Gruppe* aufgelistet. Somit können Sie verschiedene Kombinationen speichern und je nach Bedarf zwischen den Kombinationen hin- und herschalten.

Die XTension-Gruppen lassen sich auch mit der Schaltfläche *Exportieren* als eigene Datei sichern. Diese Datei kann dann z. B. auf einen anderen QuarkXPress-Arbeitsplatz übernommen werden. Dazu müssen Sie auf die Schaltfläche *Importieren* klicken und die entsprechende Datei auswählen. Mit der Im- und Exportfunktion wird dem Systemadministrator das Verwalten bzw. die Verteilung der XTension-Gruppen erleichtert.

Die wichtigsten XTensions

Damit Sie wissen, welche XTension für welche Funktion zuständig ist, haben wir Ihnen eine kleine Tabelle mit den wichtigsten XTensions zusammengestellt:

Name der XTension	Funktion
CompositionZone	Zuständig für die Funktion der Composition Zones
Custom Bleeds	Zuständig für die Funktion „Anschnitt" bei der Ausgabe
Dejavu	Listet die zuletzt geöffneten Dateien im Menü „Datei/Ablage" auf
DropShadow	Zuständig für die Schlagschatten-Funktion
EditOriginal	Damit können aus QuarkXPress heraus die Bilder und Grafiken im Originalprogramm geöffnet und bearbeitet werden.

Name der XTension	Funktion
FullResPreview	Zuständig für die Darstellung von Bildern am Monitor in hoher Auflösung.
GlyphPalette	Zuständig für die Glyphen-Palette
Guide Manager	Zuständig für den Hilfslinien-Manager
HyphDieckmann	Zuständig für die erweiterte Silbentrennung
Index	Zuständig für die Index-Palette
Kern-Track Editor	Zuständig für die Funktionen „Spationierung bearbeiten" und „Unterschneidungstabelle bearbeiten"
OPI	Zuständig für die OPI-Funktion bei der Ausgabe
PDF Filter	Zuständig für den PDF-Import und PDF-Export
PSD Import XT	Zuständig für den Import von Photoshop-Dateien
RTF-Filter	Zuständig für den Import von Textdateien im Rich-Text-Format
Table Import	Zuständig für den Import von Excel-Tabellen
Vista	Zuständig für die „Bildeffekte" und den Bild-Export
Word 6-2000 Filter	Zuständig für den Import von Word-Dateien

Hilfslinien-Manager

Ein großes Problem in den älteren QuarkXPress-Versionen war schon immer die genaue Positionierung von Hilfslinien. Man konnte eine Hilfslinie nur sehr umständlich auf eine ganz genaue Position stellen. Diese Probleme sind mit dem *Hilfslinien-Manager* passé. Mit seiner Hilfe können nicht nur horizontale und vertikale Hilfslinien genau positioniert und gesperrt, sondern auch komplette Gestaltungsraster definiert werden.

Der *Hilfslinien-Manager* befindet sich im Menü *Hilfsmittel*. Er ist in die Bereiche *Hilfslinien hinzufügen* und *Hilfslinien entfernen oder sperren* unterteilt.

Hilfslinien hinzufügen

Das Register *Hilfslinien hinzufügen* ist, wie der Name bereits sagt, für das Positionieren von neuen Hilfslinien zuständig. Zuerst müssen Sie im Bereich *Hilfslinienplatzierung* die Art der Hilfslinie auswählen. Dazu öffnen Sie das Pop-up-Menü *Richtung*. Dort können Sie zwischen *Horizontal, Vertikal* und *Beides* auswählen. Die Option *Beides* ist interessant, wenn Sie ein Gestaltungsraster aufbauen und gleichzeitig horizontale und vertikale Hilfslinien platzieren wollen. Durch das Aktivieren der Option *Gesperrte Hilfslinien* werden die neuen Hilfslinien automatisch gesperrt und können somit nachträglich nicht gelöscht oder verschoben werden.

Gesperrte Hilfslinien können nur mit dem ***Hilfslinien-Manager*** *wieder entsperrt werden.*

Das Pop-up-Menü *Ort* legt fest, wo die Hilfslinien platziert werden. Mit der Option *Aktuelle Seite* erhalten Sie Hilfslinien, die nur die Länge des Seitenlayouts haben und auch nur auf der aktuellen Seite platziert werden.

Aktuelle Montagefläche platziert Hilfslinien auf der aktuellen Montagefläche, die auch die Länge der Montagefläche haben. Diese Hilfslinien sind interessant und wichtig, wenn Sie mit Doppelseiten arbeiten.

Die Optionen *Alle Seiten* und *Alle Montageflächen* platziert die Hilfslinien auf allen Seiten bzw. Montageflächen des aktuellen Layouts.

Mit dem ***Hilfslinien-Manager*** *können keine Hilfslinien auf einer Musterseite platziert werden. Diese Hilfslinien müssen Sie nach wie vor manuell erstellen.*

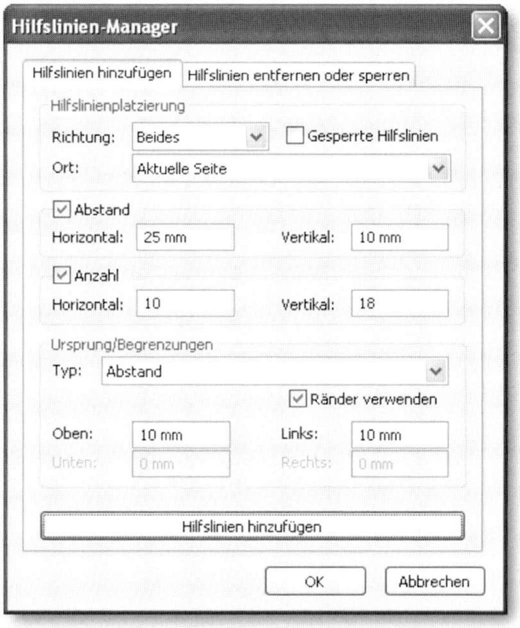

Im Register „Hilfslinien hinzufügen" können im „Hilfslinien-Manager" die Hilfslinien ganz genau positioniert werden.

Die Bereiche *Abstand* und *Anzahl* sind voneinander abhängig. Im Bereich *Anzahl* geben Sie an, wie viele horizontale bzw. vertikale Hilfslinien Sie platzieren wollen. Wenn Sie mehr als eine Hilfslinie platzieren, dann können Sie zusätzlich im Bereich *Abstand* den Abstand zwischen den platzierten Hilfslinien festlegen.

Wenn Sie mehrere Hilfslinien platzieren und keinen Abstand festlegen, dann errechnet QuarkXPress den Abstand zwischen den Hilfslinien automatisch anhand der Einstellungen im Bereich ***Ursprung/Begrenzungen.*** *Wenn Sie also z. B. zehn horizontale Hilfslinien über die ganze Seite verteilen wollen, dann lassen Sie den Bereich* ***Abstand*** *deaktiviert und wählen im Bereich* ***Ursprung/Begrenzungen*** *den Typ* ***Ganze Seite/Montagefläche*** *aus.*

Der Bereich *Ursprung/Begrenzungen* ist für die genaue Position der Hilfslinien zuständig. Das Pop-up-Menü *Typ* legt die Stelle fest, ab der die Hilfslinien positioniert werden. Sie haben die Auswahl zwischen *Abstand, Absolute Position* und *Ganze Seite/Montagefläche.*

Bei der Option *Abstand* wird für die Positionierung der Hilfslinien der rechte, linke, obere und untere Abstand vom Seitenrand festgelegt.

Mit der Option *Absolute Position* hingegen wird eine „Fläche" definiert, innerhalb derer die Hilfslinien verteilt werden. Das Feld *Rechts* steht dabei nicht für den Abstand vom rechten Seitenrand, sondern für die rechte X-Koordinate der „Fläche". Das Gleiche gilt für das Feld *Unten.* Wenn Sie also z. B. die Werte 10 mm für links, 100 mm für rechts, 10 mm für oben und 200 mm für unten angegeben haben, dann hätte die „Hilfslinienfläche" die X-Koordinate 10 mm, Y-Koordinate 10 mm und hätte eine Breite von 90 mm und eine Höhe von 190 mm.

Die Option *Ganze Seite/Montagefläche* verteilt die Hilfslinien über die gesamte Seite bzw. Montagefläche. Die Eingabefelder *Links, Rechts, Oben* und *Unten* sind bei dieser Option deaktiviert.

Der Bereich *Ursprung/Begrenzungen* hat noch eine weitere Option, und zwar *Ränder verwenden.* Wenn Sie diese Option aktivieren, werden die Satzspiegelränder des Layouts bei der Positionierung berücksichtigt. Der Nullpunkt wird für die Positionierung vorübergehend auf den Anfang des Satzspiegels gesetzt und die Hilfslinien werden nur innerhalb der Ränder platziert.

Nur eine Hilfslinie positionieren

Mit dem Hilfslinien-Manager kann man nicht nur Gestaltungsraster aufbauen, sondern selbstverständlich auch nur eine einzelne Hilfslinie genau platzieren. Dafür verwenden Sie die folgenden Einstellungen im Register *Hilfslinien hinzufügen*:

- Richtung: Hier ist es wichtig, nur *Horizontal* oder *Vertikal* einzustellen.
- Ort: auch je nach Bedarf einstellen.
- Abstand: Diese Option wird nicht gebraucht und muss deshalb deaktiviert werden.
- Anzahl: Hier darf nur die Zahl 1 verwendet werden, da Sie ja nur eine Hilfslinie platzieren wollen.
- Typ: Hier können Sie entweder *Abstand* oder *Absolute Position* wählen. Für nur eine Hilfslinien sind die beiden Option gleichwertig.
- Je nach Bedarf die Option *Ränder verwenden* aktivieren.
- Als letzten Schritt die Koordinate im Feld *Links* für vertikale Hilfslinien und im Feld *Oben* für horizontale Hilfslinien angeben.

Zum Abschluss müssen Sie nur noch auf die Schaltfläche *Hilfslinien hinzufügen* klicken. Und schon ist die Hilfslinie auf einer genauen Position erstellt.

Hilfslinien entfernen oder sperren

Im zweiten Register des *Hilfslinien-Managers* können Hilfslinien gelöscht, gesperrt und entsperrt werden. Das Register ist in die Bereiche *Hilfslinien entfernen* und *Hilfslinien sperren* unterteilt.

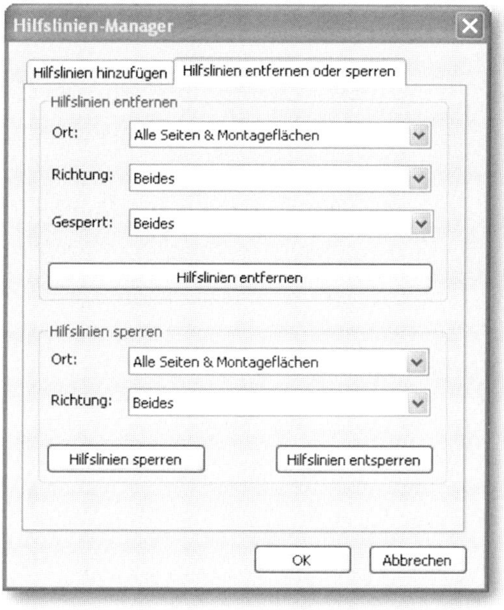

So sieht das Register „Hilfslinien entfernen oder sperren" des Hilfslinien-Managers aus.

Im Bereich *Hilfslinien entfernen* wird im Pop-up-Menü *Ort* eingestellt, auf welchen Seiten die Hilfslinien gelöscht werden sollen. Sie haben die Auswahl zwischen *Aktuelle Seite, Aktuelle Montagefläche, Alle Seiten, Alle Montageflächen* und *Alle Seiten/Montageflächen.*

Hilfslinien von den Musterseiten lassen sich im **Hilfslinien-Manager** *nicht löschen. Diese müssen Sie leider manuell löschen.*

Mit der Option *Richtung* wird festgelegt, welche Hilfslinien gelöscht werden sollen, nur die *horizontalen, vertikalen* oder *beide* Hilfslinienrichtungen.

Im Pop-up-Menü *Gesperrt* wird noch eingestellt, ob nur die Hilfslinien gelöscht werden, die *Gesperrt* oder *Entsperrt* sind. Mit der Option *Beides* ist es egal, ob die Hilfslinien gesperrt oder entsperrt sind, sie werden alle gelöscht.

Durch einen Klick auf die Schaltfläche *Hilfslinien entfernen* werden dann die gewählten Hilfslinien vom Layout gelöscht.

Der zweite Bereich *Hilfslinien sperren* dient zum Sperren und Entsperren bereits vorhandener Hilfslinien. Dabei haben die Pop-up-Menüs *Ort* und *Richtung* die gleiche Bedeutung bzw. Auswirkung wie beim Löschen von Hilfslinien. Durch einen Klick auf die Schaltflächen *Hilfslinien sperren* bzw. *Hilfslinien entsperren* wird dann die entsprechende Funktion auf die Hilfslinien angewendet.

*Sollte der **Hilfslinien-Manager** bei Ihnen nicht anwählbar bzw. im Menü „Hilfsmittel" nicht enthalten sein, dann ist bei Ihrem QuarkXPress die XTension „Guide Manager" nicht installiert oder nicht aktiviert. Kontrollieren Sie im **XTensions-Manager** (siehe Abschnitt weiter vorne in diesem Kapitel) die Einstellungen.*

Vorgaben und Einstellungen

Die Grundeinstellungen bzw. Vorgaben werden von vielen QuarkXPress-Anwendern vernachlässigt. Um Ihnen einen Überblick über die verschiedenen Einstellungen und deren Bedeutung zu geben, finden Sie in diesem Abschnitt eine ausführliche Erläuterung der QuarkXPress-Einstellungen.

Die *Einstellungen* findet der Macintosh-Anwender im Menü *QuarkXPress.* Der Windows-Anwender findet die *Vorgaben* im Menü *Bearbeiten.* Beide können aber auch das Tastenkürzel *Apfel/Strg + Alt + Shift + Y* verwenden, um die Vorgaben bzw. Einstellungen zu öffnen.

Die Vorgaben sind in vier Hauptkategorien unterteilt, in *Programm, Projekt, Drucklayout* und *Weblayout.* Die Kategorien Programm und Projekt können jederzeit verändert werden und sind nicht von einem QuarkXPress-Dokument abhängig. Bei diesen beiden Kategorien ist es auch egal, ob in QuarkXPress ein Dokument geöffnet ist.

Die Einstellungen in den Kategorien Druck- und Weblayout beziehen sich immer auf das aktuelle Dokument. Die Änderungen in diesen Kategorien werden also immer nur im aktuellen Dokument wirksam.

*Um die Einstellungen für die Kategorie **Druck- und Weblayout** permanent zu ändern, darf in QuarkXPress kein Dokument geöffnet sein. Werden die Einstellungen geändert, wenn keine Datei geöffnet ist, wirken sich die Einstellungen auf jedes neu erstellte QuarkXPress-Projekt aus.*

Programm – Anzeigen

In dieser Kategorie werden verschiedene Parameter für die Anzeige am Monitor eingestellt. Im Bereich *Hilfslinienfarben* können Sie die Farben für *Ränder (Satzspiegel), Linien (Hilfslinien)* und *Raster (Grundlinienraster)* festlegen. Ein Klick auf das Farbfeld öffnet den Farbwähler zur Auswahl der gewünschten Farbe.

Der Bereich *Anzeigen* enthält Einstellungen für die Darstellung von Bildern und transparenten Textrahmen am Monitor. Die Option *Opake Textrahmen bearbeiten* wirkt sich auf die Bearbeitung von transparenten Textrahmen aus. Ist diese Option aktiviert, wird die Hintergrundfarbe von transparenten Textrahmen während der Bearbeitung nicht mehr transparent dargestellt. Erst nach Abschluss der Bearbeitung wird der Hintergrund wieder transparent. Bei deaktivierter Option bleibt der Textrahmen während der Bearbeitung transparent.

Die beiden Pop-up-Menüs *Farb-TIFFs* und *Grau-TIFFs* haben Auswirkung auf die Darstellung von TIFF-Bildern in QuarkXPress. Für farbige TIFF-Bilder haben Sie die Wahl zwischen *8-Bit* und *32-Bit.* Die 8-Bit-Darstellung zeigt die Bilder am Monitor nur mit 256 Farben an. Diese Einstellung kann sinnvoll sein, wenn Sie eine kleine Grafikkarte oder einen etwas langsameren Rechner besitzen. Die 32-Bit-Darstellung hingegen zeigt ein farbiges TIFF-Bild mit allen Farben an, genauso wie in Photoshop. Für Graustufen-TIFFs gibt es die Auswahlmöglichkeit zwischen *16 Stufen* und *256 Stufen*. Genau wie bei farbigen Bildern beeinflussen die beiden Optionen die Darstellungsqualität von Graustufenbildern am Monitor.

Die Änderung der Qualitätseinstellung für die TIFF-Bilder hat nur eine Auswirkung auf neu importierte Bilder. Bereits positionierte Bilder werden immer noch in der alten Qualität angezeigt. Um auch für die alten Bilder eine bessere Anzeige zu erhalten, müssen sie neu importiert werden.

Die Änderung der Darstellungsqualität hat keine Auswirkung auf die Ausgabe. Es wird nur die Anzeige am Monitor verändert.

Mit der Option *Breite der Arbeitsfläche* können Sie den Platz, der links und rechts neben dem Layout liegt (Montagefläche) verändern. Der eingetragene Prozentwert ist abhängig von der Layoutbreite. Layout und Montagefläche können zusammen maximal 121,92 cm betragen.

Im Pop-up-Menü *Bildschirmprofil* stellen Sie das ICC-Profil ein, das für die Anzeige am Monitor verwendet werden soll (siehe Kapitel „Farbmanagement").

Als letzte Option können Sie mit einem Klick auf die Schaltfläche *Alle Warnmeldungen zeigen* alle Warnfenster, die Sie deaktiviert haben, wieder einschalten.

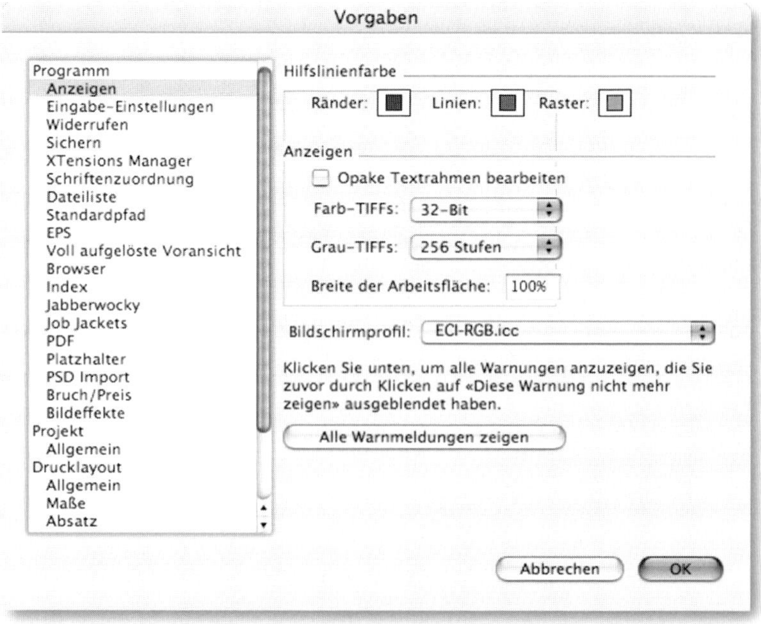

Die Vorgaben für die „Anzeige" in QuarkXPress.

Programm – Eingabe-Einstellungen

In dieser Kategorie der Vorgaben befinden sich Einstellungen, die sich auf das Navigieren in einem Layout auswirken. Zusätzlich befinden sich noch Einstellungen für den Index und die Anführungszeichen in dieser Kategorie.

Im Bereich *Scrollen* können Sie mit dem Schieberegler die Scroll-Geschwindigkeit einstellen. Durch das Aktivieren der Option *Schnelles Scrollen* können Sie zusätzlich die Scrollgeschwindigkeit erhöhen. Damit werden während des Scrollvorgangs Bilder und Verläufe ausgeblendet, um die Geschwindigkeit zu erhöhen. Mit der Option *Echtzeitbewegung* wird die Sichtbarkeit des Layouts während des Scrollvorgangs aktiviert, wenn Sie mit den Rollbalken des Fensters durch das Layout scrollen. Diese Option sollten Sie aktivieren, damit Sie während des Scrollens genau beobachten können, an welche Stelle gescrollt wird.

Der Bereich *Anführungszeichen* ist für die Auswahl der typografischen Anführungszeichen zuständig. Im Pop-up-Menü *Format* können Sie zwischen den verschiedenen Arten der Anführungszeichen wählen. Die hier ausgewählten Anführungszeichen werden auch beim Textimport und der Umwandlung der Anführungszeichen verwendet. Durch das Aktivieren der Option *Anführungszeichen* werden auch bei der Texteingabe beim Drücken der Tastenkombination *Shift + 2* die typografischen Anführungszeichen verwendet. Ist diese Option ausgeschaltet, erhalten Sie immer das amerikanische Zollzeichen als An- und Abführungszeichen. Es ist also ratsam, diese Option standardmäßig zu aktivieren.

Der Bereich *Seitenbereichsunterteiler* ist für das Generieren eines Index zuständig. Näheres erfahren Sie im Abschnitt „Index" etwas weiter vorne in diesem Kapitel.

Im Bereich *Ctrl-Taste* wird das Verhalten beim Drücken der Control-Taste eingestellt. Weitere Informationen hierüber finden Sie im Kapitel „Arbeitsoberfläche".

Mit der Funktion *Verzögerung vor Auffrischung des Ziehens* können Sie das Zeitintervall für eine „Live-Vorschau" beim Bearbeiten von Objekten einstellen. „Live-Vorschau" bedeutet, dass Sie etwa während der Breitenänderung eines Textrahmens den neuen Zeilenumbruch sehen und nicht erst, wenn die Maustaste losgelassen wird. Ein sehr niedriger Wert aktiviert die „Live-Vorschau", sobald Sie einen Anfasser eines Text- oder Bildrahmens verschieben. Ist ein hoher Wert eingestellt, erhalten Sie die „Live-Vorschau" erst, wenn Sie so lange die Maustaste drücken, bis das Zeitintervall erreicht ist, z. B. vier Sekunden lang. Besitzen Sie einen schnellen Rechner, können Sie ohne Bedenken die Zeitangabe auf 0,1 Sekunden (niedrigster Wert) setzen.

Die Option *Text ziehen und loslassen* aktiviert das Verschieben und Kopieren von ausgewählten Textstellen per Drag-and-Drop. Damit können Sie also Textstellen auswählen und ganz einfach mit der Maus an eine andere Stelle setzen. Durch zusätzliches Drücken der *Shift-Taste* während des Verschiebens wird der ausgewählte Text kopiert.

Mit der Option *Quickinfo zeigen* wird der so genannte „Tooltipp" aktiviert. Wenn Sie z. B. mit der Maus auf ein Werkzeug zeigen, erscheint nach zwei Sekunden ein kleines gelbes Feld, in dem der Name des Werkzeugs steht. Dieses Feld ist der „Tooltipp" bzw. die „Quickinfo".

Die Option *Bildrahmenattribute beibehalten* ist eine Neuerung in QuarkXPress 7 und ist sehr wichtig für Anwender, die sehr häufig Bilder austauschen müssen. Durch das Aktivieren dieser Option werden beim Austausch von platzierten Bildern die Attribute (Skalierung, Bildausschnitt, Drehung usw.) des alten Bildes auf das neue übertragen. Das neue Bild muss also nach dem Import nicht mehr verkleinert bzw. der Bildausschnitt nicht neu bestimmt werden. Eine wirklich sehr hilfreiche Funktion, die immer eingeschaltet werden sollte.

Als letzte Einstellung findet sich die Option *Fallback-Schrift*. Wenn diese Funktion aktiv ist, sucht QuarkXPress, falls es auf ein nicht in der aktuellen Schriftart darstellbares Zeichen stößt, in allen aktivierten Schriften nach einer Schrift, mit der dieses Zeichen korrekt angezeigt werden kann. Diese Option ist standardmäßig markiert.

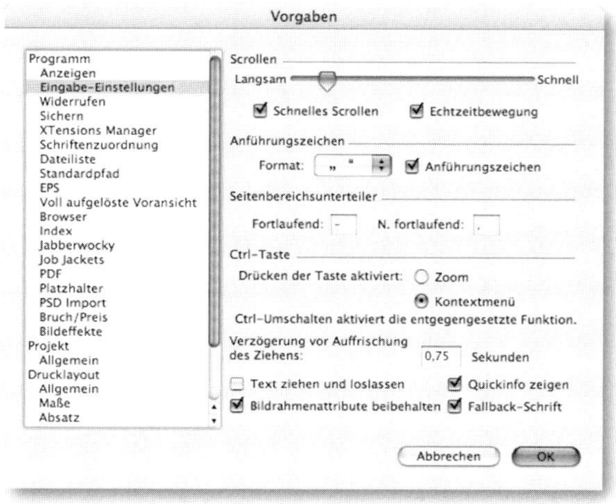

Die Kategorie „Eingabe-Einstellungen" enthält einige sehr wichtige Optionen, die das Arbeiten in QuarkXPress schneller und komfortabler machen.

Programm – Widerrufen

Diese Kategorie enthält nur zwei Einstellungen, die das Tastaturkürzel zum Wiederherstellen von Arbeitsschritten und die Anzahl der Rückgängig-Schritte definieren. Im Pop-up-Menü *Wiederherstellen* wird der Tastaturbefehl für das Wiederherstellen einer zuvor rückgängig gemachten Aktion eingestellt. Arbeitsschritte können mit dem Tastenkürzel *Apfel/Strg* + Z rückgängig gemacht werden und um nun den Arbeitschritt wiederherzustellen, wird das hier angegebene Tastenkürzel verwendet.

Im Feld *Maximal umkehrbare Aktionen* wird die Anzahl der Arbeitsschritte angegeben, die aufgezeichnet und wieder rückgängig gemacht werden können. Sie können maximal 30 Arbeitsschritte aufzeichnen und rückgängig machen.

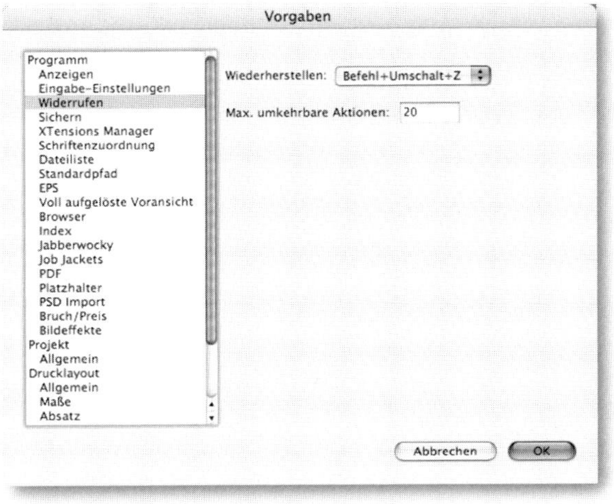

Die Kategorie „Widerrufen" der QuarkXPress-Vorgaben.

Programm – Sichern

In dieser Kategorie können Sie die automatische Sicherung und Backup-Funktion von QuarkXPress aktivieren und einstellen.

Wenn Sie die Option *Automatisch sichern* aktivieren, dann werden alle momentan geöffneten Projekte in dem angegebenen Zeitintervall gesichert. Bei der automatischen Sicherung wird die Originaldatei erst überschrieben, wenn Sie manuell mit *Apfel/Strg + S* sichern. Diese Funktion soll verhindern, dass bei einem Absturz oder Systemausfall die Arbeit verloren geht. Tritt dieser Fall ein, dann wird beim erneuten Starten von QuarkXPress die zuletzt automatisch gesicherte Version des Projekts wiederhergestellt. Diese Funktion sollte standardmäßig aktiviert sein, damit bei einem evtl. Absturz die Arbeit der letzten Stunden nicht verloren ist.

Bei sehr großen Dokumenten kann die automatische Sicherung zu einer Verzögerung während des Arbeitens im Projekt führen.

Zusätzlich zur automatischen Sicherung können Sie noch die Option *Automatische Sicherungskopie* aktivieren. Mit dieser Option können Sie mehrere Versionen eines Projekts behalten. Jedes Mal, wenn Sie manuell sichern (Apfel/Strg + S), wird so lange eine neue Datei angelegt, bis der Wert im Feld *Behalten von XX Versionen* erreicht ist. Wird danach erneut gesichert, dann wird die erste Version überschrieben, danach die zweite Version usw. Die einzelnen Versionen des Projekts werden automatisch durchnummeriert, wobei die älteste Version die niedrigste Nummer hat.

Im Bereich *Ziel* können Sie den Speicherort der verschiedenen Versionen festlegen. Entweder den *Projektordner*, also den Ordner, in dem die Originaldatei liegt, oder einen beliebigen *Anderen Ordner.*

Durch das Aktivieren der Option *Automatisches Sichern der Bibliothek* wird eine geöffnete Bibliothek automatisch gesichert, sobald ein neues Element in die Bibliothek gelegt wird. Diese Option sollten Sie aktiviert lassen, da Sie ansonsten die Änderungen in der Bibliothek manuell sichern müssten.

Als letzte Einstellung in der Kategorie *Sichern* findet sich die Option *Layoutposition sichern.* Ist diese Option aktiviert, dann wird beim Sichern eines Projekts die Fenstergröße und -position mit gespeichert. Beim nächsten Öffnen des Projekts wird es dann mit der gleichen Fenstergröße und -position geöffnet wie bei der letzten Sicherung.

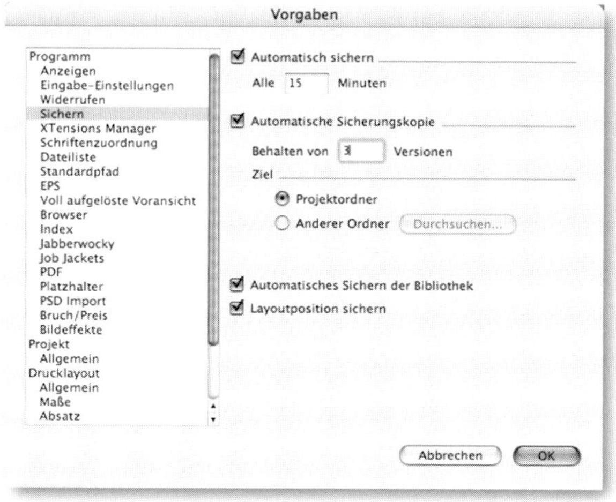

In der Kategorie „Sichern" können die Backup-Funktion und das Automatische Sichern eingestellt werden.

Programm – XTensions-Manager

In dieser Kategorie wird das Verhalten des *XTensions-Managers* beim Starten von QuarkXPress gesteuert. Wenn Sie die Option *Immer* aktivieren, dann öffnet sich der XTensions-Manager immer automatisch, wenn QuarkXPress gestartet wird.

Die Option *Wenn* öffnet den XTensions-Manager beim Programmstart nur, wenn der *XTension Ordner verändert wurde,* also z. B. neue XTensions installiert wurden, und/oder wenn ein *Fehler beim Laden der XTensions Software* aufgetreten ist, also beim Laden einer XTension beim Programmstart ein Problem aufgetreten ist.

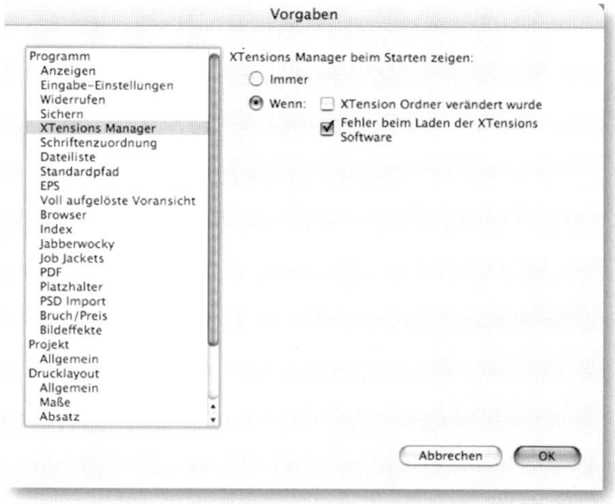

Die Vorgaben für den „XTensions-Manager".

Programm – Schriftenzuordnung

In dieser Kategorie wird das Verhalten von QuarkXPress eingestellt, wenn beim Öffnen eines Projekts die notwendigen Schriften nicht installiert sind. Zum Festlegen einer *Standard-Ersatzschrift,* die für die fehlenden Schriften verwendet werden soll, wählen Sie im gleichnamigen Feld eine Schrift aus. Dort werden nur Schriften angezeigt, die aktuell auf Ihrem System installiert bzw. aktiviert sind.

Um das Dialogfenster für die fehlenden Schriften beim Öffnen eines Projekts zu unterdrücken, schalten Sie die Option *Keine Anzeige des Dialogs „Fehlende Schriften"* ein. Sie können dann mit den darunter liegenden Optionen die Vorgehensweise bestimmen, wenn das Dialogfenster unterdrückt wird. Mit *Anzeige des Dialogs „Fehlende Schriften"* wird das Dialogfenster nur dann geöffnet, wenn keine Regeln für das Ersetzen der Schriften definiert sind. Diese Regeln können im Menü *Hilfsmittel* mit der Funktion *Schriftzuordnung* eingestellt werden. Die Option *Fehlende Schriften durch Ersatzschrift ersetzen* verwendet automatisch die oben angegebene Ersatzschrift für die fehlenden Schriften.

Um das Problem mit nicht aktivierten bzw. fehlenden Schriften zu lösen, können Sie auch Schriftverwaltungsprogramme wie Extensis Suitcase oder Lintotype FontExplorer verwenden. Diese Programme installieren eine XTension in QuarkXPress, fangen damit die Abfrage nach fehlenden Schriften von QuarkXPress ab und aktivieren die erforderlichen Schriften automatisch.

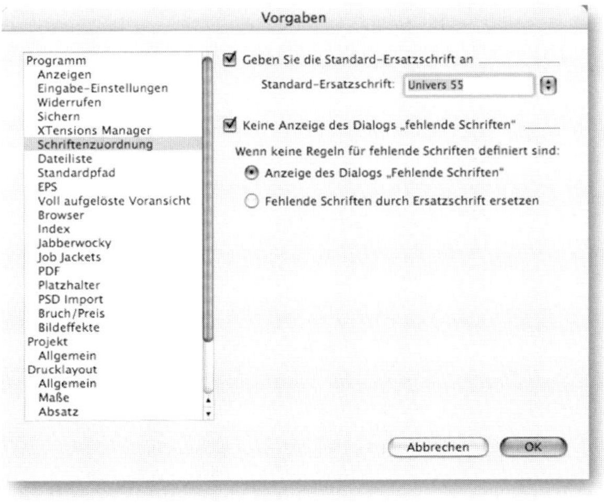

In der Kategorie „Schriftenzuordnung" wird das Verhalten von QuarkXPress eingestellt, wenn ein Projekt mit fehlenden Schriften geöffnet wird.

Programm – Dateiliste

In dieser Kategorie wird die Liste der zuletzt geöffneten Dateien konfiguriert. Im Feld *Anzahl anzuzeigender aktueller Dateien* wird die Anzahl der zuletzt geöffneten Dateien eingestellt, die das Menü *Datei/Ablage* enthalten soll. Die maximale Anzahl liegt bei neun.

Im Bereich *Dateilistenstandort* können Sie den Anzeigeort der zuletzt geöffneten Dateien wählen. Entweder direkt das Menü *Ablage/Datei* oder den Punkt *Öffnen* aus dem Menü *Ablage/Datei.*

Für eine alphabetische Auflistung der Dateien müssen Sie die Option *Namen alphabetisieren* aktivieren.

Soll der komplette Speicherpfad der Dateien angezeigt werden, dann schalten Sie die Option *Vollständigen Pfad zeigen* ein.

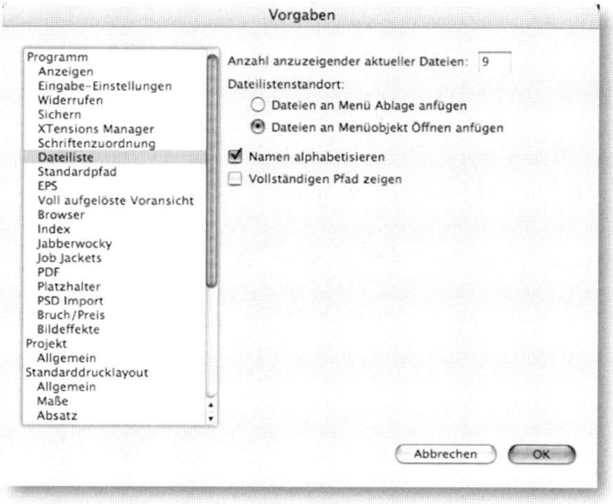

Die Kategorie „Dateiliste“ enthält Einstellungen für die Anzeige der zuletzt geöffneten Dateien.

Programm – Standardpfad

Für das Öffnen und Speichern von QuarkXPress-Projekten und das Importieren von Bildern und Texten können in QuarkXPress *Standardpfade* eingestellt werden. Diese Pfade werden vom Programm angesteuert, wenn etwa ein Bild importiert wird. Die Einstellungen sind besonders nützlich, wenn Sie z. B. beim Arbeiten in QuarkXPress immer auf den gleichen Ordner zum Importieren von Bildern oder Texten zugreifen müssen.

Zum Einstellen der Pfade aktivieren Sie die gewünschte Funktion und klicken anschließend auf die Schaltfläche *Durchsuchen*. Wählen Sie den gewünschten Speicherort aus und bestätigen Sie die Eingabe. Beim nächsten Speichern, Öffnen oder Importieren greift dann QuarkXPress automatisch auf den eingestellten Pfad zu.

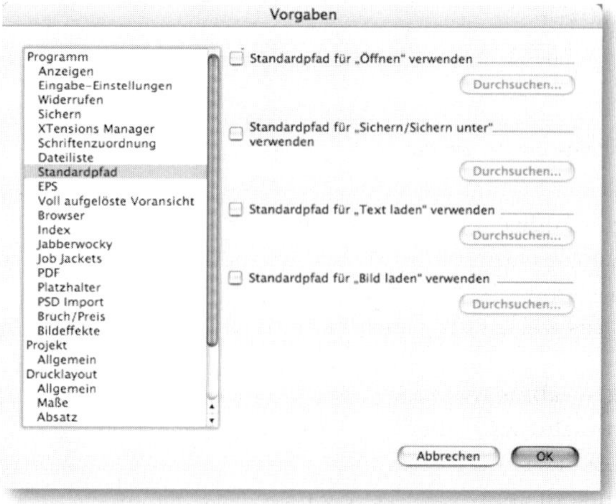

In der Kategorie „Standardpfad“ können für das Öffnen, Speichern und Importieren Standardordner eingestellt werden.

Programm – EPS
Diese Kategorie enthält Einstellungen für die Darstellung von EPS-Bildern im Layout. Näheres erfahren Sie im Kapitel „Bilder und Grafiken".

Programm – Voll aufgelöste Voransicht
In dieser Kategorie werden die Einstellungen für die Darstellung von EPS- und PDF-Bildern in hoher Auflösung festgelegt. Wissenswertes darüber können Sie im Kapitel „Bilder und Grafiken" nachlesen.

Programm – Browser
Wenn Sie mit QuarkXPress auch HTML-Seiten erstellen, dann können Sie in dieser Kategorie den Internetbrowser auswählen, der für die Vorschau verwendet werden soll. Standardmäßig sind bereits die Browser enthalten, die bei der Installation von QuarkXPress auf Ihrem System installiert waren. Um weitere Browser hinzuzufügen, klicken Sie ganz einfach auf die Schaltfläche *Hinzufügen* und suchen den Browser auf der Festplatte.

Sie können immer nur einen Browser als Standard für die Vorschau einstellen. Die anderen Browser können nur angesteuert werden, wenn Sie das Menü ***Seite*** *öffnen und dort in der Funktion* ***Voransicht HTML*** *den Browser auswählen oder die Schaltfläche* ***HTML-Voransicht*** *in der unteren Fensterleiste des Projektfensters öffnen.*

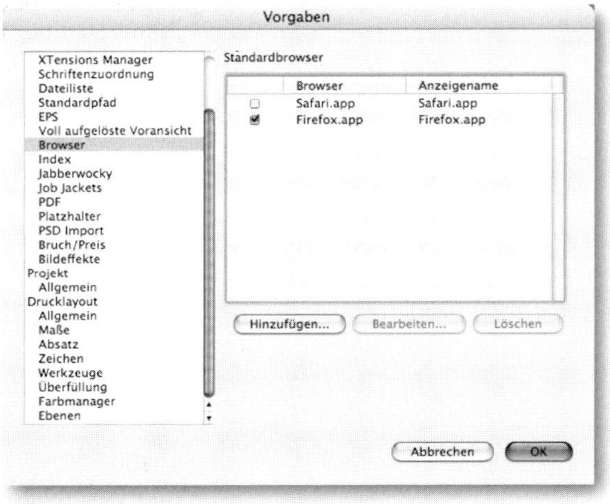

In der Kategorie „Browser" werden die Internetbrowser für die HTML-Vorschau verwaltet.

Programm – Index
Diese Kategorie enthält Einstellungen, die beim Generieren eines Index verwendet werden. Näheres dazu erfahren Sie im Abschnitt „Index erstellen" etwas weiter vorne in diesem Kapitel.

Programm – Jabberwocky
Sie wissen nicht, was Jabberwocky ist? Kein Problem. Jabberwocky ist eine QuarkXPress-XTension, mit deren Hilfe Sie Textrahmen mit „Blindtext" füllen können. Die Funktion wird sehr häufig beim Gestalten ein-

gesetzt, wenn der textliche Inhalt eines Layouts noch nicht feststeht, aber trotzdem schon das Erscheinungsbild gestaltet werden soll. Mit der Funktion *Jabber* aus dem Menü *Hilfsmittel* kann dieser Platzhaltertext in einen Textrahmen eingefügt werden. In den Vorgaben können Sie nun die Sprache des Textes einstellen. Sie haben die Auswahl zwischen *Englisch, Lateinisch, Esperanto* und *Klingonisch* (besonders interessant für Trekkies). Mit der Funktion *Jabberwocky Sets* aus dem *Menü Bearbeiten* können Sie auch eigene Sprachsets erstellen. Die Änderung der Sprache hat keine Auswirkung auf die bereits platzierten Texte, sondern nur auf neu eingefügte.

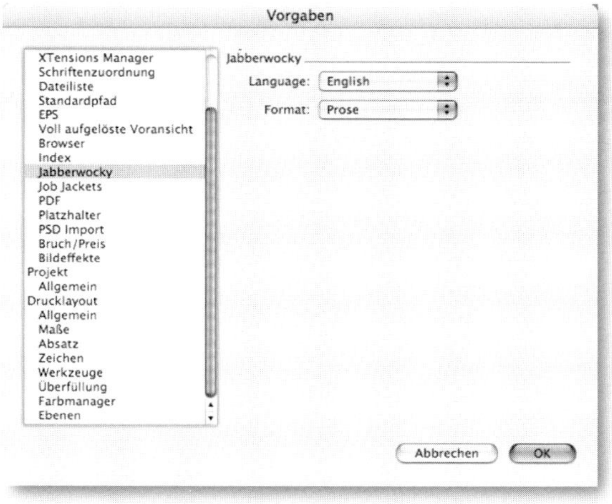

Die Kategorie „Jabberwocky" enthält die Spracheinstellung für die Funktion „Jabber" aus dem Menü „Hilfsmittel".

Programm – Job Jackets

Diese Kategorie enthält Einstellungen für das Evaluieren von Layouts mithilfe von Job-Jackets und für das Speichern von Job-Jackets. Weiteres können Sie im Kapitel „Job-Jackets" nachlesen.

Programm – PDF

Diese Kategorie enthält Einstellungen, die beim PDF-Export zum Tragen kommen. Sind Sie ein Fan des neuen, verbesserten PDF-Exports von QuarkXPress, dann aktivieren Sie die Funktion *Direkt als PDF,* um beim Exportieren direkt aus dem Programm heraus eine PDF-Datei zu erstellen. Generieren Sie aber lieber mit Acrobat Distiller Ihre PDF-Dateien, dann können Sie die Option *Postscript-Datei für späteres Destillieren erstellen* aktivieren. Dadurch wird beim PDF-Export keine PDF-Datei geschrieben, sondern eine Postscript-Datei, die dann später in Acrobat Distiller in eine PDF-Datei umgewandelt werden kann. Falls Sie die Postscript-Datei in einen *überwachten Ordner* des Distillers speichern wollen, dann aktivieren Sie die Option *Kontrollordner* und geben mit einem Klick auf *Durchsuchen* den Ordner an.

Macintosh-Anwender können im Feld *Virtueller Speicher* den Festplattenspeicher für die Generierung einer PDF-Datei einstellen. Besonders große Layouts brauchen beim PDF-Export für den Berechnungsvorgang sehr viel Speicher. Falls QuarkXPress einmal eine Fehlermeldung beim

PDF-Export bringt, die darauf hinweist, dass der virtuelle Speicher nicht ausreicht, müssen Sie ihn in diesem Feld erhöhen. Das Pop-up-Menü *Standardname* legt den Standardnamen beim PDF-Export für die PDF-Datei fest. Sie können Kombinationen aus dem Layout- und Projektnamen definieren.

Im Bereich *Fehlereinstellungen* wird eingestellt, ob Fehler während des PDF-Exports protokolliert werden sollen. Auftretende Fehler werden dabei in eine eigene Protokolldatei geschrieben, den Speicherort für diese Datei können Sie mit der Option *Protokollordner verwenden* bestimmen. Ist diese Option deaktiviert, wird die Protokolldatei automatisch dort abgelegt, wo auch die PDF-Datei gespeichert wird.

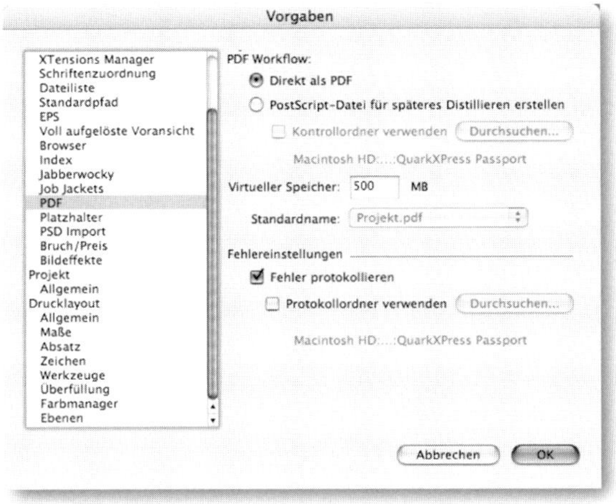

Die Kategorie „PDF" enthält Einstellungen für den PDF-Export von QuarkXPress.

Programm – Platzhalter

Verwenden Sie diese Kategorie, um die Anzeigevorgaben für Textplatzhalter einzustellen. Mit der Schaltfläche *Farbe* im Bereich *Platzhalter für Text* wird die Farbe des Textplatzhalters im Layout eingestellt. Wählen Sie einen Prozentwert für den Tonwert der Farbe im Feld *Tonwert.*

Die Schaltfläche *Farbe* im Bereich *TextNode Platzhalter* stellt die Farbe *TextNode Platzhalter* im Layout ein.

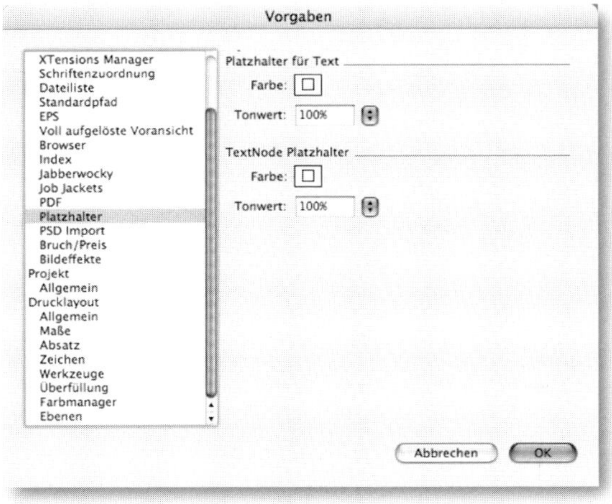

Die Kategorie „Platzhalter" der QuarkXPress-Vorgaben.

Programm – PSD-Import

In dieser Kategorie werden Einstellungen für platzierte Photoshop-Bilder vorgenommen. Näheres können Sie im Kapitel „Bilder und Grafiken" nachlesen.

Programm – Bruch/Preis

In dieser Kategorie befinden sich die Einstellungen für den Satz von Brüchen und Preisen. Das Aussehen für *Dividend* (Zähler), *Bruchstrich* und *Nenner* wird in den entsprechenden Bereichen dieser Vorgabe definiert.

Mit dem Feld *Versatz* wird die Verschiebung des Zeichens in der vertikalen Richtung angegeben. Der Versatz wird immer von der Grundlinie gerechnet und ist abhängig von der Schriftgröße.

Das Feld *Vertikal* bestimmt die vertikale Ausdehnung, also die Größe des Zeichens. Auch sie ist abhängig von der Schriftgröße.

Im Feld *Horizontal* wird die Breite des Zeichens in Abhängigkeit von der Schriftgröße festgelegt.

Mit dem Feld *Unterschneiden* in den Bereichen *Dividend* und *Nenner* können noch Spationierungswerte angegeben werden, um die Zeichen näher an den Bruchstrich zu stellen.

Die Option *Cents unterstreichen* im Bereich *Preis* setzt automatisch unter das Cent-Zeichen eine Unterstreichung. Und mit der Option *Basispunkt löschen* wird der Dezimalpunkt bei Preisen automatisch entfernt.

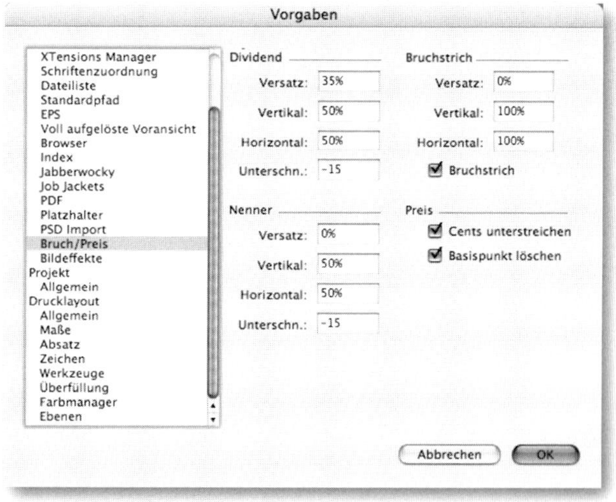

Einstellungen für Zähler und Nenner von Brüchen und Preise werden in der Kategorie „Bruch/Preis" definiert.

Programm – Bildeffekte

In dieser Kategorie werden Einstellungen für *Quark Vista* vorgenommen. Lesen Sie dazu das Kapitel „Bilder und Grafiken".

Projekt – Allgemein

In den allgemeinen Projekteinstellungen können Sie das Verhalten von QuarkXPress beim Anlegen eines neuen Projekts und beim Öffnen eines Projekts einstellen. Im Pop-up-Menü *Automatischer Bildimport* kann das Verhalten von QuarkXPress beim Öffnen eines Projekts eingestellt werden. Dieses Verhalten betrifft aber nur die im Projekt platzierten Bilder. Mit der Option *Aus* werden die platzierten Bilder beim Öffnen des Projekts nicht automatisch aktualisiert. Änderungen in den Bildern werden dadurch im Layout nicht sichtbar. Die Bilder müssen dann manuell im Fenster *Verwendung* aus dem Menü *Hilfsmittel* aktualisiert werden.

Die Option *An* aktualisiert die Bilder automatisch beim Öffnen eines Projekts. Sie haben also immer die aktuelle Version der Bilder im Layout verfügbar.

Mit der Option *Prüfen* können Sie beim Öffnen eines Projekts selbst entscheiden, ob die Bilder aktualisiert werden sollen oder nicht. Wenn ein Bild aktualisiert werden muss, öffnet QuarkXPress eine Dialogbox, in der Sie entscheiden können, wie das Bild behandelt werden soll.

Arbeiten Sie mit OpenType-Schriften, kann mit der Funktion *OpenType-Unterschneidung verwenden* die *Unterschneidungstabelle* aus dem Menü *Hilfsmittel* für OpenType-Schriften übergangen werden. Es werden also nicht die Unterschneidungswerte der Tabelle verwendet, sondern die Werte, die in der OpenType-Schrift gespeichert sind. Manuelles Unterschneiden bzw. Spationieren ist aber nach wie vor möglich.

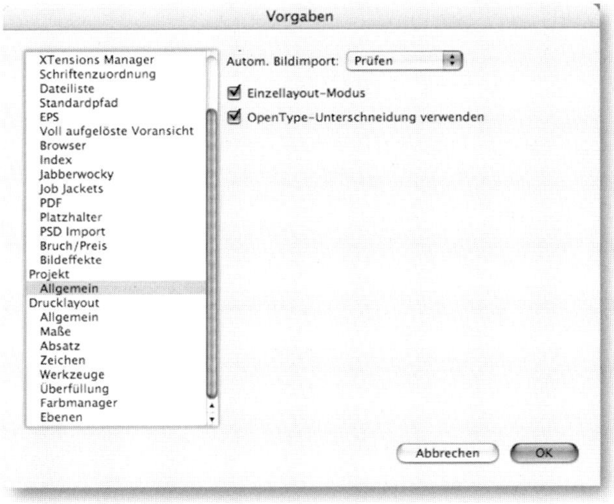

Die allgemeinen Einstellungen der Projektvorgaben.

Drucklayout – Allgemein

Alle Einstellungen in der Hauptkategorie „Drucklayout" haben nur Auswirkungen auf das geöffnete QuarkXPress-Projekt. Ist kein Projekt geöffnet, werden die Einstellungen als Standardeinstellungen für jedes neue Drucklayout verwendet.

Wenn Sie keine Datei in QuarkXPress geöffnet haben, dann wird anstelle von **Drucklayout** *die Bezeichnung* **Standard-Drucklayout** *verwendet. Ein Hinweis darauf, dass die Einstellungen, die Sie nun ändern, für jedes neue Drucklayout gelten.*

Die Kategorie *Allgemein* enthält allgemeine Einstellungen für ein Drucklayout. Im Bereich *Anzeigen* kann mit der Option *Blindtext unter* eine Schriftgröße definiert werden, deren Unterschreitung im Layout den Text als graue Balken darstellt. Der Text wird aber nur am Monitor als grauer Balken angezeigt und hat keinerlei Auswirkungen auf die Ausgabe.

Die Option *Keine Bilddarstellung* blendet alle Bilder im Layout aus und stellt die Bildrahmen mit einer grauen Fläche dar. Wird ein solcher Bildrahmen aktiviert, wird das Bild wieder eingeblendet. Auch diese Option wirkt sich nur am Monitor aus und hat keinen Einfluss auf die Ausgabe.

Der Bereich *Hilfslinien* enthält Einstellungen für die Platzierung der Hilfslinien. Mit *Vorne* werden die Hilfslinien über die Rahmenobjekte gelegt, mit *Hinten* werden die Hilfslinien durch die Rahmenobjekte verdeckt, weil sie im Hintergrund liegen. Das Feld *Fangradius Hilfslinien* bestimmt den magnetischen Bereich der Hilfslinien. Wird ein Objekt in die Nähe einer Hilfslinie verschoben, wird es automatisch von der Hilfslinie angezogen. Dieser Anziehungsbereich kann in diesem Feld eingestellt werden. Der eingetragene Wert hat die Maßeinheit Pixel und kann maximal den Wert 216 haben.

Im Bereich *Hyperlinks* können Sie die Farbe für *Ankersymbole* und *Hyperlinks* ändern. Ankerfarben stehen für Drucklayouts und Weblayouts zur Verfügung, Hyperlink-Farben nur für Drucklayouts.

Mit der Funktion *Objekte der Musterseite* können Sie bestimmen, was mit den Objekten der Musterseite im Layout passieren soll, wenn der Layoutseite eine neue Musterseite zugewiesen wird. Die Option *Änderung behalten* behält die Objekte der alten Musterseite auf der Layoutseite, wenn die neue Musterseite zugewiesen wird. Die alten Objekte sind aber keine Musterseitenobjekte mehr. Die zweite Option *Änderungen löschen* entfernt die Objekte der alten Musterseite und es werden nur die Objekte der neu zugewiesenen Musterseite auf der Layoutseite platziert.

Um einen Randstil bzw. eine Umrandung immer von der Rahmenbegrenzung nach innen zu positionieren, müssen Sie in der Funktion *Randplatzierung* die Option *Innen* wählen. Die Option *Außen* positioniert den Randstil außerhalb der Rahmenbegrenzung. Dadurch werden die Breite und Höhe des Rahmens um die Dicke des Randstils erhöht.

Mit der Funktion *Seiten einfügen am* können Sie das Verhalten von QuarkXPress beeinflussen, wenn Sie einen Text in einen automatischen Textrahmen oder in einen verketteten Textrahmen der Musterseite importieren und er nicht ganz in den Rahmen passt. Mit der Option *Aus* werden keine neuen Seiten im Layout eingefügt und der nicht platzierte Text wandert in den Überlauf.

Durch *Textende* (die Standardeinstellung) wird eine neue Seite direkt nach der Seite, die den letzten Textrahmen mit dem Textüberlauf in der Kette enthält, eingefügt. Eingefügte Seiten verwenden die Musterseite der Seite mit dem Textüberlauf.

Wählen Sie *Abschnittsende*, um neue Seiten am Ende des Abschnitts, in dem sich der Textüberlauf befindet, zu platzieren. Eingefügte Seiten verwenden die Musterseite der letzten Seite im Abschnitt.

Mit *Layoutende* werden neue Seiten am Ende des Layouts eingefügt. Eingefügte Seiten verwenden die Musterseite der letzten Layoutseite.

Die letzte Option *Automatischer Bezug* stellt automatisch eine hierarchische Beziehung zwischen zwei Rahmen her, wenn beim Aufziehen bzw. Platzieren eines Rahmens dieser innerhalb der Begrenzungen des darunter liegenden Rahmens liegt. Mithilfe des *Bezugs* kann dann der obere Rahmen nur innerhalb der Begrenzungen des darunter liegenden Rahmens verschoben oder skaliert werden. Die Bezugsfunktion kann z. B. verwendet werden, um eine senkrechte Linie nur innerhalb eines Textrahmens zu verschieben. Die Option *Automatischer Bezug* ist standardmäßig deaktiviert. Ein Bezug zwischen Rahmen kann auch mit der Funktion *Bezug erstellen* aus dem Menü *Objekt* manuell erstellt werden.

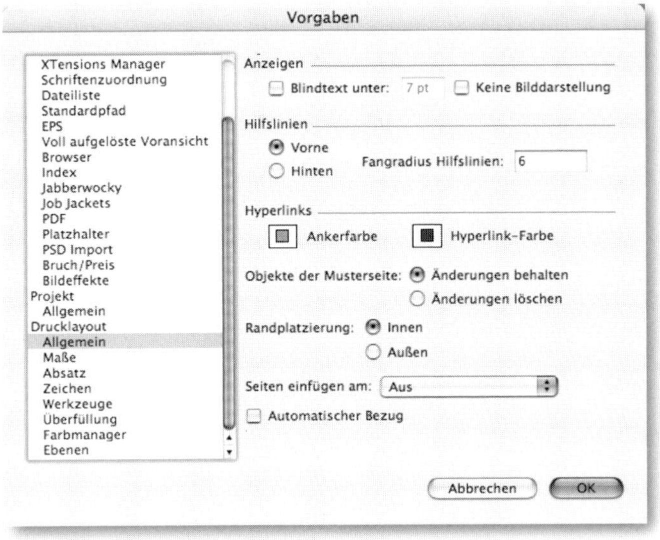

Die Kategorie „Allgemein" der Drucklayout-Vorgaben enthält viele wichtige Einstellungen für das Arbeiten mit Drucklayouts.

Drucklayout – Maße

Diese Kategorie ist sehr einfach gehalten. Hier werden die Maßeinheiten für die Lineale und für die Umrechnung von Punkten eingestellt. Mit den Pop-up-Menüs *Horizontal* und *Vertikal* werden die Maßeinheiten für das waagrechte und senkrechte Lineal eingestellt. Sie haben die Auswahl zwischen *Millimeter, Zentimeter, Punkte, Pica, Zoll, Dezimalzoll, Agate* und *Cicero.*

Im Feld *Punkte/Zoll* können Sie einstellen, aus wie vielen Punkten ein Zoll bestehen soll. Standardmäßig wird mit 72 Punkten pro Zoll gerechnet.

Im Feld *Cicero/cm* wird eingestellt, mit wie viel Cicero pro Zentimeter QuarkXPress rechnen soll. Ein Cicero hat im Didot-Maßsystem normalerweise 4,5 mm, was umgerechnet 2,22 Cicero pro Zentimeter ergibt.

Die Funktion *Objektkoordinaten* wirkt sich auf das Lineal und auf die Koordinatenanzeige in den verschiedenen Eingabefeldern aus, z. B. in der Maßpalette. Durch die Option *Seite* hat jede Seite ein eigenes Lineal bzw. einen Nullpunkt. Mit *Montagefläche* wird nur ein Lineal bzw. Nullpunkt über die Breite der Montagefläche verwendet.

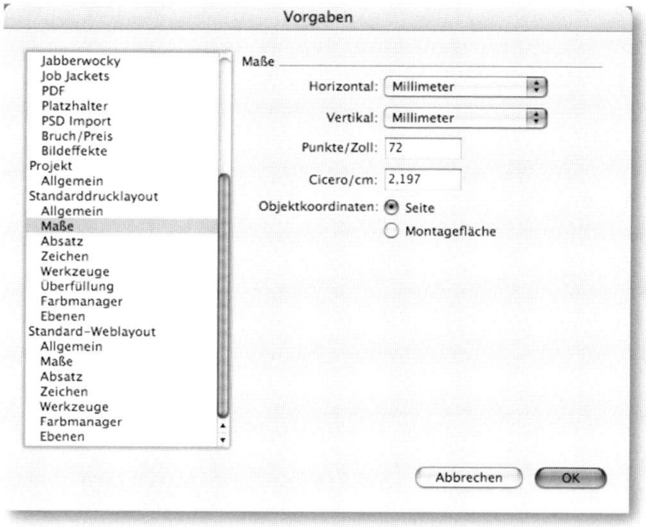

Die Kategorie „Maße" enthält u. a. Einstellungen für die Lineale.

Drucklayout – Absatz

In dieser Kategorie finden Sie u. a. die Einstellungen für Grundlinienraster und automatischen Zeilenabstand. Im Bereichen *Zeilenabstand* können Sie die Berechnungsgrundlage für den Zeilenabstand einstellen. Mit der Option *Schriftsatz* wird der Zeilenabstand von Grundlinie zu Grundlinie der Zeilen gemessen. Die Option *Textverarbeitung* berechnet den Zeilenabstand von Oberlänge zu Oberlänge der Zeilen.

Im Feld *Automatischer Abstand* wird die Größe für die Berechnung des automatischen Zeilenabstands angegeben. Der angegebene Prozentwert wird zur Schriftgröße hinzugerechnet und dadurch der Zeilenabstand festgelegt. Wenn Sie also z. B. eine Schriftgröße von 10 Punkt verwenden, beträgt der Zeilenabstand 12 Punkt (10 Punkt Schriftgröße + 20 Prozent der Schriftgröße). Der automatische Zeilenabstand kann aber auch mit einem festen Wert angegeben werden. Wenn Sie z. B. den Wert +3 angeben, werden zur Schriftgröße immer 3 Punkt hinzugerechnet, um den Zeilenabstand festzulegen.

Die Option *Zeilenabstand erhalten* ist wichtig für die Funktion *Umfließen*. Dadurch wird beim Umfließen der Text beim nächsten Zeilenabstand fortgesetzt. Ist die Option deaktiviert, wird der Text mit der Oberlänge an dem „Hindernis" fortgesetzt.

Im Bereich *Grundlinienraster* werden schließlich die Einstellungen für Grundlinienraster definiert. Das Feld *Beginn* legt den Beginn des Grundlinienrasters in Abhängigkeit vom oberen Seitenrand fest. Im Feld *Schrittweite* kann der Abstand der Rasterzeilen eingegeben werden. Im Normalfall entspricht dieser Wert dem Zeilenabstand des Textes.

Die Einstellungen im Bereich *Silbentrennung* regeln die Methode der Silbentrennung für die verschiedenen Sprachen. Näheres dazu können Sie im Kapitel „Typographie" nachlesen.

Die Kategorie „Absatz" enthält Einstellungen für Zeilenabstand, Grundlinienraster und Silbentrennung.

Drucklayout – Zeichen

In dieser Kategorie werden die Einstellungen für die Zeichenstile *Hochgestellt, Tiefgestellt, Kapitälchen* und *Index* definiert. Die Felder *Versatz* bestimmen den Abstand der Zeichen zur Grundlinie der Zeile. Die Felder *Vertikal* legen die Größe (Höhe) der Zeichen in Abhängigkeit von der aktuellen Schriftgröße fest. Die Felder *Horizontal* definieren die Breite der Zeichen, auch wieder abhängig von der aktuellen Schriftgröße.

Der Bereich *Ligaturen* enthält Einstellungen für die Behandlung von Ligaturen. Im Feld *Trennen über* wird ein Spationierungswert angegeben, der bestimmt, ab wann für eine Buchstabenkombination keine Ligatur mehr verwendet werden soll. Durch das Aktivieren der Option *Nicht „ffi" oder „ffl"* werden die genannten Buchstabenkombinationen nicht als Ligatur gesetzt. Diese Kombinationen sind sehr oft in Postscript-Schriften nicht enthalten.

Mit der Option *Unterschneidung über* kann bei Überschreitung der angegebenen Schriftgröße die automatische Unterschneidungstabelle der Schriften und die manuelle Unterschneidungstabelle von QuarkXPress für den Satz aktiviert werden. Dadurch werden problematische Buchstabenkombinationen wie „WA" automatisch näher zusammengerückt.

Durch das Aktivieren der Option *Standard-Geviert* verwendet QuarkXPress für den Satz das typografische Geviert, das die gleiche Breite wie die Schriftgröße hat. Wenn Sie also z. B. die Schriftgröße 18 Punkt verwenden, dann ist ein Geviert 18 Punkt breit. Ist die Option deaktiviert, dann verwendet QuarkXPress für ein Geviert die Breite von zwei Nullen in der aktuellen Schrift.

Das Feld *Flexibles Leerzeichen* definiert die Breite eines flexiblen Leerzeichens *(Mac = Apfel + Alt + Shift + Leer; Win = Strg + Alt + Shift + 5)*. Der angegebene Prozentwert gilt in Abhängigkeit von einem Halbgeviert der aktuellen Schriftgröße.

Die Option *Akzente für Versalien* aktiviert die Akzentzeichen für Buchstaben, die mit dem Zeichenstil *Versalien* gesetzt sind.

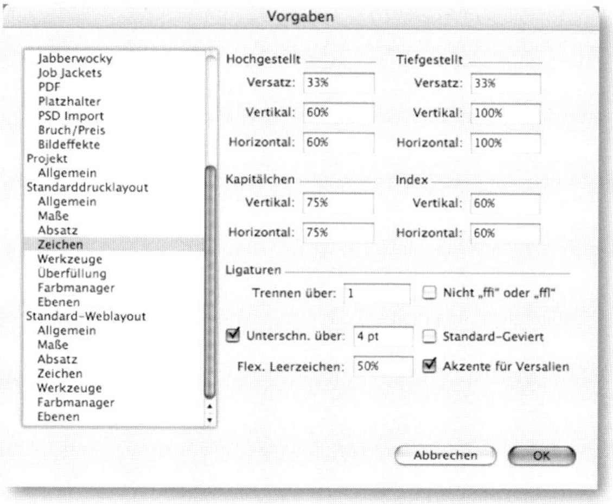

Vorgaben für das Aussehen von Zeichenstilen befinden sich in der Kategorie „Zeichen".

Drucklayout – Werkzeuge

In dieser Kategorie können die Grundeinstellungen für die einzelnen Werkzeuge von QuarkXPress geändert werden. Wenn Sie etwa möchten, das jeder neue Bildrahmen, den Sie aufziehen, immer einen schwarzen Randstil von 1 Punkt und eine weiße Hintergrundfarbe hat, dann wählen Sie das Bildrahmenwerkzeug aus und klicken auf die Schaltfläche *Modifizieren*. Dadurch wird das Fenster *Modifizieren* geöffnet und alle Einstellungen, die Sie dort vornehmen, werden als Grundeinstellung für das Werkzeug verwendet.

Um mehrere Werkzeuge gleichzeitig einzustellen, können Sie die Werkzeuge mit gedrückter Apfel-/Strg- oder Shift-Taste auswählen.

Um alle Werkzeuge wieder auf die Standardeinstellung zurückzustellen, klicken Sie einfach auf die Schaltfläche *Standard-Werkzeugpalette*. Wollen Sie nur ein gezieltes Werkzeug zurückstellen, dann wählen Sie das Werkzeug aus und klicken auf *Standardvorgaben*.

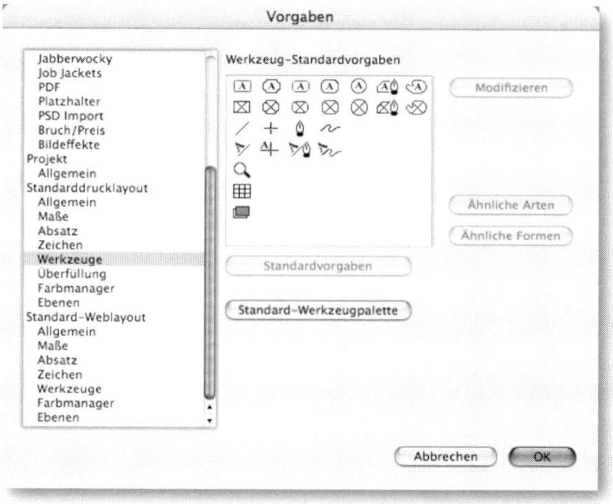

Die Einstellungen für die Werkzeuge von QuarkXPress lassen sich in der Kategorie „Werkzeuge" ändern.

Drucklayout – Überfüllung

In dieser Kategorie werden die Standardeinstellungen für die *Überfüllung* der Druckfarben bei der Farbseparation angegeben. Bevor Sie in dieser Kategorie Änderungen vornehmen, sollten Sie unbedingt Ihre Druckerei kontaktieren. Falsche Einstellungen können zu falschen Druckergebnissen führen.

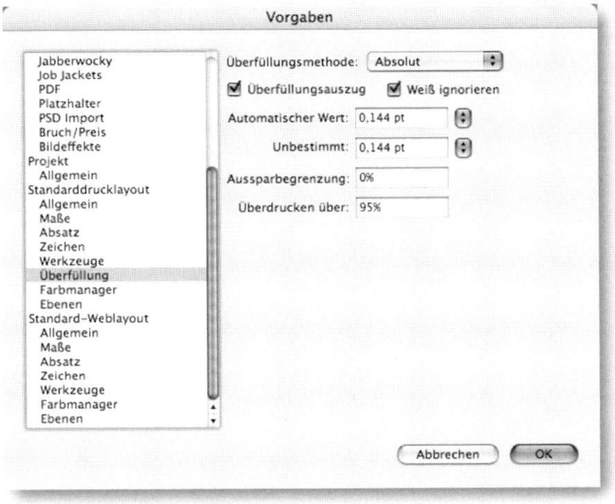

Die Kategorie „Überfüllung" der QuarkXPress-Vorgaben.

Drucklayout – Farbmanager

Diese Kategorie enthält Einstellungen für das Farbmanagement eines Drucklayouts. Näheres darüber können Sie im Kapitel „Farbmanagement" nachlesen.

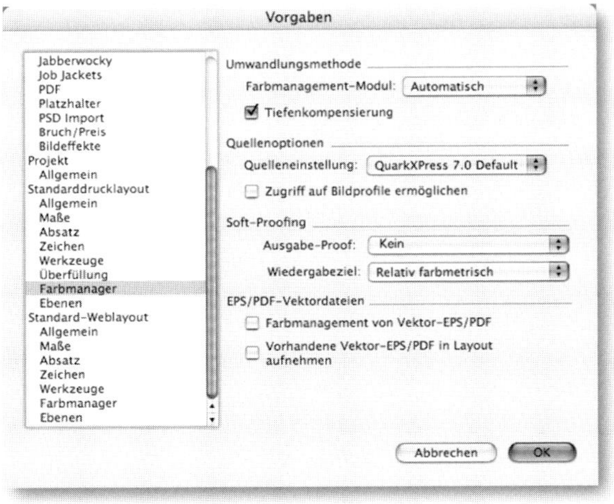

In der Kategorie „Farbmanager" werden die Einstellungen für das Farbmanagement eines Drucklayouts festgelegt.

Drucklayout – Ebenen

Die Standardeinstellungen für neue Ebenen werden in dieser Kategorie der QuarkXPress-Vorgaben geändert. Näheres darüber können Sie im Abschnitt „Ebenen" etwas weiter vorne in diesem Kapitel nachlesen.

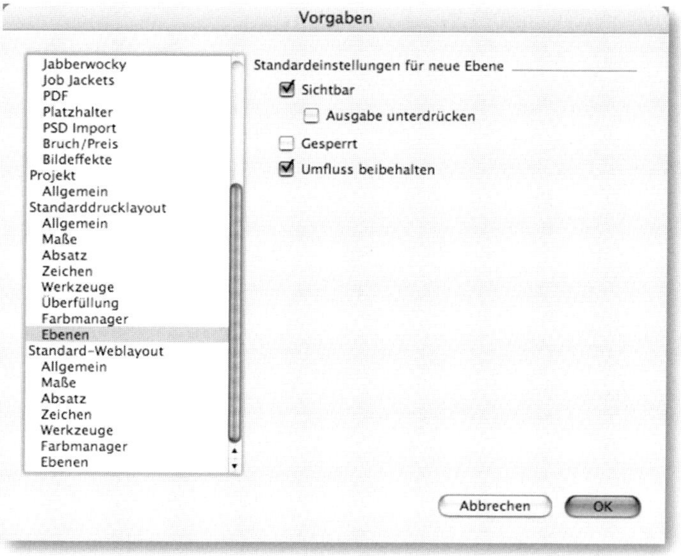

Die Kategorie „Ebenen" der QuarkXPress-Vorgaben.

Weblayout – Allgemein

Wenn Sie keine Datei in QuarkXPress geöffnet haben, dann wird anstelle von ***Weblayout*** *die Bezeichnung* ***Standard-Weblayout*** *verwendet. Ein Hinweis darauf, dass die Einstellungen, die Sie nun ändern, für jedes neue Weblayout gelten.*

Da man in QuarkXPress nicht nur Layouts für Printmedien erstellen kann, sondern auch Weblayouts, enthalten die Vorgaben natürlich auch Einstellungen für diese Art von Layout. Viele der Einstellungen sind mit den Einstellungen für ein Drucklayout gleich, weswegen wir Ihnen nur die abweichenden Einstellungen zeigen werden.

In der Kategorie *Allgemein* für ein Weblayout kann im Bereich *Hyperlinks* nur die Farbe von *Ankern* eingestellt werden. Die Farbe der Hyperlinks wird im Weblayout in den Layouteigenschaften definiert.

Im Feld *Bildexportverzeichnis* kann der Name für den Bilderordner festgelegt werden, in dem beim Exportieren eines Weblayouts alle Bilder gesammelt werden. Dieser Bilderordner ist immer ein Unterordner des Stammverzeichnisses einer Website.

Im Feld *Site-Stammverzeichnis* wird der Name und Speicherort des Website-Ordners festgelegt. In diesem Ordner werden beim Exportieren des Weblayouts alle Daten gesammelt.

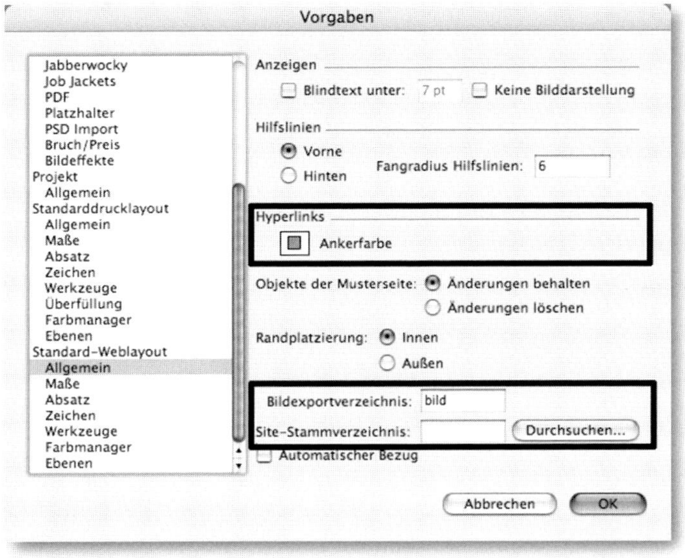

Die gekennzeichneten Bereiche unterscheiden sich von den Einstellungen für Drucklayouts.

Weblayout – Maße

Die Einstellungen in dieser Kategorie sind geringfügig anders als bei einem Drucklayout. Im Gegensatz zum Drucklayout wird als Standardmaß für die Lineale das Maßsystem *Pixel* verwendet. Es gibt auch keine Einstellung für den Bezug der Koordinaten wie beim Drucklayout.

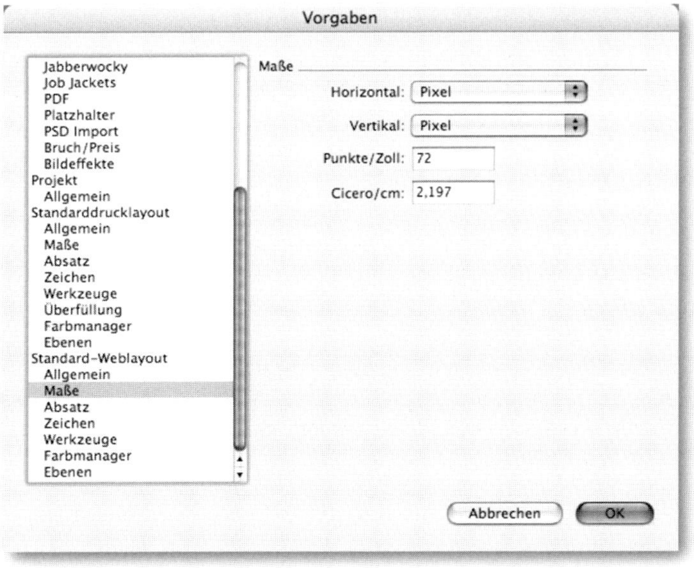

Die Einstellungen für die „Maße" weichen kaum von denen eines Drucklayouts ab.

Weblayout – Absatz – Zeichen

Diese beiden Kategorien enthalten die gleichen Einstellungen wie beim Drucklayout. Lesen Sie dazu bitte die entsprechenden Abschnitte etwas weiter vorne in diesem Kapitel.

Weblayout – Werkzeuge

Wie bei einem Drucklayout werden in dieser Kategorie die Grundeinstellungen für die Werkzeuge definiert. Da das Arbeiten in einem Weblayout andere Werkzeuge erfordert, finden Sie hier neben den normalen Werkzeugen auch die Werkzeuge für ein Weblayout. Alle anderen Einstellungen bzw. Funktionen sind die gleichen wie beim Drucklayout.

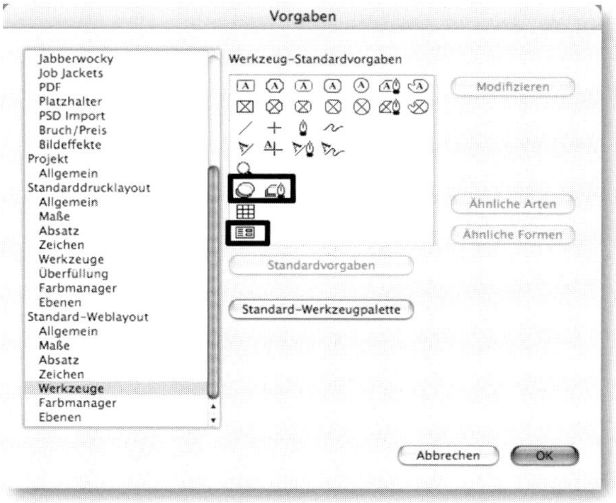

Die gekennzeichneten Werkzeuge gibt es nur in den Vorgaben für ein Weblayout.

Weblayout – Farbmanager

Die Einstellungen in dieser Kategorie sind für das Farbmanagement von Weblayouts zuständig. Der große Unterschied gegenüber Drucklayouts besteht darin, dass die Einstellungen für EPS, PDF und das Soft-Proofing nicht enthalten sind. Stattdessen gibt es das Pop-up-Menü *HTML-Export,* in dem Sie ein Ausgabeprofil für die HTML-Seiten definieren können.

Die anderen Optionen sind mit den Einstellungen für ein Drucklayout gleichzusetzen und können im Kapitel „Farbmanagement" nachgelesen werden.

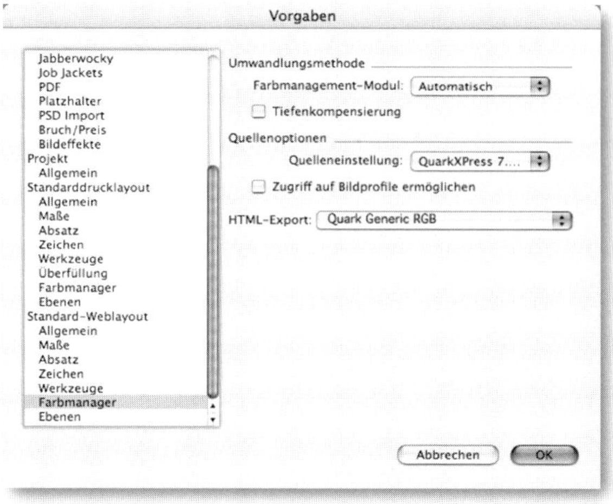

Die Kategorie „Farbmanager" eines Weblayouts enthält Einstellungen für das Farbmanagement.

Weblayout – Ebenen

Diese Kategorie enthält die gleichen Einstellungen wie bei einem Drucklayout. Lesen Sie dazu den entsprechenden Abschnitt weiter vorne in diesem Kapitel.

Anhang

Tastenkürzel für Macintosh und Windows

Menübefehle

	Macintosh	Windows
QuarkXPress Menü		
QuarkXPress Umgebung	Alt + Über QuarkXPress	
Vorgaben	Apfel + Alt + Shift + Y	
QuarkXPress beenden	Apfel + Q	
Menü Ablage		
Neues Projekt	Apfel + N	Strg + N
Neue Bibliothek	Apfel + Alt + N	Strg + Alt + N
Öffnen	Apfel + O	Strg + O
Schließen	Apfel + W	Strg + F4
Sichern	Apfel + S	Strg + S
Sichern unter	Apfel + Shift + S	Strg + Shift + S
Zurück zur letzten automatisch gesicherten Fassung	Apfel + Alt + Alte Fassung	Alt + Alte Fassung
Text/Bild importieren	Apfel + E	Strg + E
Text sichern	Apfel + Alt + E	Strg + Alt + E
Anfügen	Apfel + Alt + A	Strg + Alt + A
Seite als EPS sichern	Apfel + Alt + Shift + S	Strg + Alt + Shift + S
Papierformat		Strg + Alt + P
Drucken	Apfel + P	Strg + P
Beenden		Strg + Q
NEU Jobausgabe	Apfel + Alt + P	Strg + Alt + P
Menü Bearbeiten		
Widerrufen	Apfel + Z	Strg + Z
Wiederherstellen	Apfel + Y, + Z oder Apfel + Shift + Z (konfigurierbar)	Ctrl + Y
Ausschneiden	Apfel + X	Strg + X
Kopieren	Apfel + C	Strg + C
Einsetzen	Apfel + V	Strg + V
An gleicher Stelle einfügen	Apfel + Alt + Shift + V	Strg + Alt + Shift + V
Alles auswählen	Apfel + A	Strg + A
Suchen/Ersetzen	Apfel + F	Strg + F
Suchen/Ersetzen schließen	Apfel + Alt + F	Strg + Alt + F
Vorgaben		Strg + Alt + Shift + Y
Vorgaben Kategorie „Absatz"	Apfel + Alt + Y	Strg + Alt + Y
Vorgaben Kategorie „Überfüllung"	Alt + Shift + F12	Strg + Shift + F12
Fensterfläche Werkzeug (Dialogbox Vorgaben)	Doppelklick auf Objekterstellungs- oder Zoomwerkzeug	Doppelklicken auf Objekterstellungs- oder Zoomwerkzeug
Stilvorlagen	Shift + F11	Shift + F11
Farben	Shift + F12	Shift + F12
S&B	Apfel + Alt + J	Strg + Shift + F12
Stilmenü für Text		
Größe → Anderer Wert . . .	Apfel + Shift + <	Strg + Shift + <

	Macintosh	Windows
Schriftstile		
Normal	Apfel + Shift + P	Strg + Shift + P
Fett	Apfel + Shift + B	Strg + Shift + B
Kursiv	Apfel + Shift + I	Strg + Shift + I
Unterstrichen	Apfel + Shift + U	Strg + Shift + U
Wort unterstrichen	Apfel + Shift + W	Strg + Shift + W
Durchgestrichen	Apfel + Shift + /	Strg + Shift + ß
Konturiert	Apfel + Shift + O	Strg + Shift + O
Schattiert	Apfel + Shift + S	Strg + Shift + Y
Versalien	Apfel + Shift + K	Strg + Shift + K
Kapitälchen	Apfel + Shift + H	Strg + Shift + H
Hochgestellt	Apfel + Shift + +	Strg + Shift + 3
Tiefgestellt	Apfel + Shift + - (Trennstrich)	Strg + Shift + 4
Index	Apfel + Shift + C	Strg + Shift + V
Ligaturen	Apfel + Shift + G	Strg + Shift + G
Zeichen	Apfel + Shift + D	Strg + Shift + D
Text in Rahmen (Rahmen verankern und Text löschen)	Alt + Text in Rahmen	Alt + Text in Rahmen
Ausrichtung		
Linksbündig	Apfel + Shift + L	Strg + Shift + L
Zentriert	Apfel + Shift + M	Strg + Shift + C
Rechtsbündig	Apfel + Shift + R	Strg + Shift + R
Blocksatz	Apfel + Shift + J	Strg + Shift + J
Erzwungener Blocksatz	Apfel + Alt + Shift + J	Strg + Alt + Shift + J
Zeilenabstand	Apfel + Shift + E	Strg + Shift + E
Formate	Apfel + Shift + F	Strg + Shift + F
Register	Apfel + Shift + T	Strg + Shift + T
Linien	Apfel + Shift + N	Strg + Shift + N

Stilmenü für Bilder		
Raster	Apfel + Shift + H	Strg + Shift + H
Bild zentrieren	Apfel + Shift + M	Strg + Shift + M
Bild an Rahmen anpassen	Apfel + Shift + F	Strg + Shift + F
Bild an Rahmen anpassen (proportional)	Apfel + Alt + Shift + F	Strg + Alt + Shift + F

Stilmenü für Linien		
Stärke → Andere	Apfel + Shift + <	Strg + Shift + <

Objektmenü			
Modifizieren	Apfel + M	Strg + M	
Rahmen	Apfel + Alt + B	Strg + Alt + M	NEU
Randstil	Apfel + B	Strg + B	
Umfluss	Apfel + T	Strg + T	
Ausschneiden	Apfel + Alt + T	Strg + Alt + T	
Schlagschatten	Apfel + Alt + Shift + D	Strg + Alt + Shift + D	NEU
Duplizieren	Apfel + D	Strg + D	

	Macintosh	Windows
Mehrfach duplizieren	Apfel + Alt + R	Strg + Alt + R
Löschtaste	Apfel + K	Strg + K
Gruppieren	Apfel + G	Strg + G
Gruppieren rückgängig	Apfel + U	Strg + U
Sperren		
Position sperren/entsperren	F6	F6
Ganz nach hinten	Shift + F5	Shift + F5
Ganz nach vorn	F5	F5
Weiter nach vorn	Alt + Objekt → Ganz nach vorn oder Alt + F5	Strg + F5
Weiter nach hinten	Alt + Objekt → Ganz nach hinten oder Alt + Shift + F5	Strg + Shift + F5
Abstand/Ausrichtung		
Letzte anwenden	Apfel + Option + &	Strg + Alt + /
Abstand/Ausrichtung	Apfel + , (Komma)	Strg + , (Komma)
Form (Bézier-Linie in ausgefüllten Bézier-Rahmen)	Alt + Objekt → Form → [Bézier-Form]	Alt + Objekt → Form → [Bézier-Form]
Bearbeiten		
Form	Shift + F4	F10
Umfluss	Alt + F4	Strg + F10
Ausschnittspfad	Alt + Shift + F4	Strg + Shift + F10
Punkt-/Segmenttyp		
Eckpunkt	Alt + F1	Strg + F1
Glatter Punkt	Alt + F2	Strg + F2
Symmetrischer Punkt	Alt + F3	Strg + F3
Gerades Segment	Alt + Shift + F1	Strg + Shift + F1
Kurvenförmiges Segment	Alt + Shift + F2	Strg + Shift + F2

Menü Seite		
Gehe zu Seite	Apfel + J	Strg + J
Anzeigen [Musterseiten]	Shift + F10	Shift + F4
Anzeigen [nächste Musterseite]	Alt + F10	Strg + Shift + F4
Anzeigen [vorherige Musterseite]	Alt + Shift + F10	Strg + Shift + F3
Layout anzeigen (bei angezeigter Musterseite)	Shift + F10	Shift + F4
Seiteneigenschaften [Web]	Apfel + Alt + Shift + A	Strg + Alt + Shift + A

Menü Layout		
Dialogbox Layouteigenschaften	Apfel + Alt + Shift + P	Strg + Alt + Shift + P

Menü Ansicht		
Ganze Seite	Apfel + 0 (Null)	Strg + 0 (Null)
Ganze Doppelseite	Alt + Ganze Seite oder Apfel + Alt + 0 (Null)	Alt + Ganze Seite oder Strg + Alt + 0 (Null)
Originalgröße	Apfel + 1	Strg + 1 (Eins)
Miniaturen	Shift + F6 oder Alt + Shift + F6	Shift + F6

	Macintosh	Windows
Hilfslinien zeigen/verbergen	F7	F7
Grundlinienraster zeigen/verbergen	Alt + F7	Strg + F7
Hilfslinien magnetisch	Shift + F7	Shift + F7
Lineale zeigen/verbergen	Apfel + R	Strg + R
Sonderzeichen zeigen/verbergen	Apfel + I	Strg + I
Menü Hilfsmittel		
Rechtschreibprüfung → Wort/ Auswahl	Apfel + U	Strg + W
Rechtschreibprüfung → Text	Apfel + Alt + U	Strg + Alt + W
Rechtschreibprüfung → Layout	Apfel + Alt + Shift + U	Strg + Alt + Shift + W
Trennvorschlag	Apfel + Alt + Shift + H	Strg + Alt + Shift + H
Dialogbox Verwendung		
Fensterfläche Schriften	Apfel + F6 oder F13	—
Fensterfläche Bilder	Apfel + Alt + F6 oder Alt + F13	—
Menü Fenster		
Werkzeuge zeigen/verbergen	F8	F8
Maßpalette zeigen/verbergen	F9	F9
Seitenlayout zeigen/verbergen	F10	F4
Stilvorlagen zeigen/verbergen	F11	F11
Farben zeigen/verbergen	F12	F12
Überfüllung zeigen/verbergen	Alt + F12	Strg + F12
Listen zeigen/verbergen	Alt + F11	Strg + F11
Hilfe-Menü		
Hilfe	—	F1
Register in Dialogboxen		
Nächstes Register zeigen	—	Strg + Tabulatortaste
Vorheriges Register zeigen	—	Strg + Shift + Tabulatortaste

Dialogboxbefehle

	Macintosh	Windows
Register in Dialogboxen		
Nächstes Register zeigen	Apfel + Alt + Tabulatortaste	
Vorheriges Register zeigen	Apfel + Alt + Shift + Tab	

Felder		
Nächstes Feld auswählen	Tabulator	Tabulator
Vorheriges Feld auswählen	Shift + Tab	Shift + Tabulatortaste
Feld mit Texteinfügemarke auswählen	Doppelklick	Doppelklick
Ausschneiden	Apfel + X	Strg + X
Kopieren	Apfel + C	Strg + C
Einsetzen	Apfel + V	Strg + V
Widerrufen		Strg + Z
Felder auf Ursprungswerte zurücksetzen	Apfel + Z	Strg+Umschalt+Z
Berechnungen mit Operatoren ausführen	+ (Addition) – (Subtraktion) * (Multiplikation) / (Division)	+ (Addition) – (Subtraktion) * (Multiplikation) / (Division)

Schaltflächen		
OK (oder umrandete Schaltfläche)	Return oder Eingabetaste	Return oder Eingabetaste
Abbrechen	Apfel + . (Punkt) oder Esc	Esc
Ja	Apfel + J	J
Nein	Apfel + N	N
Anwenden	Apfel + A	Alt + A
Schaltfläche Festlegen in Registern (in Dialogbox Absatzattribute)	Apfel + S	Alt + F

Listen (In Dialogboxen)		
Aufeinanderfolgende Listeneinträge auswählen	Shift + Klick	Shift + Klick
Nicht aufeinanderfolgende Listeneinträge auswählen	Apfel + Klick	Strg + Klick

Palettenbefehle

	Macintosh	Windows	
Die Werkzeugpalette			
Palette zeigen/verbergen	F8	F8	
Nächstes Werkzeug auswählen	Alt + F8 oder Apfel + Alt + Tab	Strg + Alt + Tab oder Strg + F8	
Vorheriges Werkzeug auswählen	Alt + Shift + F8 oder Apfel + Alt + Shift + Tab	Strg + Alt + Shift + Tab oder Strg + Shift + F8	
Werkzeug ausgewählt lassen	Alt + Klick auf Werkzeug	Alt + Klick auf Werkzeug	
Fensterfläche Werkzeug in Dialogbox Vorgaben aufrufen	Doppelklick auf Objekterstellungswerkzeug oder Zoomwerkzeug	Doppelklick auf Objekterstellungswerkzeug oder Zoomwerkzeug	
Umschalten zwischen Objekt- und Inhaltswerkzeug	Shift + F8	Shift + F8	
Inhaltswerkzeug wird vorübergehend zu Objektwerkzeug	Apfel	Strg	
Maßpalette			
Palette zeigen/verbergen	F9	F9	
Feld „X" des Registers Classic oder Register Abstand/Ausrichtung	Apfel + Alt + M	Strg + Alt + G	NEU
Feld Schrift im Register Classic oder Register Zeichenattribute	Apfel + Alt + Shift + M	Strg + Alt + Shift + G	NEU
Nächstes Feld auswählen	Tabulator	Tabulator	
Vorheriges Feld auswählen	Shift + Tabulatortaste	Shift + Tabulatortaste	
Nacheinander vorwärts durch die Register der Maßpalette	Apfel + Alt + ö	Strg + Alt + ü	NEU
Nacheinander rückwärts durch die Register der Maßpalette	Apfel + Alt + , (Komma)	Strg + Alt + , (Komma)	NEU
Beenden/Anwenden	Return oder Eingabetaste	Return oder Eingabetaste	
Beenden/Abbrechen	Apfel + . (Punkt)	Esc	
Register Abstand/Ausrichtung zeigen	Apfel + , (Komma)	Strg + , (Komma)	NEU
Palette Seitenlayout			
Palette zeigen/verbergen	F10	F4	
Kontextmenü Seiten einfügen anzeigen	Ctrl + Klick auf Palette	Rechtsklick auf Seite	
Dialogbox Seiten einfügen öffnen	Alt + Musterseite in den Layoutbereich der Palette ziehen	Alt + Ziehen einer Musterseite in den Layoutbereich	
Palette Stilvorlagen			
Palette zeigen/verbergen	F11	F11	
Kontextmenü Stilvorlage bearbeiten aufrufen	Ctrl + Klick auf Stilvorlage	Rechtsklick auf Stilvorlagennamen	
Dialogbox Stilvorlage bearbeiten aufrufen	Apfel + Klick auf Stilvorlage	Strg + Klick auf Stilvorlage	
Kein Stil und danach Stilvorlage anwenden	Alt + Klick auf Stilvorlage	Alt + Klick auf Stilvorlagennamen	

	Macintosh	Windows
Palette Farben		
Palette zeigen/verbergen	F12	F12
Kontextmenü Farben aufrufen	Apfel + Klick auf Farbname	Strg + Klick auf Farbnamen
Dialogbox Farben aufrufen	Ctrl + Klick auf Farbname	Strg + Klick auf Farbnamen
Palette Überfüllung		
Palette zeigen/verbergen	Alt + F12	Strg + F12
Palette Listen		
Palette zeigen/verbergen	Alt + F11	Strg + F11
Palette Index		
Palette aufrufen	Apfel + Alt + I	
Textfeld markieren	Apfel + Alt + I	Strg + Alt + I
Schaltfläche „Hinzufügen" klicken	Apfel + Alt + Shift + I	Strg + Alt + Shift + I
Schaltfläche „Umgekehrte hinzufügen" klicken	Alt + Klick auf Hinzufügen	Alt + Klick auf Hinzufügen
Markierten Indexeintrag bearbeiten	Doppelklick	Doppelklick
Palette Suchen/Ersetzen		
Palette aufrufen	Apfel + F	Strg + F
Palette schließen	Apfel + Alt + F	Strg + Alt + F
Schaltfläche Weitersuchen in Suche erstes ändern	Alt + Weitersuchen	Alt + Weitersuchen

Projekt- und Layoutbefehle

	Macintosh	Windows
Projekte unterteilen und stapeln		
In Originalgröße unterteilen/ stapeln	Ctrl + Unterteilen/Stapeln	
In Ganze Seite unterteilen/stapeln	Apfel + Unterteilen/Stapeln	
In Miniaturen unterteilen/stapeln	Alt + Unterteilen/Stapeln	
Tastenkürzel für Untermenü Fenster	Shift + Klick auf Titelleiste	
In Originalgröße unterteilen/ stapeln (mit Titelleiste)	Ctrl + Shift + Klick auf Titelleiste + Unterteilen/ Stapeln	
In Ganze Seite unterteilen/stapeln (mit Titelleiste)	Apfel + Shift + Klick auf Titellesite + Unterteilen/ Stapeln	
In Miniaturen unterteilen/stapeln (mit Titelleiste)	Alt + Shift + Klick auf Titelleiste + Unterteilen/ Stapeln	

Seiten anzeigen		
Dialogbox Gehe zu Seite	Apfel + J	Strg + J
Anzeigen [Musterseiten]	Shift + F10	Shift + F4
Anzeigen [nächste Musterseite]	Alt + F10	Strg + Shift + F4
Anzeigen [vorherige Musterseite]	Alt + Shift + F10	Strg + Shift + F3
Dokument anzeigen (bei angezeigter Musterseite)	Shift + F10	Shift + F4

Ansicht wechseln		
Feld Ansichtsgröße aufrufen	Ctrl + V	Strg + Alt + V
Beliebige Ansicht zu 200 %	Apfel + 1	Strg + 1 (Eins)
Beliebige Ansicht zu Ganze Seite	Apfel + 0	Strg + 0 (Null)
200 % zu Originalgröße	Apfel + Alt + Klick	Strg + Alt + Klick
Umschalten zwischen 100 % und 200 %	Apfel + Alt + Klick	Strg + Alt + Klick
Ganze Doppelseite	Alt + Ganze Seite oder Apfel + Alt + 0 (Null)	Alt + Ganze Seite oder Strg + Alt + 0 (Null)
Zoomen (größer)	Strg + Shift + Klicken/Ziehen	Strg + Leertaste + Klicken/ Ziehen
Zoomen (kleiner)	Ctrl + Alt + Klicken/Ziehen	Strg + Alt + Leertaste + Klicken/Ziehen
Zoomen (größer; wenn Fokus auf Bildrahmen)	Apfel + ´	Strg + + (Pluszeichen)
Zoomen (kleiner; wenn Fokus auf Bildrahmen)	Apfel + ß	Strg + – (Trennstrich)
Projektfenster minimieren/ maximieren		F3
Ganze Doppelseite		Shift + F3

	Macintosh	Windows
Bildschirm-Neuaufbau		
Neuaufbau abbrechen	Apfel + .(Punkt)	Esc
Neuaufbau erzwingen	Apfel + Option + . (Punkt)	Shift + Esc
Linealhilfslinien löschen		
Horizontale Linealhilfslinien löschen	Alt + Klick auf horizontales Lineal	Alt + Klick auf horizontales Lineal
Vertikale Linealhilfslinien löschen	Alt + Klick auf vertikales Lineal	Alt + Klick auf vertikales Lineal
Projekte schließen		
Projektfenster schließen	Apfel + W	Strg + F4
Alle Projektfenster schließen	Alt + Klick Schließsymbol oder Apfel + Alt + W	Alt + Shift + F4 oder Alt + F4
Scrollen		
Mit der Seitenverschiebehand	Alt + Ziehen	Alt + Ziehen
Echtzeitbewegung aktivieren (Vorgabe „Interaktiv" deaktiviert)	Alt + Ziehen des Scrollfeldes	
Echtzeitbewegung deaktivieren (Vorgabe „Interaktiv" aktiviert)	Alt + Ziehen des Scrollfeldes	
Bis Textanfang	Ctrl + A	Strg + Pos 1
Bis Textende	Ctrl + D	Strg + Ende
Einen Bildschirm aufwärts	Ctrl + K	Bild-nach-oben
Einen Bildschirm abwärts	Ctrl + L	Bild-nach-unten
Zur ersten Seite	Ctrl + Shift + A	Strg + Bild-nach-oben
Zur letzten Seite	Ctrl + Shift + D	Strg + Bild-nach-unten
Zur vorhergehenden Seite	Ctrl + Shift + K	Shift + Bild-nach-oben
Zur nächsten Seite	Ctrl + Shift + L	Shift + Bild-nach-unten
Zur vorhergehenden Doppelseite		Alt + Bild-nach-oben
Zur nächsten Doppelseite		Alt + Bild-nach-unten
Erweiterte Tastatur		
Zum Layoutanfang	Pos 1	
Zum Layoutende	Ende	
Einen Bildschirm aufwärts	Bild-nach-oben	
Einen Bildschirm abwärts	Bild-nach-unten	
Zur ersten Seite	Shift + Pos 1	
Zur letzten Seite	Shift + Ende	
Zur vorhergehenden Seite	Shift + Bild-nach-oben	
Zur nächsten Seite	Shift + Bild-nach-unten	
Kontextmenü aufrufen		
Kontextmenü des Projektfensters		Alt + – (Trennstrich)
Kontextmenü des aktiven Objekts		Shift + F10
Navigieren in Layouts		
NEU Von Layout zu Layout	Apfel + ' (Apostroph)	Alt + ä
Navigieren in Projekten		
NEU Von Projektfenster zu Projektfenster	Apfel + ~	Strg + Tab oder Strg + F6

Objektbefehle

	Macintosh	Windows
Objekte auswählen/abwählen		
Verborgenes Objekt auswählen	Apfel + Alt + Shift + Klick auf Überlappungsbereich	Strg + Alt + Shift + Klick auf Überlappungsbereich
Mehrere Objekte oder Punkte auswählen	Shift + Klick	Shift + Klick
Alle Objekte abwählen	Tabulator	Tabulator
Objekte erstellen, drehen; Ändern ihrer Größe		
Rechteck auf Quadrat oder Oval auf Kreis beschränken	Shift + Erstellen oder Größe ändern	Shift + Erstellen oder Größe ändern
Objektdrehung auf 0°/45°/90° beschränken	Shift + Drehen	Shift + Drehen
Gerade Linie auf Winkel von 0°/45°/90° beschränken	Shift + Erstellen, Drehen oder Größe ändern	Shift + Erstellen, Verändern der Größe oder Drehen
Objekt 360° gegen Uhrzeigersinn drehen bei aktiviertem Rotationswerkzeug; im Uhrzeigersinn, wenn Feststelltaste eingeschaltet		Strg + Alt + Shift + ö
Dialogbox Modifizieren		
Dialogbox Modifizieren öffnen	Doppelklick auf Objekt mit Objektwerkzeug	Doppelklick auf Objekt mit Objektwerkzeug
Linienstärke modifizieren		
Erhöhen		
Nach Voreinstellung	Apfel + Shift + . (Punkt)	Strg + Shift + . (Punkt)
1 Punkt	Apfel + Alt + Shift + . (Punkt)	Strg + Alt + Shift + . (Punkt)
Vermindern		
Nach Voreinstellung	Apfel + Shift + , (Komma)	Strg + Shift + , (Komma)
1 Punkt	Apfel + Alt + Shift + , (Komma)	Strg + Alt + Shift + , (Komma)
Bézierobjekte und -Pfade bearbeiten		
Bézierpunkt löschen	Alt + Klick auf Punkt	Alt + Klick auf Punkt oder Rücktaste (Objektwerkzeug)
Aktiven Bézierpunkt bei Objekterstellung löschen	Löschtaste	Rücktaste
Bézierpunkt hinzufügen	Alt + Klick auf Segment	Alt + Klick auf Segment
Eckpunkt in glatten Punkt (abhängig von Vorgaben)	Ctrl + Kurvengriff ziehen oder Ctrl + Shift + Kurvengriff ziehen	Strg + Shift + Kurvengriff ziehen
Glatten Punkt zu Eckpunkt (abhängig von Vorgaben)	Ctrl + Kurvengriff ziehen oder Ctrl + Shift + Kurvengriff ziehen	Strg + Shift + Kurvengriff ziehen

	Macintosh	Windows
Glatten Punkt zu Eckpunkt bei Objekterstellung	Apfel + Ctrl + Shift + Kontrollpunkt ziehen	
Bézier bei Objekterstellung bearbeiten	Apfel bei der Objekterstellung	Strg bei der Bearbeitung drücken
Kurvengriffe zurückziehen (abhängig von Vorgaben)	Ctrl + Klick auf Punkt oder Ctrl + Shift + Klick auf Punkt	Strg + Shift + Punkt anklicken
Kurvengriffe anzeigen (abhängig von Vorgaben)	Ctrl + Punkt ziehen oder Ctrl + Shift + Punkt ziehen	Strg + Shift + Punkt ziehen
Alle Ankerpunkte auswählen (Bézierform, Umflusspfad und Ausschnittspfad)	Apfel + Shift + A	Strg + Shift + A oder Doppelklick auf Punkt
Alle Bézierpunkte im aktiven Pfad auswählen (mehrere Pfade)		Strg + Shift + A oder Dreifachklick auf Punkt
Aktiven Punkt auf 45°-Bewegungen beschränken	Shift + Punkt ziehen	Shift + Punkt ziehen
Aktiven Kurvengriff auf 45°-Bewegung beschränken	Shift + Kurvengriff ziehen	Shift + Kurvengriff ziehen
Bézierlinie in ausgefüllten Bézierrahmen umwandeln	Alt + Objekt → Form → [Bézierform]	Alt + Objekt → Form → [Bézierform]

Objekte verschieben		
Ohne Beschränkung	Ziehen (Objektwerkzeug) oder Apfel + Ziehen (Inhaltswerkzeug)	Ziehen (Objektwerkzeug) oder Strg + Ziehen (Inhaltswerkzeug)
Mit horizontalen/vertikalen Beschränkungen	Shift + Ziehen (Objektwerkzeug) oder Apfel + Shift + Ziehen (Inhaltswerkzeug)	Shift + Ziehen (Objektwerkzeug) oder Strg + Shift + Ziehen (Inhaltswerkzeug)

Objekte versetzen (Objektwerkzeug)		
1 Punkt nach links	←	←
1/10 Punkt nach links	Option + ←	Alt + ←
1 Punkt nach rechts	→	→
1/10 Punkt nach rechts	Alt + →	Alt + →
1 Punkt nach oben	↑	↑
1/10 Punkt nach oben	Alt + ↑	Alt + ↑
1 Punkt nach unten	↓	↓
1/10 Punkt nach unten	Alt + ↓	Alt + ↓

Objekte ausrichten (Objektwerkzeug)		
Mitten ausrichten (horizontal) von zwei oder mehr Objekten	Apfel + Alt + 5	
Mitten ausrichten (vertikal) von zwei oder mehr Objekten	Apfel + Alt + 6	
Zwei oder mehr Objekte links ausrichten (relativ zueinander)	Apfel + ←	
Zwei oder mehr Objekte rechts ausrichten (relativ zueinander)	Apfel + →	

	Macintosh	Windows	
Zwei oder mehr Objekte oben ausrichten (relativ zueinander)	Apfel + ↑		
Zwei oder mehr Objekte unten ausrichten (relativ zueinander)	Apfel + ↓		
Mitte ausrichten (horizontal) von einem oder mehreren markierten Objekten relativ zur Seite	Apfel + Alt + Shift + 5		
Mitte ausrichten (vertikal) von einem oder mehreren markierten Objekten relativ zur Seite	Apfel + Alt + Shift + 6		NEU
Links ausrichten von einem oder mehreren markierten Objekten relativ zur Seite	Apfel + Shift + ←		NEU
Rechts ausrichten von einem oder mehreren markierten Objekten relativ zur Seite	Apfel + Shift + →		NEU
Unten ausrichten von einem oder mehreren markierten Objekten relativ zur Seite	Apfel + Shift + ↑		NEU
Oben ausrichten von einem oder mehreren markierten Objekten relativ zur Seite	Apfel + Shift + ↓		NEU
Rahmen modifizieren			
Größe ändern, Form beschränken (Kreis, Rechteck etc.)		Shift + Rahmengriff ziehen	
Rahmengröße verändern; Proportionen beibehalten		Alt + Shift + Rahmengriff ziehen	
Größe ändern und Bild/Text skalieren		Strg + Rahmengriff ziehen	
Größe ändern und Bild/Text skalieren; Form beschränken		Strg + Shift + Rahmengriff ziehen	
Größe ändern und Bild/Text skalieren; Proportionen beibehalten		Strg + Alt + Shift + Rahmengriff ziehen	
Kontextmenü aufrufen (Objekte)			
Kontextmenü des Objekts aufrufen		Shift + F10	
Schlagschatten für Objekte			
Register Schlagschatten der Dialogbox Modifizieren	Apfel + Alt + Shift + D	Strg + Alt + Shift + D	NEU
Öffnen der Dialogbox Verwendung			
Dialogbox Verwendung öffnen (Register Schrift)		F2	
Register Bild der Dialogbox Verwendung		Shift + F2	

Textbefehle

	Macintosh	Windows
Automatische Seitennummerierungszeichen in Textrahmen		
Seitenzahl des vorherigen Rahmens	Apfel + 2	Strg + 2
Automatisches Seitenzahlzeichen	Apfel + 3	Strg + 3
Seitenzahl des nächsten Rahmens	Apfel + 4	Strg + 4
Textfluß in einem Layout aktualisieren		
Text an aktuelle Version von QuarkXPress anpassen	Alt + Öffnen in Dialogbox Öffnen	Alt + Öffnen in der Dialogbox Öffnen
Schrift ändern		
NEU Feld „Schrift" in der Maßpalette aufrufen	Apfel + Alt + Shift + M	Strg + Alt + Shift + G
Vorherige Schrift	Alt + Shift + F9	Strg + Shift + F9
Nächste Schrift	Alt + F9	Strg + F9
Einzelne Schriftzeichen eingeben		
Symbol Schriftzeichen	Apfel + Alt + Q	Strg + Alt + Q
Schriftgröße ändern		
Erhöhen		
Nach Voreinstellung	Apfel + Shift + . (Punkt)	Strg + Shift + 0 (Punkt)
1 Punkt	Apfel + Alt + Shift + . (Punkt)	Strg + Alt + Shift + 0 (Punkt)
Vermindern		
Nach Voreinstellung	Apfel + Shift + , (Komma)	Strg + Shift + 7
1 Punkt	Apfel + Alt + Shift + , (Komma)	Strg + Alt + Shift + 7
Interaktiv verändern		
Proportional	Apfel + Alt + Shift + Griff ziehen	Strg + Alt + Shift + Griff ziehen
Beschränkt	Apfel + Shift + Griff ziehen	Strg + Shift + Griff ziehen
Nicht proportional	Apfel + Griff ziehen	Strg + Griff ziehen
Schrifthöhe/Schriftbreite ändern		
Erhöhen		
5 %	Apfel + 9	Strg + Shift + 9
1 %	Apfel + Ctrl + 9	Strg + Alt + Shift + 9
Vermindern		
5 %	Apfel + 8	Strg + Shift + 8
1 %	Apfel + Ctrl + 8	Strg + Alt + Shift + 8
Unterschneidung/Spationierung verändern		
Erhöhen		
1/20 Geviert	Apfel + Shift + #	Strg + Shift + .
1/200 Geviert	Apfel + Alt + Shift + #	Strg + Alt + Shift + .
Vermindern		
1/20 Geviert	Apfel + Shift + ä	Strg + Shift + ,
1/200 Geviert	Apfel + Alt + Shift + ä	Strg + Alt + Shift + ,

	Macintosh	Windows
Grundlinienversatz ändern		
1 Punkt nach oben	Apfel + Alt + Shift + +	Strg + Alt + Shift + +
1 Punkt nach unten	Apfel + Alt + Shift + – (Trennstrich)	Strg + Alt + Shift + – (Trennstrich)

Zeilenabstand verändern		
Erhöhen		
1 Punkt	Apfel + Alt + Shift + L	Strg + Shift + ä
1/10 Punkt	Apfel + Alt + L	Strg + Alt + Shift + ä
Vermindern		
1 Punkt	Apfel + Shift + K	Strg + Shift + ö
1/10 Punkt	Apfel + Alt + K	Strg + Alt + Shift + ö

Absatzattribute kopieren		
Formatierung vom angeklickten Absatz auf den Absatz mit der Einfügemarke (oder auf markierten Text) übertragen	Alt + Shift + Klick	Alt + Shift + Klick

Text ziehen und loslassen		
Text ziehen + kopieren (Vorgabe „Interaktiv" aktiviert)	Shift + Ziehen	Shift + Ziehen
Text ziehen (Vorgabe „Interaktiv" deaktiviert)	Apfel + Ctrl + ziehen	
Text ziehen + kopieren (Vorgabe „Interaktiv" deaktiviert)	Apfel + Ctrl + Shift + ziehen	

Schaltflächen für Rechtschreibprüfung		
Suchen	Apfel + L	Alt + S
Überspringen	Apfel + S	Alt + Ü
Hinzufügen	Apfel + A	Alt + H
Alle unbekannten Wörter ins Hilfslexikon aufnehmen	Alt + Shift + Klick auf Fertig	Alt + Shift + Schaltfläche Schließen

Text suchen		
Platzhalter (nur Suchen)	Apfel + /	Strg + #
Tab	\t	Strg + Tab
Neuer Absatz	Apfel + Eingabetaste	Strg + Eingabetaste
Neue Zeile	Apfel + Shift + Eingabetaste	Strg + Shift + Eingabetaste
Neue Spalte	Apfel + Eingabe	Strg + Eingabetaste
Neuer Rahmen	Apfel + Shift + Eingabetaste	Strg + Shift + Eingabetaste
Seitenzahl des vorherigen Rahmens	Apfel + 2	Strg + 2
Zeichen für automatische Seitenzahl	Apfel + 3	Strg + 3
Seitenzahl des nächsten Rahmens	Apfel + 4	Strg + 4
Interpunktionsraum	Apfel + . (Punkt)	Strg + . (Punkt)
Flexibles Leerzeichen	Apfel + Shift + F	Strg + Shift + F
Umgekehrter Schrägstrich	Apfel + 7	Strg + Alt + \

	Macintosh	Windows
Sonderzeichen		
Einzug hier	Apfel + Shift + 7	Strg + 7
Bedingter Zeilenumbruch	Apfel + Eingabetaste	Strg + Eingabetaste
Neuer Absatz	Eingabetaste	Eingabe
Neue Zeile (weicher Umbruch)	Shift + Eingabetaste	Shift + Eingabetaste
Neue Spalte	Eingabe	Eingabetaste Ziffernblock
Neuer Rahmen	Shift + Eingabetaste	Shift + Eingabetaste Ziffernblock
Rechts eingezogener Tabulator	Alt + Tabulatortaste	Shift + Tabulatortaste
Eingetragene Marke (®)	Alt + R	Alt + Shift + R
Copyright-Symbol (©)	Alt + G	Alt + Shift + C
Markensymbol (™)	Alt + Shift + D	Alt + Shift + 2
Gliederungszeichen (•)	Alt + ü	Alt + Shift + 8
Apple-Logo	Alt + Shift + +	
Pfund-Symbol	Alt + Shift + 4	
Euro-Symbol	Alt + E	
Yen-Symbol	Alt + Y	
Teilungssymbol	Alt + Shift + .	
Zeichen für Hängenden Einzug einfügen		Strg + 7
Öffnendes halbes (geschweiftes) Anführungszeichen		Alt + 8
Schließendes halbes (geschweiftes) Anführungszeichen		Alt + 9
Öffnendes (geschweiftes) Anführungszeichen		Alt + Shift + 8
Schließendes (geschweiftes) Anführungszeichen		Alt + Shift + 9
Zollzeichen		Strg + Alt + ^
†-Zeichen		Alt + Shift + T
§-Zeichen		Alt + Shift + 6

Trenn- und Gedankenstriche		
Geschützter Trennstrich	Apfel + Shift + 0	Strg + +
Bedingter (weicher) Trennstrich	Apfel + – (Trennstrich)	Strg + –
Trennung nur an bedingten Trennstrichen	Apfel + – (Trennstrich) direkt vor dem Wort	
Geschützter Halbgeviert-Trennstrich	Alt + – (Trennstrich)	Strg + ^
Geviert-Trennstrich	Alt + Shift + – (Trennstrich)	Strg + Shift + ^
Geschützter Geviert-Trennstrich	Apfel + Alt + ´	Strg + Alt + Shift + ^

Leerzeichen		
Geschütztes Standardleerzeichen	Apfel + 5	Strg + 5
Halbgeviert-Leerzeichen	Alt + Leertaste	Strg + Shift + 6
Geschütztes Halbgeviert-Leerzeichen	Apfel + Alt + Leerzeichen oder Apfel + Alt + 5	Strg + Alt + Shift + 6
Flexibles Leerzeichen	Alt + Shift + Leertaste	Strg + Shift + 5
Geschütztes flexibles Leerzeichen	Apfel + Alt + Shift + Leertaste	Strg + Alt + Shift + 5

	Macintosh	Windows	
Interpunktionsraum	Shift + Leertaste	Shift + Leertaste	
Geschützter Interpunktionsraum	Apfel + Shift + Leertaste	Strg + Shift + Leertaste	
Geviert-Leerzeichen	Apfel + 6	Strg + Shift + 2	NEU
Geschütztes Geviert-Leerzeichen	Apfel + Alt + 6	Strg + Alt + Shift + 2	NEU
1/8-Geviert-Leerzeichen	Apfel + 7	Strg + Shift + 1	NEU
Geschütztes 1/8-Geviert-Leerzeichen	Apfel + Alt + 7	Strg + Alt + Shift + 1	NEU

Texteinfügemarke bewegen		
Vorheriges Zeichen	←	←
Nächstes Zeichen	→	→
Zur vorherigen Zeile	↑	↑
Zur nächsten Zeile	↓	↓
Vorheriges Wort	Apfel + ←	Strg + ←
Nächstes Wort	Apfel + →	Strg + →
Zum vorhergehenden Absatz	Apfel + ↑	Strg + ↑
Zum nächsten Absatz	Apfel + ↓	Strg + ↓
Zum Zeilenanfang	Apfel + Alt + ←	Strg + Alt + ← oder Pos 1
Zum Zeilenende	Apfel + Alt + →	Strg + Alt + → oder Ende
Zum Textanfang	Apfel + Alt + ↑	Strg + Alt + ↑ oder Strg + Ende
Zum Textende	Apfel + Alt + ↓	Strg + Alt + ↓ oder Strg + Ende

Zeichen markieren		
Vorheriges Zeichen	Shift + ←	Shift + ←
Nächstes Zeichen	Shift + →	Shift + →
Zur vorherigen Zeile	Shift + ↑	Shift + ↑
Zur nächsten Zeile	Shift + ↓	Shift + ↓
Vorheriges Wort	Apfel + Shift + ←	Strg + Shift + ←
Nächstes Wort	Apfel + Shift + →	Strg + Shift + →
Zum vorhergehenden Absatz	Apfel + Shift + ↑	Strg + Shift + ↑
Zum nächsten Absatz	Apfel + Shift + ↓	Strg + Shift + ↓
Zum Zeilenanfang	Apfel + Alt + Shift + ←	Strg + Alt + Shift + ← oder Shift + Pos 1
Zum Zeilenende	Apfel + Alt + Shift + →	Strg + Alt + Shift + → oder Shift + Ende
Zum Textanfang	Apfel + Alt + Shift + ↑	Strg + Alt + Shift + ↑ oder Strg + Shift + Pos 1
Zum Textende	Apfel + Alt + Shift + ↓	Strg + Alt + Shift + ↓ oder Strg + Shift + Ende

Text mit der Maus markieren		
Texteinfügemarke platzieren	Ein Klick	Ein Klick
Wort markieren	Doppelklick auf das Wort	Doppelklick auf das Wort

	Macintosh	Windows
Wort einschließlich Punkt, Komma etc. markieren	Doppelklick zwischen Wort und Satzzeichen	Doppelklick zwischen Wort und Satzzeichen
Zeile markieren	Dreifachklick	Dreifachklick
Absatz markieren	Vierfachklick	Vierfachklick
Text markieren	Fünffachklick	Fünffachklick

Zeichen löschen		
Vorheriges Zeichen	Löschtaste	Rücktaste
Nächstes Zeichen	Shift + Löschtaste	Entf oder Shift + Rücktaste
Nächstes Zeichen (erweiterte Tastatur)	[Taste vorwärts löschen]	
Vorheriges Wort	Apfel + Löschtaste	Strg + Rücktaste
Nächstes Wort	Apfel + Shift + Löschtaste	Strg + Entf oder Strg + Shift + Rücktaste
Markierte Zeichen	Löschtaste	Entf oder Rücktaste

Bildbefehle

	Macintosh	Windows
Bilder importieren		
EPS ohne Volltonfarben importieren	Apfel + Öffnen in Dialogbox Bild importieren	Strg + Öffnen in Dialogbox Bild importieren
Alle Bilder im Dokument neu importieren	Apfel + Öffnen in Dialogbox Öffnen	Strg + Öffnen in Dialogbox Öffnen
Bilder skalieren		
5 % vergrößern	Apfel + Alt + Shift + . (Punkt)	Strg + Alt + Shift + . (Punkt)
5 % verkleinern	Apfel + Alt + Shift + , (Komma)	Strg + Alt + Shift + , (Komma)
Größe von Rahmen und Bildern ändern		
Rahmengröße verändern; Rahmenform beschränken	Shift + Ziehen	Shift + Ziehen
Rahmengröße verändern; Proportionen beibehalten	Alt + Shift + Ziehen	Alt + Shift + Ziehen
Rahmengröße verändern; Bild skalieren	Apfel + ziehen	Strg + Ziehen
Rahmengröße verändern; Bild skalieren; Rahmenform begrenzen	Apfel + Shift + Ziehen	Strg + Shift + Ziehen
Rahmengröße verändern; Bild skalieren; Proportionen beibehalten	Apfel + Option + Shift + Ziehen	Strg + Alt + Shift + Ziehen
Bilder zentrieren und einpassen		
Zentrieren	Apfel + Shift + M	Strg + Shift + M
In Rahmen einpassen	Apfel + Shift + F	Strg + Shift + F
In Rahmen einpassen; Proportionen beibehalten	Apfel + Alt + Shift + F	
Bilder versetzen (Inhaltswerkzeug)		
1 Punkt nach links	Shift + ←	←
1/10 Punkt nach links	Alt + ←	Alt + ←
1 Punkt nach rechts	Shift + →	→
1/10 Punkt nach rechts	Alt + →	Alt + →
1 Punkt nach oben	Shift + ↑	↑
1/10 Punkt nach oben	Alt + ↑	Alt + ↑
1 Punkt nach unten	Shift + ↓	↓
1/10 Punkt nach unten	Alt + ↓	Alt + ↓
Bilder modifizieren		
Dialogbox Bildraster aufrufen	Apfel + Shift + H	Strg + Shift + H
Schaltfläche Aktualisieren ändern in Alle aktualisieren in der Fensterfläche Bilder der Dialogbox Verwendung	Alt + Klick auf Aktualisieren	Alt + Klick auf Aktualisieren
Bildstil Negativ/Invertieren	Apfel + Shift + – (Trennstrich)	Strg + Shift + – (Trennstrich)

NEU

Index

Symbole

A

B

C

D

E

F

G

H

I

J

K

L

Q

R

S

T

U

V

Z